于漪研究

苗俊青　兰保民　陈宁宁 ◎主编

第一辑

基础教育思想研究

语文教育思想研究

德智融合思想研究

教师教育思想研究

文匯出版社

图书在版编目(CIP)数据

于漪研究. 第一辑 / 苗俊青，兰保民，陈宁宁主编
. -- 上海 ：文汇出版社，2024.6
ISBN 978-7-5496-4262-5

Ⅰ. ①于… Ⅱ. ①苗… ②兰… ③陈… Ⅲ. ①基础教育一文集 Ⅳ. ①G4-53

中国国家版本馆 CIP 数据核字(2024)第 106893 号

于漪研究(第一辑)

主　　编 / 苗俊青　兰保民　陈宁宁

责任编辑 / 张　溟
特约编辑 / 唐　铭
封面装帧 / 薛　冰

出 版 人 / 周伯军

出版发行 / 文匯出版社
上海市威海路 755 号
邮编 200041
排　　版 / 上海绘锦印务技术有限公司
印刷装订 / 上海惠敦印务科技有限公司
版　　次 / 2024 年 6 月第 1 版
印　　次 / 2024 年 6 月第 1 次印刷
开　　本 / 700×1000　1/16
字　　数 / 400 千字
印　　张 / 23.125
印　　数 / 1—5100(第 1 次印刷)

ISBN 978-7-5496-4262-5
定　　价：138.00 元

《教育》(教育科研)编委会

目录

CONTENTS

第三编　德智融合思想研究

第四编 教师教育思想研究

学习研究于漪的几点思考

陈　军　上海市教师学研究会会长

一

我们学习研究于漪，解读她的思想，首先要学习中共中央、国务院对她的有关评价，中央对她卓越工作的定性、对其深刻思想的定位是我们学习于漪的总指导。

2018年12月，中共中央、国务院作出关于表彰改革开放杰出贡献人员的决定，于漪老师是受表彰的“改革先锋”中唯一的教师代表；2019年新中国成立70周年大庆，中共中央、国务院表彰各行各业杰出的英雄人物，于漪老师被授予“人民教育家”的光荣称号，她是全国千百万中小学教师中的唯一代表。

中央庆祝改革开放40周年表彰工作领导小组办公室编写的《改革先锋风采录》对于漪老师的教育贡献有三方面评价，即“教文育人的旗手”，“时代师表的楷模”和“教育改革的先锋”。

遵循党的教育方针的“旗手”形象，在基础教育领域近七十年实践的“楷模”精神，为中国基础教育学理论创造的先锋学术，等等，这些是于漪作为一个大写的“人”的精神风骨，也是于漪作为新中国人民教育家的显著特征。

二

我们解读于漪和她的教育思想，必须读她的论著。

于漪的理论建设和实践探索的成果基本呈现于《于漪全集》之中。这部中国教育有史以来第一部由基础教育教师撰著的《全集》共21卷，近600万字。以共和国基础教育发展史为经，以于漪个人的阶段性学术创造为纬，全面反映了中国共产党培育的人民教育家的学术世界和思想历程。无论是实践上还是理论上最突出的贡献在于：用生动的实例，反映了中国共产党领导下的新中国的中小学基础教育的伟大实践；用丰富的成果，体现了社会主义制度下的基础教育体制与政策的优越性；用卓越的创造，构建了以党的教育方针为指导思想的新中国基础教育学的思想模型；用多彩的智慧，展示了一名中国共产党人在基础教育三尺讲台上的近七十年艺术人生。《全集》无疑是我们初步认识于漪，初步学习于漪教育教学思想的生动教材。

三

于漪是新中国的人民教育家。我们解读于漪和她的教育思想，最核心的内容就是理解于漪作为新中国培养的人民教育家的创造价值。“新中国”是于漪不同于历史上任何一位教育家的时代属性。这个属性的标志称号就是“人民”。于漪一方面具有鲜明的“草根性”，她不是大学教授，不是重要官员，只是一个普通的中学教师，是“人民”中的一分子；一方面又具有卓越的“先进性”，她是党的女儿，是人民的服务员，又是民族的先锋战士。她的学术始终体现着民族精神、国家意识、党性原则和人民立场，这也是她作为一名教育家的政治品格所在。“草根性”萌发了翻身作主的深厚情感；“先进性”催生了为人民服务的责任担当。

于漪反复强调的思想誓言：“我觉得一辈子肩上都挑着千斤重担，一个肩膀挑着学生的现在，一个肩膀挑着国家的未来。因为今天的教育质量就是明天的国民素质，所以我不敢有丝毫懈怠。”

于漪的所做所为和论文论著都以党的教育方针为思想立意制高点，都以国家和人民的迫切需要为理论研究的总课题。在中华民族伟大复兴这一根本利益上，于漪的政治眼力极为敏锐，人民立场极为坚定。例如关于“人文性”的教育讨论，于漪的讲话和专论的主线，一方面串起20世纪50年代的思想政治教育观，80年代倡导的知识能力观，90年代提出的个性化与人本观，以及本世纪以来所躬行践履的德智融合观，一方面又跳出教育教学一技一艺之论，而从民族生存的高度来看当代青少年的人文精神成长。她总是把人的基本人格形成、党的事业接班人和社会主义建设者的政治选择、有着中国心的一代新人的世界视野融为一体，形成立体维度，从而提出中华民族新一代积极面向未来、面向现代化、面向世界的新精神。

也正是因为具有强健和弘阔的政治格局，于漪教育教学思想所涉及的政治思想学习、民族文化认同、教师时代责任、人民教师“师魂”，以及教育教学改革、国家教材编制与课程标准审订等重大教育问题，都展现了广阔的学术视野，体现了鲜明的政治抉择，表达了坚定的道路自信。

四

于漪的学术创造在于第一次总结了新中国基础教育领域的典范人物的先进经验与教育思想。

中国是一个教育大国，有着极为深厚的文化传统，诞生了一个又一个伟大的教育家。中国共产党开天辟地创建新中国以来，基础教育的社会主义特性同样需要更多的教育家进行理论阐发。新中国实施的教育不同于历史上任何一个时期的教育，必须关心每一个公民如何获得知识从而改变贫困状况；必须解决东西南北中不同文化地域的思想建设；必须从德智体美劳等多方面实施全人教育……所有这些都是中国共产党所担负的重大责任。怎样在新中国的社会主义制度下充分地发挥教育的创造力？于漪作为一个立足于三尺讲台的一线的“人民教师”，其典型形象为我们提供了充分的实践见证和理论概括。《于漪全集》填补了这一空白。《全集》出版以来，成为全国各地中小学教师的必读书，无疑反映了一个事实：于漪的思想应和着一线教师的精神律动和理论需求。同时也说明：于漪就是千百万中小学教师的“这一个”，她的教育经验也就是千百万中小学教师的经验，她的理论见识也就是千百万中小学教师的共识。比如她的“做一辈子教师、一辈子学做教师”的为师之道；比如她的“教育就是立魂立根，在学生心田植爱国主义的根，植民族精神的根”这一育人的目的；又比如她创立全国第一个教师学研究会，指出“让中国教育在世界上有话语权，要有中国教师自己的教师学”；等等。于漪是当代中国基础教育的典型，其思想高度也就是当代中国基础教育的一个时代刻度。在党的十八大以来反复强调道路自信、文化自信、制度自信的这一新时代，第一次总结中国基础教育领域的典型思想，无疑是探索中国教育社会主义特色道路的重要举措。于漪所取得的这一理论成果，无疑是作为全世界最大基础教育实体的中国在当代的一项来自实践一线的学术积累。于漪所总结的学科经验凝聚着中小学各学科的共性。于漪的教育教学思想是各学科教师所广为认同的“公共语言”和“集体意识”。

五

于漪老师是在讲台上成长起来的教育家，她的理论和思想都写在教育大地上。于漪教育教学思想洋溢着鲜活的教育艺术性。近600万言的大著，呈现了数千节公开课教学画面，叙述了千百个映现着青少年心灵的教育故事，也剖析了无数个教育设计的巧思……不少读者说“把《全集》当做小说来读”“当做诗来读”。因此可以说，《于漪全集》的学术创造，在于她创造了一个充满泥土芬芳的“活”的教育学。活生生的人，活生生的课堂，活生生的教学，达成活生生的人生。这，就是于漪教育艺术的丰姿。作为教育家的于漪，其本身就是一个鲜活人生的楷模。“于漪教育思想”也塑造了“于漪生命形象”。

“于漪生命形象”体现在她的教育教学实践中，体现在她做人的风范里。凡是与于漪老师交往过的人，都称赞她正直、敏捷、纯粹、真诚、厚道；她胸襟开阔，性格开朗，才华横溢……所有这些品质是如何形成的呢？于漪老师说，她教育学生是在做“镌刻”工作。实际上她本人也无时无刻不在“镌刻”自己，就是锤炼自己，扬弃自己，完善自己。对于一个立志要成为“师表”的人来说，必定要有“信念”“爱心”“奉献”这三大“立”人要素。她强调最多的就是“信念”，她说，人无志不立，人之所以为人，能够成为一个对国家、民族有用的人，就在于他有“魂”，有指导自己思想言行的“魂”。于漪老师说过：“我的崇高信念就是做一个合格的中学教师。生命是有限的，事业是常青的，教师的生命是在学生身上延续的……”

教育是爱的事业，要做一个优秀教师，首先要做一个充满爱心的人。于漪老师说：“表达师爱，不是写在纸上、说在嘴上的，要用自己的言行来实践；老师对学生要满腔热情满腔爱，做到师爱荡漾。”难就难在“荡漾”二字。所谓“荡漾”，一是要自然和谐，讲求真切；二是细雨润物，讲求透彻；三是涓涓细流，讲求持久。于漪老师在几十年的教学实践中，把“爱”字贯穿始终，历经艰难困苦而初心不改。正如她说的，“几十年来，我把我的一切都献给教育事业，三尺讲台是我一辈子钟情的地方”。这正是于漪“生命形象”的底色，是她“生命形象”的内核，也正是她几十年如一日扎根教育第一线泥土中的“根”，是600万字著作的源头，是诸多崇高评价的依据。

于漪的生命形象无疑是新时代中国教师形象的化身。在实现中华民族伟大复兴的征途上，在办好全世界最大最强的基础教育的伟大创造中，于漪用她的思想和实践写出了一个大写的“于漪”，我们学习于漪、研究于漪，也呼唤着更多新一代的于漪。

（该文原载2024年2月《教育》，收入本书时略有修改）

第一编

基础教育思想研究

于漪基础教育思想图景速写

兰保民 上海市浦东教育发展研究院

于漪老师曾经在不同时间、不同场合自称“草根教师”,这对她自己来说虽然是一种谦虚的说法,但无意中却也准确地揭示了其作为人民教育家的鲜明特质。因为凡是草根,无一不是深植于大地,带着田野里的泥土芬芳,具有坚韧的生命力、强大的孕育力和创造力。作为一名终生从教的人民教育家,于漪老师站定在讲台上,成长于课堂中,直面新中国基础教育的现实,在教育教学第一线孜孜不倦,躬行深思,从而形成了她对基础教育规律的深刻认识和鲜活阐述。

因此我们认为,“草根性”是于漪老师作为教育家的独特个性,同样也是她教育教学思想的基本特点。这三个字,至少揭示出了两个特点:第一,于漪教育教学思想所关注的,主要集中在整个教育体系中的基础教育领域;第二,于漪的教育教学思想,不是写在从理论到理论的高楼大厦里,而是写在倾其毕生之力所奉献着的基础教育教学的实践大地上。

一、为人的终身发展奠基

毋庸讳言,相比于高等教育,基础教育在不少人眼中是没有什么分量的。针对这种偏见,于漪老师倾其毕生之力“为基础教育鼓与呼”,这并不是出于她自己是一名基础教育领域的教师这一本位立场,而是源自她对学生终身发展的殷殷关切,源自她对国家建设和民族振兴的深刻战略思考。

在她看来,基础教育从事的是人的基本建设,给人的思想道德、行为习惯、科学文化打基础,为其终身发展奠基。一个人能不能和谐发展,能不能充分地释放潜能、成就人生,相当程度上取决于他在青少年时期所接受的基础教育。为此,就要时刻把“人”放在第一位,聚焦在学生的全面发展和终身发展上。无论是学校办学,还是学科教学,都要时刻警惕功利思想和浮躁心态的侵蚀,时刻警惕落入“育分”而不“育人”的泥潭。

而就国家和民族的发展而言，今天的基础教育，就是明天的国民素质和未来的民族性格，它直接关系到在国际格局中能否形成人力资源的优势，关系到国家建设和发展是否有后劲，关系到中华民族伟大复兴的雄图大业，其战略地位和战略意义绝不可等闲视之。因此，基础教育必须面向大众，面向全体学生，敬畏每个孩子的生命，用心倾听每个孩子的生命呼唤，充分激发每个生命个体的多元智能，而绝不应局限于英才教育，片面追求培养优秀创新人才。

基础教育的主要任务是什么呢？它是向每个人提供为一切人所共有的最低限度的知识、观点、社会准则和经验的教育。它的目的是使每一个人能够发挥自己的潜力、创造性和批判精神，以实现自己的抱负、获得幸福，并成为一个有益的公民和生产者，为所属社会的发展贡献力量。可见，基础教育有它特定的任务，那就是为学生的终身发展奠基。在基础教育阶段，要把人类文明发展过程中所积累下来的最基本、最核心的知识、经验、价值、准则，在孩子心智发展最活跃的阶段，提供给他们，目的则是激发他们自身的发展潜力和创造力，在自我不断得到建设与完善的基础上，成为一个对他人、对社会、对国家、对人类有所贡献的人。

正因如此，于漪老师特别强调基础教育在整个教育体系中的战略地位和战略意义。“百年大计，教育为本”，而基础教育则是本中之本。人在基础教育阶段所接受的教育，是基本生理的、心理的、思想的、道德的、科学的、文化的教育，没有良好的基础教育，学生人生的根系就扎得不深，发育得不够粗壮，其后续的发展就会受到严重影响。同时，基础教育又承担着塑造未来民族性格和提升整体国民素质的重任，它是面向大众、面向全体学生的教育，在国家发展和民族振兴的历史征程上具有重要的战略意义。

但是，在当前时代背景下，基础教育从来没有像现在这样让全社会如此关注，也从来没有像现在这样经受着来自各方面的考验。多元文化背景下的价值分歧影响着教育的走向，经济社会的功利选择冲击着教育的基本底线，网络传媒的放大效应削弱着教育的公信力，海量的冗杂信息消解着教育的育人功能。所有这些，让基础教育承受着不能承受之沉重，忍受着不能忍受之痛苦，经受着不能经受之迷茫。于是在外部，批评和指责的声音不绝于耳，而内部呢，则奇论迭出、乱象丛生，堂而皇之的标语口号、违情悖理的荒谬做法时有出现。

而个别对基础教育了解不深的高校教师,又会对基础教育的专业性、重要性提出这样那样的质疑。随着经济社会的不断发展和市场经济的日益繁荣,急功近利的思想也随之产生。这种思想同样深刻地影响了基础教育。为了将来能够多赚钱,家长往往更多地关注孩子的考学、就业等问题,相应地,对教育的要求和评价,也往往停留在升学率、优秀率,以及与此密切相关的考试成绩等指标上。社会对教育的这种评价取向,必然会让教育内部的价值天平发生倾斜,于是教育内部的评价标准,也开始更多地关注学生的分数,出现了学校"育分不育人",学生"求学不读书"的坏现象。与这种功利化的教育观相呼应的,就是对技术、工具和量化标准的不恰当的强调和重视,尤其是在精英教育价值观主导下的"择校风",以及各种以超前教学、过度学习为主导的校外补习班,更是给基础教育的基本价值带来了巨大冲击,同时加剧了家长的焦虑,在某种程度上带来了一些社会矛盾。

就是在这样的时代语境中,于漪老师拨开乱象的丛莽,穿透喧嚣的聒噪,向人们鲜明地提出基础教育应该坚守的价值观:面向大众,面向全体,为人的终身发展奠基,为国家发展、民族未来奠基。针对片面质量观,于漪老师强调平等教育的重要性;针对学校办学的泛技术化倾向,于漪老师呼吁校长要超越"技术办学",思考"文化育人",要研究人,研究学生和教师;针对超前教育以及与此相关的诸多功利之举,于漪老师呼吁尊重学生成长规律,将"一切为了学生发展"的教育目标真正落到实处。她站在人的整体建设的人文高度和国家民族未来发展的战略高度,审视基础教育的价值和责任,既让人们认识到了基础教育在整个国家发展战略中的重要性,也让每一位基础教育工作者体会到了自己肩头沉甸甸的重担。

如果我们深入阅读于漪老师关于基础教育的论述,就会发现,其中既有价值层面的引领,也有方法层面的指导;既有宏观的视野,也有具体的分析。这些论述,不仅有益于校长深入思考如何把握学校教育的正确方向,而且为广大一线教师深入理解教育教学问题,提供了非常重要的思想资源。

二、牢牢树立"全面育人观"

于漪老师的"全面育人观",就是她一直强调的"既教书,又育人",也是她

“胸中有书，目中有人”的思想结晶。

生命如花，青少年学生的生命更是一朵朵鲜艳的、生机饱满的花朵。怎样让学生茁壮成长，让生命的花朵迎着朝阳灿然绽放，教育，尤其是基础教育，有许许多多工作要做。于漪老师聚焦学生精神生命的培育和发展这一核心，从教育本质的探寻、文化语境的审视和教学现状的剖析等维度，多层面地阐述了她的“育人观”。从于漪老师的诸多论述中我们不难发现，于漪老师是站在人性的高度和文化的视角来看待每一个学生的。因此，她的育人观具有浓郁的人文色彩，是具有强烈的生命情怀的教育观。

从人性的角度，于漪老师正视学生心灵世界的丰富性，正视不同学生个体的差异性，关注学生成长过程中的烦恼和失意，坚持将学生心灵发育作为一个完整的连续体来看待，反对机械割裂，反对重“智”轻“德”、重“术”轻“人”，对那些将学生的宝贵生命放在分数至上的祭坛上，以满足学校、家长和教师功利需求的做法，表达了强烈的愤慨，提出了尖锐的批评，呼唤人们“要从心底里敬畏孩子的生命”。这种人性视角和生命情怀，具有情感的温度和直指人心的力量。

在于漪老师看来，要切实落实“一切为了学生发展”，既不能靠生硬灌输来完成，也不能靠空洞说教来达致，更不能靠机械操练来实现。教育教学重“术”而轻“人”，忽视心灵世界的滋养与提升，学生就会缺少精神支柱的支撑，落入“技术主义”的桎梏。心灵的发育和成长是一个隐性的、连续的过程，是一个“由情到理，由直觉反应到本质探究，由低级到高级”的连续体，因此只有注重熏陶感染和潜移默化，才能达到春风化雨、润物无声的效果。要真正“走进学生世界”，用教育教学的吸引力和感染力，拨动学生的心弦，引发他们心灵的共鸣，用文化的甘露和智慧的琼浆，滴灌学生德性与智性的生命成长。

在教学中常常会有一种不良的倾向，就是无论数理学科还是人文学科，有些教师过于强调知识、技能和方法的传授，而不太重视学生情感的激发和价值观的引导。有的教师把训练当作制胜的唯一法宝，机械训练、强化训练、标准化训练在不少课堂上仍然司空见惯，这说到底还是对“教书”与“育人”的关系问题存在模糊认识。那么究竟应该怎样认识二者的关系呢？

关于这个问题，于漪老师的诸多著述，对于廓清我们的认识、深化我们的理解，有诸多助益。早在 1978 年，针对当时不少人片面强调语文学科的工具性，忽视乃至否定语文学科的思想教育价值,于漪老师就著文立论,旗帜鲜明地提出了"既教文,又教人"的思想。于漪老师的这一思想,不仅对语文教学有指导意义,对其他学科,包括数理学科,同样具有借鉴价值。无论什么学科,教师的教学,无一例外都是以特定学科的知识体系和能力框架为载体,发展学生的智力,提升学生的德性。因此,任何学科的教学,都是"教书"与"育人"密切结合的过程,用于漪老师的话说,就是"教书要为育人服务"。"真正的教育"是引导人的精神达到高处的真实之境,是人生境界的提升;知识技能则是帮助精神攀升的阶梯。科学文化基础在中小学要力求少而精,力戒多而杂,知识传授和能力培养要尊重学生成长的规律,聚焦于培养学生的核心素养,为学生的终身发展植入知能的"核"动力,切不可舍本逐末,拔苗助长,迷信超前学习,一味机械训练,泯灭孩子的好奇心、求知欲和学习探究的兴趣。

在于漪老师的教育思想中,"教书"与"育人"是一体之两端,相辅相成。"教书"如果脱离了"育人"的价值引领和目标导向,就会被功利所绑架,被技术所俘虏;而"育人"如果不能够贯彻在"教书"的扎扎实实的实践行动中,无法落实到课堂教学和学校教育的每一个具体环节中,那么就不能够收获滴灌心灵、培养智性与德性之效。

"全面育人观"是于漪老师一以贯之的基本的核心的思想。

从 1978 年起至今天,于漪老师多次撰文,或发表演说,强调"教书育人"的重要性。为什么要不厌其烦地反复述说呢?因为教育的现实生态往往不能令人满意,而是受到这样那样的思潮或力量的影响,导致教育在"教书"与"育人"两端的失衡。因此我们会发现,当"育人"流于空泛而无所依托的时候,于漪老师会重点强调"教书"之于"育人"的重要性;而当"育人"价值受到忽视,从教育教学实践行动中不断弱化乃至流失的时候,她必然会强调"育人"目标的重要性。无论是就基础教育的整体情况,还是就语文教学而言,莫不如此。而现实状况往往是,教育总是更多地受到功利价值观和工具理性、技术主义的影响,因此,于漪老师就"教书"的"育人价值"的流失所表达的忧思,便令人感到格外沉痛。

于漪老师在不同历史时期对于"教文育人""教书育人"的全面育人观的论述,会让我们发现,"全面育人"总是与具体的教育实践或教育现实密切联系在一起的。这些论述,有的针对“机械操练”而发,有的针对“标准化试题”而发,有的针对“教育现代化”容易流于技术主义倾向,而有的呢,则表现出她在“教书育人”思想上的国际视野和民族立场。所以这些论述,无一例外地表现出一个共同特征,那就是,在于漪老师这里,“全面育人观”不只是一种理论表达,更重要的是一种实践话语。

三、培养有一颗中国心的现代文明人

我们的基础教育,究竟该培养什么样的人?这是一个值得思考的大问题。于漪老师从国家战略和国家安全的高度,对这一问题给出了掷地有声的回答:中国的基础教育,就是要培养有一颗中国心的现代文明人,要培养有中国自信、中国自尊的人,要培养能放眼世界的、为世界和平做贡献的人,也就是能真正屹立于世界民族之林的中国人。

在改革开放不断深化的时代里,人们的视野也日益开阔,教育的现代化、国际化程度也不断提升。在学生的培养方向上,越来越注重要让学生具有现代意识、国际视野。这本来是没有问题的,但是,如果我们培养出来的学生,只有国际视野而没有民族情怀、没有国家认同感,只有现代意识而没有传统文化的底蕴,那么我们的基础教育,还是中国的基础教育吗?此外,在学生的全面发展与个性化发展的关系问题上,在德育与智育的关系问题上,在学生成长过程中对他们“头脑”“心灵”与“身体”的重视程度问题上,也有一些偏颇的认识和不恰当的做法。

正是基于这些问题,于漪老师鲜明地提出,中国的教育,就是要“培养有一颗中国心的现代文明人”。

众所周知,随着社会的发展和国际竞争的加剧,所有的挑战都聚焦在人的培养上,教育现代化成为历史发展的必然,只有现代化的教育才能培养现代化的人,而教育现代化的核心和灵魂,是教育价值、教育思想、教育观念的现代化。因此要牢牢把握当代文明社会的价值与品质,坚定不移地弘扬科学精神和人文精神,以德育为核心,以实践能力、创新精神为重点,教在今天,想到明天,以明日建设者的培养要求来指导今日的教育教学工作,使学生具有高尚的人格、宽厚的自然科学与人文科学的知识基础,具有自主求索和运用知识、创新发展、服务社会的观念与能力。创新能力是一个人能力的最高表现形式,是能力的最高境界,教育的最终目的就是要把人的创造力量诱导出来,为此,必须让学生发挥学习主体的作用,在学习生活中有思考、探究、发展的空间。教育强,则国家强,在我们由“穷国办大教育”向“大国办强教育”的转变过程中,创生智慧,释放活力,培养有中国立场,有世界视野,有文化认同,有创新精神的一代代新人,创办我们泱泱大国的“强教育”,那么实现中华民族伟大复兴的中国梦便指日可待。

作为受教育的对象,学生是成长发展过程中的生命体,但是,他们的成长从来就不是抽象的,而是处在价值标准纷乱驳杂的价值世界里,在多元文化交融碰撞的文化语境中。在于漪老师看来,这些青春的生命,是作为中华文化的继承者和发扬者来培养的,因此,就必须通过教育让他们的生命具有鲜明的中华民族的文化属性。正是基于这一认识,对片面重视外语教学、宣称“从小就做国际人”的荒唐做法,于漪老师给予毫不留情的激烈抨击,她说:“不好好补中国文化的课,是要数典忘祖的。”这绝对不是教育上的狭隘民族主义。作为“现代文明人”,具有开阔的国际视野本来就是题中应有之义,因为“教育的重要任务是向受教育者传承本国的优秀文化和人类的精神文明”。于漪老师忧虑的是“三片文化”对学生心灵世界的侵蚀,针对的是从教学内容到教学、管理手段一概唯“洋”是尊的违背常识的错误做法,担心的是教育领域中悄悄渗透进来的“思想的殖民”。这种针对性,使于漪老师关于学生的“文化生命观”,具有了丰富的现实内容和鲜明的时代色彩。

四、以教育自信创建自信的教育

新中国成立以来的基础教育,从规模到质量,都取得了举世瞩目的成就。然而,长期以来,很多人对我们所取得的这些成就却有意无意地忽略了,对我们具有中国特色的基础教育实践经验也不够重视,而对西方教育话语的盲从盲信,从某种程度上使人们忽视了中国基础教育的基础性、实践性和民族化的特点。随着教育国际化交流程度的不断深化,许多外国,尤其是西方的教育思想被介绍进来。这些思想,作为一种参照和借鉴的资源,对于丰富我们自身的教育文化,改进我们自身的教育实践,是很有价值的。但是,不少专家学者过高地评估了西方教育话语的功能和价值,而对我们自己鲜活的、富有教育成效的大量的教育实践缺乏足够的研究，对我们自身的教育文化传统缺乏足够的重视，以至于让我们的基础教育成为西方教育话语的实验田，长此以往，中国基础教育在世界范围内的教育交流中不仅不会获得话语权，甚至会逐渐失声。

在当前价值多元、理念横飞的时代背景下，中国的教育该何去何从？教师又该如何自处？这确实是一个值得人们深思的大问题。

于漪老师在复旦大学求学时，读的是教育专业。当时她就有一个心结，教育学所谈论的绝大多数都是外国的理论学说，我们中国那么悠久的历史文化，那么深厚的教育传统，为什么在教育学中却没有一席之地？因此她有一个宏愿，就是要建设中国本土的教育学。应该说，于漪老师几十年的从教经历，就是她以自身的教育实践，扎根现实土壤，立足国情、区情、校情、学情，建设中国本土教育学的努力过程。从这个角度来理解她"让生命与使命结伴同行"的名言，应该会带给我们一些新的启示。

不容否认的是，从新中国成立以来，我们的教育是深受外国教育思想影响的。曾经一度，凯洛夫教育学在基础教育领域几乎是独霸天下，布鲁纳的学习理论、布鲁姆的目标分类学等来自欧美的教育理论纷纷被译介到国内来，被人们奉为圭臬，成为主导教育教学实践的至尊法宝。当然，教育要发展，就一定要有海纳百川的胸怀和气度，一切人类教育史上的宝贵思想，都可以拿来为"我"所用，但总归还是要以"我"为主，但现实却往往并非如此。由于中国长期以来在国力上与发达国家存在差距，导致了不少教育理论家无视中国教育的具体国情，无视中国教育的悠久历史和传统，无视中国文化自身的特色，一切唯西方是从，在西方强势教育话语面前，乖乖投降，束手就缚，甘心做西方教育思想的忠实的仆从。对于这种做法，于漪老师感到痛心疾首，因此，在多篇文章中，她反复呼吁，要建设有中国特色的基础教育，要拥有我们中国自己的教育话语权，要树立我们自己的文化自信和教育自信，要建立属于我们自己的教育理论体系。这些论述，构成了于漪教育思想的重要内容。

需要指出的是，在于漪老师的教育思想版图中，"教育自信"就像一部恢弘的交响音画中反复出现的音乐动机，次第演进，日益清晰，遂成为扣人心弦的主题旋律。早在20世纪80年代，为了"让中国的教育在世界上有话语权，要有中国教师自己的教师学"，她发起成立了全国第一个教师学研究会并担任会长，并在后来主持撰写了中国第一部研究现代教师学的著作《现代教师学概论》。20世纪90年代,有研究西方教育理论的学者希望能够以她的教育教学实践作为案例,对此,她毫不犹豫地予以回绝,她说:"我绝不会让自己的实践沦落到去做外国理论的论据。"21世纪初,她又表达了"建设中国本土教育学"的宏愿;2010年前后,她又多次撰文呼吁"语文教师必须有教学自信力","语文教育要致力于拥有自己的话语权","要建立自己的教育话语权"。在这几篇文章中,她深入分析了语文教学的"他信力"和教育研究领域"言必称希腊"的内在原因,指出了这些不良倾向的负面作用和深层危害,阐述了教学自信和话语权自觉对于教师成长、课程改革和教育发展的重要意义。到2016年底,作为这一思想的集中表达,她撰写了《以教育自信创建自信的教育》这篇长文,次年初发表在《人民教育》杂志上。在她看来,真正的"有中国特色的教育学",不是靠一套概念术语、几本著作就能表述清楚的,因为它蕴藏在广大一线教师富有实践智慧和创造品格的教育教学实践过程中。

在她接连发表的一系列文章中,于漪老师集中阐述了"教育自信"的价值和必要性,以及确立教育自信的方向和路径。在《树立自强不息、办好有中国特色基础教育的信心与勇气》中,针对"与国际接轨"的口号,她一连提出了9个疑问,旨在引导人们关注本民族、本国家、本地区的教育领域中的实际问题,提醒人们"考虑问题必须站在地上,不能飘到半空"。在《建立自己的教育话语权关键在回顾走过的路》《坚持走有中国特色的教育发展道路》和《要在"化"上下功夫》等文章中,具体阐述了建立自己的教育话语权的方向和途径,那就是:一方面要对我们自己的教育心怀敬畏与自信,认真回顾、梳理、反思这三十年来中国教育走过的路;一方面还要拥有两个视野,一个是中国历史发展的视野,另一个是世界文明发展的视野。同时,还要在教育专业领域走自己的路,树自己的旗,在"化"上功夫。为此,在教育实践过程中,我们就要坚定信心,立足国情,放眼世界。一是要贯通古今,梳理我国几千年来的教育史,特别是新中国成立以来教育的成功经验。二是要拓宽视野,"左顾右盼",结合中国国情学习国外的先进经验,在教育软实力的建设中攻坚克难,提炼出自己的理论,拥有中国教育泥土的芳香,在世界上发出声音。办教育眼睛要向外,开阔视野,但更要朝内,树立自信,走中国特色的道路。面向世界,绝不是照抄、移植甚至贩卖国外的教育理论，更不能满口外国名词术语，盲目崇拜西方教育理论，自甘于思想矮化。

正是基于上述思考，于漪老师指出，在中国的土地上办教育，就一定要坚持走中国特色的教育发展之路，以教育自信创建自信的教育。中国教育崛起的过程，必然是中国教育话语崛起的过程，中国基础教育，理应树立自信，建立自己的教育话语权和理论体系，因为我们有大量的教育实践、教育硕果做支撑，有丹心与智慧浇铸而成的许许多多教书育人的经验做支撑。

从于漪老师关于“教育自信”的诸多阐述中，我们体会到，以教育自信建设自信的教育，创建本土化的、有中国特色的基础教育学，说到底是一个文化自觉、文化认同和文化自信的问题。从这个意义上来说，在教育中如何培养我们的学生对中华优秀文明产生深度的认同感，关乎教育话语的未来发展，因为教育的薪火是代代相传的。只有我们所培养的学生真正具有一颗闪亮的中国心，我们中国自己的本土教育学的大厦才能够越来越宏伟，越来越牢固。

（该文原载 2021 年 6 月《教育》，收入本书时略有修改）

丹心与沃土

——试论于漪人文主义教育教学思想的基本内涵及其文化资源

兰保民

于漪在20世纪90年代旗帜鲜明地提出了有关语文学科性质的“人文说”，于是人们通常便会认为，“人文说”是于漪对于语文教育教学的理论贡献。这当然是不错的，但还不止于此。考察于漪教育教学的实践文本和理论建树，我们会发现，人文主义根本就是于漪教育教学思想整体版图的基本底色。

于漪常说：“教育就是仁而爱人。”无论在课堂之内还是课堂之外，于漪都把学生当作一个完整的人，把他们的智力、情感以及身心发展每一方面的需要时时刻刻放在第一位去关心，想方设法去满足他们健康发展的需要。这种把学生的人格发展、素质培养和生命境界的提升放在核心地位，作为第一要素详加考量、躬身实践的教育观，通体闪放的都是人文主义教育的思想光辉，在于漪的教育世界中，无论是语文教学、班级工作，还是学校管理，抑或是教师培养，无不闪耀着这种人文主义教育思想的光芒。

一、捧向教育的一颗丹心

于漪曾满怀深情地说：“‘人文说’是我向当今教育贡献出的一颗赤诚之心。”确实如此。那么这颗人文主义“赤诚之心”的搏动，奏响的是一曲怎样的乐歌呢？我们认为，学生、教师、文化，构成了于漪人文主义教育教学思想这首交响乐歌的立体架构，而其灵魂则是对生命成长的热切关怀。

(一)“人”是教育的唯一目的

于漪始终认为，学生人格、素质和能力的培养，是教育的唯一目标，除此之外，没有其他，学校的工作也好，教师的工作也罢，都必须围绕着这一目标的达成而努力。如果偏离了这一目标，而错误地将其他因素作为评价教育的尺度，就必然会滋生种种弊端。片面追求升学率、名校录取率，必然会导致“育分不育人”的各种教育乱象和怪象；一味强调“标准化”，盲目地将测量学的一整套做法当作衡量教育教学效果的法宝利器，而忽视了学生生命成长的复杂性、个体性、整体性，其结果也只能把我们的教育教学“引入死胡同”。凡此种种，都是把“人”作为工具，而不是作为目的，是把学生生命发展的基本权利放在功利祭台上的错误做法。而人文主义，则是把人作为教育的唯一目的，尊重人的生命发展基本权利。于漪所坚守的，正是教育的这种人文立场。

需要指出的是，在于漪人文主义教育教学思想版图中，“学生”作为“人”，既是全体的，又是个体的；既是理念的，又是实践的；既是抽象的，又是生动的。

所谓“全体的”“理念的”“抽象的”，体现为于漪的学生观是“面向全体学生终身发展”。在于漪看来，基础教育是面向大众的普及教育，是为国家民族培养合格的建设者和未来的接班人，绝不能仅仅着眼于精英人才的培养。在这项伟大事业中，每一个学生都是宝贝，“一个都不能少”。翻开《岁月如歌》，我们会看到，那一个个别人眼中的“问题学生”，在于漪的心中却有着怎样的分量，而于漪又是用了多少“水磨的功夫”去感化他们、转化他们，培养他们成长、成人、成才的。2001 年，在接受东方电视台记者采访时，于漪一口气报出了 98 位 20 世纪 60 年代她教过的学生名字，其中当然有社会精英，而更多的则是在平凡的岗位上默默无闻而又尽心尽职工作着的普通劳动者，每一个孩子鲜活的样子都深深地印在她的心中，哪怕四十多年过去了，仍然难以磨灭。因为在她看来：“教师生涯中最大的事情，就是一个心眼为学生，做教师还有比这再大的事情吗？没有了。”

如果说于漪学生观“全体的”“理念的”“抽象的”一面，体现的是其教育思想“有教无类”的一面，这当然是人文主义的，那么其学生观“个体的”“实践的”“生动的”一面所体现的，则是其“因材施教”的特点，这同样也是人文主义的。

在于漪心中，学生作为发展中的人，绝对不是一个抽象的集群，而是一个个鲜活的个体，因为“学生是活泼的生命体，一个人是一个世界、一个宇宙，在成长发展过程中酸甜苦辣精彩异常”。因此，要真正落实“面向全体学生终身发展”

的理念,在教育过程中就绝不能搞“齐步走”或“大合唱”,而必须敏锐地发现每个学生心中那根“独特的琴弦”,在沟通理解上多下功夫,把准学生成长过程中心灵的脉动,从而真正走进学生的心灵世界,和每个学生的心弦对准音调。在她看来,教育当然要面向全体学生,而要做到这一点,“教师就不仅要认清当代学生的共性”,“而且要审视学生之间的差异,保护和调动各类学生学习的积极性”,“不仅要有班级的全局,而且要有一个个学生鲜活的形象”。于漪这种尊重学生独特个性的人文思想光芒,同样闪耀在其语文教育理论和实践中。她说:“寸有所长,尺有所短,在被视为语文水平差的学生中,仔细研究,他们的语文能力中也有强项。我教过的学生中,有些字写得歪七斜八,文章前言不搭后语,但侃大山一项,口才好得很;有些背诵默写总漏字、添字,张冠李戴,但在解答问题时常在语句不流畅中透露出独特的看法。”

(二)教育是教师的精神家园

于漪教育教学思想的人文主义色彩,同样体现在她的教师观上。于漪认为,从生命选择来讲,“人一辈子总是要面对选择,选择教师,就是选择了高尚”。学识渊博,敬业爱岗,为学生鞠躬尽瘁,这不仅是一个教师应该具备的职业品格,更是一个人在追求生命价值和生命意义的历程中所进入的一个真实的精神境界。教师的这种不懈的生命追求,“追求生命内在的丰厚,完美,追求诗意的精神家园,让生命的清泉汩汩流淌”。这些认识,建立在对教师生命深层观照的基础上,于是超越了对教师这一职业虽然神圣却不乏悲壮色彩的传统描述,而具有了融融的暖意、脉脉的温情和浓浓的诗意。也正是出于对教师的这种深层观照,于漪才会这样动情地对青年教师说道:

“如果下一辈子还叫我选择职业,我仍然选择教育这多情的土地,选择我们可爱的学生,选择这永远光辉灿烂、青枝绿叶的教育事业!”

“我曾经这样傻想:如果有一天谁剥夺了我热爱汉语、倾心语文教学的权利,那我就失去了精神家园,成了无家可归的人;那样的话,我的生命也就枯竭了。”

对教师的业务学习和文化提高,于漪也不是将它仅仅局限在胜任教师职业、完成学科教学或德育工作等需要的范围内来进行认识的。她认为,一个教师，通过读书求知，吸取前人丰富的文化遗产，厚实自己的文化底蕴，做到精神富有、学识广博，从职业的角度来说，“不仅自己教学时无捉襟见肘之窘，而且可放开手脚，信手拈来，左右逢源。然而说到底，还不是强调为师的快乐，而是学生遇到这样有真才实学的教师，可深受其益，乃至受益终生”。

而从教师生命的角度来说，教师的学习行为，既具有安妥生命，构建自我精神家园的意义，还是一个教师生命尊严的体现。谈到自己的学习心路，她这样说过：“长期居住在城市里，喧嚣、烦躁、劳累不断袭击，常感生命不堪承受之重。此时此刻，读一读陶渊明，读几篇山水游记，似乎立刻变了一个人，心境平和起来，徜徉于山水之间，美景如画，目不暇接。”情之所至，她禁不住动情地说道：“汉语，我的精神家园。作为一名语文教师，在这儿追寻真，追寻善，追寻美。无数的圣者、贤者、智者引领我向前迈步，我吮吸民族精神的精华，民族语言的精粹，生存得很充实，发展得有滋有味。”在这里，阅读学习，已经不再单纯是一个教师的职业需要，而且还是一个生命解脱精神困扰，寻求心灵宁静，优雅地生存、和谐地发展的需要。正因为具有永不枯竭的精神发展动力和生命发展要求，一个教师才会因“文化人”的身份而获得生命的尊严，保有一份骄傲。她说：“只有视文化为全部生命的人，才会在现代世界中还能为拥有文化和传承文化而自负。”如果不能不断地充实自己、发展自己的生命，只是满足于“教书匠”或“知识搬运工”的角色，则会斯文扫地，尊严尽失。“须知，打仗失败只是武力的失败，而读书失败，就是精神的失败。”只有在“读书求知”这条“光荣的荆棘路”上不停地攀登，才能“成为堪作学生榜样的知识富有的人”。在这里，知识富有，是一个教师的生命内涵，也是其维护教师尊严的资本，而“堪作学生榜样”，则是一个教师读书求知的职业目的。在这里，于漪将教师自我生命需要与学生生命发展需要成功地对接在一起，使教师的文化学习行为在满足教书育人的职业需要这一功利目的之外，获得了一份丰盈自我生命、提升生命品格和人生境界的独立意义。

(二)站在文化平台上爱育生命

在于漪看来，不管教师还是学生，一颗爱心贮胸中，感恩之情永不忘，生命就会有温度，就会具有温暖自己、温暖他人、温暖社会的感人力量。因此要不断锤炼自己的感情,丰富感情世界,敢爱,敢恨,敢怒,敢言。对学生,她说:“青年学生要立志崇高,追求感情世界的美好,做到血是热的,情是浓的、高尚的。”“青少年学生有一颗纯真的心,心中要装载许多美好的东西,……这样,你会觉得心胸开阔起来,血热了,热情往上涌,激情满怀。”对老师,她说,教师“胸中要有一团火,只有燃烧自己,才能在学生心中点燃理想之火,塑造优美的心灵。”

同时,在于漪看来,不管教师还是学生,都是一个个不断发展完善的生命,而阅读、写作,在情感上净化自己,在意志上磨炼自己,则是生命发展的途径。她说:“做人要追求生命的价值和生命的意义,也就是一步一步地攀登。……进入一个真实的精神境界,而知识、能力是攀登精神世界的阶梯。”人生,就是一个不断追求生命的意义和价值、寻找精神家园、丰富精神世界、提升生命境界的过程。教师的文化学习,学生的阅读写作,就生命关怀的角度而言,具有同样的意义。

特别需要指出的是,于漪人文主义教育教学思想,是与她的文化视野密不可分的。她在多篇文章中反复强调一个人精神生命的发育、人生境界的提升和生命态度的完善与民族优秀文化的密切关系。教师也好,学生也罢,将自己的个体生命放在中华文化传统的承续之中,放在中华民族伟大复兴的征途上,才会得到更为丰美的滋润。在她看来,文化是语言文字的命脉,“站在文化的平台上,语言文字的表现力、生命力才会闪耀光彩;语言文字才是生动的、鲜活的,给学生以强烈的感染,使学生受到人类优秀文化的哺育”。她还说:“用中华文化塑造心灵,人会典雅起来,真正脱离野蛮。”“先哲先贤,思想着,践行着,在一篇篇充满睿智的文章、一部部感人肺腑的作品中唤起读者精神的觉醒,牵引人的灵魂往上升。”把对生命的观照纳入到历史文化的视野中,不仅使生命价值的体认和生命态度的形成具有了更为丰富的文化内涵,而且赋予生命以超越个体局限性的文化意蕴,使之在生命伦理历史传承的文化链条中获得了更为厚重博大的意义空间。这不仅强化了每个人对自身精神生命意义和内涵的认识,而且在强化其文化认同感的同时,使其体认到作为民族成员和历史文化传承者、创造者的自豪感和使命感。

二、向教育的人文传统致敬

于漪人文主义教育教学思想是历史的产物，也是时代的产物，是我们中华民族教育传统在新中国这一特定时代背景下的延续和绽放，其中既有丰富的中国和世界教育史的文化因子，又有鲜明的时代特征。尤其需要特别指出的是，其直面问题、探本寻源、革故鼎新、开放包容的实践品质和求真求实向善向美的探索精神，对中国教育的未来发展而言，同样是取之不尽的智慧宝藏。因此我们说，于漪人文主义教育教学思想，不仅具有丰富的历史性、时代性，同时还具有极为重要的未来性。

（一）向中国教育的人文传统致敬

中国教育历史悠久，源远流长，血脉赓续，薪火相传。每一个时代都有代表那个时代教育精神和教育高度的教育家，而中国教育文化历史一脉贯通的根本精神，正如钱穆所言，“是一向看重‘人文精神’的”。春秋时期，教育由作为贵族教育的官学转向作为平民教育的私学，以孔子为代表的早期儒家所极力倡扬践履的教育思想，便是以“君子养成”为旨归的道德教育、人格教育和文化教育。所谓“君子”，就是通过教育所成就的理想的道德人格。无论是“君子不器”的警诫，还是“汝为君子儒，无为小人儒”的训告，都是把人的整体建设与发展作为根本目的，而不是把人塑造成从事某种专门职业的工具（“器”）。

此后历代教育家，无论是两汉经学时代的董仲舒、马融、郑玄，还是唐代处于佛教和道教盛行的时代思潮中的韩愈，都是将道统尊严放在至高无上的位置加以强调和重视的，而道统尊严的背后，他们所要着力挺立的，其实便是处在政统法统强势逼压之下的士人自身的人格尊严，所以，其精神底色同样是人文主义。延至宋代，书院教育盛行，教育星空群星灿烂，涌现出胡瑗、范仲淹、程颐、程颢、朱熹、陆九渊等一众教育家和学者。其中张载的“横渠四句”，堪称那个时代的最强音：“为天地立心，为生民立命，为往圣继绝学，为万世开太平。”这就不仅意在挺立士人自身的主体精神，而且“是为别人、为大众、为天下，乃至为后世打算，所以说它是‘人文精神’”。而明代的王阳明以“良知”学说为基础，认为“满街人都是圣人”也是常事，不足为异。在王阳明看来，“圣人”作为一种人格理想和道德标准,并非遥不可及,因为作为“善端”的“良知良能”,无论圣人还是愚夫,人人皆具,只要善加护持,不让它遭受任何蒙蔽,良知常存,圣人可期。因为圣人代表着人格的最高尊严,因此,“人人皆可为圣人”的宣言,便是在道德提升和人格解放的可能性面前众生平等的人权宣言。

于漪的人文主义思想脉动,与中国教育史的上述人文传统是一脉相承的,是中国教育文化源远流长的人文传统在新中国这一全新历史条件下的灿烂绽放。从春秋时的孔子,一直到近现代蔡元培、陶行知等教育家,他们教育思想中的人文因子,在于漪教育教学思想谱系中,不仅都能够找到与之遥相呼应的经典表达,而且我们还会发现,于漪在新的历史条件下赋予了这种人文传统以新的内涵,使其得到了丰富和发展。

回顾中国教育史的这一人文传统,我们会发现,中国历史上历代优秀的教育家,其教育思想中一以贯之、连绵不绝的,正是那种以天下万民为己任、以文道传承为担荷的人文精神。而具体言之,不同时代的教育家,其人文精神的内在气质又有细微差别。

孔子的“有教无类”“因材施教”“君子不器”等人文教育思想,主要表现为一代知识分子在社会大变革、阶层大变迁的时代里的处世热情;而董仲舒的“天不变,道亦不变”和韩愈的“道之所存,师之所存”,其教育思想的人文特质,主要表现为在经学时代里知识分子试图以道统来制衡法统以维护自身尊严的人格自觉;而以张载的“横渠四句”为代表的宋代教育思想的人文气质,主要表现为在道统沉沦日久的时代里,知识分子对自身主体价值的自觉精神。“所谓‘自觉精神’者,正是那辈读书人渐渐自己从内心深处涌现出一种感觉,觉到他们应该起来担负着天下的重任。”延至后世,以王阳明为代表的教育家,其教育思想的人文气质,无论是“人人皆可为圣人”,还是“须做得个愚夫愚妇,方可与人讲学”,更多地则表现为对俗世和庶人价值的认可与肯定。

而于漪教育教学思想的人文精神,与历代诸贤比较,其鲜明的个性气质则表现为,它是在中国特色社会主义建设的时代背景下,面对中华民族伟大复兴这一时代命题和历史所赋予的重任,从事基础教育事业的一代知识分子所表现出来的公民担当。她的诸多“金句”,无论是“教师双肩挑着千钧,责任重大,一肩挑着学生的现在,一肩挑着祖国的未来”,还是“培养有中国心的现代文明人”，都是这种公民担当的具体表达。在她看来，“如果我们培养的人对自己的国家缺乏热情，对中国的文化缺乏认同，缺乏一个公民应有的责任心，不能自律，即使掌握一定的知识技能，也难以对社会作出贡献”。这种公民自觉与使命担当，鲜明地体现出当中国教育发展到新中国这一历史时期，在党的教育路线和方针指引下，新中国所培养出来的新一代杰出的“人民教育家”，其教育思想所达到的新的人文高度。

（二）从雅典学院到后结构主义

对于中华民族历史发展过程中的人文传统，于漪用自身的教育实践和理论探索表达了深深的敬意，同时她又以非常开阔的世界视野，吸纳着世界上各个国家和各个民族的优秀教育文化，来丰富自己的教育思想。世界各国家和各民族的优秀教育文化，从柏拉图的雅典学院到德里达的后结构主义，都是于漪人文主义教育教学思想的重要精神资源。

一方面，她对教育目标的思考，是放在当下经济、文化等各领域竞争、交流、碰撞的世界格局中来展开的，因此，对“我们的教育究竟应该培养怎样的人”这一问题，她的回答掷地有声：“培养有中国心的现代文明人。”另一方面，对于世界上从苏格拉底、柏拉图，到赫尔巴特、布鲁姆，乃至日本的佐藤学等各个国家或地区、不同流派的教育思想，她都有深刻的理解，因此，在“怎样培养人”的思考上，她又广收博取，并进行实践性的转化。她说：“面向现代化，当然不能关起门来搞教育，自我封闭，而是必须面向世界。在怎样的全球背景下办教育，世界各国教育的状况怎样，它们是怎样办教育的，尤其是发达国家办教育的经验，我们都要比较、对照，科学地分析利弊得失。有了国际视野，知己知彼，心中更有谱，更能认清前进的方向。培养的学生当然也要有国际视野，要立足本国，放眼世界，具有参与国际社会生活与竞争的能力。他们不仅要有中华优秀文化的底气，更要以开放的心态善于学习与吸收人类创造的文明成果，还要提高文化识别力、判断力，抵制西方种种腐朽毒液的入侵、浸染。”

由此我们看到，在于漪人文主义教育教学思想谱系中，对于如何处理“民族”与“世界”，以及“过去”“现在”与“未来”的关系，始终不乏深入的思考。于漪就像一棵大树，她将根系牢牢地深扎在国家和民族的沃土里，而她的枝叶同时又时刻感受着世界的风云。我们说于漪人文主义教育教学思想体现了“变”与“不变”的辩证法。她的“变”,是源于现实思考而贡献出的理论资源和实践智慧,因此她的教育思想永远是与时俱进的;而她不变的永远是前进的方向,具体来说,就是对中国这片土地上的基础教育和学科教学的本质的理解、目标的理解。

(该文原载 2022 年 4 月《教育》,收入本书时略有修改)

人文精神铸就思想风骨

——试论于漪人文主义教育教学思想的精神气质及其当代价值

兰保民　上海市浦东教育发展研究院

纵观于漪教育教学思想，不难发现有一条清晰的发展变化的脉络；在这发展变化的过程中，我们又会发现其中有一个恒定不变的基本立场。这发展变化的部分，体现的是于漪在时代的滚滚洪流中，结合自身对教育实践的理解和体会不断深入，是其思想认识的不断超越；而那恒定不变的，则是于漪对教育的基本性质、目标定位和价值立场的牢牢坚守。无论"超越"还是"坚守"，其思想的核心，就是于漪躬身实践而且著文必提、逢人必讲的四字金言，即"目中有人"！我们之所以说，在于漪教育教学思想体系中，这种"人文精神"铸就了其"思想风骨"，正是因为"超越"与"坚守"这两种姿态的辩证统一所呈现出来的精神特质是勇猛精进的，是坚定不移的，是纯净明亮的，这是于漪人文主义教育教学思想的神韵和底色，也是其风骨之所在。

应当指出的是，于漪人文主义教育教学思想的一个鲜明特点，就是其批判性。这主要表现为在当前市场化、全球化、数字化背景下"人"在教育价值中的失落和人的"物化"与"异化"、功利化等种种乱象。于漪痛心疾首地表达了"椎心的忧思，竭诚的期望"。这种直面时代症结的深沉的忧患意识，既是其人文主义教育思想之所以形成的时代源泉，也是其批判性特征的显著标志。

但同时需要指出的是，于漪这种人文主义教育思想的批判性特征，主要表现在其思维层面和教育哲学层面，而不是立场层面。因为她从来都没有把自己定位在批判者的角色上，也绝不把自己置身于教育发展的滚滚洪流之外，而是全身心地把自己投入进去，从学术思考与行动探索两端发力，寻求解决问题的路径。在她看来,教育是一个不断追求理想境界的事业,是永远追求完美的事业,但它的发展,注定也是一条永远绵延不尽的“光荣的荆棘路”,如果只是批判,只是抱怨,只满足于当教育教学领域里的“愤青”和“喷子”,这也瞧不起,那也看不惯,而不愿去做踏踏实实的建设工作,恐怕对于教育的发展而言并无实际意义。真正有意义的是,在认清方向的基础上,披荆斩棘,走出一条路来,这样才能不断前行。所以我们说,于漪人文主义教育教学思想的批判性,固然是尖锐的、冷峻的,但在这尖锐之中有宽厚,在这冷峻之中有温暖,因为这种批判源自一颗仁人之心,这种批判最终指向的是建设。

一、问题意识

“问题意识”是于漪人文主义教育教学思想批判性特征的第一要素。于漪曾经说:“我是‘一个脑子里全是问题的教师,问题甚至胆大到可以质疑我们的汉语语法体系’。”确实如此。而正是这些问题,让她在教育教学之路上不断探索前行。回顾于漪人文主义教育思想的发展轨迹和实践探索之路,我们会发现,她有一条非常清晰的不断演进的路线,而这条演进路线背后的一个推动力,就是她的问题意识。对此,中央庆祝改革开放40周年表彰工作领导小组办公室编写的《改革先锋风采录》是这样评价于漪的:

“她坚持以学生为本,用‘宗教般的虔诚’教学、实践、累积,厚积薄发,对语文教学改革作出深层思考。从20世纪80年代提出‘全面育人’,到90年代初提出培养‘现代人素质’,再到90年代中后期以来主张‘弘扬人文、改革弊端’、提出‘工具性与人文性的统一是语文教学基本特点’、推动‘人文性’写入全国《语文课程标准》,她教育思想、教学实践创新始终同步。”

上述评价,主要梳理的是于漪在语文学科领域基于问题的思想发展轨迹。其实,面对整个基础教育,于漪脑子里同样是问题不断。例如,新世纪于漪提出了一个新的问题:教育究竟应该是“育分”还是“育人”?上海市政协原副主席王荣华同志称之为“于漪之问”。近几年,面对复杂的国际局势与教育生态,于漪又产生了深深的忧虑,那就是教育安全之忧,国家安全之忧,变局、困局、危局中的下一代身份认同的定力之忧。王荣华同志称之为“于漪之忧”。“于漪之问”和“于漪之忧”,充分体现了于漪人文主义教育教学思想的问题意识和忧患意识。

“于漪之问”和“于漪之忧”包含了非常丰富的人文教育思想内容，其中最核心的，应当就是于漪作为新中国所培育出的基础教育领域的“人民教育家”，对于国家发展和民族前途命运的那种深沉的忧患意识和浓浓的爱国情怀。“于漪之问”和“于漪之忧”切中时弊，启示我们每一个从事教育工作的人都要从内心深处叩问自己：“我每天的教育教学工作究竟在塑造怎样的人?”这一“问”一“忧”，源自对我们民族如何自立于世界民族之林、我们如何实现民族复兴的伟大的中国梦的战略思考，它们触及了基础教育的本质和责任，具有极为深刻的理论内涵和实践启示意义。

“于漪之问”和“于漪之忧”，为什么能够引起人们的普遍共鸣？因为这是“时代之问”，是“时代之忧”，它切中了我们这个时代基础教育的症结。

一是功利教育的症结。于漪说：“基础教育从事的是人的基本建设，给人的思想道德、行为习惯、科学文化打基础。”可是受功利思潮的影响，在实践中我们却不自觉地把手段当成了目的，好像教书就是为了考试，把分数和升学率看得比什么都重要，常常错误地以应试为目的，以追求升学率为目标，这不仅偏离了育人的轨道，也使学生的健康发展受到明显伤害。因此于漪大声疾呼：“别赚走学生的未来。”让我们真切感受到面对教育时弊的那种椎心之痛。

二是工具理性的症结。她一直呼吁，我们教育工作者应该站在文化平台上思考教育，要时刻警惕“泛技术化”的倾向，不能只是简单地从技能和操作层面来考虑怎么上课、怎么办学。从事教育的人，不管是当教师还是做校长，都不能只有工具理性，还必须有价值理性，甚至可以说，价值理性比工具理性要重要得多。教育者要守住教育的精神家园，不能跟风走，受社会不良价值取向的影响，这就需要有一股坚守的定力，用于漪自己的话说就是，“志存高远，守护教育者的尊严”，“在坚守中创造精彩”。

三是西语霸权的症结。于漪有一个梦想，就是建立具有中国特色的本土基础教育学，而不是跟在西方教育话语后面亦步亦趋。她用一辈子在讲台上孜孜矻矻、坚持不懈地耕耘与求索，来构筑自己的这个梦想。从20世纪90年代以来，于漪撰写了多篇文章，谈教育自信力问题。她说：“我绝不会甘心让自己沦为西方教育理论的注脚。”于漪在《人民教育》上发表的文章，题目就是《以教育自信创建自信的教育》。我们中国人口这么多，地域这么广，地区差异这么大，我们有我们的教育目标和战略定位，国情不同，怎么能照搬照抄西方的经验呢？

二、格局、见识、洞察力

于漪人文主义教育教学思想的批判性特征，其思维方式上的表现，在于其独特的格局、见识和洞察力。于漪首先是一位教师，一位终生从教的优秀教师。她的思想，是从丰厚的实践土壤中，经过漫长时间的培育而开放出来的花朵；她的话语，是从一个个生动的案例中提炼出来的，是带着教育生活新鲜露水的智慧结晶。正因如此，于漪才成为一位名副其实的教育家。她的著述，迥异于那些醉心宏大叙事和追求体系建构的学院专家；她的身上体现出了作为教育家的一些鲜明特征，如独立自由的思想，淡泊功利宁静致远的定力，坚守教育根本价值的勇气，对教育问题的高瞻远瞩、深谋远虑的哲学思考，以及富有独特性、创造性和持久性的教育实践，还有堪称辉煌的教育教学成就。

作为终生从教的“人民教育家”，于漪人文主义教育教学思想的思维方式表现如下：

一是直面现场。这里的现场，既是于漪讲课、写文章或作演讲的需求背景，更主要的是令于漪心绪难平的教育现实。我们的教育当然取得了不少成绩，但同时又乱象丛生，迷雾重重，比如西语肆虐、理念横飞、文化失语、价值缺位、功利至上、自信缺失、机械训练、目中无人，等等。对于这些突出问题，她不回避、不虚饰，而是直面矛盾，像鲁迅先生那样“揭开疮疤，以引起疗救的注意”；同时又发现亮点，坚定希望，指引教育教学的光明之境。她的每一篇文章，基本上都是对基础教育和语文教学的冷峻思考、理性批判、切实分析和中肯建议，表现出一种务实的精神、清醒的眼光、建设的热情。

二是富有洞见。于漪教育教学思想的说理方式，有分析，但绝不纠缠；有思辨，但绝不玄虚；有综合，但绝不笼统；有推理，但绝不枝蔓。她行文中不乏洋洋洒洒、娓娓道来的案例叙事，也不乏对事理的阐述和解说，但在关键处总能以三言两语直击要害，兔起鹘落，绝不纠缠，有如醍醐灌顶，令人豁然开朗。这就是“洞见”，一种清明的眼光，一种透彻的理性，一种瞬间爆发的清醒认识。这种境界，靠的不只是写作演讲的技巧，不只是语言运用的智慧，也不只是丰富的经验和阅历，更重要的是卓越的见识和过人的胆略。而这种见识和胆略，则是以丰厚的文化积淀、独立的思考方式、清醒的价值立场、高远的思想境界为基础的。

三是表达独特。于漪很多文章真的很难明确界定文体属性。且不说那些由演讲而整理出来的文章，即便是正式发表的很多论文，文体特征同样非常独特。它们既是论文又不像论文，既是随笔又不像随笔；有论文的理性深度，有散文的随意洒脱，有记叙文的生动鲜活，有的甚至还有报告文学般的丰富与张扬；记忆深处的精彩往事涌上心头，笔下便是情感的世界；往事退场，理性突入，笔下便是思想的战场。于漪老师能够让思想在叙事、抒情、议论之间大开大合、自由流转。我们甚至可以说，于漪独创了教育教学思想表达的"于漪文体"。

三、抵达哲学的澄明之境

张汝伦先生曾著文指出，于漪的人文主义教育思想"有于漪自己的教育哲学在"。当然我们知道，于漪首先不是教育哲学家，而是优秀教师，是"人民教育家"，但她的教育思想之所以令人听之"如饮琼浆，如灌醍醐"、能够将人引向澄明之境，则在于其深层的哲学思考。

哲学是什么？这是一个"大哉问"，答案不一而足，但有一点是毋庸置疑的，那就是对根本问题的根本思考。而教育哲学，就是对教育根本问题的根本思考。把根本问题思考清楚，就抓住了教育的"牛鼻子"，循此而下，则纲举目张，无往而不利。

于漪经常说："我这个人其实很简单。"而有时她又会说："简单就是智慧。"这里的"简单"，其实是很不简单的。要达到拔除冗杂、直抵本质的哲学境界，哪里会那么简单就达到呢？她曾说过："什么是教育？教育就是培养人；什么是中国教育？就是培养有中国心的人。教师无权无势，只靠四个字——以身作则，这是我们的法宝。"话说得简洁、通俗易懂，还有比这更准确、更纯净的表达吗？恐怕很难了。

也许有人认为，于漪的表述"卑之无甚高论"。而当前基础教育的很多问题，其根源也许恰恰就在这里，对于本原性问题思考不深、认识不清、理解不透，所以就容易热衷于标新立异，或者被一些炫人耳目的新名词、新概念所迷惑，于是在认识上、行动上就容易出现偏差。而于漪的高明之处就在于，不管遇到什么问题,她都会回到教育的原点进行思考,牢牢地植根于教育"培养人"这一根本目的,由此延伸开去,在理论和实践两个层面构建起她的人文主义教育思想大厦。正如王阳明所说:"知者行之始,行者知之成。圣学只一个功夫,知、行不可分作两事。"其实真理往往非常朴素,而要真正把真理落实到行动上,做到"知行合一",就不那么容易了。如果不能够在"行"上下功夫,那么我们在教育实践中就会要么失去了主心骨;要么就只落得个鹦鹉学舌,说一套,做一套;要么只是偶尔中的,大多时候则不得要领。子曰:"道不远人,人之为道而远人,不可以为道。"如果在教育之"为"(教育教学实践)的功夫上没有恒定的价值原则,往往就会在不知不觉中背离教育"立德树人"的初心和使命。于漪一直呼吁"教师要练好'立德树人'的大基本功",正是源于这种"知行合一"的哲学考量,也就是说,不仅要从思想上认识到"立德树人"的重要性,关键要在教育实践和行动中下真功夫,见真本领。

于漪人文主义教育教学思想之所以能够达到这样的澄明之境,与她广博的学识、深度的教育实践和勤奋努力的学习品格当然是密不可分的。她"讲过近2000节省市级以上探索课、示范性公开课,其中50多节被公认为语文教改标志性课例",21卷近600万字的《于漪全集》是基础教育领域首部特级教师所出的学术全集,这些人所共知,毋庸赘述。需要特别关注的,是于漪的文化底蕴和哲学修养。

于漪有一篇文章,专论中国文化的精神。她深刻地认识到,中华文化,回顾过去,是博大精深,看未来,是澎湃发展。今天我们在传承历史文化的基础上,又要加以发展,因为时代在发展。中国文化与西方文化有很多不同的地方,其最基本最核心的特征,就是很强的人文精神。中国文化人文精神,第一个特点,就是非常尊重人,是对人的尊崇。第二个特点,是重视人的修养,追求理想和人格的完美。第三个特点,是宽容精神与博大胸怀。中国文化人文精神还有尚群的特点,崇尚群体,讲仁而爱人,不仅要爱自己,还要爱别人。生命是生生不息、不断传承的,我们的文化也生生不息,它一代一代地培养着人,又由一代一代的人传承着。我们要把过去人类最好的、最精华的东西传给我们下一代,从而使中华文化更加优秀。正是源于对中华文化根本精神的深度体认,她才能站在文化的高度,站在民族文化传承发展的历史洪流中,对当今教育做出准确的思考和定位。

于漪一直重视教师的哲学修养，她不仅自己有很好的哲学修养，而且大力提倡教师学一点哲学，使教师拥有一颗哲学头脑。为此，她组织专家学者开设茶座，专门探讨这一问题，特意撰写文章向教师发出呼吁。她说："哲学的思维对教育工作者来说是一项基本功，没有这方面的修养，就难以成为一个合格的教师，更不要说是称职的领导了。""育人，还是育分，是教育者长期面临的一个重大问题。从哲学的视角看，'育人'是富有哲学头脑的思考，是抓住了教育的根本问题的根本思考。而所谓'育分'，它说到底不过是衡量人的知识水准的一种手段。"我们认为，于漪的教育教学思想之所以是人文主义的，是对教育的终极价值和根本目的的思考，其深厚的哲学修养是非常重要的因素。

四、通向人文主义理想教育建设

于漪人文主义教育教学思想是历史的产物，也是时代的产物，是我们中华民族教育传统在新中国这一特定时代背景下的延续和绽放。当前，在中华民族伟大复兴的时代命题面前，教育如何才能"五育并举"，真正承担起培养新时代中国特色社会主义伟大事业的建设者和接班人的重任，我们每一个教育人，尤其是基础教育工作者都需要认真思考，躬身实践。而于漪以人为本的人文主义教育教学思想，对于贯彻落实"立德树人"根本任务和党的教育方针路线，无疑具有十分重要的学术意义和实践价值。因为，在教育进入核心素养时代，课程改革不断深化的当前背景下，核心素养的提出，意味着教育教学育人价值的庄严回归。于漪"目中有人""教书育人"的人文主义教育教学思想，对于学校办学如何贯彻落实"立德树人"根本任务，如何在核心素养视野下充分彰显各类课程的育人价值，无疑能够提供十分丰富的理论启示和实践参考。她的许多教育教学思想，对于当前教师正普遍感到困惑的学科核心素养如何落地的问题，不仅具有价值引领意义，而且具有极其丰富的方法论意义。

因此，我们应该在新的历史起点，更加全面、完整地认识于漪教育教学思想的人文主义特质，更加深入、系统地开展实践探索，更加深刻、透彻地认识贯彻落实党的教育目标和教育方针与学习研究于漪教育教学思想之间互为表里、密不可分的联系，高举"五育并举"的人文主义教育旗帜，弘扬人文，革除弊端，以立足当下、面向未来的姿态,做绝不缺少人文精神的教师,培育有中国情怀、有世界视野、有文化格局、有科学精神的现代学生。

(该文原载 2022 年 6 月《教育》,收入本书时略作修改)

牢固树立以学生为本的核心理念

——于漪教育教学思想之目的论浅述

谭轶斌　上海市教委教研室

今天，我们每位老师都能朗朗上口地说出教育教学要以学生为本，但在20世纪七八十年代，当大家普遍认同以知识为本、以知识体系为本的时候，于漪提出了以学生为本、以学生发展为本的理念。这种认识上的突破，无疑是革命性的超越。

无论做教师还是当校长，于漪时时处处以学生为本位，以学生全面而富有个性的发展为本位。她注重课程教学三个维度的融合，注重学生综合素养的培育，积极倡导并自觉践行面向全体学生的素质教育，以素质教育促进学生德智体美劳全面发展。

90多岁的于漪谆谆告诫我们："办教育，最重要的是培养孩子要有一颗中国心。这颗心里，要装着亲情、友情、师生情、乡情、赤子情等，更要装着国情、国运、老百姓的安危，求世界之大同。"作为教师，我们要拥有像于漪一样关照学生今日健康成长和明日长足发展的大爱和大智，充分认识到"拔节孕穗期"青少年学生的培养不能以获取知识为唯一目的，因为成"人"比成"才"更为根本。

一、学生是教育的第一立场

于漪强调"人"是教育的目的，深刻认识到以学生为本是教育本质的回归。她深切理解党的教育方针，敏锐地意识到时代的发展要求，她在20世纪提出的很多看法，与本世纪初国家颁布的《基础教育课程改革指导纲要》的精神不谋而合，与当前国家提出的"培养全面发展的时代新人"的要求高度契合。

(一)把学生放在教育的核心位置

于漪在报告和著述中多次引用《大学》中的“大学之道,在明明德,在亲民,在止于至善”,强调求学的目的就在于彰显内心的美德,达到至善的境界。她还常引述《易经》中的“天行健,君子以自强不息;地势坤,君子以厚德载物”,强调教育要培养品德高尚的“君子”。

于漪在文中也提及柏拉图《理想国》中的“洞穴隐喻”。该隐喻简言之,就是把人从洞穴里引出来,从一个洞穴之人变成阳光之下的理性之人。柏拉图借苏格拉底之口,说出教育就是把人的灵魂和精神引向真理,把世界从黑暗引向光明,这就要在本质上增强人的精神力量。

复旦大学教育系毕业的于漪从东西方先贤的智慧中获得启迪,认识到教育不能是功利的、物质的,智慧本身就具有德性的意味。如果教育变得物质、短视、功利,智能发展会导致真善分离,那么理性就难以启蒙,善和美也就无从培养。“教育事业是具有理想性的事业,真正的教育是引导人的灵魂,达到高处的真实之境,是人生境界的提升,知识技能是帮助灵魂攀升的阶梯。”“这一教育本质呼唤着我们的教育必须把学生放在教育的核心位置,以学生为本,对学生的成长负责。”

于漪认为,学科教学要提高质量,不能丢失了人,有了“人”,教学内容就会丰厚起来。于漪曾以语文教学为例来阐述这个道理。学习杜甫的《茅屋为秋风所破歌》,很多老师往往关注“安得广厦千万间,大庇天下寒士俱欢颜,风雨不动安如山”的美好愿望,但是于漪还关注到了杜甫在成都草堂时的“断炊之危”,读出了最后一句“吾庐独破受冻死亦足”的千钧之力。只要天下寒士活得好,自己屋破受冻而死也值得。在于漪的课堂上,孩子们懂得了,人生最难的莫过于战胜自己的私欲,杜甫在如此艰难的情况下所坦露的恻隐之心、仁爱之心,光照人寰。于漪说:“你把‘人’放进去思考、比照,让学生受到精神养料的滋润,他们的做人境界就会不断提升。”

作为新中国首批语文特级教师,于漪在课堂中摸爬滚打几十年,从最初的“胸中有书,目中有人”,到后来“教文育人”思想的形成,她对“以学生为本是教育核心理念”的认识和实践愈发深刻。

“什么是教育？教育就是培养人。什么是中国教育？就是培养有中国心的现代文明人。我们要培养的绝对不是那些只给外国人打工的人，而是要培养有中国自信、中国自尊的，能放眼世界的，为世界和平做贡献的人，也就是能真正屹立于世界民族之林的中国人。如果只重技巧，忽视大目标，就会贻误我们的未来。”

（二）“术”与“人”不可错位

1978 年，于漪撰文《既教文，又教人》引起强烈反响。她认为，培养人要放在特定的历史条件和特定的社会环境下来认识，时代需要的是基础扎实、思维敏捷、应变能力强、富有创新精神的人，而不是书呆子。时任人民教育出版社副总编辑、中国教育学会中学语文教学专业委员会理事长的刘国正同志写信给于漪，充分肯定该文切中时弊。

改革开放初期，于漪之所以能在百废待兴中看到“人”，在语文教学中关注“人”，是因为她敏锐地意识到整个世界格局的变化。20 世纪 80 年代，世界各国的竞争转入经济竞争，转入综合国力的竞争，其实质就是高科技的竞争。于漪认为教育唯有以人为本，才能与以人为本位的知识经济相适应，于是发出了“教育的竞争说到底是人才的竞争”“今日的教育就是明日的科技、后日的经济”这样振聋发聩的声音。

21 世纪，我们国家要在世界上立于不败之地，起作用的因素很多，但最重要的就是拼人。哪个国家的人素质高，就能立于不败之地。未来社会将更加开放，更加国际化，基础教育到底要培养怎样的人，方能适应时代的发展，迎接未来的挑战……这些问题始终萦绕在于漪脑海中。在不断学习和思考的基础上，于漪在 20 世纪 80 年代初提出了 20 个字的育人目标——“基础宽厚、勇于发展、敢于创新、人格完善、造福社会”，这其中，“人格完善、造福社会”八个字尤其值得咀嚼。

邓小平同志“三个面向”的题词，开辟了教育新航道。于漪认真学习，做了很多读书笔记，还把启示一条条写下来。她在 1984 年发表的文章中就提出，“要切实树立育人大目标，须真正按教育要面向现代化、面向世界、面向未来的指导方针办事，在教育观念上进行革命”，教育的重要任务是要培养创新人才，创新人才除了具有创新精神和实践能力之外,必须具有高尚的道德品质、正确的价值观念。贯彻国家教育方针,培养学生就是要抓住一个核心、两个重点,即以德育为核心,以实践能力、创新精神为重点。“学习知识技能在学生成长过程中是必不可少的重要部分,但绝对不是全部,‘术’与‘人’错位,无疑就会形成学生思想道德科学文化以及身体素质等方面的种种残缺。”

此时的于漪,已充分地认识到“人”是教育的目的,是教育的出发点和归宿。教育要培养学生的实践能力和创新精神,更要以德育为核心,让学生成“人”比成“才”更为根本。

(三)教在今天,想到明天

于漪常常语重心长地跟老师们说:“教育,一个肩膀挑着学生的现在,一个肩膀挑着国家的未来。”她站在时代的制高点,站在科教兴国、人才强国战略的制高点,站在与基础教育先进国家竞争的制高点上提出,要“教在今天,想到明天”。因为教育事业是未来的事业,是为未来培养人的,因此要以对明日建设者的要求来指导和确定今日的教育教学方法。她常常从自己当年的教育对象出发,思考他们毕业后参加工作、大展宏图是什么年代,那时的中国和世界是怎样的,他们明日应具备怎样的思想道德素质和科学文化素质,才能适应未来现代化建设的需要。

当前,随着经济全球化进程的不断推进,各种价值观发生冲突,中小学生往往分辨不清什么才是主流价值观。于漪常常思考,当形形色色的腐朽的资产阶级思想和先进的科学技术一起进来后,如何增强学生的识别能力和抵制精神污染的能力,教育要对此负起责任。“我们要培养的人,应有高度的思想觉悟,能敏捷地接受各种新的信息,作出判断,作出正确的反应,能说会写,有一定的文化修养,也就是要培养为社会主义现代化事业奋斗的有理想、有作为、思想敏锐、基础知识扎实的新一代人。”教育的效益是延后实现的,学生的素质如何,几十年以后必然见分晓。

今天,无论身在何方,即使躺在病榻上挂着盐水,于漪仍在牵挂着教育。她为世界局势深感忧虑:“教育安全就是国家安全啊!”此时,我们深深悟出,于漪为何在几十年前就强调“今天的教育质量就是明天的国民素质”,也更深刻地认识到说新课程是“铸魂工程”背后的深意。

2020年，当中国人民万众一心投入到抗击“新冠”疫情这场艰苦卓绝的斗争中去时，九十高龄的于漪满怀激情地说：“立德树人必须站在社会主义伟大祖国和全人类生存发展的制高点上，竭尽全力培养学生的大视野、大情怀、大担当，积极有效地冲破目光短浅、分数至上、一己之力的藩篱，引领学生把国家安全昌盛、人民幸福安康、人类命运共同体的理想追求镌刻于心，立志一辈子锲而不舍落实到行动中。”当国家提出“为谁培养人、培养怎样的人、怎样培养人”这一关乎教育根本的重大课题时，于漪心中有着清晰的答案。

习近平总书记明确要求，我们办的是社会主义教育，要培养社会发展、知识积累、文化传承、国家存续、制度运行所要求的人，培养一代又一代拥护中国共产党和我国社会主义制度、立志为中国特色社会主义奋斗终身的有用人才。这是我们思考和谋划教育工作的逻辑起点，也是必须牢牢把握的正确政治方向。要坚持教育为人民服务、为中国共产党治国理政服务、为巩固和发展中国特色社会主义制度服务、为改革开放和社会主义现代化建设服务，真正做到为党育人、为国育才。于漪的“以学生为本”，始终牢牢坚持社会主义办学方向的政治原则。

二、发展是学生的基本权利

人的生命体本身蕴含着多方面的发展潜能，教育的任务就是把学生的潜能变为发展的现实。在于漪看来，每一个学生都得到发展，不仅是现代民主的基本理念，而且是每个学生的基本权利，教师要保护并尊重这种权利，创造条件实现这个权利。

(一)每个学生都是活泼的生命体

于漪曾出版过一本名为《和中学生交朋友》的书，其中收录了她给许多从未谋面的中学生的回信。那些来自全国各省市、和于漪素昧平生的学生只要写信给她，她都不厌其烦在第一时间回复，或解答困惑，或拨开迷雾，或殷殷鼓励，或深切期许……她不愿辜负任何一个生命，她珍视每一个学生的生命价值，因为她深信，每个学生都是活泼的生命体。

在于漪看来,每个学生都是独一无二的,各有所长,所以教师要对学生的个体性、独特性、多样性给予充分的尊重,要因材施教,创设宽广的发展空间,让每一位学生的个性得到发展,潜能得到发挥,生命追求成为现实的可能。只有在这样的学校状态中,学生才不会是"容器",才会主动求取、自主发展,真正成为学习的主人。

因此,于漪在教学改革中,一方面注重教学内容的完整和丰厚,另一方面注重教学结构的改革和创新。因为于漪认为,传统教学都是我讲你听,个别学生问,教师解答,这是线性的往复,在这样的课堂中,有部分学生更像是听众或观众。于漪在最近的一次报告中回忆说,当年有个学生学习很困难,他很自责,"于老师,你的课很好听,但我不会"。这话激起了于漪的反思。学生学不会,这是教的问题啊!课堂中到底谁是主人?学生是学习的主体,教师是教学的主体。所以,一定要改革课堂教学结构,一定要让教作用于"所有的学",学反作用于教,学和学要相互作用,形成一个网络式的学习磁场,把所有的学生组织到这个学习磁场里来。教师提出一个核心问题,起码要面对三个层面,即面对大多数的学生、照顾有困难的学生、关注学有余力的学生。基础教育要面向每一个学生,课堂教学要因材施教,"有教无类"的目标,两千五百年前在孔子那里是没有办法完全实现的,但在我们的手里要实现。

(二)让学生拥有适应变革的能力

1996 年,联合国教科文组织发布《学习:内在的财富》报告,首次提出学习的"四大支柱",全面阐述了国际社会对人类未来和学习问题的理解。报告提出,教育如果仅仅从数量上去满足永无止境的知识和技能的需求,既不可能又不合适,因为新世纪将为信息的流通、储存和传播带来前所未有的手段,所以培养人具有适应变革的能力是教育的重要功能。

于漪对此有着深切的认识和理解。她认为任何一名教师都不可能把孩子未来所需要的全部知识都教给他,但如果教会他如何阅读、如何分析、如何辨别,这些就能让孩子终身受用,这就抓住了"学会求知"这根支柱。第二根支柱是"学会做事",就是要有首创精神、合作精神。第三根支柱是"学会共处",未来很多工作离不开共同参与,所以中小学课堂中就要培养合作精神、参与精神。

第四根支柱“学会生存”的重要性更是不言而喻，一个不会生存、不会发展的人，生存空间会越来越小。

作为一校之长，于漪在办学理念、教育内容、学校管理、课程设置、教育评价等各方面都坚持做到促进学生全面发展与个性发展相统一。以课程设置为例，于漪强调以多样性、丰富性来适应和满足全体学生的身心需求。“它不只是技术层面操作的问题，重要的在于育人的理念。统一的课程实施有文化含量的问题，有强化和剪裁的问题；校本课程的建设更是有选择与创新的问题，不能草率从事，不能填空档。”所以，于漪引导校内教师开设那些能激发学生旺盛求知欲、打下扎实文化底蕴、开阔眼界的有质量的课程，并在课程实施过程中让学生学会求知、学会做事、学会共处、学会生存。

于漪还强调在课程设计和教材编写中，要给师生留有适当的空间和时间。“如果塞得满满的，没有余地，缺少弹性，师生往往苦于应付，难以有创造性地教，有创造性地学。”于漪对“标准化”深恶痛绝，时时强调每个学生身上蕴含着有待开发的巨大潜力，所以要想方设法让他们获得成长，让学生感到天生我材必有用，让学生拥有直面未来的能力。

（三）课程教学做好三个维度的支撑

以学生为本的理念，必须要扎扎实实落实到课程教学中。如何落实？于漪给出了掷地有声的回答——做好三个维度的支撑。

于漪对世界课程改革趋势有着全面的了解和把握。“20世纪以来，从世界范围看，有过三次大的课程改革。第一次课程改革主要是因为工业发展的需要，资本发展的需要；过去的教育是绅士教育，后来变成大众教育。到20世纪中期的时候非常强调知识，‘知识就是力量’这句话是根据工业发展的需要倡导的。20世纪七八十年代以后，开始了世界上的第三次课程教材改革，这次课程改革最大的特点就是发现把人当成物是不行的，必须以人为本，这是一个很大的变化。把人附着于机器，是不能解决问题的，支离破碎的知识也是不能解决问题的。”

当于漪拿到教育部2001年颁布的《基础教育课程改革纲要》时，她的心中涌起了改革的豪情。因为《纲要》围绕着“素质教育”和培养“四有”新人的总体目标,从课程功能、课程结构、课程内容、课程实施、课程管理、课程评价等方面提出了课程改革的具体目标,这六个"改变"无疑是新世纪课程改革的声声春雷和阵阵鼓点。

比如,改变课程过于注重知识传授的倾向,强调形成积极主动的学习态度,使获得基础知识与基本技能的过程同时成为学会学习和形成正确价值观的过程;改变课程内容难、繁、偏、旧和过于注重书本知识的现状,加强课程内容与学生生活以及现代社会和科技发展的联系,关注学生的学习兴趣和经验,精选终身学习必备的基础知识和技能;改变课程实施过于强调接受学习、死记硬背、机械训练的现状,倡导学生主动参与、乐于探究、勤于动手,培养学生搜集和处理信息的能力、获取新知识的能力、分析和解决问题的能力以及交流与合作的能力。

《纲要》还第一次提出了"知识与技能、过程与方法、情感态度价值观"三个维度的目标。于漪说,这是课程功能的巨大转变。以前只关注"知识与技能"这一个方面,现在不是不需要关注这一方面,而是要三个方面同时关注。"教育的基本职能是促进青少年的发展,较长时间以来,我们有意或无意地重技能技巧、轻人的总体素质的培养,把'人性'置于'技性''物性'之下。而今从以知识为本,以知识体系为本转换到以促进学生发展为本,这是对人的尊重,对学生的尊重,抓住了教育的本质。"

关于"知识与技能"这根支柱,于漪认为同样要体现以学生为本的理念,要立足学生实际去设计和实施。于漪上过 2000 多堂公开课,教过各种版本的语文教材,她发现许多教材内容是大学学科的压缩饼干,比如语法就是语法学的压缩饼干,逻辑就是形式逻辑的压缩饼干,因此,老师教起来极其困难,学生学起来消化不良。

1981 年,于漪作为全国中学语文教师的唯一代表,应邀在全国语法和语法教学讨论会上做大会发言。她强调中学语法教学主要是给学生做铺基石的工作,所以只要学习最基本的语法知识就行了,因为她考虑到初中生不易接受抽象概念和枯燥理论,所以"设计师(指语言学家)应该目中有语法,胸中有中学师生"。

对"过程与方法"这一根支柱,于漪认为这是把东方教育的重结论和西方教育的重过程相结合，是极有价值的。“学习不是靠外塑，而是靠内发，因此过程培养非常重要。”新课改本着以学生为本的理念，对知识和能力进行整合，强主干、削枝叶、重能力、重方法，这样教师教得不吃力，学生学得更有效。

于漪对“情感态度与价值观”这根支柱更是心有戚戚焉。她从横纵两个维度来阐释，“从横向角度看，情感态度与价值观是相对独立的；纵向角度看，三者具有递进关系，是从低级向高级发展的心灵连续体”。她认为，情感不仅指学习兴趣、学习热情，更指亲情、友情、师生情、赤子情，是内心的体验，心灵世界的丰富。态度不仅指学习态度、学习责任，更指求真求实的科学态度，讲究公正、诚信；乐观的生活态度，积极向上，笑迎困难；宽容的人生态度，团结合作，和谐相处。价值观，不仅强调个人的价值，更强调个人价值与社会价值的统一；不仅强调科学的价值，更强调科学价值与人文价值的统一；不仅强调人类的价值，更强调人类价值与自然价值的统一，引导学生确立起对真善美的价值追求，确立和谐发展的理念。

三个维度就像三根支柱，三根支柱若仅仅是三足鼎立，缺乏内在联系，课程功能恐又发生偏差。善于用系统论思维考虑问题的于漪清晰地看到了这一点。她指出，任何一个要素的传授，对于系统而言，都不具有整体性，只能是整体中的一个要素，整体性只存在于系统本身。只有当整体中的诸多要素共同发展、和谐发展时，各要素之间才能相互作用，实现整体发展，此时，整体的质量就能提高。因此，教学内容最最根本的，是要从单一功能转换成多重功能。

于漪在 20 世纪 80 年代就提出，语文教学内容要融知识传授、能力培养、智力发展、思想情操陶冶于一炉，在学语言文字的同时，要发展学生的思维力、想象力、创造力、意志力，要陶冶学生的思想情操。于漪用的是“融”，按她自己的解释来说，“融”不是“一加一加一”的“和”，而是融合在一起，把知识、技能、情感态度、价值观融合在一起，所以是“积”。这是一个立体的、多维的、融合的系统，是多元价值的有机融合。现在提出的“语文学科核心素养”是多功能的，其他学科何尝不是如此。

三、以素质教育促进学生全面发展

于漪对全面质量观有着深刻的理解和践行。一方面，于漪注重全体学生的发展,她强调教育要面向全体,不是面向一部分或小部分,这是提高全民素质的问题,具有战略意义,所有学生都有权利受到良好的教育。另一方面,于漪从不单纯以学业成绩的优劣来评判学生的好坏,或者来论断教育质量的高低,她注重的是通过素质教育来促进学生德智体美劳全面发展。

(一)培养体格健壮、精力充沛、意志坚强的学生

20世纪八九十年代,于漪担任上海市第二师范学校校长,该校的素质教育闻名全国。于漪说过,学校抓素质教育要抓根本,“抓灵魂的建设”。如果校长和老师不相信学生的能力,任何事情都要管理,学生的自律意识与能力是不可能提升的。教育工作头绪繁多,一定要抓住牛鼻子,抓在要害处。

于漪践行的素质教育没有什么标准模式,她强调教师应根据具体的对象、环境、条件、内容采取相应的教育措施,学校应该是一个让每个人都能够自由发展与成长的天地。于是,广播操、运动会、文艺汇演、大型接待……学生们都是主角,他们都会自主策划、自我管理。正是在以学生为本的素质教育实践中,第二师范学校培养出了一大批优秀毕业生,这些“一身正气、为人师表”的毕业生踏上教师岗位,又培养出一批又一批德智体美劳全面发展的社会主义建设者和接班人。作为一校之长的于漪尤其重视体育。在她看来,体育活动包含团队精神、不怕吃苦的精神、克服困难的毅力、艰苦奋斗的决心。“健康的心灵寓于健康的身体,身体是否健康关系到一个人一辈子的生活、工作、学习。”

当于漪看到很多的小胖墩儿和带着深度眼镜的学生,听到有些学生在新学期升旗仪式上因体质差而晕倒时,她开始忧心忡忡起来,说:“我们不是培养玻璃娃娃,不能用圈养的方法让他们碰不得、摔不得,还不能经受风吹日晒雨淋。我们要培养体格健壮、精力充沛、意志坚强的人。”

近年来,习近平总书记强调要“文明其精神,野蛮其体魄”,“野蛮其体魄”,指的就是要强身健体。“少年强则中国强。少年强是多方面的,既包括思想品德、学习成绩、创新能力、动手能力,也包括身体健康、体魄强壮、体育精神。”

(二)引导学生陶冶情操、追求美好

当今,教育“内卷化”现象越来越严重,很多人都处在焦虑之中,学生焦虑、家长更焦虑,老师焦虑、校长同样焦虑。2020年,于漪在接受《解放日报》首席

记者采访时说,“教育本来是追求真善美的事情,社会要发展,一定要靠教育培养人。教育把人的个体发展跟人类整体命运结合起来,个体发展好了,国家、民族的整体命运才能长足进步。如果教育整天处在焦虑中,那怎么行?”

于漪觉得当前社会上的一些看法实际上存在着很大误解,诸如“教育就是吃苦”“唯有现在吃苦才能创造美好生活”之类。“教育并不是现在吃苦,而是现在就要追求美好的生活,让孩子精神放松,而不是芒刺在背。教育当然要学习知识、记忆、理解,有一定练习,但苦中是有乐的。教育生活本身,就是一个追求美好的过程。”所以,于漪强调要重视美育,陶冶情操,因为美育是不功利的。孩子接受教育不能从忧患开始,一定要快乐陪伴,引导他去追求美好的东西,否则就会丢失“完整的人”。

(三)让学生用自己的双手创造美丽人生

20 世纪 80 年代,上海市第二师范学校校园面积约为 120 多亩地,但学校没有外聘一名保洁工,校园的保洁工作全部由学生以班级为单位轮值完成。每天早上不到七点,学生们就在校园里忙碌起来了,有拿着大扫把扫校园长廊的,有拿着小拖把清洁楼道和厕所的,有下厨房帮厨的,有在绿化带里种植或维护花草的……据上海市第二师范学校毕业生回忆,他们常常是两名学生扛着扁担,挑着木桶,到隔壁小区的粪池里去挑大粪,为的是给校园绿化带的麦冬施肥。就这样,学生们用自己的双手扮靓校园,创造着美好生活,在过程中培养起责任意识、合作意识、家国情怀,自力更生、艰苦奋斗的精神。

2018 年,习近平总书记在全国教育大会上提出:“要在学生中弘扬劳动精神,教育引导学生崇尚劳动、尊重劳动,懂得劳动最光荣、劳动最崇高、劳动最伟大、劳动最美丽的道理,长大后能够辛勤劳动、诚实劳动、创造性劳动。”于漪在接受《上海课程教学研究》编辑采访时说的第一句话就是:“在我看来,劳动不仅是个习惯,它其实蕴含的是一种精神。劳动是创造人的,劳动也是创造世界的。在新时代,劳动的价值和意义一点也不逊色,劳动是创造我们美丽人生的!”

无论是德育、智育,还是体育、美育和劳动教育,于漪敏锐地认识到,学生德智体美劳各项素养不是简单并列的,更不是机械割裂的,而是有机融合不可分割的,其融合的最终指向就是人格,“要培养全面发展的人,也就是要培养人格健全的人”。92 岁的于漪再一次回到工作了一辈子的学校时这样说道:“一名教师职业生涯中最大的事就是一心为学生。教师生命的意义和价值都在学生身上体现。每个孩子都是家长的宝贝、国家的宝贝,一定要按照党的教育方针让他们全面发展。”“素质教育实施 20 多年来,逐渐成为我国教育的核心理念和社会各界的广泛共识。我们要遵循教育规律和人才成长规律,努力构建德智体美劳全面培养的教育体系,把立德树人贯穿到教育工作的各领域、各环节,使素质教育具体化,培养全面发展的时代新人。”

一个人最宝贵的童年和青少年时光是在学校度过的,这是他们人生中的重要阶段,也是接受教育的重要阶段。在这个阶段,必须要做到育才与育人相统一,而育人最为根本。因此,育人是学校一切工作的出发点和归宿,学校的所有工作都要以学生为本,这样才能充分体现出育人的价值。

(该文原载 2021 年 7 月《教育》,收入本书时略有修改)

追求育人真谛

——于漪教育教学思想之教育价值观浅探

黄　音　上海市杨浦高级中学

基础教育的基本任务和根本目的是育人。人的素质的提高、人的可持续发展推动社会的可持续发展，教育作为社会发展的革命性力量，有效地推动社会不断进步。育人观要切合国家对国民素养的要求，体现国家意志，以培养社会主义建设者和接班人为目标；育人观要切合时代发展对人的素养的需求，以往我们是穷国办大教育，现在是大国办强教育，要紧跟时代步伐；育人观要打破某些观念和模式的制约，回归以人为本，以学生发展为本，反复重申学生在教育中的核心位置。

于漪这样论述自己的育人观："以育人作为教育基本的也是最终的目的。在我们的教育中真正体现以人为本、以学生发展为本的原则，为实现全体学生的全面发展与终身发展奠定基础，就成为我的基础教育观，成为我此生不变的永恒追求。"

于漪的育人观具有丰富的启示性。首先，育人既是理想信念，又是教育的常识。"育人"是教育的本质，要仰望星空奏神曲，在时代发展中明确定位和价值。"育人"不是高不可攀的，要体现在教育教学的全过程中，脚踏实地唱人歌，每一步都不能偏离准星，否则常识扭曲，"育人"走向异化或淡化。其次，"育人"需站在为我国基础教育奠基的特点上来认识。育人是实现基础教育战略意义的关键所在，基础教育是"根"的教育，根正才能枝繁叶茂，因此育人需立民族精神之根、铸爱国主义之魂，思考究竟应该培养什么人、怎样培养人、为谁培养人。

一、寻找育人准星

育人不是泛泛而谈,而是应放在特定的历史条件和社会环境中认识,有时代的特征,有地域的特点。这就构成了经纬纵横的育人起点。所谓“经”,是从时代发展的角度看待育人,预判社会变革对人的发展提出的新挑战,以前瞻性的眼光为明日建设者所需要的素质与能力奠基;所谓“纬”,是站在与基础教育发达国家竞争的制高点上,正本清源,彰显我国教育的精神和魅力。这就是于漪常提到的,面对教育问题要有“中国立场、世界视野、时代命题”。

真正推动社会可持续发展的是人的可持续发展,人的素质的提高,基础教育是奠基的阶段,“基础”的内涵是什么,“奠”怎样的“基”,对学生成长至关重要。“教育的本质聚焦在人的培养、人的发展、人的精神提升上,聚焦在学生的全面发展和终身发展上。‘发展’是学生的基本权利。把每个学生蕴藏的潜能变成发展的现实,使他们终生受益,这是教育的职责,更是我们每一个教育工作者的使命。”

然而,在实际过程中出现了种种准星偏移的情况。于漪多次提到“重术轻人”“重智轻德”“应试教育”“见知不见人”“育分不育人”“片面的教育质量观”“片面育人观”等问题的严重性,机械操练、考试加码、分分计较的桎梏窒息了求知欲,扼杀了创造的火种,学生对学业视为畏途,负重成长,苦不堪言。“以考定教,最受伤害的是学生的全面发展”,“以分判人,首当其冲受害的是男娃娃”……这些问题的根源,在于“被浅层次的教育价值观”所左右,造成的影响是巨大的。“‘人的全面发展’的思想是马克思主义最高价值理想,是未来社会的价值目标。新时代教育面向未来,为未来塑造新人,须树立全面质量观,着力于学生德智体美劳全面发展。人的成长立体、多维,需要方方面面的营养与锻炼。质量观指挥着教育教学行为,教在今天,一定要想到明天学生的长足发展,对学生高度负责,识别、抵制片面质量观的侵害。”因此,要打破某些观念和模式的制约,找到育人的准星。

纵观中国基础教育的发展历程,在探索中不断明晰目标,回归教育的本质——培养人,逐渐突出全面育人的重要性。“以分论长短,一‘俊’遮百丑,为谁学习的教育我们太缺失了。学生求学,学习目的、学习动机是为人为学的基本准则。人生迈出第一步时，就应把基础夯正、夯实。有人说：‘这是老古董，今日求学就是为自己。’培养目标偏离准星，中华优秀文化中为人、为学的志气与傲气不知不觉丢失。这方面，学校必须有所作为，个人价值须和社会价值和谐统一，指引学生走正确的人生道路。”

如何找准育人准星，于漪从以下三个方面加以思考。

第一，从古今对教育本质的探析中找到育人的“火种”。于漪总会在第一课时谈学习的目的和动机，“通过教育，使个人狭小的心变得有亲情、友情、乡情、赤子之情。把读书和做人结合起来，明报效国家之理，明做人之理。”《礼记·礼运篇》讲到“大同”，它是自古以来社会的追求和理想，而社会由人组成，因此，教育必须指向人的研究、人的培养、人的发展，以人的完成来实现“大同”的追求，这也是育人的文化根基。

第二，辩证看待中西方对“人”的不同理解，探寻育人的中国“话语体系”。中国教育与国外教育的根本不同在于“培养什么人”，中国文化是“尚群”的文化，需要“大家好”。“西方哲学将‘人’界定为用理性思考获得最大利益的动物，因此他可以扩张、可以侵略、可以殖民。我们中国人讲‘人’，是仁而爱人。什么叫‘仁’？‘人’字旁边一个‘二’，做人心中要有别人。我们‘人’是一撇一捺，要互相支撑，倒掉一笔就不叫‘人’。”中国的基础教育要有中国的特色，育人也应从我们特有的对“人”的认识出发，立民族精神的根，铸爱国主义的魂。

第三，“育人”要随塑造时代新人的节奏奏出美妙的乐曲。于漪一直重视基础教育对国家发展的战略意义，做在当下，目光却要长远。“中国特色社会主义教育的‘优质’，就‘优’在对学生发展权利的尊重，对他们德智体美劳身心全面发展的培植与呵护，对他们人生价值的形成与创造起至关重要的无可替代的作用。”教师肩负培养国家未来人才的重任，所育之人是时代新人，一定要契合未来发展的需求，有博大胸怀，高瞻远瞩，有良好的科学文化素质，有生存发展的真本领。

寻找育人的准星，纠正片面的质量观、重术轻人等准星偏移的现象，也是避免西方强势文化对学生产生不良的影响，回归教育本质，强化国家意识，以实现“立德树人”的根本任务。

二、聚焦育人内涵

于漪的“育人观”植根于我国基础教育的土壤之中，显示了本土化的特征。育人，不能只一般地理解为培养学生，而是应放置在特定的历史条件和社会环境中认识，要教在今天，想到明天，以明日建设者的素质要求、德才标准来指导今日的教育教学工作。立德树人是教育的根本任务，不断探索“培养什么人”是教育的核心价值所在。

(一)站在高处，培养学生全面发展

于漪在论述素质教育时，经常指出一个引人沉思的现象，表面上“轰轰烈烈的素质教育，扎扎实实却在应试教育”，揭示了素质教育在实施过程中遇到的阻力和障碍，这也是教育方针在一线教育教学实施过程中逐渐“变味”的表现。

受到“浅层次的教育价值观”的影响，有些人又在忙着增加学生的应试负担。于漪站在战略的高度，结合实践探索培养全面发展的人的价值和意义所在。从个体角度而言是为了学生“今日的健康成长和明日的长足发展”。“作为一个活生生的人，学生的德智体美劳各项素质不是简单并列，更不是机械割裂，而是有机融合不可分割的，其融合的最终指向就是人格的完善，是人的综合素养的提高。从某种意义上说，一个人人格的高下优劣往往直接决定了他作为一个人的基本素质的高低。”这其中有两层含义，一是教在今天，想到明天。“教育绝非一时一事的耀眼，而是在培养学生全面发展的同时，要十分关注他们的终身发展。”今天的学生是未来的社会主义事业接班人，全面发展是为了培育综合素养，以适应个人的终身发展，适应社会发展的需要，不能使今天教育留下的缺憾成为明天步入社会后的“短板”。二是将“潜能”变成“发展”的现实。“人的生命体本身蕴含着多方面的发展潜能，教育的任务就是把学生的潜能变成发展的现实。每个学生都得到发展，不仅是现代民主的基本理念，而且是每个学生的基本权利。我们要保护并尊重这种权利，创造条件实现这个权利。”基础教育是打底子的教育，也是见证生命潜能发挥的时机，基础教育像土壤，只有营养全面，幼苗才能健康生长。

从基础教育的战略高度而言，于漪认为，“今日的教育质量决定了明日的国

民素质”,“基础教育就是国民素质的教育,国民素质要提高必须德智体美劳全面发展”。这是国家发展和民族未来的期盼,是对培养社会主义建设者和接班人的责任担当。早在20世纪90年代,于漪就撰文指出,全面发展是教育本体的价值标准。“社会主义的教育应体现工具价值标准与理想价值标准的统一。工具价值标准指的是:教育要主动适应经济、社会、政治、科技发展的需求,为社会主义现代化建设服务。理想价值标准指的是教育本体的价值标准,要使受教育者德、智、体、美、劳全面发展。两个标准统一的教育功能是:教育为社会主义现代化建设服务,培养德、智、体、美、劳全面发展的社会主义事业建设者和接班人。基于这样的认识,必须克服片面追求升学率的倾向,必须面向全体学生。”她探索个体发展与社会发展之间的联系,扎扎实实进行德育、智育、美育、体育和劳动教育,将五育并举作为实现教育的社会功能的重要途径,这番理论与实践具有一定的前瞻性。

在基础教育阶段,全面发展的内涵十分丰富。于漪认为:“德,就是懂得做人的道理,品德要高尚。所谓智,就是得有一定的科学文化知识。所谓体,就是身体要健康。所谓美,就是要有高尚的审美观。”在于漪看来,“五育”既是一种坚守,又是一种实践创新,各个学校都应结合自己的校情、学情来挖掘、丰富“全面发展”的内涵,做到创新性的发展和创造性的转化。

习近平总书记在全国教育大会上指出:教师是人类灵魂的工程师,是人类文明的传承者,承载着传播知识、传播思想、传播真理、塑造灵魂、塑造生命、塑造新人的时代重任。每位教师都肩负着新时代教师的“时代重任”,既要关注知识、思想、真理,又要聚焦灵魂、生命、新人,教学生真本领,为学生的全面发展奠基。

(二)时代新人的“中国心”最为紧要

于漪那一代人经历了战争年代,将个人的荣辱与祖国的存亡紧密联系在一起,因此,她深切认识到,新时代的教育必须传承和发展优良传统,在“培养什么人”问题上立场坚定、旗帜鲜明。

“教师一定要培养孩子做一个有中国心的现代文明人。要有一颗中国心,必须在心中点上中国自己的灯火,不能只点洋蜡烛,这才是教师对学生最大的仁爱之心。而我们彰显、弘扬中国优秀传统文化,就是要点亮心中这一盏中国的明灯。"我们所培养的人,需要有高尚的人格修养,更要有家国情怀,这是一种生命个体对于祖国的认同,也是靠自己的奋斗将祖国建设得更好的理想和行动。

先进的教育理念可以没有国界,但我们培养的人必须有"中国心",黄皮肤、黑眼睛,拥有一颗中国心,立志为实现民族伟大复兴而学习、奋斗。"现实状况是有些学生在不少方面,尤其是做人方面有不少缺失。有的属于幼稚,不明事理;有的受外界影响,是非混淆,美丑颠倒。这些都需要教育,需要正确的引导。如:追求的目标偏离准星;追求西方时尚,对优秀传统文化知之甚少,民族文化自信心薄弱;对涌进来的强势文化缺乏辨别能力,优劣不分,照单全收,乃至错把腐朽当神奇;受金钱至上、享乐人生的思想侵蚀,对公民的责任、公民的义务考虑得比较少。"随着西方强势文化的不断涌入,一些问题接踵而至。

要培养有中国心的时代新人,教师自己就应先做到"有中国心"。如何才能成为一个有中国心、有民族自尊心及自豪感的时代新人?于漪从历史文化、时代发展的角度给出答案。

首先,是必须补中国文化的课。"任何一个国家的发展都是建立在历史积累的基础上的。学历史本身就能认识社会发展规律。我们对历史很不重视,只要提到教育就只讲数理化和外语。中国人向来最讲历史,但是现在的学生不懂历史。"明史可知兴替,文化和文字都诞生在历史长河中,知道祖宗的"道"是什么,知道"根"在哪里,这样才会有对民族的基本认识。除了历史之外,还要从中国传统文化中汲取营养,比如诵读一些优秀的古诗文,从中了解中国文化的精粹,明白具有民族特征的人伦是非,不能数典忘祖。此外,于漪还特别强调"母语"学习的价值和意义,她认为"母语是民族文化的根,民族文化是民族团结的纽带,对外是屏障,对内是黏合剂"。要重视母语教育,不能只把它看作交流的工具,母语是继承并发扬民族精神,弘扬中国文化的载体,因为"民族的语言文字是本民族的文化地质层,它无声地记载着这个民族的物质和精神的历史。爱自己的民族就应该热爱母语,它是民族文化的根。母语的盛衰,意味着一个民族生命力的盛衰;母语被粗暴对待,实质上是对一个民族心灵的挫伤"。

其次,是知行合一。"要知道世界上什么之间的距离最远。距离最远的不是天涯，也不是海角，‘知’和‘行’的距离是最远的。提出彰显、弘扬中华优秀传统文化的目的，就是要把‘知’变成自觉的行动，要创新性发展、创造性地转化。”于漪更是用核潜艇之父黄旭华的例子示范了什么是“知行合一”。黄旭华为国家核潜艇事业做出杰出贡献，却隐姓埋名，做沉默的砥柱，青丝已化作白发，依旧对祖国的事业有拳拳之心，生命与使命同行，这就是将传统文化中的“忠诚”“谦逊”“自强”化作理想追求，化作了脚下的每一步路。

再次，是身上须有时代的年轮。有人总认为教师就是吃“经验饭”的行业，只要教材不改，一份教案可照本宣科几十年。没有进取精神，何谈精神创造？我们需要培养的是社会主义的建设者和接班人，是能适应未来挑战的时代新人，教师本身就要跟随时代奋勇前进。“教育要面向现代化、面向世界、面向未来，教育观念必须进行革命。‘面向现代化’揭示了教育发展的立足点与不懈追求；‘面向世界’提供了一种开放视野和新的参照系；‘面向未来’强调了教育的长周期和必须具有的超前意识。教育观念的转变，在改革中的重要性居于首位。认识高了，有深度，有广度，思想通了，激情涌了，人就会聪明起来，办法也多了。”时代性使教育永葆青春，焕发生机，只有跟进时代的脚步，教育之树才能常青。

于漪的育人观，是坚定不移地培养全面发展的、有中国心的时代新人。

三、精耕细作的“育人”过程

“育人”难，是因为眼中没有人。“心中有学生，我们在教育教学中就能产生热情，产生智慧，充满活力，浑身就会有使不完的劲儿，就会去不懈地追求。认识了教育的这一本质，我们就会大局在胸，就会始终站在教育发展的前沿，牢牢把握课程改革的核心，就能促使自己成为真正的教育工作者，而不是仅仅将教师这一职业作为养家糊口手段的教书匠。”一个心眼儿为学生，就能精耕细作，于漪正是这样在教育的天地中进行了育人观的精彩实践。

（一）树立高尚的理想信念

学生要明读书之理、明做人之理、明报效国家之理。教师以人育人，也同样需要“立德”，这个“德”不是狭义的，不仅仅指教师在培养学生时所需的德行，更是指一种正确的价值取向,要有高尚的精神追求、正确的生活道路和行为取向。育人先育己,育己后育人,教师要以高尚的情操培育学生良好的道德情操,以人格魅力感染学生。“人格魅力是无权力的力量,但能春风化雨,润物无声,点点滴滴入心头。”

习近平总书记曾提出好老师要“四有”,其一就是要有理想信念。因此于漪一直强调教师要有民族精神的根、爱国主义的魂,因为教师是为国家服务的,是肩负培养祖国未来公民的重任的。“立德”,很重要的是树立高尚的理想信念,“用我们现在的话来说就是‘德才兼备’,我们现在也要讲信仰,一个人没有信仰没有信念,魂就没有了,就会失魂落魄”。基础教育中的育人就是培根铸魂,而理想信念是价值观、人生观、世界观的综合体现,从中能看出一个人的品性、视野和格局。

首先,是树立榜样,向时代的楷模学习。“有人认为这个时代讲实际,高尚是标语、口号,谈论它是一种奢侈。这种看法乱人视听。社会上各行各业追求高尚的人不在少数,‘感动中国’的许多人物就是社会的高标、学习的榜样。作为育人者的教师应站在精神高原之上,而不是下降到精神低谷,跟风、随波逐流。一个精神鄙俗的人不可能担当好培育学生健康成长的重任。”于漪始终秉持着对学生进行革命文化、红色文化教育的热情,在担任教师时,她就请新四军老战士、著名作曲家朱践耳为学生讲怎样创作《唱支山歌给党听》《接过雷锋的枪》,请烈士夫人讲述自己亲人舍身为人民的感人肺腑的故事。这些英烈、楷模由那些最亲近他们的人来讲述,形象更立体饱满,精神品格也得到更多的情感认同,学生听后眼含热泪,心中埋下了爱国、爱党的种子,使红色基因代代相传。

其次是践行红色文化、革命文化和社会主义先进文化。“纸上得来终觉浅,绝知此事要躬行。”对于学生来说,只有化为行动,理想信念才有了实际的价值。精神品格不是口号,而需转化在日常的行动中,于漪抓准每一次能够对学生进行思想教育的机会,比如学习雷锋精神,就应该体现在点滴细节中,友爱同学、帮助他人,细小的举动也能践行雷锋精神。此外,她还带领学生到福利院、养老院讲革命故事,讲述的过程就是内化的过程。学生在表演中“爬雪山、过草地”,重走了长征路;边朗诵边“问苍茫大地,谁主沉浮”,这些都会成为他们前进的动力,成为一盏盏明灯。

（二）五育互相支撑和融合

中共中央、国务院印发的《关于深化教育教学改革全面提高义务教育质量的意见》明确提出，要“五育并举”全面发展素质教育，这是新时代我国深化教育教学改革、全面提高义务教育质量的纲领性文件，为义务教育指明方向。

“时代教育塑造新人，须树立全面质量观，着力于学生德智体美劳全面发展。树的成长除了阳光、雨露，还要吸收氮、磷、钾，乃至微量元素，更何况人的发展？”于漪一直在探索五育相互支撑和融合，也不断呼吁素质教育要落到实处，在实践中于漪主要形成了以下的做法和经验。

首先，是德育为先。“1949 年以来，从‘德智体全面发展’到提出‘四有新人’，从‘素质教育’再到十八大提出的‘全面实施素质教育’，显示出我们走有中国特色的教育发展道路的指导方针是非常明确的。‘育人为本，德育为先’是每一个教育工作者必须遵循的。”一边是看似有立竿见影之效的“智育”，一边是无法量化的“德育”，如果没有正确的全面育人观，很难明白德育的重要性，“人有了脊梁才能直立行走”，才能成为真正的人。德是根本，缺德少品，精神坍塌，人就站立不起来。德性的养成从来不是一蹴而就，要常抓不懈，点点滴滴进入受教育者的心头。

其次，是德智融合。“德智体美劳五育并举，不是割裂开来，1 加 1 加 1，而是各育之间既有区别，又有紧密联系，是全面发展的有机组成部分，是立德树人根本任务的重要载体。五育之间相互融合，互相依存，有强烈的全面育人意识，深入思考、探究，就可发现其中的奥秘与美妙。所有教学都有教育性，深入钻研教材，就可发现蕴含的育人宝藏，从思想观点、道德情操到人格品性、言行细节，无不散发光彩。课选准切入口，德智融合，学生既学科学文化，又受情感、态度、价值观的熏陶、引领。”从学科德育到德智融合，于漪的思考立足于学校学习的常态。学生在校时，绝大部分时间都在接受文化知识的学习，因此学科要成为德育的主渠道，课堂要成为德育的主阵地。于漪的德智融合理念首先在语文学科进行研究和实践，通过学科知识体系和价值体系的统一，力求德智融合，协调同步，相得益彰。

再次，是以美润心。于漪从没停止过探索教育的美，追求教育的美。“美本身就是生活。中国讲大千世界,大美无言,美是无处不在的。大自然美,社会上许多高尚的人、高尚的思想,朴素的、和谐的人际关系,英雄的家国情结,也都是美。每位孩子、成人,都拥有丰富的美,也追求生活的美好。爱美是人的天性,追求美好是人们共同的目的。所以在教育中,美非常重要。”她将这种想法转化到实践中,去开掘语言文字的美。“汉字,双脑文字,独具美感。它的内在结构和体态,有的非常飘逸,有的矗立不动。要把美的感觉教进去,汉字是历史的眼睛,我教语文,教的是历史风云、世态人情。通过会说话的汉字,你就给它以美感。”课是用生命在歌唱,一堂好课带来的不仅是感官的享受,更是心灵的陶冶,“美是心灵的优雅”,于漪以美育贯穿课堂内外,启智润心。

(三)中华优秀传统文化涵养心灵

于漪的教育教学思想来源于实践,在中国基础教育土壤中生根、生长,她不希望中国教师的实践变成西方教育理论的东方案例选,东方人有东方人的智慧,我们也应该有自己的教师学和教育学。“中国的教育需要拥有两个视野,一个是中国历史发展的视野,另一个是世界文明发展的视野。我们要用这两个视野帮助我们树立自信。任何一种学术都具有独立性,其他国家成功的经验不能代替自身的独立思考。”中西方对“人”的认识,对“人”的价值的认识出发点就不同,因此“育人”的内涵、方法也有所不同,既反映了政治、经济的特点,文化也在其中起到了决定性的作用。

“中华民族之所以历经内忧外患,五千年打不烂、摧不垮,归根到底是民族文化、民族精神的支撑。民族经济可不断变革,民族政治也因各种因素而变迁、变革,而民族文化是一个民族的深层性格,是一个民族的语言、信仰、价值观、生活方式和思维方式,只要有民族脊梁在,这种文化就压不垮。”文化是维系民族生存的精神纽带,它是一种集体品格,青少年通过了解中华文化,寻根溯源,读懂小我,追求大我。“文化是一个民族的灵魂,无论是国家意识还是人格精神都需要文化的支撑。文化的漂移与无根状态会对青少年学生人格的形成产生非常不利的影响。一个国家、一个民族最深层次的力量是价值观。”

对于一名教师来说,如何才能使中华优秀文化入耳、入脑、入心?

于漪认为,传统文化教育要在“文本中开掘、过程中点拨、情感上激励、思想上启迪。这是一套行之有效的方法，可以将知识、思想、情感、价值观融为一体，让学生获得德育与智育的双重滋养”。把关于民族精神特质的问题装进学生的脑袋：中国人之所以成为中国人的特性是什么？中华民族之所以成为中华民族的特性是什么？“中华文化有精华有糟粕，但它所积淀的核心价值基本未变，讲仁爱、重民本、守诚信、崇正义、尚和合、求大同的理念，是涵养社会主义核心价值的重要渊源。”优秀的传统文化揭示了中华民族最根本的精神基因，是经济社会发展的精神导向，推动国家进步发展的智慧源泉，传统和现代不是对立的，教师需引导学生建立传统文化与社会主义核心价值观的联系，培育与弘扬社会主义核心价值观，并在实践中做到知行合一。

朱熹曾言：“君子教人有序，先传以小者近者，而后教远者大者。”说的是教育要循序渐进，由浅入深。基础教育是本中之本，年少时记诵的知识可受用终身，年少时学习的道理也会成为做人的根基。“学生的人生是单程票，耽误不起也马虎不得。育人千古事，得失寸心知。教师要全身心投入，高度觉醒。”多一点敬畏之心，少一点功利之举，这是教师的天职，也是对生命的最高礼赞。

（该文原载 2021 年 8 月《教育》，收入本书时略有修改）

深入学生世界,勘探成长奥秘

黄　音　上海市杨浦高级中学

发展性、独特性、独立性是学生观的基本内容,那么,如何对学生观进行本土化的演绎,使之具有中国基础教育特点呢?

“一个学生就是一本丰富的书,一个多彩的世界。几十年来我教过各种类型的学生,面对这些丰富的‘书’,我一本一本认真读,一点一点学习、领悟,逐步懂得师爱的真谛,也品尝到亦师亦友的无穷乐趣。”学生是发展中的人,而人所共有的便是情感,因此情感交流是实践转化的重要途径。其次,于漪提出“和谐”,这是站在中国文化伦理与道德的高度,建立“个体”与“群体”的密切联系。再次,教育刻有时代的年轮,要将学生的培养当作时代赋予教育的命题,所思所想所为需有时代气息。

于漪这样概括自己的学生观:“学生是学习的主人,是能思善思具有主观能动作用的人,而不是‘容器’;教师要把从教出发的立足点转换到从学出发,要目中有人;教师的‘教’是通过学生的‘学’而发挥作用的,因此教师要不断研究学生的新情况和新特点,要‘和学生的心弦对准音调’,要启发学生学,引导学生学,珍惜并激发他们的潜能,培养他们的创新意识和创新精神;只要心中有学生,胸中有全局,锲而不舍,持之以恒,我们一定能够实现我们的教育目标。因此,既要重视学生在教学过程中的作用和价值,又要做到教师和学生很好地结合,充分发挥‘教’和‘学’的两个积极性。”这其中包含着几层关键的涵义:一是学生是“万物之灵”,具有发展和创新的潜能;二是为“学”而“教”,分析、研究学生是教学的基础;三是引导学生“内建”,真正成为学习的主体,生活的主人;四是在平等的师生关系中实现教学相长。

一、解读精神成长的密码

于漪是怎样对学生观进行实践转化的呢？一名好教师，会引导学生精神世界的成长。每个学生的精神成长都像一部密码，解锁密码的过程正是教师将学生观实践转化的过程。

（一）与学生的心弦对准音调

“基础教育是大众教育，须面向全体学生。大众教育不排斥英才教育，但不能只当英才教育的配角。人是有多元智能的，各有所长，各有所短。基础教育着眼于全体学生，为全民族素质的提高奠基。还要清醒地看到，有时有些受教育者并非真‘英才’，而是拔苗助长的对象，无后劲。要倾听每个生命的呼唤，施以阳光与雨露。”要与学生的心弦对准音调，就要倾听生命的呼唤，很重要的是了解学生成长中的关键问题。

一名好教师必须突破成长环境不同、接触事物不同而导致的代沟，更要多换位思考，有意识地褪去“成熟”，以学生心智发展水平去感受、理解他们眼中的世界。

“我总是换位思考，设身处地为他们想想，不能以成人的想法、做法来框，要理解他们的心情、愿望、快乐、忧愁，少下‘禁止令’、少设‘阻挡栏’，要正面引导，积极为他们‘出谋划策’。”成人也是从青葱岁月走过来的，不妨通过自己的成长经历去分析学生所遇问题的合理性，这是一个褪去“成熟”，走向理解“天真”的过程。

应对的策略是什么？教师的“成熟”往往体现在能找到具体现象背后的一般规律，更客观地分析问题，看清问题的实质，引导学生解决问题。其次，就是情感上的鼓励、肯定，并不是所有的问题都要去解决，大海能做到自净、过滤其中的杂质，学生之间的一些矛盾和问题完全可以交由学生自己处理，慢慢消化、排解。自信是人生路上必不可少的“行囊”，在自我意识的建立还不够完备之时，教师正面的引导，积极的肯定能激发学生的自信和成就感，这是一个人成功必不可少的条件。

（二）引时代活水进入学生世界

学生在面对镜子中的“小我”之余，还要在人类命运共同体的宏大体系中找寻自己的坐标,成就广阔的胸襟和格局。这并不是夸大其词,纷繁复杂的现实问题往往会通过各种媒介冲破象牙塔壁,摆在学生的面前,“教师为学生今日的健康成长,明日的长足发展,引领他们把‘小我’融入‘大我’之中,建设有意义的人生”。

“要做到牢固树立育人的大目标,就要深入到学生成长中的三个世界——生活世界、知识世界、心灵世界进行研究。以德育为核心,促进他们生活上健康、开朗、自理、自立;促进他们爱学乐学,善于求知,勇于探索;促进他们丰富心灵,提升思想,奋发向上。三个世界要和谐发展,教师不能只重其一,不重其他,要坚持质量的全面提高,清除片面质量观的主宰。”教师不能因为疲于应付“事务性”工作而忽视顶顶重要的“育人”,“育人”需要智慧,穿行于“三个世界”,直面时代命题,助力学生的精神成长。

要引时代活水进入学生的世界,激发学生的潜能。学生接受新鲜事物的速度快,也容易对新生事物产生兴趣,这就倒逼教师关注时代发展的脉搏,将精华以丰富的形式融入实践中,使学习情境更为真实,使活动更亲和有趣。更重要的是,焕发时代生机的背后,要体现对教育价值和意义的深层思考,要站在时代的高度明晰国家对人才培养的大目标和具体要求。

让“劳动”走近统编教材可谓意义深远,但实践过程中会遇到不少问题,现在的学生动手实践的机会很少,专心读书成了唯一的“义务”,衣食住行什么都是父母现成准备好,不少学生成了时代洪流中的“巨婴”。于漪在第二师范学校做校长时,学校很大,120 多亩地却没有一个清洁工,绿化种植、卫生保洁都由师生一同承担。“新时代重新发现和认识劳动教育的价值和意义,弘扬劳动教育,培养中小学生的劳动情怀和劳动素质,有助于全社会营造崇尚劳动的正能量。德智体美劳,每一个方面都有其自身的特点和在教育中的功能。”许多时代症结可归结为教育的缺失,教师更应引时代活水,从战略高度认清问题,弥补缺失。

同时也要注意分辨,并不是所有新鲜的事物、所有的流行都是有营养的。“学校教育经常碰到的苦恼事是与社会某些现象不协调乃至冲撞。学生不是在真空地带成长,将来总要经受社会的风风雨雨,因而要做深入细致的工作,帮助他们辨别善良丑恶、是非曲直,提升价值判断的本领。与此同时,要宣传、弘扬社会上大量感动人心的人和事，激励向上的建设成就、先进文化，发挥正能量的育人作用。至于恶浊的，直接伤害青少年身心健康的，可运用法律武器，保护学生，保障教育的有效性。”

（三）创设活动，为步入社会做“演练”

社会学家费孝通提出了“差序格局”“团体格局”两个重要的学术概念，揭示了社会对于人的思想、行为的种种影响。班级是个“小社会”，学生身处其中，公、私、群、己是相对的，也会面对价值、文化、观念的冲突，教师要适当引导，使规则内化为自觉，存差异也不失和谐。

现在孩子相伴游戏减少，而基于网络的虚拟交流某种程度上加剧了孤独感。城市里孩子广泛接触网络，但现实感很弱，他们在虚拟的世界里体会到真实感，在真实的世界里又被虚拟感包裹，与网上的朋友交心，与现实里的同学却疏于交流，甚至心存戒备。

教师要尊重多元文化，鼓励学生的自我实现，通过创设各种各样的集体活动培育共同价值，形成积极向上的氛围，通过学生自主管理，不断完善制度文化。集体就是一个小社会，在活动的驱动下，学生之间就会有交流，有分歧和冲突是正常的，在缓解冲突和和解矛盾的过程中，学生自然而然学会了宽容。“沉默者”或许就会发声，“边缘人”或许会站到展示的舞台上，“躲避者”慢慢成为“决策者”和意见领袖，这既是一种磨炼，也是未来走向社会的演练。

“社会是各种关系的总和。学校就是小社会，有各种各样的关系，如师生关系，生生关系，学校领导和教师的关系，教师之间的关系，教师与员工的关系等等，这各种各样的关系如何和谐相处是一门大学问。尊重、宽容、利他，各得其所，必不可少。各有各的美丽，善于聚集，才能奏响生命的和谐乐章。”深邃的夜空衬托点点星光才有了迷人的群星璀璨，和而不同，美美与共，春天的苗圃才能繁花似锦，姹紫嫣红。

（四）在教育“合力”中发专业之声

教育即是民生，关系到学生个人和家庭的未来，随着社会对于教育的关注度越来越高，教育问题成了社会性的问题。曾经有人仿照马斯洛的需求层次理论，将子女教育放在“金字塔”模型的顶端，从侧面反映了对高质量教育的期望值和教育投入很高。教育也是国家战略,“今天的教育质量就是明天的国民素质”,要以培养社会主义建设者和接班人为目标,为国家的经济发展、人才储备提供基础。

学校教育、家庭教育、社会教育最好要形成合力,但现在很多是形成分力。比如学校要减轻负担,实施素质教育。学校减作业,家庭加作业,社会机构忙着赚钱。报载:一个7岁的孩童每个星期要参加社会上举办的6个不同类型的辅导班,这种折腾,到底对谁有利?对孩子的伤害,谁该负责?专家学者不断呼吁要警惕教育中的“内卷现象”,多少家长又能听得进劝说,不再将孩子推进恶性竞争的泥淖?家长、学校、教师之间的博弈,让孩子不知何去何从。

无论是学校、家长或是社会的其他教育力量,其“靶心”都是学生的全面发展,但形式和内容应各有侧重,在形成合力的过程中,如何才能体现教师的专业性?

首先,要传播正确的评价理念。家长口中时常出现的“别人家的孩子”是横向比较的产物,“对于孩子的成长来说,纵向比较非常重要,这是用辩证、发展、历史的眼光进行评价”,垂直水平上的变化更能看出学生的进步。随着国际、国内对教育评价研究的不断深入,教师要引导家长关注评价改革的整体趋势,明确评价的重要功能是诊断并改进学习,而不是仅仅用来分高下、作比较的。

其次,要增加指导方法的科学性。对子女教育抱有高期待的家庭的动机与结果未必一致,家长在子女教育中高介入、高度参与有时收效甚微,甚至产生负面效应,产生问题的原因在于方法不当。教师可以根据丰富的经验和扎实的学理提供引导。比如家长在陪伴子女做作业时,一味就题说题,一看到子女做错就指指点点,甚至让“家庭作业”变成“家长作业”,这时教师就可以进行引导,让家长懂得参与子女作业的方式有许多,除直接参与外,还有间接参与的方式,例如排除环境干扰、养成习惯和态度、引导子女自我监督等,可进行调整和尝试。

再次,要运用合理的沟通技巧。教师不仅要和学生做朋友,也要和家长做朋友,袒露赤诚之心才是最好的“自我保护”。“‘沟通’从学生与家庭的实际情况出发,有理有情有节,千万不能采用向家长告状的形式。‘沟通’不是推卸责任,把难题甩给家长,沟通的目的是让家长了解学生在学校的情况,教师了解孩子在家里的情况,分析问题所在,寻找改进的方法和路径,让孩子更健康地成长。”这就是“好话好说”，避免学生认为教师是在告状，产生隔阂。“少讲缺点与错误，少就事论事，多以事论理；多激励进步，少冷言冷语。要宽宏大量，尊重和包容各种类型的家长。要讲点语言艺术，让家长理解你的苦心，信任你的真情，共同担起培养下一代成人成才的责任。”

虽然学校、家庭、社会教育的侧重点不同，但都应坚持两点原则：一是每一个生命都值得敬畏，因此，要发现孩子身上的优点，捕捉他们身上的真善美。二是做人最重要。“几乎每个家长都期盼孩子成龙成凤，而不顾及孩子本身的具体状况。家庭教育本应着重于孩子的品德、习惯，这是做人最重要、最基础也是最核心的。”不只是家庭教育，所有的教育都要把“学做人”放在重要的位置，这样的教育才不至于错位。

二、为精神成长赋能

于漪“学生观”在实践转化中呈现出怎样的特征呢？那就是为学生的精神成长“赋能”。

人终其一生都在探知自己的人生到底应当有什么样的意义，而意识空间会决定选择指向，在基础教育阶段，教师要唤醒学生的潜能，为精神成长赋能。

杨绛先生说过：“读书的意义大概就是，用生活所感去读书，用读书所得去生活。”基础教育阶段是学生认识自我、人生起步的重要阶段，也是人生观、价值观、世界观形成的关键时期，教师要引导学生看清人生的意义，追寻积极的人生价值。

“学生是万物之灵。每名学生都是具有独立性的人，他们的成长发展不是靠外力掌控，而是主体的自我认识，自我生长。他们不是‘物品’，不是‘工具’，任你使用，而是有主动性、能动性的万物之灵——人。”教育提供了寻找解决各种各样的人生问题的方向，教师要引导学生发现开启这一切的钥匙掌握在他们自己手中，生命的姿态由“我”决定。

人是“万物之灵”，更细致地勾勒出教师的角色肖像，丰富了师生、生生关系的内涵。

（一）倾听需求，师爱荡漾

教育事业是爱的事业，没有爱就没有教育。在教育楷模的先进事迹中，总能被其中的师爱所感动,面对的对象不同,师爱的呈现方式也不相同。“师爱是一种温暖,一种高尚,一种关注,一种理解,一种包容,一种体贴,一种动力,一种引领。内涵极其丰富。”

爱是学生成长的基本需求,学生观的转化实践需要从学生的需求出发,因此,教师应将师爱贯穿在教育的过程中。“师爱荡漾应覆盖学生求学过程的方方面面,生活的,学习的,思想的,精神的,物质的,等等。身体健康要关心,而精神方面的成长更为重要。当今社会纷繁复杂,多种价值观并存,多种文化交织呈现,对无文化积淀、无生活经验的学生更要在明辨是非,追求理想信念上积极引导,切实引领他们‘扣好人生第一粒扣子’。”师爱需全身心投入,浸润在教育的点点细节之中。

师爱不是一个抽象的概念,也不是空中楼阁,它是实实在在,一个神态、一个动作、一个举动,都会发出信号,教师通过捕捉细节,耐心观察,可以发现一些甚至学生自己还没有意识到的问题。而后,就是建立信任,可以通过了解他们的兴趣爱好走近他们的生活,勘探心灵的奥秘。遇到问题后,要适时诊断,争取做到“一人一方”,有针对性地提供对策,帮到“点子”上,建立“一人一档”。解决困惑不是一蹴而就的,旧的问题会反复,新的问题也会出现,因此要对学生进行追踪式的研究。

随着时代发展,大部分学生无需担忧温饱,也不会再因物质短缺而产生极大的不安全感。现在的学生所面临的危机是思想上的侵蚀,某些别有用心者将消费主义、享乐主义等不良风气与娱乐、商品“捆绑销售”,小小年纪就瘫倒在“舒适圈”,无力自救。物质的匮乏要帮,精神的贫瘠更要帮,今天吃不饱,也许明天吃一顿就能补回来,但如果不良思想不加以纠正,或任由思想的土地一片贫瘠而不撒播种子,是很难在短时间弥补回来的。在当下,师爱更需要关注学生的精神层面问题,以敏锐的洞察力和清晰的判断力扫清成长的障碍,增强他们的是非判断能力。

师爱是一种大爱,凡是“爱”都必须适度。“爱,不是姑息,不是迁就,爱是‘严’的孪生兄妹。没有规矩,不能成方圆。培养人,要有严格的要求,严格的管理。这个规矩,就是党的教育方针,要以它为准绳。‘爱’是‘严’的基础。爱是对事业的忠诚,对莘莘学子的无限期望。有了爱满天下的胸怀,‘严’才会有效果。‘严’要严在‘理’上，‘爱’中有‘严’，‘严’中有‘爱’，学生在温暖的阳光抚爱下就能健康成长。”师爱讲究情理，既要有悲天悯人之心，又要受理性思考的制约。

师爱荡漾，荡涤心灵，才能奏好“双重奏”，实现师生生命的共同生长。

（二）引导“内建”，唤醒自觉

如今的青少年尤其重视“自尊”和话语权，在孩子的心中，尊严是底线，不能踩，而以往“大人说话，小孩别插嘴”的教育须改变，他们更倾向于和大人直接对话。不少教师认为，日常教育教学中的一大难点就是应对“生成”，不在“预设”范围内，无法把控，这项不小的挑战使得不少教师将学生的奇思妙想扼杀在摇篮中，不给表达的机会。即便有的公开课看上去学生能尽情发表看法，其实也是排练后背诵脚本，依旧没有获得真实的话语权。

“一言堂”的现象并不罕见，这种教学方式的存在必然有其合理性，但如若理念依旧停留在传统灌输式的教育教学模式，就违背了人的本性。传统灌输式的特征就是把教育对象当作“物”，教师说、学生听，学生只能屈服于教师的权威。“就人的本质而言，年长的‘师’与年少的‘生’是平等的，都是万物之灵，年长者对年少的学生应尊重、爱护，有悲悯之心。”每个生命都有它的名字，都值得尊重，值得敬畏。教师应如何看待课堂上学生的举手提问和质疑，又应如何看待课后学生对自己的观点提出不同意见？是蓄意捣乱，是有意抬杠，还是挑战耐心？

在教学中，教师想通过不断钻研教材，精心设计，以扎实学识、逻辑思辨给学生带来科学文化的收获，也在钻研的过程中逐渐厚实自己的学识功底，丰盈自身的精神世界，这些固然很重要，但如果所有的一切都以满堂灌的方式去实践，那最终只能是一个人“登台表演”，最多是实现了教师的自我生长。每一堂课会影响学生的生命质量，也是教师生命质量的反映，教学不是“填鸭”，不仅教师要做发光体，每一名学生都是发光体，才能各得其所。

教师的“外塑”要促进“内建”。“学生获得知识、提高能力不是全靠教师的‘外塑’，主要靠学生自己的‘内建’。学生是在一定情境下，如在社会文化背景、学校文化背景、课堂环境气氛下，借助其他人的帮助、协作，获得知识与能力。

教师传递的只是知识信息,学生积极参与,主动参与,才能内化为自己的所得。因而,学生在课堂上动口、动手、动脑,生命涌动至为重要。”平等的对话就是思维的碰撞,是激发彼此潜能的过程。“对话”意识的形成,是教师角色的转变,教师的道德、理想、情操、学识在学生身上内化,进而让学生形成自己的认识,而不是把自己的思想拷贝几十份,替换学生的头脑。平等的“对话”一旦形成,单向输送转变为双向流动,自我生长才能在思想交锋中衍生出灵感,教师和学生互相教育,教学相长。

“现代教育要求充分尊重学生的人格,满足其内在成长需要,使学生充分认识自我的人生意义和生存价值。因此,教育要由单向灌输走向双向对话,也就是由单向影响转向双向互动。”“对话意识”的产生是师生关系平等和谐的表现,其实质就是尊重和理解。

“闻道有先后,年少的学生幼稚、粗糙、不完美,是未长成的常态,不能苛求,关键在年长的教师要练就敏锐的洞察力,发现他们身上闪光的东西,真心实意地欣赏、品评、激励。”也许有人会说,教师对于学生的表扬远没有一句批评来得分量重,也许你表扬了学生十句,只批评了一句,他能记得的只有那白纸上唯一的黑点。赞美、信任和期待具有一种能量,它能改变人的行为,表扬、批评都要在理上。当学生感受到教师的信任和尊重时,便感觉获得了支持,从而增强了自我价值,会将自信、自尊转化为积极向上的动力,尽力达到对方的期待,因此,教师要练好“长善救失”的本领,这也是平等对话的策略。

(三)生命对话,共同生长

生命的涌动并不仅仅来源于学生一方,教育的魅力之一就在于生命与生命的交错、对话。学生观的实践转化是一个动态生成、共同生长的过程,并不能照本宣科,也没有统一的模式。“一个人心中总要有一盏明灯,因为教师的工作是双重奏的。一重奏是你自己的人生一定要奏响中国特色教育的交响曲。与此同时,你还要引领学生走一条正确健康的人生路,奏好他们人生的乐章。”

随着时代的发展,教育面临一些以往碰不到的困境。比如,学生获取学习资源的渠道日益多元,教师的部分功能可能会有所弱化,职业成就感降低。再比如,一些用心不纯的补课机构利用家长迷信成绩的心理,将家长的担忧转化为商机，宣传力度大，学生以往的“两点一线”，变成了“三点一线”。不排除其中的一些内容是有作用的，同时也会出现一些糟粕，更可怕的是，学生开始在学校里“表演性学习”，上课似乎专心听讲，其实思想在“打盹”，对于学校学习的信服度、依赖度和专注度都有所减弱。

实际上，教师对于学生产生的影响是很大的，思想境界、人格魅力、学术素养都会影响学生的成长。“教师不管是自觉或不自觉，对学生的作用都不可能是‘零’，不是正面作用，就是负面作用。与学生朝夕相处，课内外的言行都是世界观、人生观、价值观的亮相。”正所谓学高为师，身正为范，“教师的人格力量是对学生进行素质教育的重要保证。教育力量只能从教师人格力量的源泉中产生出来。离开了言传身教、春风化雨，教育功能就被消解”，人格的力量渗透在教育的点点滴滴中，更容易被学生所吸收。教师不但要引领学生发现学习的乐趣，做学习的主人，更要在教育中滴灌生命之魂，使他们对生命产生敬畏，主动探寻生命的价值和意义。

学生眼中的好老师，是能够对他们的生命成长、精神成长起到引领作用的，而不是一个只会“敲黑板”划重点的“机器”。在教一篇课文时，教师要感动学生，首先要感动自己；要求学生思索人生的价值与意义，首先要自己对人生有所领悟；想要引导学生的精神成长，首先要自己精神成长。好在人是“万物之灵”，教师也要不断认识与发展，这就构成了教师和学生的相互促进的基础。

教学相长的内容十分丰富。首先，是促进教师拓宽自己的认知边界。一线教师偶尔在课堂上会被学生问倒，通过课后反思、加深学习，可以开阔视界、提升视野，建构或完善知识体系。其次，是提升育人境界。教师是学生的一面镜子，学生也是教师的一面镜子，照出优点和不足，更照出心里的底色，通过倾听生命的呼唤来增添悲悯之心、人文情怀，以更宽广的胸怀接纳每一个学生，以仁爱之心关怀每一个生命。再次，是在自我实现中增强使命感。教师传道、授业、解惑，在学生的精神成长中塑造自己生命的崇高价值，以明澈之心、热爱之情全身心地投入到教育工作中，“理想就在岗位上，信仰就在行动中”。

“刚柔交错，天文也；文明以止，人文也。观乎天文以察时变，观乎人文已化成天下。”中国文化的旺盛生命力来源于它的包容性很强，海纳百川，兼收并蓄。学生观的实践转化既是面对国外的教育思想“放出眼光，运用脑髓”，取其精华，加以借鉴,更是中国传统文化“幼吾幼以及人之幼”在新时代教育中的创造性转化和创新性发展。

“一花一世界”,静候不如化作阳光、雨露和泥土。一朵花的绽放是觉察、理解、接纳的过程,也是陪伴、体验、唤醒的过程,生命永恒,教育永恒。

(该文原载2021年9月《教育》,收入本书时略有修改)

深度觉醒：让生命与使命结伴同行

——谈于漪的精神世界与生命境界

孙宗良　上海市复旦中学

“让生命和使命结伴同行”，这是于漪的人生铭言。这种教师身份的认识重构与深度觉醒，奠定了中国教师发展应有的精神底子与一切努力的出发点，也是于漪建立中国的教师学的核心基础。是的，大道至简，做教师首先是做人，“生命和使命结伴同行”是中国教师应该建立的最基本的底色。所以，于漪的这一价值意识，可以成为一切职业观的根本点。这也构成了于漪教师观的哲学基础。

一、使命意识：生命的自觉需求

于漪老师的使命意识，远远超越了职业道德的外在规范性，而成为一种生命的自觉需求，成为她永不停步、执着追求、一生奉献的内在驱动力。在于漪的眼中，教育是一项伟大的事业，教师是一个神圣的使命，是一个必须将整个生命融于其中的不朽追求，所以教师“要怀有一颗敬畏之心”。于漪常常引用汉朝《韩诗外传》里韩婴的那句话：“智如泉涌，行可以为表仪者，人师也。”她深有感触地说：“做老师应该是智慧像泉水一样喷涌而出，思想言行都可以做学生的榜样。我牢记住这句话，努力身体力行。”正是这样一种使命意识，使得于漪认定做教师必须始终奋进，不懈躬行，要执着地坚守作为一名教师的精神边界。于漪指出，教师要全面发展，让自己成为完整的人，才能真正承担起自己肩负的使命。她说：“为了做一名合格的教师……我孜孜矻矻数十载，不敢有丝毫的懈怠。道路艰辛，欢乐洋溢，意义非凡。希望达到一个合格的教师境界。”这朴素无华的"合格"二字,蕴涵着多么坚定的信念,呈现出多么崇高的境界!

毋庸置疑,于漪是深受中华文化的熏陶和影响的,她复旦大学的教育学专业经历又给了她哲学的思辨能力与理性的价值判断,可以说,她正是以哲学的认知方法,站在时代的视角,传承着中华文化的精髓,构建起教师的人格追求。对她来说,做人非常重要的是明白自我的边界,要追求心灵的崇高。她并不排斥物质,但她更追求精神,她喜欢引用泰戈尔的哲理性话语来阐述这种生命的价值意识:"泰戈尔曾说,鸟的翅膀一旦系上黄金,就永远也不能飞腾起来。"因此她的人生定位就很清楚了:"读书求知为什么?为明理,为明做人之理,明报效国家之理。教师是教圣贤书的人,当然,应是做人的表率。"

于漪老师的人生,有两条线交织在一起,一条是外在的经历,那是一条曲折的线,跌宕起伏,动人心魄;另一条是内在的坚守,那是一条直线,没有波澜,就这么直直地从起点走来,只是变得越来越宏大雄浑。这两条线叠加在一起,是能够让我们看到很多有意义的东西的。她的贡献那么多那么大,而她所要求的却那么少那么微薄,"中学语文教师"是她一辈子惟一认同的头衔。因为她所追求的是她的理想,她从事的是太阳底下最光辉的事业,是她自身的生命需求。于漪说:"作为一名教师,能够把自己有限的生命融入常青的、伟大的、辉煌的教育事业,我觉得此生有幸。"这正是今日教师应该建立的使命意识与生命写照。

二、中国立场:一切为民族

于漪这一辈子,曾无数次地面临生与死的考验。但这一切她都挺了过来,而且看起来柔弱的于漪的生命之路竟走得如此强悍和璀璨,没有一种极为有力的精神支柱作支撑是不可想象的。那么,是什么支撑着她,她的使命意识来自何处,这可能是我们研究"于漪现象"最有价值的部分,也是于漪教师观的重要组成部分。

对此,于漪在她的自传体著作《岁月如歌》中给了我们一个明确的答案:一切为民族。这是她高中就学的镇江中学的校训,这校训深深铭刻在她的心中。曾经的苦难岁月和艰辛的成长历程使她深深懂得,国家繁荣是一切的根本,否则,就没有任何个人的幸福与快乐可言。那时的于漪就十分明白:"'一切为民族'这五个大字……镌刻在我心中,成为我铸造师魂的基因。"因此,"树中华教师魂,立民族教育根,成为我终生奋斗的目标,成为我始终不变的精神追求”。

于漪认为,教师必须成为民族的脊梁,因为教师代表着社会的良知,代表着社会的道德,肩负着民族的未来。她曾无数次提到西南联大的教师群体,并且给这一群体以极其崇高的评价。因为这一群体有着极高的道德操守与民族气节,有着高尚的人格魅力,因为在他们的心里就是忧国忧民,一辈子考虑的是国家的兴衰、民族的存亡,他们是把自己所从事的育人事业和国运、民族的命运紧密联系在一起的,因而他们成为中国教师的道德标竿与行为楷模。于漪同样有自己恪守一生的价值与信念。她说道:“天下兴亡,匹夫有责。身为基础教育的一名普通教师,这种忧患意识与使命使我深深地认识到,奉献是教师的天职,也是一名炎黄子孙无可推卸的责任。”

因此,于漪的教育追求有着鲜明的民族文化传承和强烈的爱国情怀,因为她是站在中华大地上坚守着华夏民族伟大复兴的教育理想。她认为,做教师肩负育人的重任,这归根到底是要培养学生的中国心。她曾很深切地表达过一种担忧:如果我们培养的人对自己的国家缺乏感情,对中国的文化缺乏认同,缺乏一个公民应有的责任心,那就意味着教育的失败。也因为此,七十年来,于漪始终秉承着一个中国人的那颗中国心,努力培养拥有一颗中国心的中华接班人。

而且,于漪的国家与民族立场有着很强的现实针对性。在新世纪到来之际,面对整个社会日益突出的西语东渐现象,她大声疾呼,呼唤广大语文教师要始终保持清醒的头脑,坚守母语的精神家园。她十分担心“一切都是外国的好”的观念会影响今日学子的健康成长。于漪是站在关系国家兴衰和民族存亡的立场上来认识这一问题的,她曾在许多场合强调:“母语,跟每个中国人应该有不解的情缘,是我们民族文化的根。”因而她明确指出,语文教师与语文教育就应该是为了传承和弘扬祖国的语言文字、传承和弘扬中华文化而奉献一切的。于漪坚持不懈地大声疾呼,今日教师必须始终不渝牢固坚守这样一个重要的认识。

于漪的中国立场是明确的、坚定的。她曾经结合具体的事例饱含感情地对青年教师说:“不知从何时起,我们的教育话语系统发生了变化……铺天盖地是外来的教育概念、教育术语、教育做法,不仅‘言必称希腊’,而且‘行也照希腊’。”这决不是一种偏激或者狭隘,于漪老师有着博大的文化情怀,她认为:“欧美等西方国家有些教育思想确实比较先进,有些做法与经验也值得学习借鉴……因此中外教育进行比较,介绍与引进先进的教育理念与做法是必要的、无可非议的。"她反对的是"中国人讲外国话",她始终认为:"中国教育必须有中国人自己的灯火,走中国人自己的路。就专业而言,也不是只能任人说短长。"

面对教育教学领域的西语霸权,她反复强调,我们民族有悠久的文化史,积累了极有价值的教育理论与实践,因此我们必须传承、弘扬并发展。我们中国的教师是在教育中国的学生,当然应该给他们全球视野和世界眼光,中国教师当然应该学习西方的教育理论,但是,这是"他山之石,可以攻玉",这些理论必须是为我所用,而不能"矮化"了自己而成为西方理论的奴隶。因此,她呼吁,我们必须建立"中国的教育学"与"中国的教师学"。2017 年,耄耋之年的于漪,在《人民教育》发表文章《以教育自信创建自信的教育》,她指出:"教育从来是国家的、民族的事业,任何国家均如此,它的核心是价值塑造、价值追求。我们教育追求的价值观是培养我们的教育对象深刻领悟并身体力行。中国人就是中国人,要热爱中国,为中国服务奉献是天职,是自己的责任担当。这个价值丢失,教育就失魂落魄,丢了民族精神的根、爱国主义的魂,于国于民,都会发生危机。"该文章的结尾再次强调:"坚守中国立场,拥有世界视野,以教育自信创建自信的教育,走自己的路,我们的定力将更强大,我们的前途会更宽广。"这应成为所有中国教师的魂魄。

三、奉献精神:一辈子燃烧自己

使命意识与民族立场必然引发并构建起于漪"深度觉醒"的第三极,即教师的奉献与牺牲精神,她用"激情"来表达这种精神。但这"激情"和我们常常看到的阐述不同,她是站在学生生命成长和国家未来需要的角度来建立教师的这一精神的,因此,她说,做教师的心中就要有不尽的热情,教师要一辈子燃烧自己。

她是这样表达的:"激情也是教师必不可少的素质……不热爱教育这多情的土地,没有工作的激情,就不能完成这世界上的伟业。教师只有倾注满腔热忱,才能对学生有感染力和辐射力;教师也只有燃烧自己,才能在学生心中点燃理想之火,塑造学生美好的心灵,才能完成肩负的神圣使命。……这一使命将伴随我生命的始终,为了我们的下一代,为了我们民族的未来,我无怨无悔。"

于漪认为,教师的牺牲与燃烧自我的精神,实际上是在坚守身为教师的应有职责与生命的境界。人之所以为人,是因为人是有灵性的动物,有灵魂有精神。教师也是如此。其实,所有优秀教师的事迹都昭示着,他们作为教师,首先是爱学生,而且是站在学生整个生命成长的角度,站在民族未来的大背景上,站在中国命运的高度,来爱学生和爱事业。在不少教师特别是青年教师出现精神迷茫、职业信仰相对淡漠的今天,上述精神的建构便尤为重要,它关系到中国教育的未来。

并且,教师的奉献与牺牲精神,并不是仅仅出于外显的职业操守和职业道德的制约,并非"不得已而为之",而是出自自身内在的生命需求,是他们的生命的崇高追求之所在。我们应该认识到,教师,不只是一种职业,更不是区区一个"饭碗",它应该是一种理想的事业,是一种需要用整个人生去拥抱的不朽事业和生命价值。于漪老师在漫长的岁月中,在艰难跋涉的环境中,如此执着与坚韧,永不放弃地追求着人生的理想,那不仅仅是"头悬梁、锥刺股"式的苦熬,她在付出的同时拥有巨大的获得感,她因为付出而获得了内心的安宁,获得了无愧于己心的满足与充实,她找到了生命价值的所在,也找到了获取生命快乐的源泉。

于漪说,选择了当教师,就选择了崇高。这就意味着,教师的生命不再只属于自己,只属于自己的家庭。教师是一种成就生命的事业,是服务国家与民族的大事业,因此,教师必须要有全局意识,奉献与牺牲精神必然成为教师必不可少的精神追求。从教 70 年,年过 90 的于漪,至今仍然全身心地投身于教育事业,一年 365 天,没有一天空闲的日子,为了教育的进步,为了青年教师的成长,为了祖国的孩子更好发展。我们在于漪身上所看到的这种永远奋进、奉献牺牲的人格力量,正应该是中国教师精神的典型表现,是华夏民族千百年来生生不息的生命意识与民族精神凝聚而成的。于漪的这一教师观,必将构成未来中国教师学中的一根重要的思想支柱,引领中国教师队伍的建设。

四、终身发展:放飞理想的事业

终身发展的观念是于漪教师观的重要组成部分。她认为,教师要真正实现自己的使命,必须一辈子不停息地进步。因为教育的本质是育人,是培养终身发展的人。教师既要培养学生良好的知识储备与能力,又要实现学生品格与心理的全面健康发展,使他们既拥有丰富的学识,又拥有良好的道德情操与积极的人生追求,成为德才兼备的一代新人。特别是在今天这样的价值多元时代,教师的导引作用就显得特别重要。教师只有以正确的思想去教育人,以积极的心态去熏陶人,才能培养学生积极的人生态度与良好的情感、态度、价值观,让学生正确地认识社会与融入社会。塑造大写的人,这是我们的学校教育所面临的一个重要使命,也是教师被称为“人类灵魂工程师”的原因之所在,教师职业充满了神圣感和崇高感。

由此,于漪始终将教师这种职业看成是一种放飞理想的事业,它需要教师拥有一种自觉的人生追求。教育的事业是着眼于未来的事业,教育工作的性质与特点要求教师具有相当程度的职业敏感,教师一定要跟随着时代奋力前进,不断更新教育观念,不断提升教育素养,使自己始终站在时代的前沿来思考问题,不断发展自我。于漪很喜欢引用朱熹的诗:问渠哪得清如许,为有源头活水来。教师如果不天天学习、月月学习,哪里来的源头活水?

于漪自己正是这一观念的优秀实践者。在她70年的教师生涯中,她不断求索,永不停步。正如她自己所说:“我教了一辈子,一辈子在反思。”几十年来,如此优秀的于漪却仍然坚持不懈地严格要求自己,她说:“我这一辈子有两把尺子,一把尺子量别人的长处,一把尺子量自己的不足。”正是在这种“比”和“量”的过程中,于漪总能找到自己的不足,总能学到别人的长处,她谦虚地说:“在长期的教学实践中,我深深体会到教师的字典里永远不能有一个‘满’字。”因此,不断追求,自我超越,与时俱进,于漪不断达到一个又一个新的境界。

在求索过程中,于漪主张教师对已有的理论和观念不能轻易盲从,而要有自己的分析与认识,要有科学精神与质疑态度,并在此基础上建构起自己的正确认识。她是这样倡导的,也是这样实践的。例如教育界有一个说法“要给学生一杯水,教师要有一桶水”,对此她是不太同意的,“因为你这桶水是不是陈旧了,是否有污染,恐怕很值得研究”。

于漪曾经回顾自己的课堂追求与学生观念形成的历程,说她在不同年代的课堂教学中先后有过三个不同的追求——“一清如水”“目中有人”“激发生命的灵动与活力”,这是她在不同的时期提出来的。从这几个概念可以看出,她的课堂观与学生观是随着时代发展而在变化着的，但“一切为了学生”的这份真爱是不变的。因此，她始终坚持着，求索着，奉献着，奋斗着。正是由于这样始终不懈的求索，从“一清如水”的课堂讲授能力的要求，到“目中有人”的学生主体地位的确立，再到“激发生命的灵动与活力”这一课堂成就完整生命的理念的建构，于漪一步一个脚印，不断实现着对自己的超越。

也正是这种终身发展的意识，使她始终坚持改革，不断开拓创新，跨越了一个又一个台阶而达于至善。她曾充满深情地回顾自己走过的路：“我花大气力进行变革，变革的核心是真正树立‘以人为本’‘以学生的发展为本’的根本理念。”她又说：“一个人的生命是有限的，而我们的事业是常青的。一名真正的教师，是用生命在实践，用生命在歌唱，为了我们辉煌的社会主义教育事业，为了我们可爱的学生，生命和肩负的使命结伴同行。”

于漪老师是《中国语文人》传主之一，她在自序体开场白中说道：“教育是理想的事业，没有理想的教育是不存在的；教育是一项神圣的追求，它充满着伟大与圣洁，不容任何玷污与亵渎；教育是一个崇高的使命，它需要我们全身心的投入与完全的奉献；教育是民族发展的奠基者，它决定着民族的命运与未来。”从这里我们看到的是一位人民教育家可贵的精神世界与生命境界，这也是国家以最隆重的方式授予她“人民教育家”称号的重要原因之所在，从而，这也为我们今天打造“有理想信念、有道德情操、有扎实学识、有仁爱之心的‘四有’好老师”队伍提供了一个极具价值的杰出样本。

（该文原载 2021 年 10 月《教育》，收入本书时略有修改）

站在"制高点"上的求索

——解读校长于漪

孙宗良　上海市复旦中学

于漪是一名教师,也是一位校长。她不仅是一名杰出的教师,更是一位优秀的校长。她担任校长的上海市第二师范学校,从一个"差校""乱校",成长为全国师范类学校的一面旗帜。于漪是一位优秀的教育管理者,一位有着前瞻意识、先进教育理念的教育管理专家,一位对中国当代教育有很大贡献的教育家。

一、学校:三个制高点与三个瞄准

于漪老师认为,学校是人类文明的摇篮,过去是,现在是,将来仍然是。如果说,教师在某种意义上决定教育的成败,那么学校在另一个意义上,或者说在一个更为重要的层面上,决定教育的面貌。一支再优秀的教师队伍,他们才华的施展仍然有赖于一个高效有序的教育平台;而要实现所有学生的健康发展,则必须由学校提供给他们良好的成长空间。事实上,只有当学校的发展目标与教师和学生个人的生命需要相结合,能够激发出所有教师和学生的潜能,去创造出富有生机的教育行为与学习行为,我们才可能拥有真正成功的教育。特别是对于培养未来教师的师范学校,更是如此。因此,于漪老师建立起自己的办学理念与办学模式,形成了以"确立三个制高点,做到三个瞄准"为核心内容的教育理念。

一是站在时代的制高点上,瞄准未来社会的小学教育,努力把今日的师范生培养成面向未来、终身发展的新时期小学教育的核心力量。于漪老师认为,当代师范生与过去相比,有相同的年龄特征、相似的心理特征,又有当今时代独有的特点。未来的教育要求一名合格的小学教师应该有理想、有道德、有文化、有纪律，有一定的教育教学专业知识和技能；有较好的文化判断力，有正确的情感、态度和价值观；还要热爱教育事业，有崇高的生命追求。而要求学生站在时代的制高点，首先学校要拥有这样的制高点。因此，学校必须以现代教育理念为导向，创设宽广的发展空间，让每一位学生的个性都可以自由地张扬，让每一位学生的潜能都能得到充分的发挥，让每一位学生的理想和生命追求得以真正实现。

二是站在战略的制高点上，瞄准世界上基础教育较为发达的国家的中小学教育，从严治校，发奋图强，办出水平，形成自己的基础教育的人才高地。于漪老师曾反复指出，师范生的素质不仅关系到一代小学教师的素质，而且关系到国家未来数以亿计少年儿童的心灵成长与人格塑造。因为在每一位师范生的背后，都有一支庞大的少年儿童队伍，他们很快将肩负起国家的未来和民族的希望。师范教育关系到祖国儿童的健康成长，关系到民族素质的有效提高，可以说，今日师范生的素质，就是明日的公民素质，就是后日的综合国力。因此，学校必须形成一种具有前瞻性的教育理念与教学策略，营造一种良好的成长氛围，培养学生良好的职业理想，让学生主动求取、自主发展，用人类的全部知识来武装自己的头脑，从能力、素养、情感、态度、价值观等各方面全面提升自己。

三是站在与基础教育发达国家竞争的制高点，瞄准国内、市内兄弟学校的先进教育思想与办学经验，博采众长，办出特色，提高自身的国际竞争力。于漪老师提出，树立国际竞争意识，不是争一所学校的意气，而是争民族的志气、民族的自尊，争我们综合国力的提升。因而，师范学校应该努力培养这样的教师，他们将不再是年复一年地不断重复自己的工作，而是拥有科学精神和创新意识的学习型教师。他们应该拥有良好的国际视野，拥有良好的竞争能力、合作能力与终身发展能力，不断探索，不断创造，不断地把最新的人类文化成果交给学生，真正成为人类灵魂的“工程师”；教师也不再仅仅是在发展学生的同时发展自己，更是在发展教育的同时使自身同步发展。

三个高度，三个瞄准，确定了学校发展的战略目标，奠定了学校发展的理论基石，使学校真正成为培养合格的小学教师的摇篮。在这样的学校状态中，教师和学生将形成一种新型的师生关系，他们共处于一个共同体内，是教育与被教育的关系,是指导与被指导的关系,是关怀与被关怀的关系,是互为主体、相互教育、相互促进的关系。在这样的学校状态中,学生将不再是被动地接受教师所进行的外在塑造,而是作为学习的主人,充分发挥自身的主体精神,真正成为自由发展与成长的主体力量。

二、教师:两代师表一起抓

致天下之治者在人才,成天下之才者在教化,成教化之业者在教师,这阐明了教师对于推动教育发展和促进社会进步的重要性。学校工作的成效如何,归根结底看教师队伍,有一流的师资才能有一流的教育。于漪老师认为,教师一定要自我发展,一个不会发展的教师,他的生存空间就会越来越小。因此,她将教师的自我发展放到了队伍建设的核心位置。为此,于漪老师提出了一个响亮的口号:作为师范学校,面对现在的教师与未来的教师,必须"两代师表一起抓"。

首先,抓教师的人格锻造。她认为,时代的发展给教育提出了一个重要的命题,即教师如何在教育中去发展学生的人格。因为教育不仅要传授学生知识,更要培养学生的品德、陶冶学生的性情,这离不开师生之间思想的交流、情感的影响和心灵的共振。在这些交流、影响、共振的过程中,品德只能用品德来培养,人格只能用人格来影响,这决定了教师在未来教育中的特殊作用是任何教学机器都无法代替的。因此,要想抓好学生队伍,首先要抓好教师队伍,抓教师的人格锻造,提升教师的人格力量。

于漪老师以"一身正气,为人师表"作为教师人格修养的灵魂和精神支柱,作为全校教师的座右铭。她在全校反复宣传教师应加强自身修养;教师一定要堂堂正正、光明正大,在学生心目中形成高大的形象;教师要有良好的德、才、识、能,尤其要建立崇高的事业追求与使命意识;教师的一言一行都应该成为学生的楷模。与此同时,教师要注意运用表扬与批评相结合的方法,树正气、压邪气,弘扬教师的理想精神,从而培养起一支真正高质量的教师骨干队伍。于漪老师倡导的教师人格目标,影响的绝不是一个学校、一代教师,直到今天,"一身正气,为人师表"仍是无数中华教师的理想追求和行为准则。

其次,抓青年教师的岗位成才。于漪老师深知,教育的未来在青年教师身上。因此，她大力倡导青年教师要追求卓越，打造好德才两方面的扎实基础，实现岗位成长。于漪老师动员领导班子全体成员，共同做好青年教师工作。一是做好感情沟通，对他们坦诚相待，政治上关心，生活上帮助，充分肯定他们的长处，也要真诚地指出他们的不足，培养青年教师对学校的信任感与对教育事业的向心力。二是抓培养青年教师的制度建设，组成三级网络（师傅带徒弟，发挥中老年教师的示范作用；教研组培养，用集体的力量促青年成长；学校组成专门机构，组织青年教师岗位练兵，定目标、定项目、定内容、定时间、定测评方式）。三是抓业务成长的主战场——课堂。如果要问于漪老师听过多少青年教师的课，恐怕她没法说清，但她在每节课后的评课都是那么清晰、独到与深刻，不仅令上课的青年教师茅塞顿开，更令听课的所有教师都受益匪浅。那一次次精彩的评课真称得上是“活的教育学”。于漪老师为青年教师搭建平台，把他们每个人都放在最合适的位置上，扬长避短，培养与使用并重，在教育、教学、读书、实践等方面全面培养，激励他们冒尖。在于漪老师的努力下，当年的很多青年教师如今已成为教育教学的中坚力量。

最后，作为师范学校，于漪老师还注重增强学生的“为师”意识。今日学生即为明日教师，因此必须从今日做起，提高学生严格塑造自己的自觉性。学生一进校就向他们灌输“为师”的意识，把“为师”“为学”“为人”结合起来，在全体学生中开展“当代师范生的形象”等系列教育，并千方百计地把文字表达的内容内化为师生的认知、情感和自觉的行动，使“为人师表”的思想在学生心中扎根。这样，“两代师表一起抓”，抓出了教师的凝聚力，抓出了学生的进取心，真正实现了教师与学生的教学相长，促进了教师队伍的良性发展。

于漪老师不仅在校长岗位上注重教师队伍建设，多年来，她先后担任首都师范大学、华东师范大学、上海大学、上海师范大学等四所大学的兼职教授。她义不容辞地担当起了国家级骨干教师培训的重任，为此，她主编了《现代教师自我发展丛书》（共 18 本），还主编了《现代教师学概论》，为今日教师的专业化成长奉献着一个老教育工作者的全部经验与心血。

三、风格：营造优良校风，锻造崇高品格

从站上校长的岗位起，于漪老师就坚信，办学校不是百米冲刺，而是万米赛

跑,要有勇气、有毅力,向着理想的目标奔跑。她坚持“依法办学,以德立校”,她认为教育管理工作既是科学,也是艺术,既要抓好法律规范,又要在师生的精神世界中撒播做人的良种,寻求全方位的育人规律。也只有当学校以一种良好的文化氛围与思想导引去有效激发起成员的奉献意识与创造精神,使全体成员明白在学校里的生活和工作不仅仅是为了生存,更是对生命价值的追求,是一种超越物质和技术层面的高层次的需要时,教育才可能达到一个很高的境界。因此,她把加强校风建设、锻造学校品格作为提高教育质量的突破口。

于漪老师认为,学校是创造和保存人类文明的场所,是培养智慧和素养的地方,是传递人类精神和创造知识的最佳处所,是一个充满了创造精神和创新意识的具有独立品格的思想熔炉,是一个拒绝庸俗、坚持操守并努力用思想、知识、精神去呼唤社会良知、引导社会前行的精神家园。因此,学校必须以健康的思想去影响学生,以积极的文化去熏陶学生,以良好的道德情操去教育学生,正因如此,学校必须拥有自己的文化品格和文化精神。于漪老师认为,学校的品格是学校在长期的发展过程中积淀形成的、反映着一个学校的理想目标、思想信念、学识风范和行为准则的价值体系和群体意识,它体现着一个学校的宗旨、理念、精神、氛围等作为育人阵地的核心要素,反映了一所学校的价值取向和发展方向。学校的品格是学校的灵魂所在,也是营造良好育人环境的必要条件。

因此,于漪老师在校长的岗位上,狠抓振奋精神,提升学习动力,优化学校环境,规范品德行为,陶冶思想情操,在锻造良好学校风气、形成学校品格的同时,全面提高教育质量。在塑造风气、锻造品格的过程中,既要以“敢”字当头,敢抓敢管,常抓不懈,并于细微处下功夫,也要理解当代师范生的心态,坚持正面疏导,在“善于”上做文章。例如,针对师范院校的部分女学生注重外在美、过多地追求穿着打扮、心思不放在学习上这一情况,于漪老师引导大家多角度地开展讨论,花大气力进行疏导,如开展“师范生应该追求什么”等专题讨论,明确学生的成长目标,提升学生的精神追求,塑造学生的崇高思想境界。

有了优秀的学校品格,并不等于拥有了高尚的文化品位与良好的育人环境,要让学校充分发挥育人作用,还必须将它转化为一种氛围、一种风气,成为教师与学生自觉的生命追求,使它转化为师生的行动准则,成为学校的标识和品牌。于漪老师在学校大力提倡朴素美、庄重美、大方美,组织学生自己设计校服、设计发型，并进行民主评定。经过疏导，学生穿校服、剪短发，把追求穿着打扮的“美”转换到追求心灵美、行为美方面来。同时制定一系列的校规校纪，强化行为规范的训练。于漪老师深知，良好行为习惯的培养不可能一蹴而就，靠的是思想先行，说清道理；靠的是管理到位，坚持不懈地训练；靠的是自我教育，督促检查。要让学生懂得，健康成长必须有自我约束力，必须培养自己对美的追求。

于漪老师常常说，我们要用美的事物去浸润青少年的心灵，使他们不断地、长久地被美的情感所陶醉、所滋养。学校如果不能给学生更多的正面引导，如果不能培养起学生良好的情操、正确的价值观和明辨是非的文化判断力，如果不能培养起学生对负面文化的阻隔能力和抵御能力，就不能建立起有效的教育，就不能完成国家与社会赋予教育的重任。因此，学校的风气和品格将发挥其他教育行为无可替代的作用，是一所现代学校必须具备的要素之一。

于漪老师多年的努力，锻造了学校优良的品格，良好的校风化为春雨，随风潜入夜，润物细无声，在给学生以熏陶与感染的同时，有效地提升了学校的文化品位，丰富了学校的精神追求，强化了学校的教育效果，使学校真正成为学生成长的最有益的场所，从而给学校未来的可持续发展留下了一笔丰厚的思想财富。

于漪老师无论作为教师，还是作为校长，在她身上，我们看到的是一种精神，一种永不停息的追求精神。于漪老师曾举浮士德的例子说明人类必须永远有所追求。她说：“时代前进了，教育必须与时俱进”“满足，意味着生命的结束。”于漪老师从校长岗位上退下来几十年了，今天，我们解读校长于漪，依然鲜明地感受到那种“制高点”意识和卓越的理论创建。也正因为这样一种追求精神与超越意识，直到现在，耄耋之年的于漪老师，仍然在思考着、实践着、行动着，孜孜不倦地上下求索，让生命和使命结伴同行。这，也正是校长于漪给我们、给今天教育的深刻启迪。

（该文原载2022年12月《教育》，收入本书时略有修改）

于漪办学的战略意识与战术本领

马玉文　上海市育才初级中学

1985年8月,于漪被任命为上海市第二师范学校校长。通过短短三年的努力,学校发生了奇迹般的变化,被评为"上海市文明单位""上海市花园单位",1991年被评为"全国中等师范学校办学成绩显著单位"。卓越的办学成就,源于高超的战略意识与过硬的战役本领;进一步向内探求,这又源于丰沛的"气""识"——一切为民族,一切从国家民族出发思考教育问题!

一、战略意识决定办学格局

在功利主义大行其道的时代,提倡育人本位不啻于打一场战争。要打赢这场战争,指挥官的战略意识至关重要。从于漪的办学实践来看,打赢"育人"战争,首先须确立社会主义的办学方向,坚持教育的人民性;其次是须以"立德树人"为根本任务,为党育人,为国育才;再次是以校风建设为关键突破口,为学校创造良好的小气候。

(一)坚守人文主义理想

于漪一生,有过几次转身,每一次转身都转得意外,也转得漂亮。大学专业学的是教育学,刚工作时教的是历史,这是第一次转身;继而改教语文,这是第二次转身;20世纪80年代做校长,这是第三次转身。令人赞叹的是,无论转身做什么,于漪都做得意气风发、一骑绝尘。原因就在于她身上始终洋溢着一种古往今来仁人志士所特有的精神气质:心气高远,心怀天下,志在千里,始终张扬一种人文主义理想——为了人、围绕人、激发人、成就人。

其实做校长,对于漪来说是无心插柳。她不想做校长,因为她不愿意被复杂的人事关系捆住手脚。她喜欢纯粹,痴迷教学。

她的想法很简单,就是认认真真做一名好教师,“树中华教师魂,立民族教育根”,是她终生奋斗的宏伟目标,是她始终不变的精神追求。办学,是她临危受命、一切为民族的一次迎难而上,也是她立足教师、超越教师的一次自我升华,更是她在更高层面、更大范围张扬人文主义的一次光辉实践。因其无私,所以“气”高;因其“气”高,所以多“识”;因其多“识”,所以善“行”。

于漪的办学,始终指向人,指向学生。在她眼里,学生是活生生的生命体,是宝贝,是目的,而不是被漠视被搁置被耽误的工具。她说,什么是教育,教育就是培养人;什么是中国教育,就是培养有中国心的人;什么是中国的基础教育,就是为中国人奠基的教育。因此基础教育要站得高一些,看得远一些,想得深一些,要面向现代化,要致力于民族振兴,要树魂、立根、强基、储能,为人的终身发展打下坚实的基础,而不是重术轻人,育分误人,培养背功很好的“机器人”。

盖因其人文主义的理想,在中国的基础教育界,于漪出身草根,乃成一代大家:70 年如一日,始终植根中国大地,心系育人大业,以如火的激情,如水的智慧,激励、引领着一代又一代,一批又一批中国教育人怀揣梦想,砥砺前行。

(二)站在山峰上看问题

校长应该怎么做?于漪并没有现成的经验可循,但她具有得天独厚的条件:她出身草根,长期站在讲台上,是一位出类拔萃的人民教师;她的根子扎得深,扎得正,她的心向来连着民族,连着孩子,连着未来。她之所以能成为教育家型的校长,首要因素就一个字:高。她的站位很高,心气很高,眼光很高,她习惯于站在山峰上看问题,而不是蹲在山脚下看问题。她的精神自由地向着高远处升腾。这与于漪独特的求学经历、强烈的学习精神与纯粹的精神境界息息相关。于漪强调,要站在时代高度、战略高度和竞争高度来思考办学的总体要求,要在宏观上有较为科学的总体设想,把学校办成社会主义学校的样子,办成学生成长的乐园。

战略意识之高远,首先体现在办学思路上。20 世纪 80 年代,“二师”的办学环境很不理想。在社会上,拜金拜物、享乐思想流行一时,不断冲击着师生的思想。在教育领域,普遍推崇知识教育,高度重视“双基”训练,而在思想道德教育和行为规范教育方面有所缺失。在学校内部,学生缺乏足够的学习动力,缺乏积极进取、奋发向上的精神状态;教师地位待遇不高,纪律松散、工作懈怠屡见不鲜。面对现实困境,于漪毫不畏惧,她认为办学首先要做到三个瞄准:一是瞄准21世纪的教育,努力把20世纪80年代的师范生培养成为21世纪的教育骨干;二是瞄准国外基础教育先进国家的教育,从严治校,发愤图强,办出水平;三是瞄准国内、市内兄弟学校的办学经验,博采众长,力求少走弯路,办出特色。基于此,她一出手,就比别人高一大截:站在制高点上积极求索,抓人的思想境界,抓人的业务素质,两代师表一起抓,力促风气之转变,形成风清气正的教育环境。

沧海横流,方显英雄本色。愈是面对难题,愈是显出于漪的“气”与“识”。她的办学智慧如同启明灯一样,不但在当时能够引领时代,即使在今天也凸显出卓尔不群的价值。当今世界正经历百年未有之大变局,教育改革势在必行,办学生态日趋窘迫。此时,重温于漪“站在山峰上看问题”的办学智慧,具有格外深远的意义——因其“本”固,故而“气”足;因其“气”足,故而“识”高;因其“识”高,故能“行”远。

(三)创造良好的小气候

学校治理,不但要站在山峰上看问题,还要俯下身子洞察幽微,在纷繁复杂的现象中拎出关键问题率先进行突破。于漪认为,良好的校风是办学的精神支柱,要弘扬社会主义道德风尚,批评和抵制歪风邪气:社会上允许的,学校不能都允许;社会上流行的,学校也不一定都提倡,不能把学校文明的水平降低到社会上的一般水平。办学者要有火眼金睛,提倡什么、允许什么、抵制什么,心中要一清二楚。关键是抓人、抓思想、抓精神,以校风建设为关键突破口,树正气、压邪气,力求形成良好的学校小气候。

具体如何做呢?于漪四措并举,打出了一套利落的组合拳:堵疏结合、强化训练、统一步调、齐抓共管,取得了不俗的教育效果。首先要“敢”字当头,敢抓敢管。敢于在学校弘扬社会主义道德风尚,敢于批评和抵制歪风邪气,排除社会上不良影响对师生的干扰,同时大力加强师生的思想政治教育。其次是深谙学生的心态，坚持正面引导，在“善于”上下功夫。再次是制定一系列校纪校规，强化行为规范的训练。根据师范生培养目标，针对学生实际，制定了一系列的学规、食规、宿规、会规、劳动规章等，让学生在集体生活中提高自我约束力，自觉遵守纪律。最后是统一认识，统一步调，形成教育合力。特别是在思想政治教育上，形成了“三线一面”的格局，即政治课、年级组（班主任）、团委和学生会三条线有机结合，对学生进行思想政治教育；面上，各学科根据学科特点在课内外渗透思想政治教育，提高教育效果。

于漪创造良好小气候的认识与实践，既符合普遍性的教育规律，又具有极其鲜明的个人特质，其内核表现为三“高”，高起点谋划，高水平统观，高质量突破。突破的重点是以“大”谋“小”，以“小”为“大”，敢于用良好的小气候去影响社会大环境。

二、历练战术本领

打赢育人战争，不仅需要高超的战略意识，还需要过硬的战术本领。从于漪的办学实践来看，特别值得深入领会的战役本领有：立体推进，实施综合育人；以德为先，德法并举，营造和谐的校园文化；因势利导，标本兼治，造就一支能打胜仗的良师队伍。

（一）立体推进实施综合育人

对于漪来说，育人是使命，更是生命。她从教 70 年间，都在殚精竭虑地回答一个具体而宏大的命题：育什么人，如何育人，为谁育人；都在兢兢业业地实践这个理念，教书育人，管理育人，服务育人，环境育人。育人，是一道分水岭，普通教师总是习惯于猫着身子就分论分，而教育大家总是全心全意践行育人使命，多管齐下实施综合育人。

育人，在于漪看来不是一种口号，而是基于使命的一种战术本领，是一种战略统观下的综合战、持久战。首先是要排除干扰，树立全面的质量观，重视学生的个性差异，逐步克服见分不见人、见局部不见整体、见眼前不见长远的弊病。并且“要研究和深入到学生成长中的三个世界——生活世界、知识世界、心灵世界，在他们金色年华的时代，要以德育为核心，促进他们生活上健康、开朗、自理、自立,促进他们爱学乐学,善于求知,勇于探索,促进他们丰富心灵,提升思想,奋发向上”。更加重要的是,要学会按照规律办事,立体推进,实施综合育人。早在20世纪80年代,于漪就突破了单一的必修课模式,实现了必修课、选修课、课外活动、教育实践的有机结合,这在当时是极为可贵的。在必修课上,于漪强调要自觉站在育人高度,加强德育渗透,促使教学目的更加明确,教学过程更加科学,教学手段更加先进;备课组要加强集体备课,深入钻研教材,优化课堂教学,力求熔知识传授、能力培养、智力发展和思想情操陶冶于一炉,追求立体化、多功能的育人效应;结合教材列出训练要点,课内外结合,分年级落实基本功的培养。在选修课上,总的做法是排入课表,全面普及,长短结合,逐步到位。开设学科深化类、专业技能类、艺术体育类共三类15门课程,总共380课时,达到了国家教委规定的选修课占总课时7%～15%的规定。在课外活动上,以服务性、教育性、发展性、系统性、可行性为原则,因地制宜,规范开展相关活动,如坚持“七定”,定时间、定地点、定项目、定教师、定年级、定标准、定考核——特别值得点赞的是“定标准”“定考核”,其思虑之密,规范之严,要求之高,即使放在今天也是难能一见的。在教育实践上,于漪强调说:“教育实践是教学管理的重要组成部分,要讲究整体效应。我们在组织教育实践活动中,努力按照教育理论与教学实践相结合,学校师资与小学师资力量相结合,分散与集中相结合的原则,做到计划落实,检查落实,尽心、尽力、尽职地搞好教育实践。”

对于无处不在的诱惑与干扰,于漪始终目光警惕,她一直在思考,在呼吁,在探索,如何将育人进行到底!她指出必须研究人,研究学生和教师这一最重要的、活的因素;她主张按规律育人,带领一大批教师扑在课堂教学上如醉如痴;她警惕技术办学,主张加强文化育人;她呼吁必须继承传统,扎根中国,给学生一颗奔腾的中国心……目的就一个,把学生培养成为全面发展的社会主义建设者与接班人。

(二)营造和谐的校园文化

在于漪看来,要把学校办成社会主义的样子,办成学生成长的乐园,必须一手抓“依法治校”,一手抓“以德兴校”,两手都要抓,两手都要硬。于漪强调说,法治是具有强制性的他律,是一种刚性的惩戒;德治是提倡性的自律,是一种温性的约束。依法办学和以德兴校相辅相成,互相促进。

但两手都硬,并不等于面面俱到,平均用力。于漪特别指出,在中小学校,面对青少年学生,"要强调德教为先","靠的是自我教育","靠的是思想先行,说清道理","管理要思想先行,制度到位,要让学生懂得为何要定制度,为何要遵守制度",只有思想先行,德教在先,然后才是管理到位,强化训练,这样才能真正做到两手都抓、两手都硬。这一认识展现了于漪敏锐的眼光与高超的智慧。

两手都硬,本身不是目的,而是要刚柔并济,营造和谐的校园文化。于漪指出,和谐校园文化的核心是"爱",这种爱是"大爱"。校园文化建设须抓好三个层面:一是实践层面,文化不是标语、口号,是要实践的;二是制度文化,一定要使学校把教育理念化作针对性制度,以适应师生内心的需求;三是精神层面的文化,教育要多元和谐,最后着力的都是学生精神层面的提高。教育人的精神层面是心灵养育,是教师以自己的人格培育学生的人格成长,以自己的高尚情操熏陶学生的情操,使他们有高尚的审美观。

于漪深谙辩证法,她目光敏锐,看得很深。在她看来,法的背后是人,立法的目的是育人,立良法行良治才能更好地育人,因此不能为法而法,搞繁琐哲学,以法压人,她对此保持着足够的警惕。只有坚持以德为先,育人为本,才能持续提高依法治校水平,实现真正意义上的"良治",全面提升育人质量。

(三)让每一个人散发光芒

校长的首要使命是什么?这是一个见仁见智的问题。于漪认为,校长的首要使命是抓好教师队伍,要因势利导,因材施教,抓好教师的自身素质与团队精神,真心诚意地让每一个人都散发光芒。她说:"学校的质量说到底是教师的质量,要办好学校,追求高尚的教育境界,关键在于抓好教师队伍。"

人,是关键驱动力,更是目的。这是于漪一以贯之的主张,这既与中国传统文化中"以人为本"的人文精神息息相通,亦与现代领导学的精髓紧紧契合。它强调要加强人的自我管理,要以德为本,让人成为决定自己命运的根本因素。抓好教师队伍,在于漪看来,须要有攻坚克难的大本领。首先是以"一身正气,为人师表"作为办学的精神支柱,作为全校师生的座右铭。"反复强调教师应该加强自身修养,堂堂正正,光明正大,在学生心目中能形成高大的形象;强调教师的德、才、识、能,尤其是事业心、责任感应成为学生的榜样、表率;强调教师的一言一行对学生都具有示范的作用。……与此同时我们还注意运用表扬与批评的方法,树正气,压邪气,对有损教师形象、有损师德的言行展开批评,防微杜渐。”其次是抓好教师的团队精神,提倡以大局为重,反对不当竞争;特别是满心热忱地培养青年教师,创造机会让他们显露聪明才智。第一,与他们在感情上沟通,百倍爱护,政治上关心,生活上帮助,充分肯定他们的长处,也真诚指出他们的不足。第二,要采取教育评优的办法,加强岗位练兵。于漪说:“我做校长,最大的事情就是培养青年教师。我进入课堂听课,听完课评论,听一节课,起码评两三节课,要站在理论和实践相结合的高度来评课。我倡导的是‘活的教育学’,要让老师觉得上这堂课是师生都有收获的,要知道好在哪里,为什么好,不足在什么地方,为什么不足,应怎样改进。”再次,干部要身先士卒,增强学生“为师”的意识,以“师表”的要求严格塑造自己的自觉性。最后,师与生双向促进,教与学双向检查,发现问题及时改进,扎扎实实提高质量。

办学,是以人育人、以心动心的事业。因此校长的首要使命,是不遗余力将教师队伍抓好,这是提升办学质量的关键所在。通观于漪的办学实践,她很善于做人的工作,善于抓住人心,善于提振人的精神,进而把学校办成心意相通的家园,办成师生成长的乐园。这对今日办学治校的启示是:抓教师队伍,就是通过创设最佳发展环境,促进“人”的回归,表达对“人”的观照——让教师更多一点专业发展,更具一份职业尊严。

三、攀登教育家高峰

打赢育人战争,首在战略,要在本领,关键在人。在于漪看来,校长是基础教育的领军人物,是师生的领路人,是学校的灵魂,必须要追求高远的教育境界,要敢于攀登教育家高峰。

(一)校长要坚持实践修炼

眼下,我们正阔步行进在迈向教育现代化的征途中。现代化的教育,离不开现代化的人,尤其是现代化的领军人物。校长是实现教育现代化的关键核心。在多元经济并存、多样文化碰撞的十分复杂的时代背景下，办学必须要志存高远，牢牢把握社会主义的育人方向，弘扬先进文化，拒绝急功近利，守护社会文明，消弭喧嚣嘈杂。这无疑对校长的人格与智慧提出了更高的要求。

要学习于漪好榜样。新时代的校长须持之以恒，在实践中不断地修炼自己。一是加强思想政治建设。校长首先要提高政治站位，站稳中国立场，坚持人民性，牢牢把握住社会主义的办学方向。二是具备正确的教育思想。它是学校现代治理的“核”，校长必须与时俱进，及时更新自己的教育理念，确保先进性；要有文化定力，不为时风所动，坚持以育人为导向，用正确的思想引领办学。于漪指出：“教育思想关系到学校的全局。办学方向、治校方案、组织怎样的教师队伍、把学生培养成为什么样的人等，无不以教育思想为总绾。因而校长必须具备正确的教育思想，努力探索并力求通晓基础教育的规律。”三是塑造自我人格。“一身正气，为人师表。”“在当今，就是要有坚定的社会主义信念，对党的教育事业赤胆忠心，有高度的使命感和责任感，堂堂正正，光明正大，按党的方针、政策办事。”同时，校长还要有人格魅力，要用人格来感染教师与学生，引领师生健康成长。四是专业水平的修炼。苏霍姆林斯基说，校长首先应该是一个优秀的教师，是学生的好教师，是教师的教师。因此，校长更要讲业务，懂业务，精进业务，要把根扎在教学一线，做专业上当之无愧的领军人物，带领教师深入研究业务。五是历练教育管理能力。要崇法贵德，抓好依法办学与以德兴校；统筹协调好内与外、人与物、师与生等各方面的关系，为学校发展营造良好的氛围；关键是因势利导，因材施教，充分调动人的积极性，让每一个人都各司其职，各负其责，在岗位上闪闪发光。

（二）勇做教育家型校长

坚持实践修炼，目的在于锤炼“气”“识”，成为教育家型的校长。于漪以她独特的办学实践，树立了中国基础教育的教育家型校长的光辉形象。何为教育家型校长？考察于漪的领导素养，其要有四：首先是“教育”，这是基本前提。校长须是一位教育的专业人士，是教师的教师，洞悉教育趋势，遵循教育规律，掌握教育技能，不能是教育的门外汉。其次是“领导者”，这是重要基础。他（她）首先应该提高思想政治素质，站稳中国立场，坚持教育的人民性；然后要像《孙子兵法》讲的那样,具备“智信仁勇严”等人格品质,重点做好三件事,定战略、抓专业、带队伍;同时“具有管理的才能,具有民主作风,善于调动全校师生员工的积极性,推进学校事业健康、持续地发展”。再次是“思想智慧”,这是核心关键。教育家型的校长必须要有自己的教育思想,不能让自己的头脑成为别人思想的跑马场,不能总是零碎地、随机地贩卖别人的想法。最后是“精神风范”,这是魅力源泉。在更高的意义上讲,校长其实不是一个岗位,一个阶层,一种身份,而是一种精神风范,一种站在制高点上勇于求索,要不断“加强自我修养”,“跟随时代奋力前进”,拥有“丰富的智力生活”,追求高远精神境界的精神风范。

一句话概括,所谓教育家型校长,就是有自己的教育思想,努力追求高远的办学境界的教育领导者。虽然不是每一位校长都可以成为教育家,但是每一位校长都应该具有教育家的精神。这是办学的内在需求使然,也是社会大众对校长的殷切期待。

(三)校长须有丰富的智力生活

丰富的智力生活,是“气”“识”的源泉,也是“行”的动力与保障。于漪强调说,真正的学校应该是一个积极思考的王国、文化王国、文明高地。因此,校长必须要有丰富的智力生活,须是文化人,文明人,身上要有书卷气,要具有学者气象。当前,教育改革进入深水区,向前推进的每一步都充满挑战。作为学校的领军人物,校长在实践之余,必须要多读一点书,多读一点“磨脑子”的书,多读一点具有时代气息的书;博观慎取,勤学善问,要在批判中思考,在思考中实践;要研究学生,深入洞悉学生身心脑的发展规律;要指导教师,帮助教师改进教育教学工作,提高教师的教育修养;领导教育活动,深入到师生中去,发现问题,研究问题,并与师生一起解决问题。这样,才能确保校长具有较高的教育学理论素养与实践智慧,确保教育改革的顺利推进。

于漪很喜爱闻一多先生的《红烛·序诗》,更经常以此激励自己的思想言行。她认为这些诗句深刻地道出了人生的意义和价值,道出了红烛精神的精髓,即始终不渝地为他人的成长与欢乐作奉献;更道出了我们民族优秀的文化积淀与精神特质,标明了千百年来无数华夏仁人志士的生命坐标。我们要用心培育这种精神风范,在智力上、文化上不懈追求,为师生的成长、学校发展提供源源不断的支持，为实现中华民族的伟大复兴而奋斗不息！

综上，于漪科学地探讨了在党的全面领导下办学治校的一系列重要问题，其学校管理观具有丰富的思想内涵与独特的实践价值。第一，其办学治校的智慧，集中体现为“战略意识”与“战术本领”的有机结合，而这又根源于“气”“识”——从国家民族角度思考教育问题。办学首先要有一股“气”，气魄、气概、气势、气量；志气、勇气、骨气、正气，即志向远大，胸怀大局，无私无畏，具有把学校办好的凌云壮志。关键是要有“识”，眼光敏锐，善于透过历史看未来，透过现象抓本质，透过复杂谋关键，具有自己的个性化的思考与实践，绝不局限于一时一地一事一物。第二，战略是宏观指引，主要指向的是领导者的“气”与“识”，解决的是打不打、为何打、打什么的问题；战术本领是执行能力，主要指向的是“行”，解决的是怎么打、如何打赢的问题。第三，打赢育人战争，首在战略，要在本领，关键在人。校长须志存高远，敢于追求高远的教育境界，勇做教育家型的校长。

（该文原载 2021 年 11 月《教育》，收入本书时略有修改）

坚定文化自信　办好中国教育

董少校　上海音乐学院马克思主义学院

新中国成立以来,教育事业取得长足进步,构建起基本完善的中国特色社会主义现代化教育体系。在这过程中涌现出诸多优秀教师,探索出在发展中国家办好教育的经验、路径和理念,“人民教育家”于漪就是这个群体中的一员。

习近平总书记指出,实现中华民族伟大复兴,必须坚定中国特色社会主义道路自信、理论自信、制度自信、文化自信。2016 年哲学社会科学工作座谈会上,习近平总书记指出:“我们说要坚定中国特色社会主义道路自信、理论自信、制度自信,说到底是要坚定文化自信。文化自信是更基本、更深沉、更持久的力量。”

教育自信是文化自信的重要组成部分。于漪是中国本土生长出来的优秀教师和教育家,于漪教育教学思想是新中国教育实践孕育出的活的教育学。于漪是文化自信的倡导者和践行者,于漪教育教学思想值得学习研究,值得珍视、发扬。

一、新中国孕育出的活的教育学

于漪 1951 年从复旦大学教育系毕业,70 年来投身教学实践,勤于反思,把实践经验和反思所得凝结起来,出版数十种著作,发表 800 多篇文章。这些著作和论文具有鲜明的实践品格,成为于漪教育教学思想的基础载体。她的教学实践和教育研究几乎贯穿新中国成立以来的教育发展历程。于漪教育教学思想是中国本土孕育出来的原创性学说,是一种打着新中国烙印的活的教育学。

于漪教育教学思想具有丰厚深邃的内涵,包括教育目的观、学生观、教师职业观、语文教学观、学校管理观等内容,以语文教学为依托,兼及其他学科,延伸到教师教育、学校管理等领域,构成一个宏大完备的理论体系。她的语文教育观体现为“教文育人”，这也是她的教育目的观。狭义上的“文”指文章、语文，广义上的“文”可以涵盖各门学科和各类教育活动。语文教学的目的不仅是让学生学习语文基础知识技能，不仅是学习学科知识本身，更重要的是“育人”，要引导学生升腾起对国家、对人民的爱，做一个有中国心的现代文明人。

在学生观方面，于漪认为学生是学习的主人，主张建立亦师亦友的师生关系，尊重学生的差异，展开深入对话，因材施教，激发学生的创造力和潜能。她提出，学生是能思善想具有主观能动作用的人，而不是“容器”，教师要把从教出发的立足点转换到从学出发，不断研究学生的新情况和新特点。她尤其注重对话意识，把学生放在平等的位置上，让教育由单向灌输走向双向对话。从目前已出版的改革开放初期于漪 18 次 28 节教学实录来看，课堂上她高频次与学生对话，如果把发言者的每次变更计为 1 次互动，那么她平均每堂课互动量为 113.5 次，教“形声字”主题时，甚至单节课就互动达 216 次，“双向对话”体现得淋漓尽致。

“一辈子做教师，一辈子学做教师。”于漪用个人的奋斗与付出，写就了她的这种教师职业观。“一辈子做教师”折射出她对教师这种职业深挚的热爱和发自内心的认同，将其当作一种崇高的事业去追求，不为名、利、权所惑，将教书育人本身视为价值所在。“一辈子学做教师”包含着教师应不断求索进取的内在要求，不是一劳永逸“吃老本”，而是勤于学习、勇于实践，不断反思，提升教学本领，完善人格。她在从教历程中持续开展自我教育，向古人学习，向同时代的专家同行学习，向学生学习，敢于自我否定，精勤不倦。

于漪长时间与讲台为伴，洞悉教育教学中面临的问题与困境。她怀着良知和责任感直面这些问题，如语文采用标准化试题、英语的作用被过分渲染、课堂教学中多媒体工具的滥用等，呼吁改变，推动解决，给予理论层面的回应与剖析。如此一来，于漪教育教学思想就显示出强烈的现实针对性，散发着泥土的芬芳。

二、教育工作者应当树立教育自信

从教 70 多年来，于漪有着扎根中国大地办教育的自信与自觉。在复旦大学就读时，她发现除了“中国古代教育史”，教育理论、教育派别方面的专业课大都是国外的,于漪当时心想专业课多有中国的就好了。于漪提出,中国教育工作者要树立教育自信,坚持走中国特色的教育发展道路,创建有中国特色的教育学。

于漪发现,从教育内涵到学生培养再到课程改革,国内在大量地使用着国外的教育思想和教育理论。她认为,虽然不排斥借鉴国外的经验,但是今天的中国教育理应树立起自信,拥有自己的话语权和理论体系。于漪曾听过有人从头到尾以外国的标准来评判中国的教育,感觉被评得灰溜溜的,于是她就站起来讲:“鲁迅先生如果活着的话还会写一篇《中国人失掉自信力了吗》,没有自信怎么可能去精神振奋、大步前进呢?”她持续十多年关注上海桃浦教育联合体,对这种立足地域特点开展联合办学的做法给予肯定,认为这种方式体现了智慧和创造,勉励他们增强自信,改革创新,再创辉煌。

在长期的教育教学活动中,她心怀理论自觉,创建有中国特色的教育学。1981 年全国中学语文教学研究会在福州召开会议,担任副会长的于漪主题发言《语文教学要走中国自己特色的道路》,已初步显示出教育自信的底气。几年后,于漪发起创立上海市教师学研究会,是在中国本土建立教育学、改变西方话语体系大行其道状况的一种切实探索。

要达到建设中国教育学的目标,于漪认为,一方面要发掘中国传统教育这座富矿,如注重以人为本、因材施教等,从中吸取有益养分,同时回顾、反思新中国成立以来教育走过的路,发扬好的经验和理念;另一方面,借鉴国外资源,对其他国家好的方面采取“拿来主义”的态度。在吸收外来经验时,不能原封不动地移植到中国,要加以辨析,不必故意哄抬那些本来很一般的东西。因为胸怀文化自信,所以她从来不把西方某家理论奉为神明,她要去认真地辨别其究竟是什么,高明在哪里,然后想办法变成本土的东西。

习近平总书记指出:“对国外的理论、概念、话语、方法,要有分析、有鉴别,适用的就拿来用,不适用的就不要生搬硬套。”他还强调,“如果我们用西方资本主义价值体系来剪裁我们的实践,用西方资本主义评价体系来衡量我国发展,符合西方标准就行,不符合西方标准就是落后的陈旧的,就要批判、攻击,那后果不堪设想!最后要么就是跟在人家后面亦步亦趋,要么就是只有挨骂的份。”

于漪正是保持清醒头脑,坚守着同样的理念。对于教育研究中存在的唯西方理论马首是瞻、把自家教育传统说得一无是处的做法，于漪决然反对。有人开“语文教育学”的课，找了几百本外国参考书；有些论文给自己贴标签，满是外国的术语、名词。于漪愤怒地反问：“过去我们的教育向苏联一边倒，现在向美国一边倒，你还考虑不考虑中国自己的教育？”可谓振聋发聩。

三、践行教育自信的三个维度

于漪对中华优秀传统文化怀着深沉的眷恋，立足中国大地办教育，自觉担当为国育才、为党育人的重任，是教育自信的倡导者和践行者。她在三个维度上践行教育自信：一是呼吁在外语学习的热潮中捍卫母语教学地位，二是坚持让国外的教育理论服务于中国的办学实践，三是写作教学研究论文时运用平实易懂的文风。文化自信是于漪教育教学思想的重要内容，而于漪教育教学思想和她的教学实践构成一份中国文化自信的生动样本。

于漪认识到，西方语言强势植入中国，话语权扩张成为思想霸权，严重影响到汉语言文化的学习。抵抗这种思想霸权的重要手段，在于开展母语教育，对学生进行读写训练。教师在教学中唤醒学生对文字表现力、生命力的认识，对祖国的语言文字存有敬畏之心，进而感染他们去传承几千年来的传统文化，建立自己的语文教育话语权，达到“培养人”的目的。于漪说：“中国人一定要有骨气，中国人一定要说中国话！我们要有自己的话语权，用祖国的语言文字来表达自己的思想感情。”她牢牢秉持这种文化自信，并在教学中把这种自信传递给学生。

建立中国语文教育的自信力，还要改变教育政策和课堂教学中的一些不当做法。例如，有一段时期，数理化学科比赛一等奖获得者可以在高考中加分，而学生作文获奖不能加分。于漪认为，这就对语文构成了一种歧视。她还用敏锐的目光发现，语文教师信教学参考资料、信教学时尚、信硬性评课指标、信《一课一练》等教辅书，这都是他信力的表现，应该走出这样的误区。

于漪在教学研究中践行文化自信和教育自信。她的论文和著作追求让一线教师读得懂，用于启发、推动中国的教育发展，而不把在国外发表论文当作目标。她担任上海市第二师范学校校长期间，出于推动办学、培养教师的需要，曾与美国、英国联合开展“师带徒”青年教师职业初级培训模式研究，1992 年她曾在美国教育研究会年会宣读研究报告。除此之外,她的教育研究基本立足国内。在学术含量最高的30种71册独立完成的著作中,只有《教你写作文——中学生作文指引》出于交流目的在香港出版,其他皆在内地出版。目前所见她的800多篇文章,全部为在国内报刊或杂志首次发表。

概言之,于漪在课堂上葆有对中华优秀传统文化的传统信心,推动创建有中国特色的教育学,呼吁人们走出“他信”的误区,还在研究写作中坚守中国教育的本位与阵地。她是教育自信的积极倡导者与坚定践行者,为广大教师投身教书育人事业树立了光辉榜样。

于漪的教育教学成就和贡献得到了党和国家的认可。2019年新中国成立70周年之际,于漪荣获“人民教育家”荣誉称号,是全国基础教育界获此殊荣的唯一代表。于漪一路见证并参与了新中国教育的峥嵘发展历程,是中国大地上生长出来的教育家。于漪教育教学思想是一座丰富的精神宝库,值得研究学习,发扬光大。

宣传学习优秀人物是凝聚社会共识、推动事业发展的重要途径和内在需求。在于漪研究方面,目前可见9种关注研究于漪的著作,相关方面已举办7次于漪教育教学思想研讨会,有19篇硕士学位论文聚焦于漪教育教学思想。于漪的教学成就和教育思想是新中国教育发展历程中的珍宝。教育理论工作者、校长、教师有必要坚定文化自信,进一步研究于漪、学习于漪,让中国本土孕育的教育理论在更广范围开花结果,并通过她的案例,向世界讲好中国教育故事。

(该文原载2022年9月《教育》,收入本书时略有修改)

第二编

语文教育思想研究

学科性质的时代篇章

黄荣华　复旦大学附属中学

学科性质观是学科认识的基础,它决定了学科目的观、功能观、传承观、教材观、教法观、质量观等。本文阐释于漪的语文学科性质观。

语文学科的性质是现代语文教育诞生以来一直被人探讨的问题,于漪老师认为:工具性与人文性统一是语文课程的基本特征。于漪语文学科性质观的形成,是一次“历经艰辛的远航”,是百年探索的反思、千年积淀的启示、世界视野研究的借鉴,有其深层的学理基础。

于漪语文性质观的确立,引发了关于语文教育的目的观、功能观、传承观、教材观、教法观的系列裂变,使人们认识到,语文是工具,但不是一般意义上的工具;语文具有工具性,但语文还有多种属性,其人文性是它的又一突出属性。因此,语文教育应当彰显“工具性与人文性统一”的特点,在培养学生一般语文能力的同时,融合人文素养,融合人的养成教育,最终指向人的成长。

一、时代召唤下的一锤定音

什么是语文?语文学科具有怎样的性质?语文教育的目的是什么?语文教学具有怎样的功能?这一系列问题,都是语文学科要面对的问题。

因此,自1904年语文设科教学以来,人们对此就进行着不间断的追问。

(一)1990年之前的认识

1904年之前,中国几千年的教育基本是以“经”为中心的综合教育,没有学科概念。

1904年中国分科教育开启,八科中的“读经讲经”和“中国文学”两科,相当于后来的“语文”。

1929年小学、初中课程标准颁布。这两个课程标准是第一次以政府名义颁布实施的语文课程标准。这两个课程标准关注到了语文的综合功能，但总体上将语文视为“工具”。此后颁布的多个课程标准，均沿袭了这一认识。

总体而言，1949年之前，语文学科定位基本指向“实用”二字。

1949年华北人民政府教育部颁布的《中学语文科课程标准》中指出：“目标共两项：一项属于情操和意志方面，体现了新中国对青少年一代的殷切期望和培养方向。另一项属于语文本身的知识和能力……”

1956年颁发的小学大纲强调：“小学语文科是……教育儿童的强有力的工具。”

1963年教育部颁布的语文教学大纲主要有以下几个特点：第一，首次明确地提出语文学科的工具性；第二，强调语文教学要加强“双基”训练。

1978年、1980年、1990年、1992年，教育部多次颁布语文教学大纲，但对语文学科性质的表述没有变化，均指向“工具性”；1980年、1986年的大纲表述为“语文是从事学习和工作的基础工具”；1990年、1992年的大纲表述为“语文是学习和工作的基本工具”。

总体而言，这一时段，语文基本上被定位于“工具”二字。

(二)1990年代的大讨论

语文学科的性质是新中国成立后语文教育界反复讨论的话题，但人们的认识始终没有发生真正的变化，依然在老路上行走。

党的十一届三中全会后，语文教育界汇入了中国改革大潮中。

至1990年前后，人们开始全面反思几十年的中国语文教育，从阅读教学到写作教学，从文字教学到语法教学，从文章教学到文学教学……对语文教育诸多问题展开探讨，逐步汇成了改革语文教育弊端的时代潮流。尤其是有关语文学科性质的讨论，成了这一时期最为响亮的语文教改之声。陈钟梁、魏书生、程红兵、韩军、王朝清等一大批教师参与讨论，并多有建树。

(三)于漪一锤定音

1995年，于漪在《语文学习》第6期发表《弘扬人文，改革弊端——关于语文教育性质观的反思》,此后又连续撰写了《准确而完整地认识语文学科的性质》《语文是进行素质教育最有效的一门学科》《语文学科是一门实用而多彩的人文学科》《语文学科是一门多功能的育人学科》等一系列长篇文章,密集地阐释语文的“人文性”。这些文章展示了丰富的理论内涵,从多角度、多侧面阐释了语文学科的“工具性与人文性统一”特征。

于漪的这些探讨,将这次“世纪末”的语文大讨论推向高潮,也为语文学科性质的讨论画上了一个完美的句号,正可谓一锤定音。

第一,语言是思想的直接现实。

第二,语言是工具,又不是一般的工具,语言和人俱在,不可分离。

第三,语文学科是语言工具性训练和人文性教育的综合。“我想‘人文性’较之‘思想性’‘情意性’‘科学性’‘文学性’‘社会性’‘政治性’‘民族性’等,似乎更为合适。语文学科作为一门人文应用学科,应该是语言的工具训练与人文教育的综合。”“语言和文化不是两个东西,而是一个东西,是一个整体。说语文学科具有人文性,绝对不是排斥它的科学精神;说语文学科具有工具性,也绝对不是削弱它的人文精神……语文学科有多个基本属性,正表明语文是一门很特别的学科,工具性和人文性——两者不是一增一减,而是如何想办法沟通交融、互渗互促的问题。”

第四,教语文,教文育人。“多少年来,一个复杂而又简单的问题反反复复地困扰着语文教育工作者:语文教学的培养目标是传授知识还是培养人?语文教师是满足于当一个教书匠,还是力争做一个教育家?这个问题似乎有着清晰的答案,但在我们的语文教育实践中,它又确实是模糊的。我们的语文教学自觉不自觉地在奉行着‘知识为本’或者‘知识与能力为本’的学科教学目标。”“对于这样一个根本性的问题,我的观点一向十分明确,语文教学的培养目标与学科性质是相辅相成的。我在1978年就率先提出‘教文育人’的观点,语文教学的目标就是培养人,语文学科就是要树立‘育人’大目标,既教文又育人,要全面培养学生……语文教师要教学生学‘文’、作‘文’,理解和运用祖国的语言文字,培养学生听、说、读、写能力,但更重要的是教学生学‘做人’……因此,语文教师的胸中要有‘教文育人’的清晰蓝图:一是培养目标,即明白未来建设者应该具有的总体素质,包括思想素质、道德情操、科学素养;二是了解学生现状……以便因势利导，因材施教；三是要明确实现‘教文育人’培养目标所要攀登的阶梯……循序渐进，拾级而上，重点突出，步步踩在实地。”

1996年教育部颁布的中学语文教学大纲首次将“语文”确认为“最重要的交际工具，也是最重要的文化载体”。2001年和2003年教育部先后颁布的语文课程标准，在“语文是最重要的交际工具，是人类文化的重要组成部分”这句之后，增加了“工具性与人文性的统一，是语文课程的基本特点”的表述。

此后，教育部颁布的语文课程标准，都明确表述“工具性与人文性的统一，是语文课程的基本特点”。

于漪的语文性质观得到了时代确认。

二、多维度学理探索

回顾于漪的求索，我们可以看到，于漪的语文学科性质观是有其深层的学理依据的。

（一）百年探索的反思

于漪在探索的道路上深刻地意识到：要改变语文教育的不理想状态，就要反思百年语文教育，并在反思中清晰地认识、把握语文学科的性质。这是因为：“离开对它的性质，或者说对它的本质属性的深入探讨，又如何阐发它的目标、任务、功能？……在语文教育观念体系中，最为核心的是性质观，由此而引发出目的观、功能观、传承观、教材观等一系列观念。”

怎样才能认识、把握语文学科性质呢？那就是要“对它走过的道路应本着历史的辩证的观点，不溢美，不隐恶，实事求是”，这样，“对它本质属性的探讨可更实在更清醒一点，当然也可更接近真理一点”。

正因为这样，于漪在探求中，“始终以现实的问题为关注焦点，立足于鲜活的现实土壤”，“与语文教学实践紧密相连”。

于漪发现，1949年之前，“‘废科举、兴学校、办教育’，努力学习西方的目的是为了‘图强’……因而，西学在引进的过程中，明显带有重自然科学、轻文史哲、重实用轻素质的倾向。语文的学科地位实际上并未得到应有的重视”。1949年后，教育走过了艰难曲折的道路。语文教学不仅难以幸免，而且首当其冲,或为意识形态所左右,成了变相的政治课;或为“工具论”所左右;或为“应试教育”所裹挟,以分数为旨归。

倘若将1949年之前与之后的一百余年打通,就更能发现,无论是之前的以“训练”的方式获得“实用”效果,还是之后的强调以训练的方式获得“双基”,这背后其实都是西方科学主义影响所致,都是现代工具理性所致。

这种在近代以来社会整体走向科学主义、走向功利主义情境中诞生的现代语文教育,其弊病是与时代病同步产生、同步加重的,并且因其特殊的社会意义,人们又常常从“救国”“兴国”的角度来要求其发挥作用,所以语文又常常被社会政治所裹挟,其自身的本质特征则被掩埋在厚厚的淤泥之中。特别是进入1980年代后期,应试教育在全社会兴起,语文的人文性更进一步被弱化。

正是在这样反思的基础上,于漪以“改革弊端”为出发点,铆准了语文学科的“人文性”,形成了“工具性与人文性统一”的语文性质观。这一语文性质观的确立,对语文教育具有“长善救失”的意义。“长善”就是使语文的“工具性”不再受到质疑而得到合理的确认,“救失”就是使之前丢失的语文“人文性”归位并被彰明。

(二)千年积淀的启示

众所周知,传统教育基本上是以“经”为中心的综合教育,其宗旨就是“明明德”。这种教育所教化之“人”尽管并不是现代意义上的“全人”,然而,其作为个体人的“秉赋”意义与作为社会人的“社会性”特征,却一直得到极其鲜明的彰显。

但在我们近现代教育的语境中,中国古代教育是落后的,特别是在科学教育方面是极其落后的。所以从“癸卯学制”到“五四”新文化运动,直到1979年改革开放以前,我们的教育有一条主线,那就是一边向西方学习,一边否定中国的过去。这样,近现代语文教育与中国古代教育的内在联系就被斩断了。所以,传统语文教育中直接作用于人的发展的人文意义——灵智激发与彰显,一直没有得到真实的认知与确认。

古代教育有着从“明明德”到“止于至善”的高远理想,从个体灵智开发和社会担当两极引导人实现人的最高价值,即“内圣外王”。与此相比,现代教育将语文局限地理解为“学习和工作的基本工具”,实在是既无理想亦无作为的教育,使得语文的意义缩小到了最小,使得语文的价值降到了最低！这也正是许多学子学了十几年语文,高中毕业后语文水平依然不理想的根本原因。

于漪在探索的过程中,认识到语文“工具论”的狭隘,看到了其与传统的断裂,因此她强调:“中学语文教学的基础不是‘零’,不是重砌炉灶,一切从头开始。”“我国语文教学有丰富的历史遗产……对优秀传统不可采取虚无主义的态度。”“学语文与学做人结合……读书,要讲求修身养性,讲求品德、胸怀。许多学子身体力行,作为奋斗的目标……读书、作文均注意自我心灵的塑造,注意培养完美的人格。”

当然,也不是照搬古人,而是从时代的要求出发,汲取精神实质。像“古代要培养的谦谦君子……与今日要培养的有理想有道德有文化有纪律的新人有时代的本质区别,但是教语文、学语文重视人格的塑造确实是优秀传统”。

从上述论述中可以清晰地看到,于漪的“人文说”把语文“工具论”所抛弃的中国几千年教育中那个大写的“人”请了回来。

(三)世界视野研究的借鉴

近代的中国被迫与中国之外的世界建立起联系,其联系的主线是从“中学为体,西学为用”到“西学为体,中学为用”再到全面西化。语文“工具论”就是在这种“联系”中形成的,它与其他许多领域一样,都是先取西方某一点尝试学习,后不断将其“深广化”“精细化”,既有起初因急迫而未能全面权衡所做选择的先天不足之憾,又有后来在“深广化”“精细化”过程中的抱残守缺之弊。因此说,语文“工具论”不仅斩断了与传统的关系,还斩断了与世界应有的“工具”意义之外的更为广泛的联系。

在这种情境中,语文既失去了传统,也没有了真实的现代。

“真实的现代”是什么？核心就是人的不断觉醒,就是人文主义的不断胜利,人的个性不断得到彰显。

但本应最具彰显人的个性意义的语文教育,却随着时代的向前,越来越成为限制人、束缚人的教育,与人文主义背道而驰,且渐行渐远。

于漪在求索之中深深感到“工具论”对语文教育的这种控制,所以她大声疾呼:“作为一个中国人,民族志气、民族自尊是至关重要的;但是有一条,必须是立足中国放眼世界……在20世纪末,听到21世纪的脚步声。我们一定要放眼看世界,在宏观的大背景下看我们的教育,看我们肩上的责任,就更有深刻而清醒的认识。”

她期待我们的语文教育能真正与“人”的觉醒的现代世界融通,所以她恳切地指出:中国古代的人文思想,在今天依然有着借鉴意义。但也要看到,古代人文思想中的“人”只不过是这具“社会”大机器上的螺丝钉而已。这类人文思想带有明显的社会教化色彩。出发点和归宿都是“社会”,还不是真正意义上的“人”。而现代意义上的人文思想,“一个鲜明特征是抵抗与否定神和神性,正视与肯定人和人性以及人本身的意义和价值”,它“凸显了‘人’的本身……‘人’不是任何东西的附庸和工具”。“倡导人文精神,就是让‘人’从上述误区中迷途知返,就是对尚未涉世或刚刚涉世的雏形的‘人’,用人文精神加以启蒙与优化。‘五四运动’一度接通了这一时代潮流,开启了现代思想的启蒙运动。文学作品中,一大批现代作家,尤其是鲁迅所呼唤的正是这种期盼‘人的回归’的激越的声音。”

因此,她不无痛心地指出:“在语文课本中,中国古代作品、现代作品以及外国作品,展示的是作者真善美的心灵,一篇篇都是他们精彩深刻的‘个人的发言’。其中不乏此种人文精神。不去正视、发掘、传播此种精神,而只是把它当学习与使用语言文字的一项‘工具’,岂不是本末倒置的荒唐?”

因此,我们也不难看到,于漪的“人文说”打通了中国古代人文精神与世界现代人文精神,为现代语文学科人文性的确立奠定了一块坚实的基石。

与此同时,于漪广泛吸收各种与语文课程相关的研究成果,如语言学、文艺学、教育学、心理学、美学等。特别是从人本主义出发,于漪从世界语言学研究成果中认识到语文学科直接指向人的教育的事实,指出:“汉语言文字不是单纯的符号系统,它有深厚的文化历史积淀和文化心理特征。”

一般情况下,说起语文,人们首先想到的当然是语言文字及其运用,就像说起数学学科的研究对象就想起数学及其运用、说起物理学科研究对象就想起物理及其运用一样,这固然是不错的。但语文学科研究的“语言文字及其运用”又与其他学科的研究对象有着本质的不同,那就是:数学、物理、化学这些学科研究的是客观世界，客观世界自身并没有人的意识、思维、思想，因此数学、物理、化学这些学科的研究对象并不直接指向人；而语文研究的语言文字，是人的意识、思维、思想、审美等，因而语文学科的研究对象是直接指向人的，直接指向人的思维、情感、品质、能力等，因为语言文字就是人的思维、情感、品质、能力等的直接现实。所以说，“语文就是人生，伴随人一辈子”。

这也就使得于漪坚信：“语言是人的重要智能，语言的发展能有效地促进人的观察力、想象力、思维力、创造力的发展……语言是生命之声，语言的活动就是生命的活动。”语文学习“在潜意识状态中发展思维的广度、深度、严密度、开放度，优化思维品质和思维能力……升腾起对民族文化、民族精神的认同感、归属感”。

三、实践中的尴尬与希望

语文学科人文性的确认，“语文是工具性和人文性的统一”的确认，拔开了笼罩在语文上面的种种迷雾，使语文学科的独立品格显现出来。

但是，在当下的语文教育实践中，彰显语文学科“工具性与人文性统一”的课堂遇到多重尴尬：

一是以应试为目标的语文课堂的抗拒。当今语文教育深陷工具理性而不能自拔，其突出表现就是处处指向分数，指向获取分数的教学行为的效益最大化。在这样的课堂上，语文教育完全沦为应试的工具。

二是“工具论”者的抗拒。语文“工具论”者认为，语文教育就应当从语言运用方面寻找并确立其作为现代语文学科的意义，而不应再像古代语文学科那样承载许多甚至全部育人功能。社会已经向前发展了，语文就应随时代前进，不应再越俎代庖，去谈由其他学科应当承载的育人意义。这种将语言的人文意义剥离而将其看作一种孤立的语文存在观念，在今天的语文界依然存在。

三是将应试知识、技能误作语文知识、技能。表面看，应试教育也具有语言运用的学习，也有听、说、读、写能力提升的学习，但因为最终目标不是“育人”，而是“育分”，“本应育人，却在折磨人，甚至扼杀人；本应将学生从人性的暗处导引出来，却让学生越走越黑。在这样的教育中，‘人’被放逐了”。

但百年现代语文教育毕竟是曲折向前的。2003 年教育部颁布的语文课程标准提出“三维目标”,是对此前课程标准“双基”目标的超越;2017 年教育部颁布的语文课程标准从“语言建构与创造”“思维发展与提升”“审美鉴赏与创造”“文化理解与传承”四个角度阐述语文学科育人的核心素养,是对“三维目标”一种超越。

但无论是“三维目标”确定,还是“核心素养”的确定,都是在“语文是工具性和人文性的统一”这一确认之下的理解。也正如于漪在《一辈子学做语文教师》说:“21 世纪课程教材改革的三维目标,当今提出的语文核心素养,正是对我当年认识与做法的概括、提炼、提升。”

尤其是今天,“双新”语文课程的实施,强调以“人文主题”统摄“大单元、大主题、大情境”教学,将会对落实“语文是工具性和人文性的统一”这一学科特性起到极大的推动作用。

(该文原载 2022 年 10 月《教育》,收入本书时略有修改)

于漪语文教育思想的超越性

黄荣华 复旦大学附属中学

于漪语文教育思想非常丰富，涵盖了语文教育的方方面面，非常深刻，几乎每一个方面都有直指语文教育本质的论述，像语文课程性质、语文课程定位、语文教学目标、语文课堂实施、教师教学语言锤炼、学生思维能力培养等方面的许多论述，都非常独到，常见之人所未见，思人之所未思，发人之所未发。

于漪老师所以能成为这样的语文教育思想家，有许许多多的原因，其中很重要的一条就是：一辈子学做语文教师！

2017 年，88 岁、做了 70 年语文教师的于漪在《语文教学通讯》第 2 期发表了《一辈子学做语文教师》一文。如何一辈子"学"做语文教师呢？文章从怎样认识课堂、怎样认识人生、怎样调动生命的精华等方面多角度做了回答。在文中于老师动情地说她就是一辈子"不断拷问自己：教育是什么？教师是什么？语文教师是什么？我在做什么？我应该做什么？目标在哪里？如何跋涉？"

正是带着这样一系列的拷问行进在语文教育探索之路上，一辈子"学"做语文教师，于漪就永远向前，永远超越，超越自我，超越时代，超越历史，使自己不断走向一名语文教育思想大家的大境界。

一、超越自我

于漪教育思想的超越之路，首先是作为一名语文教师对自我的不断超越，这又集中体现在于老师对"教文育人"理解的不断超越上。

(一)以"知识"为中心的语文教育

1964 年 5 月，于漪在《上海教育》发表了她投身语文教育教学后的第一篇重要文章——《把语文课上得实惠一些,朴素一些》。文章提出了“读懂教材,了解学生,有的放矢”的观点,产生了很大的影响。但细读文章,我们就能发现,于老师那时的“读懂教材”是偏重于对“文”的知识性理解的。她以自己讲读《包身工》为例,在阐释观点后,这样评价自己的教学效果:“这样的课,课时比以前减少了两个,课后并未布置作业,学生学了以后觉得‘原来自己读时只知大意,经过老师有重点的讲解,认识了生字,懂得了难的词句,理解了结构,对课文中揭露的阶级压迫和剥削也体会得比较深了’。”可见其课堂关注的核心是语文知识,这里其实隐含着对“育人”的“人”的理解——学习知识的“人”。

1979 年 3 月,于漪在《上海教育》发表了她新时期的第一篇重要文章——《兴趣·感情·求知欲》。此时,于漪进入了教育教学探索的重要时期,开始思考如何把握课文“引人入胜的特点”“把课上得生动活泼,充分发挥我们祖国文字特有的感染力和说服力,使学生不仅学有收获,而且学有味道,兴趣盎然。”这里特别值得注意的是,于老师提出的把握课文“引人入胜的特点”展开教学的观点,与今天所讲的将“文本个性”与“学生个性”相结合异曲同工。但细读文章,我们同样能发现,此时于老师所关注的课文“引人入胜的特征”,更多的还是从对“文”的知识性理解的角度思考的。她说:“教知识要像敲钉子一样,一个一个往下敲,使学生脑子里留下深深的痕迹,学有所得。”比如教《周总理,你在哪里?》时,“确定了围绕主题构思的教学目的,帮助学生通过这首优美诗歌的学习,理解如何认真构思,围绕主题决定材料的取舍与安排,从而逐步克服习作中不讲究构思以及内容干、淡、浅、窄的毛病”。

由此也可见,此时于老师语文课堂落实的“教文育人”的“文”与“人”,总体上还以“知识”为中心的语文教育的体现。

(二)以“人”作为一个独特个体的发展为中心的语文教育

标志着于漪语文教育观重大转折的文章,是 1989 年 1 月发表在《语文学习》上的《素质·能力·智力》。她说:“语文教师教学生‘文’,对学生进行严格的语文基本训练,使学生正确理解和运用祖国的语言文字,具有一定的读写听说能力,当然是义不容辞的责任;然而,与此同时,必须高度重视培养学生的思想素质、道德情操和文化素养。语文教师应树立鲜明的‘育人’目标,‘教文’要纳入‘育人’这个大目标。”

于漪老师认为:“语文教学之所以能在学生素质、能力和智力方面发挥重要的培育作用,首先是由语文学科的性质所决定的。语文学科的基本特点是工具性和思想性。语言文字是表情达意、交流思想的工具。既是表达情意,那么,用它组成的作品,都寓有一定的思想情感。思想情感为里,语言为表。”“要善于缘文释道,因道解文,既废除离开字词句篇的架空说教,又力戒置思想内容于一旁的支离破碎的词句解释,力求把思想教育与语文训练结合起来,水乳交融,使学生思想上受教育、感情上受熏陶,语文能力获得有效提高。”

从上面引述的文字中可知,于老师此时的语文教育观与先前有了很大的不同:一是明确提出“‘教文’要纳入‘育人’这个大目标”的观点,“教文”为“育人”服务;二是明确提出“思想情感为里,语言为表”的观点,这表明“教文”不能仅停留在语言之表,而要进入思想情感之里;三是提出“力求把思想教育与语文训练结合起来”的观点,“使学生思想上受教育、感情上受熏陶,语文能力获得有效提高。”细读下来,我们发现,于漪此时对“文”的理解,已不再是仅从知识性的角度去思考了,而开始转向思想文化意义的角度去观照了,其突出点就是关注到了“教文”对开发学生智力、培育学生情感、提升学生思想三个方面的意义。这不仅打破了当时语文界“德育渗透”的僵化的教条,而且引领了语文界对“文”的意义的全面认识。

之所以有如此大的转变,是于老师已经充分认识到“育人”是语文教育的终极目标,“教文”为这一终极目标服务;并且,语文教育所育之“人”,不是只学知识的知识接收器,而是在“学文”过程中不断发展智力、培育情感、提升思想的不断生长的独特的“人”。她说:“语文教育中发挥育人的作用,不但要掌握学生的共性,更要注重学生个性的发展。教师不能站在学生世界的外面观察,要站在学生世界之中眼观耳听,搭准他们的脉搏,了解他们的思想、性格、情趣、爱好、知识、才能,长善救失,因势利导,使他们的潜力,使他们的聪明才智健康地充分发展。不促使学生的个性获得发展,育人就相应地失去了光泽。”这里最重要的也是最值得人们注意的是“促使学生的个性获得发展”。

此后,于漪不断丰富“目中”之“人”的“个性发展”的含义,诸如思维力、想象力、记忆力等。

以"人"为中心,以"人"的发展为中心,以"人"作为一个独特个体的发展为中心的语文教育,是对以"知识"为中心的语文教育的巨大超越。

(三)以"培育具有中国心的现代文明人"为核心的语文教育

进入21世纪,于漪老师对"文"的理解又深入了一层。它关注更多的是文章所蕴含的全息性的文化意义,是这种文化意义对学习者的全面化育功能。

"思想、情感、语言是同时发生的。语言不仅翻译思想,不仅是载体,而且就是意识、思维、心灵、人格的组成部分。""语言和文化在母语教学中不是两个东西,而是一个整体。""母语教学不能如同外语教学中的'商业对话'训练,不是'英语900句',不能老在语句上兜圈子。教母语,同时也在教民族的思想和情感。""有人说:'母语是父母给的,母语是家给的。家给的语言,是一种有形无形、有声无息的存在,是历史流注的民族精神,是万方辐辏的智慧融合。她宽厚地孕育涵养着每一个子民,全息地体现着民族流动不息、丰富多彩的生活。'确实如此,母语教育绝不是识多少字、背多少词、做多少练习、写几篇文章,而是在引导学生理解祖国语言的同时,受到民族文化的教育,受到民族精神的熏陶、民族情结的感染。"

不难感到,于漪老师对"文"的这种理解既与她对语言性质的进一步认识密切相关,也同她对全球化背景的认识密切相关。人所共知,21世纪的人类舞台上,"全球化"已从幕后走到了台前,异域文化正以所向披靡之势愈来愈密集地进入我们的生活。而另一方面,中华传统文化经历了一个多世纪的冲击与破坏后已经丢失了许多。与此同时,成人世界鄙薄中华文化、崇洋媚外的思潮也不时涌现,教育界"去中国化"的思想也时有抬头。在这样的大背景下,伴着"三片"(薯片、芯片、大片)长大的孩子们大多喜欢的是什么呢?是文化快餐,是电脑游戏,是那些外来的东西。他们吃"肯德基、麦当劳"、喝"可口可乐"、穿"牛仔服"、看"好莱坞"、听"格莱美"、过"圣诞节"、游"迪斯尼乐园"……吃喝玩乐,从物质享受到精神消费,在西化,在美国化,或者说在自觉不自觉中努力"去中国化"。有些孩子言必称西方,了解西方远甚于了解中国,对自己国家的信任指数远低于对西方的信任指数。

因此,于漪明确提出了"培育具有中国心的现代文明人"的教育思想,强调语文之“文”所蕴含的民族文化的化育意义，强调“教书育人”所育之“人”在全球化时代所具有的民族性。她说：“当今的中国教育，要培养有中国心的现代文明人，需以优秀的中华文化滋养他们的心灵，明读书之理，明做人之理，明报效国家之理。”

从1960年代到2010年代，50年的不断的超越自我，使于漪老师不断向语文教育的深处挺进。

二、引领时代

本质上说，每个人的不断成长都是对自我的不断超越。但于漪的自我超越与常人有着巨大的不同，那就是在超越自我的同时超越时代，引领时代向前。所以，读《于漪文集》，眼前就有一条大路在延伸——新中国语文教育之路在于漪老师的引领之下向前延伸。

因种种原因，新中国的语文教育似乎一直在“变革”之中，总有各种“说法”使得语文教师们左右为难。但我们能在《于漪文集》中发现，于老师一直在坚守着对语文教育本质的探索、实践与阐释，因此虽然不同时期都弥漫着重重迷雾，而于老师总是能拨开云雾，挺立高处，发出清亮的召唤之声。

（一）朴素的语文教育

教育就是教育，不应当有其他附加。语文教育就是语文教育，同样不应当有其他附加。但因认识上的种种局限，语文教育常常粘上许多附着物。于老师对此一直有着清醒的认识，总是在关键的时候发出振聋发聩之声。

“把语文课上得实惠一些，朴素一些。”这是于漪1964年5月发表的《把语文课上得实惠一些，朴素一些》一文的主要观点。那时的语文教学强调的是“双基”，将其归纳为“字、词、句、篇、语、修、逻、文”。于是，许多教师不管是哪一堂课，都要把这些内容尽可能“装”进去。于漪的文章针对当时语文课堂知识芜杂、不分主次、不能落实课文主要内容的现象发言，强调每堂课都应当根据文章的特点和学生的需要确立教学重点，而不能胡子眉毛一把抓，“要提高课堂教学质量，绝不能‘闭塞眼睛捉麻雀’，要胸中有书，目中有人”。

“强主干，删枝叶。”国家新语文课程标准颁布后，语文教师对如何落实“三维目标”一时感到没有头绪，于漪老师应邀于 2004 年 1 月在《中学语文教学》上发表《课堂教学三个维度的落实与交融》，指出：“确立知识和能力这个维度就是对原来的加以审视，取其精要加以整合，使线条更清晰，用六个字来讲就是‘强主干，删枝叶’。在教学上枝枝丫丫，孩子们学起来十分困难，因此要‘强主干，删枝叶’。”这里于老师“强主干，删枝叶”的呼吁与之前强调的“把语文课上得实惠一些，朴素一些”其内里一脉相承。

“课堂不是 T 型舞台，模特时装表演，花样翻新。”随着“娱”乐时代的到来，语文课堂也受到很大的冲击，一些类似于“嘉年华”式的课堂不时受追捧。于漪老师于 2007 年 1 月在《语文教学研究》上发表《本色与包装》，语重心长地说：“课堂不是 T 型舞台，模特时装表演，花样翻新；也不是娱乐场所，让低俗文化、低俗语言浸染学生耳目。”“语文课是在教师指导下学生学习语文的实践，要实在，要丰富，要灵活，要生动，要讲究质量，挤掉泡沫，挤掉水分。”

不被“纷繁的口号”所伤。在当今多元文化时代，语文教育一些本质性的特征也时有被解构的危险。面对种种“乱象”，于漪老师 2013 年 10 月在《教育研究与评论》著文，指出：“如今，大大小小的教育专家满天飞，各种各样的口号层出不穷，让人眼花缭乱。”“当前很流行‘以学定教’这个说法。我认为，‘以学定教’和‘因材施教’是两种完全不同的思考。‘因材施教’是从学生的实际出发进行教学。如果改成‘以学定教’这个口号的话，中小学课程标准还要不要？教师的作用是什么呢？学校与学校之间、班级与班级之间、学生与学生之间都是有差异的，那怎么定教呢？”

于漪老师对“朴素的语文教育”的清醒的认知与坚定的守护，使她在不同时期都能为教师们拨开迷雾，引领教师们看见真实。

（二）开放的语文教育

语文课堂是朴素的，但又是阔大的，是需要融合古今中外的，是永远开放的，而不是狭窄的、故步自封的，更不是封闭的，但现实的语文课堂却常常与此相反。

1979 年 1 月，于漪在《语文学习》上刊发《要重视外国文学作品的教学——从日本的国语教材想起的》。语文教材刚开始编入少量外国文学作品时并没有真正受到教师的重视。于漪老师在此文中以写出访日本见闻为契机，呼唤“重视外国文学作品的教学”，指出：“我们不仅要教育学生胸怀祖国，献身‘四化’，而且要他们放眼世界，对人类作出贡献。”联想到当时中国的改革开放政策才刚刚提出，就必须说于漪老师此文显示出了极强的时代敏锐性与对语文教育理解的全面性。

思而行，知行合一，是于漪作为一名教师的重要特征。1979 年 12 月 28 日，于漪在杨浦中学初二(1)班讲授了鲁迅先生的《拿来主义》。

本来初二《语文》没有鲁迅先生的《拿来主义》，于老师觉得很有必要，于是在课堂给学生补充了这篇经典。于漪老师认为其必要性至少有二：一是老师已经引导学生读了很多书，现在需要从理性上给学生一种引导，引导他们更自觉地读更多的书；二是中国的改革开放 1979 年刚刚起步，整个社会对于怎样对待人类(中外)的文化遗产的意识都还比较模糊，初二的学生更是如此，这篇文章能使他们模糊的意识清晰起来，知道“应当采取什么态度”。这体现了教师重要的文化导引作用。

怎样面对自己的传统与外来的文化？今天看起来这似乎不是一个难题，而实际上在历史的进程中却始终是语文教育极难解决的“现实”问题。于漪老师这种眼观古今中外，心想学生成长与发展的语文教育思考，不仅在当时是超前的，就是在今天，只要看看那些只有应试习题的课堂，就能明白于漪老师的这种思考具有怎样的超越与引领意义了。

(三)文化育人的语文教育

以育人为本。朴素的语文教育，开放的语文教育，落脚点都在“育人”二字之上。新时期之初，于漪老师发表了《兴趣·感情·求知欲》《教心必先知心》两篇重要文章。当大多数教师还在枯燥地讲解“字、词、句、篇、语、修、逻、文”，于老师却非常敏锐地看到了这种语文教育的弊病，她呼吁语文教育应当走出“死知识”的讲授，要研究“活学生”的需要。从这个题目上即可感受到，于漪老师已在呼唤把学生当作活生生的个体来研究。“教心必先知心”，在今天同样是教育格言。

此后，于漪始终站在时代的前列，抨击“求学不读书，要分不要人”的现象大声疾呼:教育要“目中有人”,语文教育一定要把“育人”放在首要位置,“面向全体学生,把学生的健康成长放在第一位。”

以文化育人为本。1990 年代,语文教育界内外围绕“什么是语文”的性质问题,掀起了一次非常广泛、深入的大讨论。于漪老师 1995 年 6 月发表在《语文学习》上的《弘扬人文,改革弊端》一文提出“人文说”。她说:“给语文教育定位,先得给语言定位,给汉语定位。长期以来,语文教育界强调语言的工具性,这无可厚非。然而,它绝不等同于一般的生产工具,如机器或犁锄;也绝不等同于一般的生活工具,如筷子或拐杖。语言是表达思想进行交际的工具,是思维的物质外壳,是信息的载体。……‘语言是思想的直接现实’(马克思、恩格斯《德意志意识形态》)。各民族的语言都不仅是一个符号体系,而且是民族认识世界、阐释世界的意义体系和价值体系。符号因意义而存在,离开意义,符号就不成其为符号。就是说,语言不但有自然代码的性质,而且具有文化代码的性质;不但有鲜明的工具属性,而且有鲜明的文化属性。”

于老师后来对自己这篇文章中提出的“人文说”也做了恰到好处的评价。她说:“‘人文说’的提出,不仅适逢其时,而且,对于长期执迷于‘工具论’的语文教育与教学来说,有着一层‘拯救’的意味。把语文学科单纯视为‘工具学科’,等于关闭了本可充分展示人的丰富精神世界的精彩窗口。‘人文说’的提出,正是要使语文教育和语文教学失落已久的这种‘人气’重新归复。‘人文说’所阐发的人文精神,既有中国传统意义上的人文思想,也有现代意义上的人文思想。因此,‘人文说’的提出,不应仅仅看到这是一种语文教育与教学的新学说的面世,还应该看到它的深层,有着知识分子的良知、事业的责任感和对未来社会进步繁荣的热切期望。总之,‘人文说’是我向当今教育贡献出的一颗赤诚之心。”

应当说,“人文说”是于漪老师在经历了漫长的探索与思考后,所形成的自己的语文性质观。“汉语言文字不是单纯的符号系统,它有深厚的文化历史积淀和文化心理特征。汉语和其他民族语言的工具性和人文性一样,是一个统一体的不可割裂的两个侧面。没有人文就没有语言这个工具;舍弃人文,就无法掌握语言这个工具。”

于漪老师冲破语文教育中存在的纯“工具说”的片面性,揭示了语文学科本身具有的人文关怀特质,因而引发了关于语文教育的目的观、功能观、承传观、教材观、教法观的系列裂变，使人们认识到，语文教育应当从片面追求符号意义的技术教育转变为真正关注学生心灵的人文教育，在培养学生语文能力的同时融合人文素养。

在这场大讨论之后，教育部 2001 年发布的新课程标准将语文的性质明确地表述为“语文是最重要的交际工具，是人类文化的重要组成部分。工具性与人文性的统一，是语文课程的基本特点。”“语文课程应致力于学生语文素养的形成与发展。语文素养是学生学好其他课程的基础，也是学生全面发展和终身发展的基础。”可以说，新课程标准确立的语文“课程性质与地位”，充分吸收了于漪老师的探索与研究成果。

以培育现代文明人为本。针对 21 世纪教育深陷工具理性之中，于漪老师在《上海教育》《语文教学通讯》《现代基础教育研究》《未来教育家》《新读写》等报刊杂志，发表了一系列的文章，呼吁教育本质的回归，呼唤“现代文明人”的培育。

2007 年出版的《岁月如歌》中，于漪这样概括“现代文明人”：一是学会学习，就是具有理解力、分析力、知识系统化的能力、创新能力等；二是学会做事，学会做事就要学会独立思考，有首创精神，不人云亦云；三是学会共同参与。现在不是那个小生产的时代，许多创造发明、许多科学研究，都是跨学科乃至跨行业的成果……要有视野，要有胸怀；四是学会生存，学会发展。每一个学生“作为一个独特个体的发展”，主要是情感力、思想力、创造力、文化理解力、自我反省力、社会批判力、学习力、发展力等力量的发展。只有具备了这样的力量发展，人才能称之为现代文明人。

同时，作为“现代文明人”，他更需要与自己的民族文化融为一体。人是以文化的方式存在着的。所以，生活在不同地域的人，因其相同的文化存在而存在。大而言之，中国人以自己共同的文化而成为中国人，地球人以其共同的文化而成为地球人。但 21 世纪的世界中，我们理想中的“大同”世界还远没有来到，甚至可以说“地球村”也还只是一种文化诉求，远非一种文化现实。在全球化的进程中，我们要以独特的民族身份同世界对话，就理当要特别重视对我们母语文化独特性的认识、感受与认同，达到在文化体验中的文化认同。我们只有真正与母语的独特性融为一体，我们才可能是中华性的，才可能在参与未来世界的建设中不失却自己的民族身份。正是在对全球化这样的理解之下,于漪期待我们“教书育人”所育之“现代文明人”是一位具有中国心的“现代文明人”。因此,于老师反复强调,2011 年在《培育有中国心的现代文明人》中说,“当今的中国教育,要培养有中国心的现代文明人,需以优秀的中华文化滋养他们的心灵,明读书之理,明做人之理,明报效国家之理”;2017 年于老师在《一辈子学做语文教师》中说:“语言文字是民族之根基,对传播民族情感、滋润学生心灵具有不可替代的作用。语言的背后是一种文化的深层编码,是一个民族的集体意识。语文课堂营造的应该是学生语文素养成长的精神家园”;2017 年于老师在《语文:教文育人的沃土·前言》中说:“教育的灵魂是培育学生心中的太阳。这颗太阳闪耀着爱国主义的光辉,闪耀着勤奋、自强、自信、自律、责任担当的光芒。”

从朴素的语文教育、开放的语文教育到文化育人的语文教育,我们可以清晰地看到,于漪老师是从芜杂的知识教育中,从逼仄的技能教育中,从技术至上的应试教育中,以智慧、勇气和担当精神,开拓出一条“教书育人”的语文教育之路,超越时代,引领时代。

三、书写历史

超越自我,未必能超越时代。超越时代,未必能超越历史。在学习《于漪文集》时,我感觉于漪老师是超越时代的,也是超越历史的。

为了表达的方便,这里我分别从“超越小传统”“超越中传统”“超越大传统”三个方面来阐述。“小传统”“大传统”本来是人类学研究人类文化传统时使用的概念,大体上分别指上层文化传统与民间文化传统。本文中所说的“小传统”则是指新中国成立后所形成的语文教育传统,“中传统”则是指现代新式分科教育以来形成的语文教育传统,“大传统”则是指古代中国语文教育传统。

(一)超越小传统

新中国的语文教育自新中国成立开始即已启动,毫无疑问,70 多年的历史已建立起了自己的传统。当然,与百年现代语文教育传统、几千年古代语文教育传统相比,则只能谓之“小传统”了。

翻阅新中国语文教育的历史，可以看到它自起始一直贯穿到今天的一条主线，就是“双基”(基础知识和基本技能)。“双基”教育已成为新中国语文教育的主要传统。

但于漪老师的教育经历与教育探索，却自始至终对“双基”保持着思考、警醒与批判。从 1964 年的《把语文课上得实惠一些，朴素一些》，到 1995 年的《弘扬人文，改革弊端》，再到 1997 年的《语文教学谈艺录》，于漪老师在实践与探索中逐步明确了自己对语文定位：“语文课程是一门多功能的育人课程”——以语文智育为核心，融合德育和美育，培养素质与发展智力，讲求综合效应。

于漪老师对语文的这种定位，很显然，对新中国成立以来形成的语文教育“小传统”——“双基”教育是巨大的超越。

首先，它超越了仅从知识与技能、仅从语言运用甚至仅从文化化育等方面来界定语文课程的意义。语文课程要教会学生运用语言，但语文教育不等于语言运用教育；语文课程应当肩负文化化育的使命，但语文教育不等于文化育人。

其次，它超越了仅从听、说、读、写四大技能角度来概括语文技能。听、说、读、写四大功能确实是语文课程需要实现的教育功能，但这四大功能更多的是从语言运用的角度陈述语文教育的意义，体现与突出的是语文工具性特征。而在于漪老师心中，语文一直是工具性与人文性的统一，只讲听、说、读、写四大功能，就有可能导致人文性的失落，自觉不自觉地陷入工具论的泥潭。

再次，它超越了对语文课程的单一性的认知，强调语文课程是多功能的，并且这多重功能是具有向心力的，它们的终极目标都是育人。也就是说，既要认识到语文的多功能性，更要认识到这多功能都指向育人。于漪老师的授课、著文、编教材、做报告等各种各样的教育活动中，“人”不仅有地位，而且生动活泼、生机盎然。“人”，被于漪老师放在了她理想教育的中心；“教文育人”，被于漪老师定位为语文学科的一个核心概念。

2003 年教育部颁布的语文课程标准提出“三维目标”，是对“双基”目标的超越；2017 年教育部颁布的语文课程标准又从“语言建构与创造”“思维发展与提升”“审美鉴赏与创造”“文化理解与传承”四个角度阐述语文学科育人的核心素养，应当说又是对“三维目标”的一种超越。

但整体而言，虽然于漪老师在《一辈子学做语文教师》中也说：“21 世纪课程教材改革的三维目标,当今提出的语文核心素养,正是对我当年认识与做法的概括、提炼、提升”,但“三维目标”和四大“核心素养”都不能完全概括语文学科的意义,都没有“语文是一门实用而多彩的人文学课程”“语文课程是一门多功能的育人课程”这样的表述准确、科学。于漪老师的这种表述,既可看作是她对新课标对自己所坚守的教育思想吸纳的一种欣慰,也可看作是她的一种谦逊,更是对“一辈子学做教师”的一种注释。

(二)超越中传统

1904年,清政府颁布了洋务派首领之一张之洞及官学大臣张百熙、荣庆等拟订的《奏定学堂章程》。这是中国现代分科教育的开端,现代语文教育也由此开始。因为1904年是癸卯年,史称“癸卯学制”。本文所述的“中传统”即由此开始而逐步形成的现代语文教育传统。

百年现代语文教育传统的核心是什么?概括起来说就是四个字:“实用”“训练”。“实用”是目标,“训练”是方法。将两者联系起来,就是以“训练”的方式达到“实用”的目标。从《奏定学堂章程》,至1929年国民政府颁布《小学国语暂行课程标准》和《初级中学国文暂行课程标准》,现代语文教育的传统基本确立:实用性——语文是表情达意的工具;技能性——关注阅读之法、写作之法的教学。这在1935年出版的由夏丏尊、叶圣陶合编的《国文百八课》中得到全面落实。《国文百八课》中首次提出“国文是一门科学”,并以单元形式编辑课文,每单元含“文话”“文选”“文法或修辞”“习问”四项,落实阅读与写作之法的教与学。

由此我们不难发现,新中国成立后将中小语文教育的基本内容——“双基”规定为阅读与写作所需的基础知识和基本技能,其实是与1949年之前所形成的语文教育传统一脉相承的,只不过将阅读与写作之法细化(或者说局限)为“听”“说”“读”“写”四个方面而已。

倘若我们将1949年之前与之后的一百余年打通,我们就更能发现,无论是之前的“实用”与“训练”,还是之后的“双基”,这背后其实是西方科学主义思想的影响所致。

人们以为,用“科学”的方法分解学习内容,再用“科学”的方法训练语言表达方式，学习者就能学好语文，就能学会“听”“说”“读”“写”。正是在这样的“科学”逻辑之下，产生了“科学”分析、证明的现代语文学习的各种知识、方法与策略。而发展到今天，有的学者还坚持认为既然是现代分科教育，语文就应当从语言运用方面寻找并确立其作为现代语文学科的意义，而不应承载许多其他的甚至全部育人的功能。社会已经向前发展了，语文就应随时代前进，不应再越俎代庖，去谈由其他学科应当承载的育人意义。

而读《于漪文集》，我们可以清楚地看到，于漪老师长期以来就反对将语文科学化，所以她一直强调：“语文是一门实用而多彩的人文学课程，要‘针对语文教育现状及存在的主要问题改革弊端、弘扬人文’；要认识到‘语文课堂当然是传播知识、培养语文能力的场所，但它首先是一个诗意的存在’。”

笔者以为，于漪老师坚持语文是工具性与人文性的统一，针对将语文学科科学化的弊端、力主弘扬语文的人文性特征，是对现代语文教育“中传统”的超越。

我们知道，人类关于语言的认识，今天虽然还没有一个完全的表达，但下面四种说法一般还是为现在的人们所接受的：语言是交流的工具；语言是文化的载体；语言是生理或心理现象；语言是存在的家。这四种说法的先后顺序，恰好体现了人们对语言由浅入深的认知历程。

语言显然不是一种孤立的存在，它其实与人的全部联系在一起。或者说，语文首先是一种“人文”。因此，即使只讲语言的运用，也不可能与人的情感、思想割裂开来讲。因此可以说，如果只是从语言运用的角度谈语文，那是极不完全的，非常片面的，也是极不科学的。

新课标述及语文的核心素养，将语言的建构与运用、思维的提升与发展、审美鉴赏与创造和文化的传承与理解融合起来理解，指出语文学科核心素养“是学生在语文学习过程中获得的语言知识与用能力、思维方法与思维品质及情感、态度与价值观的综合体现”。这与于漪老师几十年前关于语文的人文性、综合性、多功能性的理解是一脉相承的。从某种程度上说，这也是对于漪老师坚守的“语文是一门实用而多彩的人文学课程”的吸收与应用。

（三）超越大传统

何为中华语文教育“大传统”呢？我们的语文教育“大传统”当然极其丰富，

但也有高度概括的表达,那就是《礼记·大学》所说的"大学之道,在明明德,在亲民,在止于至善",而这其中首要的则可谓"明明德"了。

何谓"明明德"?就是使学生内在的澄明的德性得到彰明。这里有一个出发点,那就是将人作为一个善的生命体看待。像"玉不琢,不成器,人不学,不知道",像"治民""理政",这一类的说法均表明中华古代教育是以人作为善的生命体为出发点的。正是这样,扬善抑恶、长善救失成了教育基本的也是核心的目标。

但也不能否定,中华传统教育是以教师为主导的"师道尊严"教育,学生常常被置于被动接受甚至可被任意处置的地步;并且,几千年间,整体上说,"扬善抑恶""长善救失"之"善"最终指人的"仁性""圣性",即"学以成人(仁)""学以成圣";同时,教学内容的主体内容基本没有变化。显然,"师道尊严"的背后是对学生主体性的控制,与现代教育发展学生的个性有相悖之处,与现代教育平等、民主理念也多有不符;"学以成人(仁)""学以成圣"的背后是以德性养育为目标,与现代教育主张的"全人"教育相比,表现为对人的智性养育有疏忽之处;而不变的教学内容,既是社会整体封闭特征的表征,同时又加固了社会整体的封闭性。

因此,站在现代中国教育的时空坐标点上,思考完善的现代中国人教育,就应该既要摆脱中华语文教育"大传统"中的不足之处,并吸取优秀的成分,同时又要认识、理解西方教育,横向借鉴,达到中西交融,为我所用,促我发展。

阅读《于漪文集》,我们能发现,于漪老师正是在这样的教育情怀中,始终对中华语文教育"大传统"心怀敬畏,对西方教育敞开怀抱;同时,对两者都始终保持着高度的警惕。

所以,于漪老师在《语文教学谈艺术》的第一章《语文课程是一门实用而多彩人文课程》中说,语文应当"纵向继承,横向借鉴",但"纵向继承绝不是照搬精华,而是要从现时代的要求出发,吸取其精华实质。如学语文与学做人的问题,古代要培养的无论是谦谦君子还是功名利禄者,与今日要培养的有理想、有道德、有纪律的新人有时代的本质的区别,但是教语文、学语文重视人格的塑造确实是优秀传统。如果把语文只看作是语言文字的排列组合,是雕虫小技,那就丢弃了好传统,违背了学语文的根本宗旨。""横向借鉴最重要的是'以我为主',

也就是以中学语文教学为主。借鉴不是照搬，不是贴标签，更不是说一些连中国人也听不懂的名词术语吓唬教师和学生，而是要在‘化’上下功夫，拿来为我所用。借鉴任何教育理论和具体做法，要牢记母语教学的特点，符合中学语文教学规律。”

于漪老师在这种“纵向继承，横向借鉴”的语文教育主张下，自然就发出了“培育有中国心的现代文明人”“中国人一定要说中国话”这样的呼唤；面对“全球化”“多元化”时代，自然就发出了这样的肺腑之言：“语言文字在时代的长河之中，随着人类社会的发展而成型，而丰富，而严密，而发展。今日的语文教学进入新世纪，语文教学的社会文化背景变化迅猛，语言环境日趋复杂，现代教育技术日新月异，因而语文教学不是照抄过去，而是要在继承的基础上出新。要出新，首先要重视从生活中吸取。语文学习的外延与生活的外延相等。要使语文教学有活泼泼的生命力，须放眼看，竖起耳朵听，不断接受新事物，吸收新信息，让时代的活水在语文教育领域流淌。比如，随着时代的发展，新的词语不断涌现，如社会转型、窗口行业、希望工程……”

在这样的语文理解中，“扬善抑恶”“长善救失”之“善”既有“仁性”“圣性”的关照，又有“智性”的理解，还有对个体价值与权利的肯定，有对现代平等意识的追求，有对多元时代多元文化的认同。

当然还需要一方面引导学生去体认公民社会中个体的价值与权利，由此获得正确的理性认知并以此指导自己的行为；另一方面，引导学生关注社会，关注他人，去体认个体人在社会中的责任与担当，个体人在社会生活中怎样协调与他们的关系，由此认识和谐生活的真义。落实在教育中，就是强化儒家传统强调的责任意识与共同体精神，以补救“个体本位”的自我理解的缺失；强化儒家传统中非常重要的忠恕仁爱情怀，倡导“己所不欲，勿施于人”“己欲立而立人，己欲达而达人”等，纠正对“平等”“多元”的片面理解。

至此我们不难看到，于漪老师的语文教育思想对中华语文“大传统”至少有两重超越：一是走出封闭，走向世界，走向未来；二是将“扬善抑恶”“长善救失”之“善”由传统的“仁性”“圣性”养育扩展为“全人”养育。

这两种超越最集中的体现是于漪老师始终强调“立足于促进学生的发展”“让课堂充满生命活力”。她说：“语文教学不是简单的知识传授、机械训练，而是师生互动、思想碰撞、心灵交流、师生共同成长的生命历程。""课堂气氛宽松、和谐,学生身心解放,无拘无束,无心理负担,就能勇于求知,寻根究底,对文本的阅读与学习就不会浮在表面,而会纵向深入,横向扩展,形成发自内心的独特体验与感受。"

阅读《于漪文集》,真正感受到了于漪老师"一辈子学做语文教师"这句话的分量、重量,那就是"用'洪荒之力'重塑自己,学做语文教师。追求教文育人的担当,改革课堂教学的内容与形式,多功能、立体化施教,以实现全面提高学生语文素养的综合效应。"在这样的追求中,于漪老师不断超越自我,超越时代,书写历史,成为中华现代语文教育的高地。

(该文原载2022年3月《教育》,收入本书时略有修改)

坚守与超越

——兼谈于漪《弘扬人文，改革弊端》的时代意义

满晓晗　上海市教委教研室

在人类历史上，有不断追逐新事物的"弄潮儿"，他们或成为引领风气之先的开拓者，但也可能成为顾此失彼的失败者；有抱残守缺的顽固派，他们固然不会成为"出头鸟"，但终将被历史的车轮碾弃；也有坚持真理的智者，他们既能守住初心，不被乱象迷惑，又能拨开云雾、眺见未来，他们谨慎思考、执着前行，为更多的人指明正确的方向。在科学和艺术领域不乏这样杰出的学者和艺术家，而如果要在当代教育领域，尤其是当代语文教育领域寻找这样一位"智者"，我想于漪当之无愧。于漪长期从事中学语文教学工作，在长期的语文教学实践中形成了熔语言训练、思维提升、智力开发、审美熏陶、情操陶冶、文化奠基于一炉的独特的教学风格。更可贵的是，于漪在长达半个多世纪的教学生涯中，坚守教育初心，从未改变。在对语文教育的思考上，坚守语文教育规律，不泥古不盲从，与时俱进地思考语文教育的未来发展，始终以超越时代的眼光审视语文教育发展之路。

一、坚守语文"本性"

语文独立设科近百年来，围绕"语文何为"的争论一直未有停歇，从命名到属性，从价值观到方法论，一代一代的语文人在不断地求索、实践。尤其是20世纪后半叶以来，各种理念、思潮、改革、模式层出不穷，我们也因此走了不少弯路。幸运的是，道路虽然曲折，甚至有迂回倒退，但总算一步步走上了正轨。在这期间，发生于20世纪90年代关于语文学科性质的大讨论有着里程碑式的重

要作用。其中最具有代表性的成果之一就是 1995 年 6 月于漪在《语文学习》上发表的《弘扬人文,改革弊端》一文。这篇文章的发表距今已有 20 多年的历史。20 多年意味着什么?就上海而言,这 20 多年上海基础教育已经经历了一期课改和二期课改,伴随着新的高中语文课程标准的颁布和国家统编语文教材的全面使用,新一轮的课改也已经在路上,尽管变化沧桑,但重读此文我们仍能看到那些毫不褪色的真知灼见,仍能看到老一辈的语文教育工作者对语文学科"本性"的坚守,这种"坚守"超越时空,具有划时代的不凡意义。

《弘扬人文,改革弊端》的副标题是"关于语文教育性质观的反思"。从副标题可以看出于漪是在回答"语文是什么"这个根本问题。任何事物,只有搞清楚"是什么"的问题,才有立足的原点,才不会搞错发展的道路。在语文教育领域,正是因为我们在"语文是什么"这个问题上有过太多的争论和分歧,导致我们走了很多的冤枉路。于漪在这篇文章中旗帜鲜明地提出:"语文学科作为一门人文应用学科,应该是语言的工具训练与人文教育的综合。"这一论断的可贵之处,其一是明确了语文是一门"人文学科"。"人文"奠定了它的精神基调和精神内涵,换言之,没有"人文",语文教育就成了一具没有生命的空壳,必然又回到纯工具论的老路上。那何谓"人文"呢?"人文"概念的核心首先是"人",即关注人、认识人、尊重人,从教育规律的角度而言,就是要以人为本,尊重人的发展规律。其次是"文"。狭义的"文"是知识和文化,广义的"文"则还要包括人类的文明、科学的观念、现代的价值观等等。如此,语文学科首先是基于"人"的教育的学科,必须坚持以人为本;其次要担负起文化传授和文明培养的天然使命。可贵之二是明确了语文是一门"应用学科"。"应用"明确了语文教育的功能性,语文不仅具有人文性和思想性,同时,语文的学习也是实用的。这种实用性最基本的体现就是对语言工具的学习和使用,但语言工具又"绝不等同于一般的生活用具",对此,于漪做了具体而深刻的阐述。她认为语言具有"文化代码的性质"和"鲜明的人文属性"。各民族的语言都是一个独特的文化代码,语言背后反映的是不同民族的思维习惯和文化意识。于漪引用美国语言学家萨丕尔和沃尔夫的观点——语言基本上是一种文化和社会产品;语言和文化相互塑造,相互渗透,相互从属——来佐证自己的观点,进而提出汉语言文字因有悠久的历史积淀,因而其人文性更为突出。从于漪的论述我们不难看出,语文具有工具性，但这种工具性是和民族的文化历史、人文精神密切相关的，我们在教授学生掌握语言工具的同时，必须伴随着认知教育、情感教育、人格教育和文化教育。不论语文教育如何发展，最终走向何方，她的“本性”还是语言，是蕴含了人文精神、现代文明和优秀传统文化的语言，坚守这个“本性”，我们语文教育之路就不会走偏。

这篇文章发表后不久，原国家教委于1996年颁布了《全日制普通高级中学语文大纲(供试验用)》，其中指出：“语文是重要的交际工具，也是最重要的文化载体。”到2000年《全日制普通高级中学语文教学大纲(试验修订版)》以及2001年《全日制义务教育语文课程标准(实验稿)》的颁布，也都提出了语文是“人类文化的重要组成部分”，“工具性与人文性的统一，是语文课程的基本特点”。2017年新颁布的《普通高中语文课程标准》对语文学科核心素养进行了界定，最后一个方面就是“文化传承与理解”，并提到“热爱祖国语言文字，热爱中华文化”的具体要求。课程标准对语文学科性质的描述和于漪的观点有了遥远的呼应，随着对语文学科性质认识的逐步深入以及对语文学科核心素养的进一步明晰，我们愈发感到于漪在20世纪90年代对语文教育性质所作的反思是极具前瞻性的。这种前瞻性体现的恰恰是一位语文教育家对语文“本性”清晰而理智的认识，这种认识基于深厚的学科理论素养和长远而又敏锐的眼光，因而是深刻的、是经得起时间考验的。

二、超越时代的思考

越是思潮丛生的时代，人们的思想越容易被潮流左右，越容易被一些假象蒙蔽双眼。理性的思考在这时就显得尤为重要。一段时期，语文教育走到工具性的一极，走不通，又转到思想性，思想性的一极还是走不通，又走到人文性。人文性是一个大箩筐，什么都可以装，有人认为传统文化就是人文性，语文课上言必称传统文化；有人认为“经史子集”就是人文性，“之乎者也”充斥着课堂……

于漪在《弘扬人文，改革弊端》中提出：“弘扬人文，不是照抄过去，而是在继承的基础上出新，赋予时代精神。”于漪从来不是一个西化论者，相反，她受传统文化的影响很深，但她的可贵之处就在于她具有冷静而善于批判的头脑，能够以批判的眼光看待、以批判的姿态继承和发扬传统文化。于漪在广西师范大学出版社上海分社主办的“中华传统文化优秀基因现代传译课程”发布会上的讲话中提到,我们必须对中华传统文化的特质、历史发展的进程有清醒的认识,也就是对我们几千年的中华文化的发展线索、来龙去脉有自知之明,才会知道哪些是精华、哪些是糟粕。在传统文化和国学大热的当下,于漪的思考是理智而冷静的。同时,她还具有世界的眼光和国际的视野,主张向一切优秀人类文化学习。于漪多次在不同的场合和文章里提到,要培养“具有中国心的现代文明人”,在她领衔的市级语文学科德育实训基地,她广邀文学、政治、经济、艺术甚至军事等各个领域的专家学者为基地学员开设讲座,多次叮嘱学员,作为语文老师必须有宽广的视野和胸怀,这种格局和眼光无疑也是超越时代的。

更重要的是,于漪在文章中提出“要变语文自我封闭性为开放性,开发语文教育空间,面向生活,面向社会,面向活泼的中学生”。1995 年,当更多人还在探索“语文为何”的时候,于漪已经开始关注语文学科的开放性问题,在回答了语文“是什么”之后,清晰地提出语文“要怎样”。在《于漪与教育教学求索》一书中,于漪又进一步具体阐述了她的“大语文观”,并提出大语文观由“教文育人”的语文教学观和语文学科内涵的丰富性所决定。“大语文观”要求课内促进课外,要积极组织学生开展课外语文活动,更要积极热心地引导学生广泛阅读,培养他们读书的习惯。引导学生在人类、社会、生命的层面上来学习语文,在这儿追寻真、追寻善、追寻美,汲吸民族语言的精粹、民族精神的精华,最终构建起自己的精神家园。在于漪的论述中,开放、生活、社会、生命、活泼的中学生(关注人的发展),这些字眼,无一不让人想到 2016 年发布的《中国学生发展核心素养(征求意见稿)》(下称《意见稿》)。《意见稿》把核心素养阐述为人文底蕴、科学精神、学会学习、健康生活、责任担当、实践创新六大素养,六大素养形成学生的必备品格和关键能力。而能力恰恰是指“真实情境中的应用水平”(崔允漷),正如于漪所说,要让语文走向开放、面向生活和社会,在语文课堂上习得的知识,要通过生活和社会实践的检验最终转化为语文能力。事实上,上海近几年中考新增题型“综合运用”就是把语文知识转化为语文能力,解决实际问题的一种考查形式。从这一点看,于漪的思考是超前的,这种超前是基于对语文课程的深刻认识,是基于以人为本的课程观的具体体现。

三、余论

于漪对语文教育的贡献具有划时代的意义，在充满变革的时代，她坚守语文本真，不为各种激流所裹挟，撑起了语文教育的天空。在语文教育发展道路的思索上，她又极具民族情怀和国际视野，显示出超前的眼光和睿智的思考。正如陈军所说，于漪的语文教育思想具有“民族特性与世界认识”。

于漪对语文教育的坚守和超越还体现在对教育规律的深刻认知上。教育的对象是人，因而教育必须符合人的成长和发展规律，一切背离人发展的教育都不是真正的教育，这是教育中亘古不变的规律。于漪经常提到教育要“目中有人”，教育的最终目的不是“育分”，而是“育人”。这些朴素的教育观，恰恰是遵从教育规律的体现。千百年来，从东方到西方，教育一直在关注人的价值，强调人的发展。20 世纪 50 年代由人本主义心理学衍生而来的人本主义教育思想逐渐形成推动美国教育改革发展的重要力量。人本主义教育思想传入中国以后，对中国历次教育改革都产生了重大的影响。以语文教育为例，从 20 世纪 50 年代的“为政治服务”，到 60 年代初的“双基”，再到 2001 年“三维目标”的提出，直至 2017 年“语文学科核心素养”的基本形成，其历史变迁基本体现了从政治、工具、学科本位到“以人为本”(人的核心素养)的转变，落实了“以德树人”的根本要求。这个变迁背后蕴含了丰富的人本主义教育思想，在这半个多世纪的教育改革发展历程中，于漪身体力行地参与、推动这场“以人为本”的改革，并最终成为其中最杰出的、最具有代表性的教育家。

2017 年新颁布的《普通高中语文课程标准》描述了“语文学科核心素养”，主要包括“语言建构与运用”“思维发展与提升”“审美鉴赏与创造”和“文化传承与理解”四个方面。其中，“语言建构与运用”是根基，是另外三种核心素养实现的基本途径。而早在 1984 年，于漪就发表了《语文教学应以语言和思维训练为核心》，表达了对学生语言思维能力培养的高度重视。在后来的科学探究和教学实践中，于漪也始终将发展学生思维能力当作语文教学的一个重要方面，形成了具有鲜明特点的理念。20 世纪末于漪也继续提出要组织语言训练和思维训练的观点，“教师在对学生进行语言训练的同时，必须大力发展学生思维的能力”。在这些观点的基础上，于漪进而提倡采用研究性的语文学习方法，鼓励学生创新,推动教学往纵深方向发展。

以当今语文教育研究和课程研究的成果来看,于漪的观点和教学实践充分显示了于漪对语文本质的坚守以及语文教育思想的前瞻性和超越性。当然,于漪对语文教育的坚守与超越,不止体现在她对语文学科性质的认识和课堂教学的深入实践和思考上,也体现在她以关怀为本的育人观和对青年教师的培养观上。正如复旦大学的张汝伦教授所说,“于漪的教育思想和教育理念、她个人的文化素养和人格情怀,有着一个大教育家所有的那种格局、眼光和气度”。这些可贵的品质为当代语文教育指明了方向,也为中国的教育点燃了新的希望。

(该文原载 2021 年 7 月《教育》,收入本书时略有修改)

浅论于漪"教文育人"思想的时代价值

陆丽华 上海市育人中学

"人民教育家"于漪是伴随新中国发展成长起来的优秀教师和教育家，她在长期的教育教学活动中，扎实教学实践，深入思考研究，建构起一座体系宏大、内容广博的教育思想大厦。

在这座宏伟的思想大厦中，"教文育人"理念是最根本的基石。于漪主张，语文教学要发挥"教文育人"的综合效应，"离开了'人'的培养去讲'文'的教学，就失去了教师工作的制高点，也就失去了教学的真正价值"。总结提炼于漪"教文育人"的思想内涵和基本内容，揭示"教文育人"思想的精神品格，用"教文育人"思想的智慧精华推动新时代教育事业发展，具有积极的理论价值和实践意义。

一、"教文育人"思想简析

（一）"教文育人"思想内涵

"教文育人"思想是于漪教育观的基础。20 世纪 60 年代她提出要"胸中有书，目中有人"，70 年代末提出"既教文，又教人"，90 年代初主张培养学生的"现代人素质"，90 年代中期主张"弘扬人文，改革弊端"，21 世纪初提出"教育要树魂立根""德智融合"。这一系列的主张，树立起了于漪"教文育人"思想的鲜明旗帜，这一思想有力地反驳了语文工具论的错误论断，充分体现出对"人"的高度重视，彰显了人文主义的光辉。

在于漪的观点中，"教文"和"育人"两者不可偏废。她说，十分明确，中学语文教学目的是"教文育人"。培养的学生要具备适应现代社会实际需要的语文能力,又要具备现代社会需要的自主学习、自主探究的本领,还要具备良好的思想道德、爱国主义精神和高尚的审美情趣,要发展潜能,发展个性,形成健全人格。同时,“教文”应为“育人”的大目标服务,她指出,要把握好“教文”和“育人”的关系。语文教师教学生“文”,使学生准确理解和运用祖国的语言文字,具有一定的读、写、听、说能力,是义不容辞的责任。但“教文”要纳入“育人”这个大目标,为“育人”的大目标服务,“教文”是手段、是过程,“育人”才是语文教学的根本目的。

“育人”包含两个维度的目标:在个体维度,培养全面发展的人;在社会维度,培养社会的建设者、劳动者。基于此,于漪在多个场合和著作中反复强调,教师身上挑着千钧重担,一个肩膀挑着学生的现在,一个肩膀挑着祖国的未来,今天的教育质量就是明天的国民素质。

(二)“教文育人”实施途径

于漪的“教文育人”思想是站在时代和民族的高度提出的,基本着眼点是学生的综合素养的培育,力求实现“学力形成”和“人格形成”的统一。同时,于漪也非常明确地指出一点:语文教师教学生学语文,引导学生学习语文知识,进行语文能力训练,是语文教学的主旋律。语文智育是核心。无论是综合素养的培育还是语文能力的训练,它们的作用对象都是学生,于漪反复强调,“育人”的大目标,就是要把人的发展放在第一位,学生是学习的主人。这段话充分证明,“教文育人”思想体系中,“以学生为主体”是核心观念。

综上,可以梳理出“教文育人”思想实施路径关系图,如图1所示:

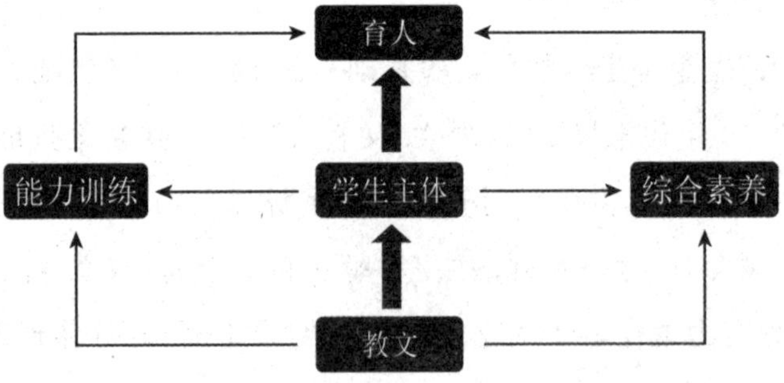

图1

从图1可以看出,“教文育人”的核心观念是以学生为主体,横向着眼于对学生进行语文能力的训练和综合素养的培育,纵向着眼于从“教文”到“育人”终极目标的实现。

1. 学生主体——“教文育人”的核心观念

“教文育人”的核心观念是“以学生为主体”。于漪强调，学习者是第一因素，没有学习者就没有学习。作为施教者，应牢固树立“目中有学生”的观点，研究学生的新情况，审视学生之间的差异。把学生的现状作为教学的出发点，用趣味激发学生的学习内驱力，用细致的观察保护学生的学习积极性，用难度和深度激发学生的求知欲望，用多变的教法促进学生的学习收获。

2. 综合素养培育——“教文育人”的着眼点

于漪认为，语文学科的性质决定了语文的多功能作用，语文不仅要发挥语言文字的训练功能，还要发挥知、情、意、行的教育功能；既有智育的任务，又有德育与美育的任务。认识了语文学科的综合性特点，教学的着眼点就应落在综合素养上，既要培养学生掌握读、写、听、说的真本领，又要培养学生的思想道德修养和科学文化素养，最终实现“学力”和“人格”的统一。

3. 语文智育——“教文育人”的关键环节

诸多语文能力中，于漪最看重的是语言能力和思维能力。她认为语文是语言和思维的统一。语言是思维的工具，思维是语言的内容。教师要利用学习的认知规律为学生语言和思维的训练领航开道。于漪进行思维训练的方式和途径是多种多样并富有个性的——“面上开花”，训练思维的敏捷性；“纵深发展”，训练思维的深刻性；“鼓励求异”，训练思维的创造性。丰富多样的方式使学生饱尝思维劳动的快乐，体验“思想家”的自豪，满怀激情地开始研究新事物，学习新的知识，实现自己的全面成长。

二、“教文育人”思想本质特征

(一)仁爱心

“教文育人”的大目标是“育人”，这一思想将“人”放在首位，体现了对生命的高度关注，对人的终极关怀。教师和学生没有血缘关系，但“教文育人”思想下的师爱却超越亲子之爱，它把学生放在至高无上的位置，情感上关爱他们，思想上引导他们，人格上尊重他们，努力培养学生成为大写的”人“，成为祖国的有用之才、栋梁之才。教育事业是爱的事业,没有爱就没有教育,这种爱正直而无私,“教文育人”的理念倡导每一位语文教师要拥有一颗仁爱之心,爱学生、爱职业、爱语文学科、爱教育事业。

(二)公平性

对于“教文育人”中“人”的概念,于漪是这样阐述的:“我所提倡的‘人’,是个集合概念,即全体学生。”“育人”理念即“面向全体学生的终身发展”。这段论述充分证明,公平对待学生是“教文育人”的第二个显著特征。两千多年前孔子提出的“有教无类”“因材施教”,在“教文育人”理念中得以延续。人有差别,但是对于教育者而言,要研究他们的差异,针对不同的学生,要有不同的教育。教育者要“感而化之,作而成之”,让其“不复有类”,把不同的学生都教育好。“教文育人”理念倡导为了一切孩子,面向全体的终身发展;推动教育均衡,机会均等;相信人人都有优点,人人皆可成才。

(三)时代性

于漪认为,学生的现状是教学的出发点,但是,随着时代的发展和变化,学生也是在时时变化的,20 世纪 80 年代的学生不同于 60 年代的学生,21 世纪初的学生又不同于 20 世纪 80 年代的学生。因此,教师须以学生发展为本,要站在时代的高度研究学生的新情况、新特点。新时代的学生,科技知识起点高,见识广博,思维活跃,但是理想信念、吃苦耐劳精神、集体主义观念等比较欠缺,教师只有认清当代学生的新情况、新特点,才能领悟到教学中要讲究针对性,引导他们明辨是非、发挥长处,对学生因势利导,把他们雕塑成材。“教文育人”理念倡导教师尊重客观,顺应时代,体现时代的活力和生命力。

三、“教文育人”思想的当下价值

纵观于漪对“教文育人”思想的论述,“综合素养”“全面发展”“终身发展”“面向全体”“学会学习”“解决问题”等这些关键词频繁出现,而这些词语,即使在今天,也是很多教育改革文件和教育理念中的热词。“综合素养”“全面发展”“终身发展”与 2016 年发布的“中国学生发展核心素养”遥相呼应,“面向全体”与 2012 年提出的“教育优质均衡发展”遥相呼应,而“学会学习”“解决问题”和近几年非常热的项目化学习的理念高度一致。从这些方面来看，于漪的“教文育人”思想无疑是具有科学性和前瞻性的。站在新时代的今天，我们学习这一思想，更要继承和发扬这一思想，让这一思想在新时代焕发出新的价值。

（一）教育目的论

教育目的的设定离不开对教育规律的遵从。教育的对象是人，因而，教育的根本目的就是培养人、发展人，这是亘古不变的教育真理。对于“培养怎样的人”，于漪认为，在个人层面，培养的人首先要是个大写的“人”，尊重生命，维护尊严，懂得爱与被爱，拥有远大的理想。个体的人，还需放入社会和时代的坐标系中去思考。新时代，对人的发展提出了新的要求。今天的时代，是中国无限接近实现民族复兴之中国梦的时代，因此，新时代的教育，要培养建设社会主义、实现民族伟大复兴的接班人。我们教育出来的学生要有坚定的理想信念，要厚植爱国主义情怀，这正是于漪强调的“有中国心的现代文明人”。但要实现中华民族伟大复兴，除了有一颗“中国心”，还需有一身“强国力”。因此，我们还要培养“有强国力的新时代人才”。我们要培养学生艰苦奋斗的品质，培养学生创新的思维和分析问题、解决问题的能力，只有这样，才真正有能力建设社会主义，担负起民族复兴的时代重任。

（二）教学方法论

教学目的论探讨“培养什么人”，教学方法论则探讨“怎样培养人”的问题。对人的培育，落实在一堂又一堂实实在在的课中，离不开综合、全面、科学的教学方法。纵观于漪对教学方法的论述，她的教学方法形成了“点—线—面—网—体”的多维结构。“点”即每一篇独立的课文，通过精心的设计和符合逻辑的安排，将语文知识、能力发展、思维培育、文化传承一一落实；“线”即各种文体，每一种文体形成序列，形成知识脉络，相得益彰；“面”即单元，基于中观视角，对主题式内容的目的、任务做统筹安排；“体”即多维立体，文道统一、情理交融，内容与形式照应，思想与艺术融合。“点—线—面—网—体”的多维教学结构，既涵盖了语文学科的丰富内涵，又具备了教学多功能目标的实现。新时代的今天，语文学科核心素养要求落实“语言建构与运用”“思维发展与提升”“审美鉴赏与创造”“文化传承与理解”，与“教文育人”的方法论一脉相承。新时代的语文教学,应建立科学、立体的教学体系,夯实语言基础,加工处理教材,建立阅读体系,重视思维过程,培育人格精神,传播人类文化。

(三)学生成长观

“教文育人”思想的核心是“育人”。“育人”的基本理念有二:从广度上来说,关注全体学生;从深度上来说,关注学生的全面发展。这样的理念,和孔子的“有教无类”“因材施教”思想遥相呼应,和近几年提倡的“教育优质均衡发展”共通共融。走入新时代,关注每一位学生的全面发展是永恒不变的教育主题。一切的教学活动都要立足于促进学生的发展。学生的发展应是多方面的,知识、能力、思维、情感、人格;发展的目的是明确的,培养出色的能力,形成健全的人格,成为报效祖国、实现民族伟大复兴的社会主义接班人和建设者。为了实现学生的全面发展,新时代的语文教育,首先应培养学生的语文能力,认字、阅读、表达,积累文化含量;其次要提升学生的思维品质,引导学生联想、想象、判断、辨析,点燃智慧的火花;第三要培养学生的学习能力,用“教”引导“学”,用“教”启发“学”,用“教”服务“学”,让学生学会学习;最重要的是要完善学生的精神人格,在语言的品读中陶融高雅的审美情趣、高尚的思想情操,使之与语文能力、思维品质、学习能力相通相融,形成整体,在潜移默化中提高思想修养,形成完善的精神人格。

(四)教师发展观

为了更好地育人,担负着育人使命的教师也要与时俱进地发展提升自己。于漪在多个场合强调自己的成长理念:一辈子做教师,一辈子学做教师。终身学习,是于漪道出的教师发展的真谛。那么,学什么?于漪告诉我们,首先要学习教育学理论,用先进的理论武装自己的头脑。其次,要学习研究教材,教学生不知道的地方,教学生似懂非懂之处。第三,还要学习他人的长处,博采众长,提升自己。学习是为了明确做怎样的教师。“教文育人”理念把人放在第一位,所以教师应该是“人师”,将“育人”作为自己的本分,而非单纯地传授知识。担负育人使命的人师,首先自己应该具备高尚的人格,用自己的人格促进学生人格的成长,用自己高尚的情操推动学生情操的养成;担负育人使命的人师,也要德才兼备,拥有广博的知识,智慧如泉水一般喷涌而出;担负育人使命的人师,还要开阔眼界，博览群书，拥有科学精神和人文精神，能与学生有双向的精神交流和互动；担负育人使命的人师，更要有仁爱之心，关注学生的心灵、关注学生的成长，春风化雨，春意盎然。新时代的人师，应该是道德、思想、人格、能力、爱心五位一体的。

纵观于漪的“教文育人”思想，纵向继承历史精华，体现历史的深度和文化的厚度；横向借鉴时代精髓，体现时代的高度和世界的广度。整个思想体系博大精深，境界高远，既富有鲜活的时代气息，又包含浓郁的人文色彩，彰显了强烈的生命情怀。这样的教育理念是一笔宝贵的精神财富，在任何一个时代都具有旺盛的生命力，都将指引语文教育向着更美好的方向前进。作为新时代的语文教师，深入而全面地研究这一丰富的教育思想，在继承的基础上做新的思考，将更好地指导我们的课堂教学，更好地推动语文教学的发展。

（该文原载 2021 年 8 月《教育》，收入本书时略有修改）

于漪语文教育理论成因初探

陈小英　上海市杨浦高级中学

唯物辩证法认为，世界上任何事物都不是孤立的、偶然的、静止的。美国诗人惠特曼在《草叶集》序言中也说："过去、现在与未来，不是脱节的，而是相联的。"人生是人的动态发展的流程，是人创造自身价值的漫长历程。于漪能成为才华横溢、学术成果累累、蜚声中外的语文教育家，其成功的原因何在？有人说："时势造英雄。"于漪从青年到老年，一生欣逢过几个教育的春天，她每次都能够抓住这样的"天时"，充分施展自己的创造才能。毋庸置疑，这确实是她成功的重要原因之一。

早在 20 世纪 60 年代初，党和政府就向教育工作者提出"减轻学生负担、提高教育质量"的要求。上海育才中学率先拿出了课堂教学整体改革的方案，于漪闻风而动，她从"学"的角度审视自己以往的教学，发现包办太多，于是从议论文教学入手进行教学改革，寻找使学生主动学习的方法途径。她大胆实践，敢于尝试，不断地在市、区上公开课，当时的几位市教育局局长都听过她精彩的课，用于漪自己的话说，"我是被听课听出名的"。

确实，1966 年之前，作为青年教师的于漪已经在全市教育界享有一定的知名度，她被评为上海市"三八红旗手"就是明证。1976 年 10 月粉碎"四人帮"后，于漪老师立刻意识到教育的第二个春天即将到来。1977 年上海电视台直播她的教学实况时，于漪选择了高尔基的《海燕》，她充满自信地说："我是如此庆幸自己终于冲出暴风雨，我坚信在这样的时代自己是能够在蓝天下自由翱翔的。"于漪预言的那个"自由翱翔"的时代确实来到了。

于漪的中年是她人生最成熟、创造力最旺盛的时期，恰逢中华民族思想界、学术界出现了百花齐放、百家争鸣的局面，人们在对历史的反思中，还教育以振兴民族、富国强邦的崇高社会地位。教育界也不负众望，出现了教育教学学术性研究空前活跃的景象。这是一个创造力受到激励、得以施展的时代，是出英雄、出大家的时代。于漪有幸在中年欣逢这样一个时代，她的使命感因此受到进一步的激励与强化，她的创造才华因此才有了充分的用武之地，她那独树一帜的事业成就才能得以实现。

还有人说，每个人身上都蕴藏着丰富的创造潜能，然而这种创造潜能犹如干柴，只有用追求的热情才能点燃。对教育事业的满腔热爱、不懈追求是于漪成功的重要原因。这种看法当然也有道理。

于漪这种追求的热情可以追溯到20世纪60年代。于漪说："那时候，从全国学大庆的'三老四严''艰苦创业'的思想中，我就坚信，只要发扬艰苦创业的大庆精神，教育园地也能开出大庆之花。"于漪对教育事业几十年的执着追求，正是她创造力得以发挥的强大能源。于漪曾经说过，她生平最崇拜的是鲁迅先生，因为鲁迅先生能洞察一切，看透一切，而激情犹存。凭于漪的智慧和功力，她也能看透一切，但她从不放弃自己对教育事业的追求。她说："我之所以能在教学上做出一点成绩，因为我始终使自己的教学处于'自以为非'的状态。人只有在否定之否定中才能逐渐成熟起来。"于漪的确是对自己从事的工作迷恋到了如醉如痴的境地，的确是用整个生命去拥抱自己的事业。于漪在商品经济大潮中仍津津乐道于自己的观点主张，只要有可能，便全力表达独到之见的那份热情；在应试教育负效应日益暴露的今天，不顾老之将至竭力保住教坛净土的那份勇猛；身体力行竭力建设中学语文教学理论体系的那份执着，那简直是一种宗教式的虔诚与热情……于漪的创造之树之所以能长青不衰，之所以能开花结果，正是源于这份巨大的"热"效应。

以上两种观点，前者立足于宏观的角度，揭示了于漪成功的客观原因，即新中国成立以来教育发展的社会大背景；后者立足于考察对象个体本身，揭示了于漪成功的主观原因，是对事业的热爱驱动。这两点，作为于漪成功原因诸多构成要素中的两个要素，确实是必不可少的。但这远不是问题的核心，"欣逢几个教育春天"的何止于漪，应该是一两代人；而对事业的赤诚之爱，几乎是老一辈教育工作者的群体表现，为什么能有理论建树者凤毛麟角，能自成一家者更是寥寥？

对以上问题的追询使我们的思考跨越过“共性”的层面,从而深入到于漪独特的“个性”领域。

与其他许多语文特级教师相比,于漪以她特殊的个人经历,成就了她的“通才”本领。一般来说,中文系出身的语文教师,即使再努力进取,也会受本学科长期专门化训练的限制,自囚于“专业”的一隅,从而往往错失拓展自身专业领域、开发专业发展渠道和完善专业创造功能的机遇。美国曾对1311位科学家进行了为期5年的追踪调查,从他们所获取的事业成就,特别是创新成果来衡量,得出的结论是:学历和经历丰富的“通才”取胜。在中国历史上,称得上大家的亦如此:鲁迅就是学过军事、矿务、医学,最后成为文学大家的;郭沫若所学的专业也是医学。作为教师,于漪的经历是丰富的。她毕业于复旦大学教育系,具备了较系统、基础较为厚实的教育理论知识,因而能敏捷而准确地对种种教育流派和教学原则做出科学的评价,并博采众长,开拓创新;她教过几年历史学科,因而有机会通过“教”来汲取中外历史知识的养料,造就了她分析问题的历史唯物主义的眼光;她曾因病在学校图书馆“蹲”了几年,真正能够潜心博览,积累丰富。这样几经辗转,她才开始教语文学科。于漪担任了全国和省市一级的多种社会职务,因而经常有机会参加政界、教育界的重要会议、重大活动,听到了许多一般教师不可能聆听的报告,了解各种最新最真的信息,还有机会访问美、日、港、澳等国家与地区,亲眼看见发达国家、先进地区的教育设施和管理。专业的频频转换给了于漪成为“通才”的机遇,丰富而特殊的经历成就了她的“嫁接优势”,为她思想的发散性、多元性、创造性提供了广阔的天地,为她高屋建瓴的宏观思考、超前思考,为她的理论建树提供了优越的前提条件。

因此,可以说,于漪特殊的经历将她造就为“通才”型的教师,她的理论建树,源于她广博而深厚的学养。一言以蔽之,“厚积而薄发”,这就是于漪的成功之道。

构成于漪理论学养的因素很多,择其要者,有以下几点:

一、深得马克思主义基本理论之精髓

马克思主义是科学的理论,是经过实践证明了的认识世界、改造世界的真理。它能指导我们正确认识自然,认识人类社会,认识一切事物发展的规律。

无论从事理论研究还是实际工作，只有自觉遵守马克思主义理论原则，才能保持正确的方向，否则，就只能在黑暗中摸索。于漪在这方面有深厚的功底。翻开于漪的理论著述，随处可见对马克思理论的援引和论证，她的“学科性质人文说”就是建立在马克思主义语言学的基础之上的。她在《谈谈语文教学研究中的几个问题》一文中指出：“我们要在马克思主义基本原理指导下研究解决我们语文教学研究中尚未解决的问题，在这个指导思想下结合各自的教学实践，做科学研究，有根有据，合情合理，切磋琢磨，共同提高，建立中学语文教学理论体系，走中国自己的路。”可见，她以“建立中学语文教学理论体系”为己任，而这个“体系”的“灵魂”就是马克思主义。她在强调“指导思想”的重要性时，举了一个生动的例子，“有一位康德的信徒曾说过，康德的思想体系，犹如一个建筑整体，宫室庙堂，井然有序，周密深邃，大可优游其间，终生享用不尽。问题很明白，对这类宫室庙堂，研究思想史的当然可以也应该进去看一看，然而没有正确的指导思想，进去了就可能出不来。”于漪把马克思主义基本原理作为自己的指导思想，所以在教育的“宫室庙堂”里才可以“优游其间”，进得去出得来。

具体来说，于漪语文教育理论有以下几个鲜明的观点：

（一）唯物论的观点

马克思主义博大精深，其根本是“物质是第一性的”“存在决定意识”“实践第一”。于漪用这些思想观点指导自己的语文教学理论研究和教改实践研究时，就表现为一种实事求是的态度和立足于“中国国情”的思考。比如她指出：“在语文教学中有个学习外国的问题，可是，我们在学习外国的时候，一定要清醒地认识到中国的语言文字与外国的字母文字是有区别的，绝对不能照搬。我们使用的汉字是形、音、义的组合体，是反映我们几千年中华民族深厚文化的文字。国外语言文字教学中的某些做法可以借鉴，但不能照抄照搬，要考虑我们文字的特点，不能把我们现在教学生的汉字与外国的字母文字画等号。”

于漪的“语文学习兴趣说”就是针对汉语母语教学的实际，为解决语文教学中实际存在的困惑而提出的；“语文学习兴趣说”和“思维训练核心说”本身也是于漪自己教学实践的总结和提升，带有鲜明的实践性。唯物论使于漪结结实实地站在了中国现实的大地，应对语文教育的实际，实话实说，实事实做，务实求真,获得广大一线教师的衷心认同。

(二)辩证法的观点

在于漪的教育理论中,处处闪耀着辩证思想的光辉,唯物辩证观已经成为一种思想方法,无时无刻不在指导着她对教育的思考:语文教学如何处理好工具性与人文性的关系,教文与教人的关系,知识体系与主要矛盾的关系,教材与教法的关系,知识与能力的关系,能力与智力的关系,听说读写之间的关系,讲与练的关系,课内与课外的关系,教与学的关系,语文学科与其他学科的关系等。如果不能看到它们既对立又统一的关系,就会顾此失彼,钻牛角尖,犯片面性的错误。可以这么说,没有辩证法的指导,于漪的语文教育理论大厦不可能建立,她的课堂教学结构多功能的模式也会因为摆不正实践中的多重关系而无法立足,更谈不上教学艺术。

(三)发展的观点

马克思主义基本原理的又一精髓是发展的观点,世界上万事万物都处于发展变化的过程中,只有相对静止的事物,没有一成不变的事物。于漪的一生是追随时代、不断超越自我的一生,是开拓创新、与时俱进的一生,这些精神品质的本质就是马克思主义"发展的观点","发展"是她构建理论体系的出发点和归宿。她的语文学科性质"人文说"就是经过近二十年的不停顿的追问、学习、反思,才不断深化、提升,最后发展到成熟;她对"育人"目标具体内涵的阐释也因时而变,"把它放在特定的历史条件和社会环境中去认识,以明日建设者的素质要求、德才要求为标准"体现了"发展"的要求,至于"教在今天,想在明天"更成为一句旗帜飘扬、鼓舞人心的口号,昭示着于漪对"发展的观点"灵活运用。

总之,马克思主义基本原理,尤其是唯物辩证法,是构成于漪理论素养的第一要素,保证了她的思考和阐释始终处于哲学的层面,以深邃的历史眼光洞察社会和教育的变迁,预见发展的大局,不断推出创造的硕果。她曾经引用歌德的名言"理论是灰色的,而生活之树常青"然后说:"理论来自生活,生活是最丰富的源泉,所以生活之树常青。如果理论空洞抽象,它当然会给人以苍白的感觉,歌德这句话是有一定道理的。马克思主义的理论来自实践,在实践中受到检验,并在实践中不断得到丰富与发展。"从这一点来说,于漪的理论之树千丝万缕地植根于肥沃的实践土壤，因此，她的教育理论也如生活之树一样，永葆着青春的生意与蓬勃的长势。

二、深受中国传统思想文化的浸润

如果把于漪的语文教育理论比作一棵大树，那么马克思主义基本原理就如同光照，为其提供了正确的思考角度和科学的方法论，而中国传统思想文化则是其扎根的土壤，为之提供了成长的丰富营养以及深厚的文化底气。于漪有一句名言“母语是对后代的精神哺育”，她对语文教育的热爱源于对母语的热爱，源于她自己学生时代深受母语哺育的经验。

人的合理的知识结构应呈宝塔形，学生时代的基础就是塔的底座，它越宽越深，发展的潜力就越大越久远。于漪的中小学时代，正值“五四”新文化运动所倡导的价值仍有相当感召力的20世纪三四十年代，她又十分幸运地碰到了好老师。这些老师声情并茂的讲解和深厚的诗词功底，激发了她对中国古典文学的迷恋；她后来就读于国内一流的高等学府——复旦大学，受到曹孚、周予同、方令儒等著名教授学者精神与学识的滋养。因此，于漪的学生时代，不仅打造了一颗爱国的赤子之心，同时雕塑了她作为文化人的基本品质，也积累了中国传统文化的学养底蕴。读她的《学海探珠》一书，就可详见其传统文化底蕴之全貌。没有这个底蕴，她的语文教育理论之树不会开花结果，即使开花结果，也不会像现在这样，成为具有鲜明的本土特色的中国品牌。

（一）中国传统哲学思想的影响

哲学属于文化的组成部分，而且体现着民族文化的灵魂。历史证明，一个民族一旦失去了自己民族的文化传统，尤其是标志文化特质、体现文化灵魂的哲学思维传统，那就很难“自立于世界民族之林”，终究要被淘汰出局的。一个深深地被打上民族传统文化印记的文化人，如于漪，她的心灵世界同样有着中国传统哲学思想的印痕这种属于所有中国文化人的“胎记”。

作为哲学，无论西方哲学或中国哲学，都是立足于人的生命活动，都在追求生命本性的完善，只是侧重点不一样，表达方式有所不同。西方哲学注重生命的外向价值，讲求“知物”，所以他们着重发挥了“理性”的认知功能。中国哲学注重的是生命的内在价值,讲求的是“悟道”。作为人的自我意识理论,在把握人的本性、完善人的生命方面,中国哲学更有自己的独到之处。儒家强调,人作为人,就必须仁民爱物、济世利民,这是一种“入世”的态度。道家的理想是做真人,要无为,即追求个人的人格独立,这是一种“超世”的态度。佛家又不同,它的理想是永生境界,讲究“涅磐”,要把生命引向超脱、永恒的境界,这是一种“出世”态度。表面看起来,这三种态度似乎是完全对立的,认真思考,它们对于人的生活与生命,又都是不可或缺的。尤其是“儒”“道”两家的思想,从远古至现今,作为一种互补相济的因子,始终成为中国知识分子赖以生存和发展的精神支柱。

于漪的人生基调首先是积极进取的“入世”态度,无论遭受过怎样的坎坷,她爱祖国、爱事业、爱生活、爱学生,不消极,不退缩;她思考问题,创建理论又往往独立高标,不入派、不入流,保持一种独立的精神,这背后就是“超世”的态度;她极力要把自己的生命价值引向永恒的境界,为青年一代铺路搭桥,为中国尚未成熟的语文教育理论大厦奠基,难道这不正是一种形而上的人格价值的追求吗?

于漪思考问题的方式方法,又何尝不受中国哲学的影响?中国哲学讲求中、和、时、权,这种思维方式最善于处理如原则性和灵活性的关系问题,可最大限度地避免极端偏激。我们在于漪对语文教育内部和外部种种关系的有关论述中,随处可见这种原则性和灵活性相结合的出色范例,就是有力的证明。

(二)中国传统人文思想的影响

于漪语文教育思想中最有特征性,也最具备核心意义的毫无疑问是她的“人文说”。

她的“人文说”的提出,不应仅仅看作是对“工具说”的简单补充。一切新的观点、主张的出现,总是意味着在一定程度上对原有观点和主张的批判,至少也是摒弃。

“人文说”一经提出,就很快得到社会的普遍认同,而且最终被国家教育部门认定为“语文课程的基本特点”的重要元素之一,这绝不是一件偶然的事。应该看到,多年来为实现“四个现代化”的不懈努力,以及改革开放取得的巨大成果，有效地促成了全社会群体的观念变化。首先是价值观的深刻变化，这个变化的显著标志，就是“以人为本”成为社会的共识，成为时代的主流。

教师的工作本来就是直接面向“人”的工作。它和其他同样面向“人”的工作，还有不同之处。一是教师面对的“人”都是可塑性很强的青少年甚至儿童。教师是在白纸上描绘未来的图景。二是教师从事的是人的“心灵”的工作。他凭借手中的“金钥匙”，为孩子们开启一扇通往“真善美”的大门。让“以人为本”的口号，从呼唤到变为真正的现实，教师的工作至关重要。

于漪作为教育工作者，她敏锐地洞察到这项任务的迫切性，而且，从语文学科、语文教育的特点，清醒地认识到“语言不但有自然代码的性质，而且有文化代码的性质”“有鲜明的人文属性”。于漪“人文说”的提出，有着这样特定的时代背景和坚实的科学理论依据。

当我们评价于漪“人文说”的现代性时，不应该忽略它另一面的生成原因，这就是中国传统人文思想对于漪的深刻影响。

有人认为，“人文思想”发源于欧洲的文艺复兴时代，中国古代并不存在“人文思想”。这是一个很大的误解。中国有自己历久不衰的强劲的道统，这就是儒学和道学。儒学和道学虽各有其不同的观察视角与思维倾向，但对人的命运的关怀，却是共同的主题。

孔子讲“仁”，核心是“爱人”，是以“爱”来协调人际关系。“己所不欲，勿施于人”，是把他人和自己一样看成是同样的“人”。孟子讲“富贵不能淫，贫贱不能移，威武不能屈，此之谓大丈夫。”这更是在压迫深重、战争频繁、斗争惨烈的历史年代所倡导的一种维护“人”的尊严的庄严宣告。

孔孟的人学，多着眼于社会群体的和谐与人的自身优化。虽然由于历史的局限，他们的人生理想难免带有乌托邦色彩，但眼光聚焦于“人”是不可否认的。

道家的学说，譬如最有影响的老子、庄子的论述，给人一种遁世消沉的印象。其实，从深层去领略，他们比孔孟在对人的命运的关怀上是更进了一步的。其理论的基本精神：“自然”与“无为”，是对自然法则的确认，也是对“人”作为个体的“自我”的确认。庄子的大量寓言式论文，涉及的是人与自然的关系、人的自我定位以及人生大智慧的要旨，总之，是另一种形态的关于人的文学。

以上这些古代哲人的人学，必然要延伸到教育思想的范畴。孔子的“有教无类”“因材施教”等教育观点和方法,直到今天,人们对之也还没有陈旧过时的感觉,而且,实施起来同样有效。

《老子》一书中有“绝圣弃智”“绝学守愚”的说法,因此,有人就以为老子是主张反智主义的。这也是误会。为什么就看不到它同时主张的“大智若愚”与“明道若昧”呢?其实,“绝圣”“绝学”的实质意义是要否定那种把知识作为纯工具性的东西去学的做法,以致学出个纯工具性的“人”来。老子的“明道”“大智”,是追求学习上的“彻悟”,要求得大智慧,修炼出人的一种灵性来。

这类中国传统的人文思想以及它们所包含的教育思想,对于漪应该有着潜在的而且是深刻的影响。她的教育观“以人为本”,具体落实为“以学生为本”,以全面塑造每一个个体为本,所以她对学生倾注了那么多的爱心与热忱。

她的“学习兴趣说”“语言和思维训练的核心说”以及多维的教学模式,还有独具一格的教学艺术,无不着眼于“导”,着力于“启”。她那种不着斧迹的教学形式、因势赋形的教学方法、洋溢美感的课堂氛围,更切合“大音希声”“大象无形”(老子语)的境界。文学教学,语言教学,一旦审美化了,那效果不光是知识的,也是心灵上的。

于漪的道路说明,一切外来的东西,首先要同本民族的文化灵魂相融合。不经历一番本土化的过程,再优秀,再有用,也是难以移植的,更不要说开花结果了。

(三)中国传统教育思想的影响

于漪在《语文学科是一门实用而多彩的人文学科》一文中指出“语文教学的基础不是零,不是从头开始”“我国语文教学有丰富的历史遗产,从理论到实践有研究价值和操作价值的东西甚为可观,它不仅培养了一代代志士仁人、学者专家,而且对传播和丰富民族文化做出了不可磨灭的贡献。对优秀传统不可采取虚无主义的态度。对待传统语文教学须一分为二,区别、筛选,吸取精华,剔除糟粕”。

正是怀着这种对待文化遗产的正确态度,于漪对传统教育思想做了深入研究,充分肯定了以下几点:

第一,学语文与学做人结合。因为“文以载道”“文道结合”,所以,读书为了明理,读书为了修身养性,读书为了报效祖国。

第二,熟读精思。读书要字字响亮,反复诵读,自然上口,久远不忘。读书强调学思结合,而且必须精思。

第三,勤练。学语文重视实际训练。出声朗读是练,圈点批划是练,刻苦作文也是练。多读多写几乎是一以贯之。

第四,博览。古人强调学语文需广为涉猎,广闻博识,读万卷书,行万里路。识高、力厚、学富,就能下笔有神。

从教师教学理念、教学方法的角度,我们发现,于漪充分肯定了"有教无类""因材施教""启发式"等,同时也罗列了传统教育的许多弊端,比如重结论轻过程,重记忆轻能力,重形式轻内容。

本着对传统教育思想如此清醒的认识,于漪在自己的理论创建和教学实践中作了批判性的继承。也因此,我们在于漪的语文教育理论和实践两个层面,处处可见传统教育思想精华对她的影响。比如,她的"语文教学目的观"——教书育人,明显脱胎于"文以载道""文道结合""读书做人"这些传统教育观念。当然,于漪仍然是批判地吸收,给育人的内容注入了新的时代要求。她认为:"今天我们的教书育人,不是机械地用古人的标准去套,而是要培养我们的学生成为建设物质文明和精神文明的德才兼备的新人。读书做人的原则有了崭新的社会主义的内容。"再如,在课堂教学实践中,于漪非常重视学生古诗词的诵读积累,重视写作能力的培养,重视调动学生思维积极性,重视扩大课外阅读,拓宽视野,这些无不得益于先进的教育遗产。

至于启发式教学,因材施教的理念,于漪不仅吸收运用,而且又结合自身的实际和学生的实际,将它们发展到出神入化的地步。我们甚至发现,在为师的风格上,于漪都不自觉地以孔子为楷模,"温而厉,威而不猛,恭而安",她在自己的文章里多次提到《论语·述而》中孔子的学生描述老师的这一段话,就是一种证明。于漪在许多文章、许多场合一再重申"对于传统语文教育思想理论,不能因其老就舍弃,应当整理、提炼、赋予新的生命""我们不能妄自菲薄,看不到传统教育中有益的东西,又不能抱残守缺、裹足不前,要取其精华、去其糟粕,努力做到古为今用"。于漪这样呼吁,于漪更这样实践。

以上我们从三个角度阐释了中国传统思想文化对于漪的影响,可以得出这样的结论:于漪是受中国文化滋养而长成的一棵大树,身上印刻着祖国优秀文化的胎记,她的语文教育理论和实践也必然带着中国文化的特色,是地地道道中国式的语文教学体系。

三、博采国外先进思想学术理论之众长

事实上,一棵理论大树的开花结果,除了马克思主义理论的光照,中国传统文化的底蕴还远远不够。它还需要多种有机物提供生长必需的养料。于漪的语文教育理论体系的形成也离不开外来先进文化学术理论的滋养。1991 年,当《语文学习》记者闻达在一次访谈中,问及于漪对自己教学风格的评价时,于漪回答说:"我感到我的教学风格既有继承和发展传统教学中精华的东西,也有吸收当代教育理论中先进的成分。"当代教育理论,当然有很多来自国外。于漪的学术观是兼收并蓄、海纳百川的开放境界。她勤于学习,善于吸收,博闻强识,敏于运用。她在《语文教学谈艺录——清醒地认识自己》一文中说:"要在语文教学中走出新路子,除了继承和发展传统教法中的合理精华之外,必须面向世界,了解国外,积极地进行借鉴。"

于漪吸收外来文化的滋养有三个鲜明特点。

一是求"广"。粗略翻阅了《于漪文集》第一卷后,我们对于漪吸收外来文化的范围之广、之博,留下了深刻印象。她在文中所引用到的国外专家学者的有关论述,据不完全统计有 40 处左右,涉及哲学、语言学、教育学、心理学、美术、音乐等领域。广博中又有重点,如为研究语文学科性质的人文性特点时,于漪集中阅读了大量国外语言学家的著作,以之审视自己的立论是否科学。她特别推崇教育家苏霍姆林斯基的教育思想和实践经验。

二是求"新"。20 世纪 80 年代以来,世界进入了信息化时代,新的观念和新的科学技术以令人难以置信的速度创造出来,又以令人难以置信的速度传递,地球正在变成一个村落,要求每个人成为地球人,不断汲取它的源头活水。一向重视"教师智力生活"的于漪,从未停下学习的脚步,她关注国外各种新事物、新理论、新思想,与时俱进地学习吸收。因而,我们总是能从她的文章或者报告里读到或者听到国外最新的有关信息。1999 年,于漪在题为《关键在于树立现代语文教育观念》的报告中说了以下一段话:

> 现代语文教学观念不是凭空产生,而是建立在对现代社会深刻认识基础上的。现代社会是怎样的社会?由工业经济向知识经济迈步,由学历社会向学习社会过渡。以知识为基础的经济,是建立在知识的生产、交换、分配、使用和消费基础上的一种新的经济类型。在知识经济中,知识是最重要的生产力,而教育是知识生产力。理论形态的知识转向现实形态的生产力离不开教育。这样的社会要求教育为人的发展提供支柱,这支柱就是学会学习,学会做事,学会共同生活,学会发展。而学习力、理解力、消化吸收能力、创造精神、合作精神等均包蕴其中。面对新世纪的挑战,发达国家是如何谋划、寻求对策的呢?仅举一例说明。早在20世纪80年代中期,美国劳工部就成立了21世纪就业技能委员会,经过全国调查和深入研究,提出了21世纪全体美国就业人员应具备的“五大能力”和“三大基础”。其中“三大基础”指能力基础、思维基础和素质基础。能力基础包括五个方面,即读、写、算、听、说。总体上说,强调完整的人,有负责精神,有创造能力。

像这样时代感极强、信息量丰富的报告,常常使与会者情不自禁地赞叹:“于漪有一颗多么年轻的心!”而这样的报告又是经常性的,可见其吸收国外新信息的勤勉与及时。

三是求“化”。如果我们不回避问题,就不能不承认这样的现实:在当今现代化的全球浪潮中,人们讲求的是向西方学习,学习西方的科学技术、学术思想、哲学原理,乃至西方的生活方式。这种学习的狂热有时真到了丢弃自我、迷失自我的程度。语文教学研究中也难免受到这股潮流的影响。对此,于漪批评说:“前些年,有人到洋人树上采果子,以为凡洋都是好的,都是新的。其实不然。有好的,有新的,当然要吸取,要消化,丰富自己,但不少是连洋人自己都已经扬弃的烂果子。不辨新旧,不辨真伪,凡洋的,不管与中国语文对不对口,都大肆宣扬,实质上是推销文化上的伪劣产品。”德国大诗人歌德说:“对于一个国家来说,只有植根于本土、出自本国一般需要而不是猴子式地模仿外国的东西,才是好的。”这意味深长的话值得我们三思。她把喜欢生搬国外理论术语的论文风趣地称为“把饼干叫作克力架的论文”。那么,该如何做呢?于漪认为:“中国文化的优点在于‘化’,能广为吸收、消化外来文化。”“要在‘化’字上下功夫,拿来为我所用。”如何“化”呢?于漪的经验是“像蜜蜂采蜜一样,经过一番提炼”,她的《也谈模糊理论与语文教学》大概算得“化”之范例。“化”才真正能够为我所用,“化”才能不失主心骨,“化”才可能推陈出新,有自己的创造。正是在这一点上,于漪表现出了一个中国教育家的自信和成熟。

于漪不愧为中国文化哺育起来的教育家,因为她的心里想的是“走自己的路”“建设中国自己的语文教育理论体系”。

以上是对于漪语文教育思想形成原因所作的一点粗浅解读。错读谬解之误,势在难免,有待于漪先生的校正和同行们的批评。

(该文原载 2023 年 12 月《教育》,收入本书时略有修改)

立体　多维　无恒

——谈于漪的课堂范式

孙宗良　上海市复旦中学

本文讨论于漪老师的课堂范式。之所以不用大家熟知的"模式"而采用使用较少的"范式",是因为"模式"往往指主体行为的一般方式,具有一般性、结构性、重复性、稳定性和可操作性的特征。尽管模式在实际运用中也必须结合具体情况,实现一般性和特殊性的衔接,但在实际运用中常常被简单地理解为一种固定的实操程序,只需要按照模式亦步亦趋,而不需要有自己的个性与创造,这是被狭义化地理解成"模式只是一种实操工具"。

而范式则强调理论与实践的关系。在库恩的范式论里,范式归根到底是一种理论体系,他认为范式的突破往往导致科学的革命,从而使科学获得一个全新的面貌。本文的"范式"更多是指某种为科学研究提供的可效仿、可迁移、可延展、可深化的成功先例,它不仅具有实践操作意义,更强调它背后的理性思考。从近几十年语文教学的发展来看,于漪老师的课堂范式确实实现了一种突破,在某种意义上使语文教学产生了革命性的变化。它是一个成功的先例,但其价值远不止于案例意义,值得我们再学习,再研究,进而建构今天的语文课堂。

于漪老师"立体、多维、无恒"的语文课堂范式,包含理性建构与实践探究两个层面,是前者指导、引领着后者,后者又证明并完善着前者,两者又是融为一体的。因此,解读于漪的这一课堂范式,不能仅站在一个层面,或者把两个层面割裂开来机械地解读,而要作为一个整体,完整地解读与理解。

本文由四个部分组成:第一部分"范式解读"是解释于漪老师课堂范式的基

本架构和形态特征,第二部分"课堂定位"是于漪老师课堂范式的核心理念,第三部分"聚焦思维"是于漪老师课堂范式中贯穿始终的实践要点,第四部分"教师要求"则是于漪老师课堂范式建构的重要前提。四个部分合起来构成一个理性的系统。由于篇幅限制,本文分为上、下两篇发表。

一、范式解读:立体、多维、无恒

于漪老师的语文课堂执意追求的是一种教无定法、学无定式的变化美。她说:"不同的文体,我有不同的设计;相同的文体,我亦有不同的设计;我常将讲、思、答、议、评有机结合起来,常取启发式、学导式、自学式等有效模式之长而自成风格,独为一体。"这也是一种"没有模式的模式"。在此基础上,于漪老师构建起她的"立体、多维、无恒"的课堂基本范式。

于漪老师认为,所谓"立体",就是做好语文学科基础性、拓展性和探究性的有机融合。任何一门学科,其基础性、拓展性和研究性三个层面,虽然所指向的知识能力内涵、其相应的学习要求和学习方式是有差异的,但它们不是截然分割、各自独立的,而是既相互独立又相互交融,既相互制约又相互促进,是在一个完整的教学过程中同步实现的。因此,在教学中不能简单地划分基础性、拓展性、研究性等不同的教学层次和内容模块,而必须使其成为有机的整体。同时,学生语文素养的整体成长要求,本身就包含了基础性、拓展性和研究性的要素,而课堂教学不能孤立地停留于一端——或基础性学习,或拓展性学习,或探究性学习。今天新课程标准的核心理念之一,学习目标的融合与学习内容的整合,诸如核心素养的提出、学习任务群的倡导、教学评一体化的要求,正是这样一种"立体"理念的体现。因此,于漪老师提出,理想的课堂,必定包含基础性、拓展性和研究性学习于一体,而学生语文课程核心素养的培养,也只有在这样一个融合与整合的完整学习过程中才能够得以实现。因此,要把课堂看成学生有效思维贯穿始终的完整过程,在基础性要求的实现中融入拓展性和研究性学习,又在拓展性和研究性目标实现中进一步强化基础性学习。这是由语文课程性质决定的,更是课堂教学由单纯的知识教育走向素养成长、实现立德树人全面发展的必由之路。

所谓"多维",则是课堂要同时实现多维度的教育功能。于漪老师强调,语文课堂要走出时而为纯粹的政治工具、时而为完全的交际工具等单一功能的误区，要充分落实语文教育的多维价值和多元功能，要尊重语文课程特质，立足学生的素养获得，最大限度地实现语文多维度的育人价值，使语文教学在塑造完整的人的过程中发挥自己独特的作用。因此，无论基础性学习、探究性学习或研究性学习，它们的最终培养目标是一致的，都是培养良好的学习态度、高效的学习方法和强大的学习能力，提升学生的思维品质，培养他们高尚的情操、积极的态度和正确的价值观等。而且，这多维素养的提升同样是在一个过程中同步实现的。新课程标准所强调的语文课程核心素养是学生在积极的语文实践活动中积累、建构，并在真实的语言运用情境中表现出来的，是文化自信和语言运用、思维能力、审美创造的综合体现，和于漪老师的倡导是一脉相承的。

“无恒”则是教学方法的灵活多变。于漪老师曾这样说过，她整个职业生涯中至少上了两千节公开课，听课教师真是难以计数，许多教师说，听于漪老师的课，常听常新，不会厌倦。这是因为她的课堂教学没有一种固定不变的过程与形态，即模式化的东西，而是常教常变，常变常新。因为真正的课堂是教师创造的产物，教师的个性与课堂魅力均来自于此。于漪老师一直拒绝“重复自己”，不吃自己嚼过的馍，因为时代在变，学生在变，教育的价值追求在变，课堂就必须顺应这样的变化，才能跟上时代，跟上学生，跟上教育变革的大趋势。因此，永远建设，永远创新，这构成了她课堂教学无恒而多效能的基本形态、基本特色。

正是这种“立体、多维、无恒”的课堂教学追求，学生在课堂中知识丰富了、视野开阔了、思维敏捷了、思想活跃了，从而建构起积极的情感态度与价值判断能力，实现完整成长。这形成了她课堂范式的基本架构和形态特征。

二、课堂定位：学生是学习的主人

于漪老师指出，要建构“立体、多维、无恒”的课堂范式，首先要重新建构课堂的师生关系，真正确立学生的学习主体地位，由“教”的课堂走向“学”的课堂。于漪老师认为，学生应该是学习的主人，早在1981年她就明确提出，学生应该是具有主观能动性的积极思考者。而在教学实际中，学生往往被当作知识的“容器”，处于被动接受的状态，他们的自主思考和探究的权利被剥夺。这种课堂实质上是"目中无人"的课堂,学生只是在静态地接受既定的知识和固化的结论,而能力等素养的培养则被弃之一边。1984年她又在《语文教苑耕耘录》中强调,要改革课堂教学,要提高课堂教学的效率,要让学生做学习的主人。她认为,教师的"教"不能覆盖学生的"学",进而代替学生的"学",而是要引领学生的"学",促进学生的"学";课堂应该从"教"的立场转换到"学"的立场。因为在学习过程中,教师的"教"是通过学生积极主动的"学"而产生效果的,因此,课堂是师生对话、共同探究、解决问题的过程,师生之间是平等互促、共同进步的关系。

因此,在学习过程中,教师和学生是探求问题、解决问题的同伴。教师要做的是以有价值的问题去激励学生思考,站在平等的地位上与学生讨论问题,提供合理的路径帮助学生行走在正确的方向上,以自己的智慧去促使学生发现问题而非提供现成结论,进而不断点燃学生智慧的火花。对于学生来说,课堂应该是在教师的引领下,对新知识学习、实践和探究的过程,同时在实践探究的过程中提升自身学习力、思维力等能力与综合素养的过程。因此,课堂要在准确并正确把握学科个性特质的基础上,改变知识教育的单一封闭状态,注意学习的建构性、系统性、开放性、延展性和发展性,提升学生的参与意识和实践意识,进行探究型学习和合作型学习,加强师生之间、生生之间、教师学生与课程内容之间的互动式学习,改被动教学为主动学习,变接受性学习为接受创造并举的学习,由掌握型学习走向自主探究合作参与的知识、能力与素养的生成式学习。

但于漪老师并不主张"学生中心主义"。她认为,有效的课堂教学应该充分发挥两个积极性,而不是教师或者学生的单一积极性,任何偏于一方的理解都会影响课堂的效果。真正合理的学习过程,应是教师和学生各得其位,共同探究,相互促进,而不是突出强调一个,削弱或否定另一个。她认为,课堂固然不能片面强调教师的主导作用,削弱和压抑学生的积极性;同样不能过于突出"学生主体",使"教师主导"被弱化而失去应有的作用。

在上述基础上,于漪老师建立起她的课堂学生观:一是要确立学生的学习主体地位,学生是积极主动的学习者、探究者和建构者,而不是被动接受的"容器";二是教师要"目中有人",课堂的出发点由"教"转向"学",由基于内容转向基于人,即作为学习者的学生;三是明确教师的"教"是通过学生的"学"而发挥作用的,因此要不断研究学生,他们的现状、特点和新的变化要和"学生的心弦对准音调”；四是教师建立坚定的信念，只要心中有学生，胸中有全局，一定能够打造合乎时代要求的高效课堂。实际上，我们今天的课堂追求正是沿着于漪老师的思想脚步，在不断地向前推进。在 20 世纪 80 年代那个传输式教育盛行的背景下，于漪老师的真知灼见，确实难能可贵。

于漪老师进一步强调，这样一种师生观，首先要求教师建立起平等的意识，去真正了解并认识学生。教师要走近学生，进而走进学生的心灵深处。她说，教师不能站在学生世界的外面观察，要走进学生世界用心去触摸，用脑去思考，才能搭准他们的脉搏。观察学生时，越是细微之处，越不让它在眼皮底下溜走，课堂上学生撇一撇嘴，脸上掠过一丝笑意，目光中突然出现异彩等，尽管这些表情或动作转瞬即逝，但如果迅速捕捉，和特定的时间、地点、事件联系起来，就可窥见学生心中“一角”的变化，可以把握他们对某些问题的所思所想，小到瞬间的情绪情感，大至社会、人生。可见，深入学生的心灵世界是成功教学的前提。

这样一种师生观，还要求教师尊重学生，并建立起真正的对话意识。现代教育强调对学生人格的尊重，强调尊重学生内在的成长需要，强调要引领学生不断深入地认识自己应有的生命理解和价值取向，实现学生全方位的可持续成长。因此，教学要由单向影响转向双向互动。教师在平等、尊重、理解、爱护的基础上，用自己的言行、学识、境界、风范来启迪、引领、帮助受教育者，而不是代替他们思考、理解、体验、选择，使他们自主认识什么是丰富，什么是美好，什么是崇高，在这个过程中，真、善、美在他们心中得到建构与内化。而学生成长的过程，同样会给教师以触动、启示、思考，使教师在教育学生的同时也成为被教育者。这样，从传授走向对话，由单向影响转向双向交流，由教育与被教育转向相互教育，教师与学生就能在教育中真正实现教学相长，共同提升。这样的师生观构成“立体、多维、无恒”课堂范式的核心理念。（该文原载 2023 年 9 月《教育》）

三、聚焦思维：教师是“教会学生思考的人”

“立体多维无恒”课堂的一个基本特征就是鲜明的实践性，它既包含着于漪老师自成一体的极具科学性的语文教学思想，又根植于整个语文教学实践的深厚土壤，因而，它既是一种教育理念，又是具有强大实操性的语文教学策略。于漪老师认为,语文课堂教学中,处于核心地位的是语言体悟与思维发展,由此,她提出了基于语言和思维的语文教学核心说。她强调,教师应当成为“教会学生思考的人”,而课堂则应成为学生“积极思考的王国”。并且,在思维发展方面,针对语文教学过于偏重理性思维的现状,她强调,语文学习应该是形象思维和逻辑思维的合二为一,应既重视逻辑建构,也重视审美体验。

基于这样一个基本理念,于漪老师的课堂力求将理性与感性两种思维水乳交融在同一个学习过程中。她认为,逻辑思维能力的培养,不能以抽象的且程序化的方式进行,必须在严谨的逻辑基础上,通过形象的语言来进行。在记叙性文本中有逻辑思维的渗透,在议论性文体中又要挖掘其中的情感和审美因素。因此,在一个完整的学习过程中,两种思维能力培养相辅相成,同步实现。为此,她经过实践与探究,提炼出一系列相应的教学策略。

“面上开花”教学法这主要运用在全体学生参与的快节奏的学习过程中。首先,这种方法的基本特征是营造学生思维的紧迫感,因为思维的紧张状态能使人的思维潜能得到充分发挥,促成学生“急中生智”。其次,这种方法关注全体学生。例如某些学习困难学生的思维比较迟缓,“面上开花”的思维激发就是唤醒他们的思维潜能,促使他们进行积极而有效的思考,把他们“从智力的惰性里挽救出来”,这一方法实际上又体现了她“学生第一”的教学思想。

“纵深发展”教学法这种方法强调的是思维的深度展开,引领学生的思维不断地由浅入深和由表及里。因为学源自于思,思源自于疑;疑是思之始,学之端;小疑而小进,大疑而大进,无疑则不进。这种方法要求抓住矛盾,引发学生的思维冲突,有了冲突就需要作出合理的判断,并在判断基础上进行选择,这一选择过程实际上是价值取向的过程。因此,她重视发掘课文外显或内蕴的矛盾,以冲突来引发学生深度思考。如她教都德的《最后一课》,起始就单刀直入形成冲突:“谁是《最后一课》的主人公?”学生的思维一下子被激发,于是,阅读、论辩、再阅读、再论辩,在读与辩的过程中,思维不断由浅入深,由表层阅读进入深度阅读,构成探究性学习,学生的思维力自然得到很好的提升。

“鼓励求异”教学法于漪老师指出,由于社会环境、生活状况和所接受教育的影响,人的思维常常会出现固化现象。例如有不少教师做教学设计时,往往喜欢按照自己的逻辑来规范学生的思维,进而使全体学生经历同一思维过程,最后得出同一结论。这样学生成为教师思维的完善者，只是在填补教师有意留下的思维的“坑”，学生无法形成真正属于自己的思维过程。而求异思维，则是在探究同一问题时，作出不同处理，形成不同观点；选择不同的方向去思考，循着不同的路径去探究。因此，这种方法有助于学生冲破思维定式，跳出固化的束缚，进行非习惯性的逆向思维，并且，这一思维能力的培养，有助于学生思维更富有灵活性、独特性和创造性。

上述这些策略，是有着扎实的理论支持的。于漪老师认为，人都有一种发自内心的心理需要，就是希望在学习中扮演一个研究者、探索者、发现者，这样才能产生学习的获得感与成就感。所以优秀的教师总会让学生在具有挑战性、建构性的思维过程中，围绕处于核心地位的问题或者任务，引导学生去深入探究，有效实现学生能力与素养的成长。因此，于漪老师又倡导“活的教学法”，这同样是聚焦于学生思维的，在教学过程中引领学生思维能力的提升。

首先，课堂力求灵活多变，常变常新。她说，课堂要抓住学生，就要常教常新。因此，她的语文教学中，贯穿着一种求“变”的不懈追求，“变”才能出新，“变”才有活力，才能让学生的思维和情绪不断进入兴奋状态。于漪老师曾这样描述她的课堂：常常用相同的教材和课时，但课堂容量要比一般课堂更加丰富，在这大容量的学习中，学生在课堂里思接千载，视通万里，他们提升的就不只是识记能力和简单的理解能力，而是探究思维、独立思考和创造思维能力，学习中学生就不是浮光掠影，而是深究底里去洞悉事物的本质。

其次，不断提升学生语文学习兴趣。她经常强调，要把“兴趣”融入教学的全过程。例如关于课堂的导入语，她说，交响乐要有大气磅礴的序曲，戏要有动人心魄的序幕，文章要有引人入胜的开头，教学同样如此。阅读课的起始犹如交响乐的序曲、戏曲的序幕、文章的开头，要让学生的思维兴奋起来，专注起来，活跃起来，方能迅速进入良好的学习状态。因此，语文阅读教学，就要根据文本的个性特点，不同体裁、不同风格和不同思想内涵，针对不同的学生群体，创建不同的导入语：可以以充满抒情色彩的语言拨动学生的情弦，可以联系学生的已知形成已有基础上的推进，可以抓住文本的冲突使学生一开始就面临艰难的选择，还可以运用现代技术使学生进入文本的情境之中。总之，要激思和激趣。

最后，拓展语文的学习空间，从文本走向生活，走向社会，走向更加广阔的学习天地。她曾请演员、作家和记者等,从艺术、文学、新闻等角度给学生作朗读指导,谈文学创作,赏世界水准男高音音乐会,参观一流的美术展览……

“活的教学法”的这些做法之间是相辅相成的。于漪老师说,语文课堂真正要出成效,一是课堂要有新鲜感和陌生感;二是课堂要不断激发思维和情趣;三是课要由语文走向生活、社会和世界;四是语文学习要有时代的活水。这样的语文学习过程才是有趣的、丰富的、深刻的、完整的,才是学生喜欢的。

上述可见,在20世纪,于漪老师的课堂已远远走在当时语文教学的前列,她的思想理念和教学实践如此完美地结合在一起。直到今天,我们重读于漪老师当年的课堂教学实录和《于漪全集》中的相关叙述,仍然能够看到其中斑斓的色彩、淋漓的水汽与课堂所涌现的鲜活的深邃的思想光芒。

四、教师要求:用生命歌唱

“立体多维无恒”的课堂追求与于漪老师关于学生主体的课堂定位,还决定了课堂是教师理想信念、学识修养的综合体现,这对语文教师提出了较高的要求。于漪老师强调,教语文,一定要走进学生的心灵深处,使学生对语文有感情,有兴趣,形成强烈的求知欲。而这些,是需要教师有大视野,有高境界,有丰富的情感,有广博的学识修养,有高超的教学能力,并在长期的教学实践中精心细致地引导而形成的。只有这样,语文教学才能在语文素养提升、培养民族感情和道德情操、整体提升学生文化素养方面实现语文的独特作用和育人目标。

于漪说,教师要用美好的事物、优美的语言、崇高的形象去感染学生,要引导他们去发现生活和语文中的美好与崇高,去体会和领悟祖国语言文字之美,要帮助学生逐步树立正确、高尚的审美观。因此,语文教师必须热爱语文,热爱语文教学,要高度投入,要深入研究,简而言之,课堂应该是教师用生命在歌唱。

例如,于漪老师认为,语文课堂要给学生以美的享受,要培养学生的审美情趣和审美能力。而审美凭借的是直觉,是从形象到形象,从心灵到心灵。因此,教师应注重创设学习情景,营造和渲染气氛,使学生不只是“身临其境”,更有“身历其境”之感,让学生在学习中悟情,审美,激趣,明理,从而真正进入作品的境界。这就是她的“情境说”,并形成了一系列的课堂策略:巧引不是文牍主义式的旁征博引,以显示课堂的丰富性与深刻性;也不是喧宾夺主,以教师的教代替学生的学。于漪老师说，巧引要更多诉诸学生的情感，要多用形象的表达与建构。因为，巧引的目的是创设一种情境，使学生在情境中想象和联系，建立起阅读与生活、与社会的联系，在更加广阔的视野上，深入底里，实现文本的深度阅读。

其一，“美读”。课堂上，于漪老师经常采用带表情朗读的方式。读可以促进学生感知文本的内涵，体会语言的气势，领会语言的情感，引发学生的情感共鸣。这种“美读”能让人入境、入情、入心。她经常抓住优秀作品，用“美读”的方式来营造阅读情境。如学习《周总理，你在哪里》时，于漪老师用“四读”构建起整堂课的骨架：一读，体会感情基调；二读，理解人物形象；三读，把握韵律节奏；四读，总体领悟思想。这四读，引导学生从诗的感情色彩到具体形象，再到诗歌韵味，构成阅读的认识美—理解美—欣赏美—再现美的过程。

其二，“情讲”。课堂上教师要有感染力，要能打动人，教师要有饱满的情绪、充沛的感情，要绘声绘色文采飞扬地讲述，引发学生的共情。她说，一个优秀的语文教师，应该是诗人和艺术家。她的许多课堂也正是这样努力实践着，学习《春》，似乎春天降临到课堂；学习《卖火柴的小女孩》，学生和教师同样有一种深深的同情充塞心间；学习《孔乙己》，大家都把辛酸的眼泪往肚里咽；学习《过零丁洋》，中华民族的浩然正气在胸臆间油然而生……“情讲”讲出了祖国语言文字的独特魅力，讲出了一泻千里的情感气势，讲出了感人肺腑的思想情操。

其三，“趣溢”。于漪老师说道，生活中常有像魔方这样的事物，如果只是一块块色彩单一的小木块单独地存在时，不会引发人们的注意，但它们一旦组合成魔方时，变幻无穷的丰富性和趣味性就呈现出来了。汉字也是如此，它们变化多端组合成文章时，就产生了情趣、意趣、理趣等情味。有些文章的“趣”在表象，学生易于感知，容易产生共情；有些文章“趣”在深层，学生不容易品尝到这“趣”，也就难以进入文本特定情境，这时就需要教师的加入与引领。如学习《清平乐·村居》，城市学生缺乏农村生活经历，对整首诗中那种自然宁静真实的农家生活画面不易形成合理的认知与对这种生活情趣的把握，于漪老师就让学生以画面的方式把诗人的文字白描变成线条白描，再现翁媪的音容笑貌和孩子的动作情态。于是，生活的情趣、乡村的野趣、“小儿”的童趣一下子从纸上溢出来，诗的意境充分呈现并进入学生的心灵。可见，用生命歌唱的课堂，才能无愧于国家对教师的重托。这样一种教育情怀,成为于漪老师建构她课堂范式的精神底色。

总之,于漪老师的课堂教学,从来不走别人走过的路。从于漪老师的课堂,我们可以看到,课堂范式远远不只是一种外显的课堂形态,其背后有自己的教学价值追求,有自己的课堂教学理念,有自己的课堂策略的探索,还有作为教师应有的精神追求。也因此,于漪老师是独特的、他人难以仿效的。然而,她创建的这些宝贵财富,不仅是于漪的,也是我们大家的,是我们共同的财富,我们应该去努力学习并以此指引自己的实践。

(该文原载2023年10月《教育》,收入本书时略有修改)

与学生共建一幢会呼吸的大厦

——于漪语文教学艺术之我见

马玉文　上海市育才初级中学

于漪是一位高明的建筑大师

关于于漪的语文教学艺术，一直是众说纷纭。相关的说法主要有两种：

一种是说于漪的语文教学特点是“立体多维无恒”，意思是说于老师的语文课堂教学，往往能以包容的姿态、开放的胸怀，勾连纵横，化育无形，巧妙地连接起德育、美育等诸育，整体呈现出一种立体的综合效应，具有“教书育人 ”的独特功效。

另一种是说于老师的语文教学风格，是“大象无形”，如同水一样，没有常形，遇方则方，遇圆则圆，形随器具，因物赋形。其核心内涵是直面于人、根植于爱、发轫于美、着力于导、作用于心。华东师范大学教授张撝之先生更把于老师比作京剧大师梅兰芳，说她像梅大师一样是博采众长而自成一家，属于“没有风格的风格”。

两种说法固然不错，但能否用一种更加全面、更加形象、更加精准的表述，一语道尽于漪语文教学艺术的真谛？探寻良久，我个人认为于漪就是一位高明的建筑大师，她所矢志追求的语文教学艺术的真境界，就是“与学生共建一幢会呼吸的大厦”。于漪指出：“语文课程是一门方面多综合性强的课程。从知识来说，有字、词、句、篇，修辞、逻辑、文学；从能力说，有读、写、口语交际等。就语文本身来说，要考虑语文各类知识、语文各类能力之间的关系；就语文与其他课程的关系来说，又要注意配合、依存、渗透与促进。再者，语文教学要结合语言文字的教学,十分注意智力的开发和思想情操的陶冶。""我在表述语文教学整体系统中诸要素关系的时候,用了一个'熔'字(熔知识传授、能力培养、智力发展、思想情操陶冶于一炉),这个'熔'字,不仅表明了整体的系统培养目标中各种因素不分主次轻重的同等地位,而且强调了几种要素结合的最佳途径和方法,是春风化雨,是水乳交融,是'化',是'育',而不是贴标签,不是生搬硬套,是内在构建,而不是外在塑造。""大厦"之说,与于漪的相关论述大体相合,其核心意象有三:

一是"大厦"。其本意是指"高大的房屋",意思是说于漪的语文课堂教学立意高远,长于设计,整体性很强;内涵丰厚,层次分明,融汇性很广;技艺精湛,立体推进,综合效应突出,如同平地构建起一幢美轮美奂的大厦。在内而言,大厦楼层众多,居室华美,高大敞亮;于外观之,它气势雄伟,直插寰宇,给人以向上向善的升腾感,而不是一堆杂乱无章的建筑材料,也不是低矮简陋的茅草房,狭隘逼仄,令人黯然无言。

二是"会呼吸"。意思是说于漪的语文教学直面于人,聚焦于人,服务于人,坚定地指向人的全面发展;精研教材,精选学材,切入巧妙,节奏感很强,一切都显得水到渠成;连通学生的生活,师生关系和谐,互动科学到位,学习体验美妙。而不是沉闷压抑,以灌输或操练为主,让人难以自由呼吸。如同大厦的构建,设计理念科学先进,充满了人文主义的气息;大厦的选址巧妙精细,与自然融为一体,或者依山而建,或者傍水而筑,它几乎就是自然的一部分,一点都不突兀;大厦的设计前卫通透,风可以从中穿过,雨可以在旁淅沥,鸟可以从眼前飞过,总之充满了生活的气息;大厦的建筑材料也很环保,质量一流,有益未来,无碍身心。

三是"师生共建"。意思是说于漪的语文课堂教学往往不是"一个人的武林",而是一群人的舞台;不是教师的独唱表演,而是师生的合唱交响。这就是于漪所主张的"教师主导作用和学生主动积极性相结合",让学生成为学习的主人,而不是随声应和、一味接受的"容器"。于漪说:"教师的'教'应作用于所有的学生,应把所有的学生都组织到课堂环境之中,而所有的学生的'学'都应反馈到教师这里。这样,'教'作用于'学','学'反作用于'教',加上学生之间的相互作用,形成学习网络。在这里,师生是指导与被指导的关系,也是共同探求真理，共同寻找解决方法与途径的伙伴关系。”可见，“师生共建”注重启发引导，注重智慧激荡，注重协同成长。既强调尊重学生的主体地位，又注重发挥教师的指导作用，更深化了师生的对话关系，不但可以优化学生的教育体验，增强学生学习的成就感，还着眼于长远，在真实的学习过程中教会了学生学习语文的方法。相比“为学生而建”“与学生共建”，内涵更加丰富，立意更加高远，更加符合建构主义的学习理论，更加逼近于漪语文教学艺术的真谛。

于漪语文教学艺术的核心内涵

我以为，“与学生共建一幢会呼吸的大厦”是于漪语文教学艺术的真正精髓所在。其核心内涵有三：

首在立人。这是于漪语文教学的目的论。正如于漪所说：“无数事实证明：任何真正的教学，不仅提供知识，而且给学生以良好的教育。离开了‘人’的培养去讲‘文’的教学，就失去了教师工作的制高点，也就失去了教学的真正价值。”由此可见，对于漪来说，语文教学从来不是简单的字词句段篇，也不仅仅是听说读写练，它不仅仅有工具的价值，更有人文的价值。它的基本属性是工具性与人文性的完美结合。因此，语文教学不只是教教材、教知识、教技能，更是教人，教做人，教人成为人，勉力实现一个人的全面的、有个性的、可持续的成长。简言之，于漪语文教学的出发点和指导思想是“人”，即教文育人，为了人、立于人、利于人的未来发展。

立体综合。这是于漪语文教学的主要特征。于漪睿智地指出：“课堂教学要树立综合培养的观念，要精心设计讲和练的内容，选择讲和练的方式。要紧扣能力训练点辐射到智力因素的开发和非智力因素的培养，辐射到品质、情操的熏陶与感染，发挥教学的综合作用。”“立体综合”主要表现为三点：课前综合设计、课中立体推进、课后余味不尽。于漪的语文教学，从来不是仓促的、潦草的，仓促和潦草只能呈现给人杂乱无章的建筑材料，或是简陋的茅草小屋。她在课前往往会精心设计自己的教学，而且是精心地综合设计，决不是东一下西一下，零敲碎打，毫无整体性可言，如同一个高明的建筑大师，在进场施工之前，早已做到心中有人，胸中有“厦”，而后按图索骥，有序推进。在课堂实践中，于漪的推进方式是立体的、综合的，给人的感觉是有点、有线、有面、有体；而且彼此之间相互联系,架构清晰,形成网状结构,俨然一个整体,呈现给学生的是一座高大华美的大厦,绝不是点状的、平面的,给人以散乱、单薄之感。这样的语文教学,打通了课堂教学与课后学习的界限,便于学生回味课上所学,进而开展更加广阔、更加持久的语文学习活动,从此进入大语文学习的广阔天地。

智慧共建。这是于漪语文教学的方法论。主要包括三点:开放共建的胸怀、引导发现的智慧、疏密有致的结构。在于漪眼里,学生永远是活泼的,是未知世界的发现者和建设者,充满了无限的可能,他们需要尊重和激发,是课堂对话的主体之一,而不是被动的接受者和机械的参与者。因此,于漪的课堂,从来不是封闭压抑的、唯我独尊的,而是开放包容的、共建共生的,充满了生机和活力。她特别强调学生的主动参与和平等对话。在教学过程中,于漪往往通过疏密有致、柔而可变的课堂结构,启发学生去思考,引导学生去发现,发现隐藏在文字背后的"大千世界",而不是越俎代庖,直接把结论告诉学生,或者执迷于自己的讲解,然后要求学生去死记硬背,去反复操练。整个课堂就是一个师生对话、智慧共建的盛会。

对话:于漪语文教学艺术的本质特征

细探于漪语文教学艺术的真谛,我以为,于漪语文教学艺术的本质特征是对话。即在充分尊重学生的内在成长需求的基础上,以师生对话、生生对话的方式激荡思维,启迪智慧,异中求同,分合有序,最终在相互尊重、相互启发中促进学生主动学习的热情,有效提高语文学习的效能。于漪说:"为了彻底改变这种(少、慢、差、费)状况,提高课堂教学效率,我对课堂教学结构作了大胆的改革,把教师与学生的单向型联系,转换为教师与学生、学生与学生、学生与教师的辐射型联系,把教师发问、学生回答的双边对话转换为教师与学生、学生与学生、学生与教师的多边对话,使教学活动的过程产生对话场效应,教与学相互作用,学与学相互作用,充分调动不同层次的学生学习语文的积极性,能者为师,水涨船高,扩大了知识的流动量、能力的训练量,使课堂真正成为学生训练听、说、读、写能力与发展智力的场所,使学生的语文能力得到大面积的提高。"

英文"教育"一词的拉丁文原意是"引出",于漪语文教学艺术的最大价值不是直接传授知识,也不是有效训练技能,而是以开放包容的胸怀,采用对话的方式，一点一点地诱导，一步一步地激发，最终引导出学生学习与成长的智慧。语文学习在于漪的教学实践中，不是体现为单向传授，也不是基础训练，而是表现为师生相互置辩，相互启发，相互碰撞，最终从已知抵达未知，从此境抵达彼境，师生双方都获得了许多新的启示、新的理解、新的体验，实现了新的改变与成长。于漪回忆说："《谈骨气》是吴晗的代表作之一，学生认为文中对'骨气'的定义有可商榷之处，文中说'什么叫骨气，指的是抱有正确、坚定的主张，始终如一地勇敢地为当时的进步事业服务，遭遇任何困难，都压不扁，折不弯，碰上狂风巨浪，能够顶得住，吓不倒，坚持斗争的人。''骨气'怎么是'人'呢？学生认为应该修改。有一次，是教《变色龙》，那天有一百多位教师听课，我设计了一个板书，将奥楚蔑洛夫多变的现象巧妙地以波浪形的线条来显示，然后以一条直线横贯波浪，揭示其不变的谄上压下的本质。我自认为板书高度概括了全文内容，既提纲挈领又清晰简洁。不料就有学生站起来大叫'板书错了'。原来学生认为，几个波峰波谷之间的等距离不能准确表达主人公的内心活动，应该是距离不等，不规则，频率越来越快，当主人公知道狗是将军哥哥家的时候，巴结奉承的心情达到高峰，曲线应把这种心情表示出来。学生善于对老师提出异议，是老师训练学生思维能力成功的表现；学生敢于对老师提出异议，也是老师教学民主作风的反映。做教师要鼓励学生'爱吾师尤爱真理'，激励学生自己观察、自己思索，进而超过老师。"

于漪对当今语文教学的启示

于漪曾一针见血地指出：当下的语文教学现状，已经不是"乱花渐欲迷人眼"，而是"乱花已经迷人眼"，林林总总，花繁叶茂，有点让人目不暇接。主要原因在于，语文教育内部的风起云涌、西方强势语言的入侵、粗俗粗鄙语言的作祟以及对考试指挥棒的顶礼膜拜等四个方面的影响，加上媒体的炒作、商业利益的驱动，最终形成了"育分不育人，求学不读书"的怪现象。

要有效改变这种怪现象，重温大师的经典教学智慧，不失为一种好方法。对中国的语文教育来说，于漪是一座与时俱进的思想宝库，值得深入挖掘。她的教文育人的语文教育观、为学而教的设计思想、发展思维的教学主张、勾连激荡的教学智慧、疏密有致的课堂把控、精思致用的价值追求等等，都特别值得当今的语文教育同行深入学习。

我以为,于漪对当今中国语文教学的启示,可以概括为三个关键词,“学习场”“体验园”和“资源谷”,即通过激发兴趣、深化思维、多方对话等方法“与学生共建一桩会呼吸的大厦”,让语文课堂教学成为孩子们健康成长的“学习场”“体验园”和“资源谷”。

先说“学习场”。顾名思义,就是要营造一个有利于学生学习的环境、情境与氛围,一个有利于激发兴趣、展开对话、深化思维的环境、情境与氛围。不要让语文教学沦落为简单操练、暮气沉沉的“死海”。在“学习场”中,有良好的问题情境,有勾连激荡的教学手段,有释疑拓新的教学环节,有鼓励创造的优良氛围,更有整体推进的教学策略。在诸要素之中,真实的问题情境是基础,多层次有重点的对话是关键。例如于漪在教《晋祠》时,首先让学生听写《中国名胜词典》里的“晋祠”条目,然后提出三个提纲挈领的问题:对照词典解说条目和课文内容,可以发现哪些问题?两者有哪些不同之处?是文章写得好,还是词典上说明得好?这就首先营造出了良好的问题情境,然后层层推进,与学生展开深入的对话,取得了极佳的教学效果。

次说“体验园”。好的语文教学还应该给学生一种好的教育体验,和谐的、美好的、欢乐的体验,而不是压制的、沉闷的、枯燥的。其中的关节点不仅仅在教师的水准有多高更在于建立科学的规则,通过规则来建立从而有效调动每一个学生语文学习的积极性个学生都获得公平的学习机会与美好的学习体验。在体验园中,语文学习没有旁观者与失意者。当前的很多语文课,学生的学习还缺乏真正的连接与激发,还是孤立的、浅表的,还停留在“各自说”的阶段,并没有实现真正的“相互学”。“相互学”的方式一定是“你是这么想的?我是这样想的”“原来事情是这样的”“我们的观点是”这种异中求同、分合有序的方式,是一种相互连接、相互激发的方式。因为有了这个相互连接、思维碰撞的过程,“学习”得以真正地发生,语文学习的体验才能真正地美好起来。

再说“资源谷”。信息时代的语文课堂教学理应成为一个个重要的“节点”,而不是容量狭小的小课堂。它要提供给学生三个东西:一是丰富的学习资源,因此课堂必须是丰厚的,有层次的;二是获取更多资源的欲望与能力,因此课堂必须是开放的,有方法价值的;三是整合各类资源的能力与素养,因此课堂必须是与时俱进，面向未来的。我们必须清楚，学习不是孤立的，不是突然就发生的，因此要在接入资源上下功夫。因此教师必须要为学生的语文学习提供学习资源与学习工具，它可能是一则任务单、一张讲义、一本书，可能是一组教具，也可能是一个网站，甚至还可以是一种获取资源的方法与能力。总之，有生命力的语文学习必须要落地、落小、落细，并走向深广，走向持续，因此要有资源的支持，工具的支持和方法的支持，不能让语文学习孤独地裸奔。

（该文原载 2021 年 10 月《教育》，收入本书时略有修改）

于漪老师语文教学思想的传统因子管窥

——以中小学语文汉字教学为例

谈永康　上海市松江区教育学院

任何一个国家都重视本民族语言文字，重视母语教育。

于漪老师笃信“语言文字就是民族文化的根”，她发出振聋发聩之音：“语言是一个民族的生命线，对外是展示，对内是凝聚。”“消灭一个民族首先要瓦解他的文化，而瓦解他的文化啊，首先要消灭他的文字。要消灭他的文字最最主要的是在学校。反之，一个民族要强大、要和谐，与民族政治、民族经济、民族文化有关”。数千年中国教育，既积累、传承了思想、文化、语言的皇皇巨著，又提炼、凝聚了孔子、陶行知、叶圣陶等教育家们的智慧，精粹之一就是语文教育思想与经验。语文教育要立德树人，就必须理解、发挥汉语文的优势，领会、把握汉语文的特点，遵循、落实汉语文的学习规律。

如何古为今用，于老师认为最根本最迫切的是把传统优秀的因子渗透到、运用到教学中，让语文课变得有效、立体、生动。我们仅以汉字的学习为例来管窥于老师的相关教学思想。

一、重视识字教学，充分认识汉字是中华民族文化瑰宝

中华文明绵延数千年，如高山，巍巍乎立于天地间；如扶桑神木，灿灿乎长于山水间。汉字是中华文明的集大成者与杰出代表。于老师一贯的态度是，守护好“语言文字”这一民族瑰宝。

汉字传承中华文化，养育民族精神。“昔者仓颉作书，而天雨粟，鬼夜哭。”每一个汉字都融汇了中华民族先人的智慧与创造。一个过了识字关的学生就

可以阅读先秦诸子百家，跨越千年时光，直接跟先贤进行思想对话。为此，于老师说："中华文化能传承几千年，汉字是功不可没的。"汉字"在数千年历史长河中与语文形成骨肉亲情，我们要珍惜、要传承"。

汉字还启迪思维，带给我们美的愉悦。鲁迅先生认为汉字有"三美"，即声美、形美、意美，于老师对此有深刻的认知。她认为汉字包蕴了东方思维——具象、隐喻和会意。她曾这样讲述打开国标苏教版第一册小学语文教科书的感受，"扑面而来的是汉语独特的美，母语浓浓的情，诗情画意，充盈其间。我惊喜万分，犹如步入画廊，山欢，水笑，鸟鸣，花放，一个个文字符号向我倾诉，盼我回应。置身于汉字文化浓郁的氛围之中，美不胜收。有人说，一个象形字，就是一幅画；一个指事字，图文并茂；一个形声字，音像俱备。这一点儿都不夸张。要把这方块汉字独特的美，在启蒙儿童的教科书中表达得淋漓尽致，赢得儿童的喜爱与欢欣。"的确，汉字形美如画，音美如歌，意美如诗。这独一无二的文字，给了我们文化的自信，焉能不好好珍视与守护？

于老师提出要守护好"文字"这一民族文化的瑰宝，还因为汉字学习的现状、汉字教学的现状令人堪忧——我们还没有充分认识汉字的价值与魅力，当下社会运用语言文字时怪象丛生，媒体用字也错漏百出，很多人写不好汉字，情感也淡漠。这也反应到了教育上，一些语文课，语文老师做精美的幻灯片，就是没有板书。于老师对此深感痛心，这种担心体现了中国知识分子的责任与担当，并非杞人忧天，我们需要警惕，更需要有珍视的态度，今天读汉字、写汉字，当心怀感恩，心存敬畏。

二、融合道与术，全面完整发挥汉字的教育功能

对汉字教学的价值，很多人的认识停留在"认知价值"上：教汉字主要是会读、会认、会写和会用。这种"工具理性"思想在今天十分普遍，加之受应试影响，片面地认为汉字教学只是一项技术，其必然带来汉字教育功能的缺失，直接导致学生学习缺乏兴趣，对汉字情感淡漠。

于老师认为语文教育就是母语教育，于老师语言教学论的核心就是：立意是育人，立足点是语言，教学的关键是"统一"。以此来观照中小学汉字教学，教字音、字形、字义等知识技巧，当然需要，但发挥汉字教育功能，引导学生触摸有

关汉字文化深层编码,恐怕更符合母语教育的初衷。

民族文化、精神文明的基因是随着语言文字的学习而融入孩子生命里的。融合汉字的认知功能与育人价值,道与术双轨并进、水乳交融,是中小学语文教师的职责与使命。如何融而为一,于老师曾讲述高中赵老师"茕"字的教学故事,启迪我们:教师要有教字育人的意识,这是"循道",还得手中有法,掌握教字育人的技术与艺术。赵老师就利用汉字"茕"与"穷"音同之特点,又扣住"茕"字易错处,即"一竖",不能写成"撇",弯下来、倒下来都是不对的,这就与做人脊梁要"直"联系了起来。这就是汉字的魅力,也直接造就了生动的教学艺术。

汉字育人,是音形义的教学融合了汉字的教育功能、文化功能:

1. 认知功能:语文学习与认识事物相统一。有的与学生已有经验匹配,如学了"家",孩子就会想到居住的温馨屋子、身边的可爱亲人等;有的则可以丰富学生的认知,如学习《将相和》,就会懂得"廉""蔺"都是姓。

2. 审美功能:汉字独一无二,其美育功能独特而强大。于老师说:"汉字的书写是平面的,同时,它又是多角度的。比如,有的字笔画是平行的,有的是横竖交叉的,每个笔画都有自己的特点,错综复杂的笔画组合起来又很优美,有的雍容华贵,有的非常娟秀。"无论仓颉造字之美,还是后人书写之美,都需要我们老师细心体味,才能授之以人。

3. 发展思维功能:于老师认为思维训练与语言训练具有同等重要的位置。汉字本身是画,可促进学生思维发展。探究某些字的意义,会发现中华文化的"思维基因"藏寓其中,大大增长智慧。

4. 养育精神功能:汉字往往融汇着精神与思想。汉字就是我们中国人的哲学,比如止戈为武,大国重器只为和平。

5. 激发创造功能:在日新月异的今天,新事物新思想层出不穷,表音文字需要不断造出新词,而汉字有强大联想能力,熟字就可以组成一个个新词,且容易理解与记忆,如黑客、代沟、网购等。由此来看,汉字的学习,有利于发展学生的创新意识与创造能力。

三、站在文化的平台,用心用情教字育人

传统语文教育中,识字写字始终是重点之一。学习汉字的过程,也是传承

民族文化、弘扬民族精神、培育民族情感的过程。因此，我们教识字、写字必须站在文化的平台上。教学生识字、写字的同时，要传授知识、提高能力、发展智力、陶冶情操，更要培育孩子的中国心、民族情。具体来说，需做好如下工作：

1. 教师要多些汉字文化积淀，自己也要写一手好字

语文老师多些文化积淀，写下的一笔一划，讲解的一字一词，都浸染着历史的传承，也将通过学生带着情感的温度闪耀于世。

于老师特别重视教师书写。她讲："同样是方块字，写起来却是千姿百态。一个字犹如一幅画，有粗，有细，有直，有曲；结构的方式多种多样，上下的，左右的，内外的，各部分之间讲究比例，讲究间架，讲究匀称，讲究整体美。"语文老师字写得好，不但能指导到位，而且能讲出汉字美在何处。学生入耳入目，心驰神往，倍感汉字的魅力，学起来、写起来就更有兴趣与动力了。

现在，语文教师普通话好了，但写字有较大提升空间。孩子写不好字，书写潦草，语文教师不能说没有责任。因此，练一手好字，以字示范，不仅需要，而且迫切。教师自己的字好了，就更能做好于漪先生提出的"一笔一画教写字"。"一笔一画"的第一层面是书写要一笔一画，笔笔不可马虎。"一笔一画"的第二层面是教写字要认真、严格，明确课标要求，常抓、抓紧、抓实，切实帮助每个孩子写好汉字。

2. 教师要着力培育学生对汉字的情感

于老师极其重视学生学习语文的兴趣，尤其是小学。2016 年上海市德智融合研讨活动中，她多次强调小学语文教学落实德智融合，关键是培养学生的学习兴趣、学习情感。小学生注意力不稳定，喜欢新鲜、新奇、能刺激思维的事物，因此小学识字教学更要力求方法多样，激活学习动机，培育学习情感。

培养学生对汉字的情感，重点是丰富学生对汉字的认知。教学字音、字形等，既要借助笔画笔顺、间架结构等知识，又要利用象形等，引发想象，激活思维。知之愈多，知之愈深，学生就越学越有趣，越学越想学，对汉字感兴趣、生真情。

培养学生对汉字的情感，关键是搞活"字义"教学。字义教学是识字教学的难点，"要学生对语言文字产生浓厚的感情，不能停留在字形的辨识、字音的读准上，更要在字义上下功夫。"小学语文教师教学时常有简单机械之弊，即满足

于查字典读意思。字义往往融合了字音与字形,汉字教学,特别是学习易错字,更要在字的音形义三者之间建立稳固的联系。比如“寇”作为生字出现在《狼牙山五壮士》。“寇”是这一课生字中的重点,其字形难点——最后四画,就要“重锤敲打”,充分发挥汉字特点与优势。我们在教学时,先出示了金文的“寇”字,这是多么形象的一幅画:一个人手持器械,跑到屋子里来打主人。最妙的是这个字的最后四画,是一只手拿着棒子准备打人。学生一看,字形记住了,字义也懂了。《说文解字》解释“寇,暴也”。寇,就是这样暴力的入侵者,怎能不叫人愤怒,叫人痛恨呢?“日寇”,就是跑到中国国土上的入侵者,我们当然要“抗日”,五壮士为了保护主力和人民群众,当然要把敌人引上狼牙山,浴血奋战。最后的时刻,他们毅然选择了牺牲,也决不向日寇“低下高贵的头颅”。可见,“寇”,是一个会说话、有温度的字,它带着血与火,点燃了刚毅与仇恨,教学生爱憎分明。也正因为这些情感的伴随,“寇”字字形的学习就变得生动而有效。

3. 教师要发掘文化资源,教活每一个汉字

如何利用汉字特点及其丰富的文化积淀,为改进识字教学所用?于老师认为要全身心投入,用生命去歌唱。

例而言之,“和”这个字一年级就会了,此后学生经常跟它见面。沪教版小学语文四年级有篇课文《将相和》。2016 年 11 月,我在执教上海市“德智融合”主题研讨课时发现《说文解字》里把“和”诠释为“相应也”。多好的“相应”啊!教学时,从题目入手,学生理解“将相和”就是将相和好。学完第一个故事渑池之会,老师指出“和”有“相应”的意思,请同学们回头想想,将相二人是怎样相应的?学生说,蔺相如在外交场合唇枪舌剑,而廉颇带着军队在边境做好了抵御准备,这二人行为“相应”,即协力,这是“和”;第二个故事负荆请罪,抓住两人的话语朗读、比较,学生体会到蔺相如想的是“我们”,也就是赵国的利益;而廉颇多考虑“我”,即个人名利,挑起将相不和,好在后来也想到了国家利益,于是幡然醒悟,上门请罪,这是跟蔺相如的另一种“相应”,思想上一致,即同心,这也是“和”。同心协力,这是学生读懂的“和”的新意,也是“和”的路径与秘密。

那一刻,我们的孩子小眼发光,因为他们突然发现:和,哪里只是一个字,它分明还是一种思想。跟很多汉字一样,有着神奇的光芒,闪烁着我们民族的思想,蕴藏着我们民族的智慧。此时,和,是一个有高度的词。学生这样温习一个

熟字，一定是充满陌生感的；当他们经历了，也一定会喜悦满怀。这种喜悦，就如同美丽的遇见。这种遇见，只能通过语文来实现。一旦遇见，恍然大悟，豁然开朗，甚至醍醐灌顶，可能成为终生的一种遇见，遇见自己的乡土，遇见自己的家国。

语文课程是以母语教学为主体内容的课程，要牢牢立足于民族语言的深厚文化土壤，一字一世界，一笔一乾坤，这是于漪老师关于语文教学的梦想，也是汉字学习的至高境界。

（该文原载 2021 年 9 月《教育》，收入本书时略有修改）

文本主体之下的阅读教学

——于漪阅读教学文本观浅析

范　奎　上海市崇明区教育学院

教学文本是教学研究领域中比较基础的概念之一,“教学文本可从微观层面来理解,在教育领域一直以来理解为课程文本,即教材、标准参考答案等。也可从宏观层面来理解,从文本的广泛意义而言,教学活动中的一切教学现象和教学事件都可以理解为教学文本。”阅读教学文本是教师教学活动得以有效实现的载体,本文涉及的“文本”概念从微观层面而言,是为阅读教学过程使用的相应教材、课文。阅读教学是语文教学的重要组成部分,因此,阅读教学文本的重要性也相应凸显。教师在阅读教学过程中持有怎样的文本观,将直接影响教学的方向及价值意义,同时,也将对其教育观点等方面产生影响。从这一意义上,研究语文教育家于漪老师的阅读教学文本观便有着重要的意义。于漪老师在长期的语文教育教学实践中博采众长、融汇古今形成了独特的文本观,是一笔宝贵的精神财富。本文试从于漪老师文本观及其理论依据、于漪老师文本观对阅读教学的启示两个方面展开论述。

一、于漪阅读“文本观”及理论依据

文本观涉及到对“文本”意义的把握、“文本”在教学活动各个对象中的地位问题等方面的整体认识。阅读教学过程中教师对文本的意义的把握,决定了其教学过程对教学内容的确立,教学目标的确定等方面问题。换句话说,有怎样的文本意义把握态度,就会有怎样的教学呈现。而“文本”在教学活动各个对象中的地位问题则直接体现了阅读教学中的“主体观”。阅读教学中以谁为主体,

或者说教学活动中各个对象之间到底是怎样的关系，是主体间的关系，还是主体与客体之间的关系等，都直接影响阅读教学的具体呈现。

文本的意义一般有这样几种认识：作者通过文本传达的意向，也即作者的原意；文本本身言语或者图形等材料传达出的意义；读者从文本中获取的意义。不同的意义认识背后对应的也是不同的文本理解：(1)对作者原意的理解；(2)对文本自身的理解；(3)读者反应式的理解。于漪老师对文本的意义的看法综合以上几种认识，并形成了自己独特的认知。

对文本意义的把握方面，体现了于漪老师对中西方传统文本观的借鉴与发展。“一个称职的语文教师在组织教学时总是‘缘文释道’‘因道解文’，以文中内在的高尚思想、道德、情操拨动学生的心弦，可以既让学生感受到语言文字表情达意的表现力和生命力，又受到文中情与理的潜移默化般的影响。”“缘文释道”“因道解文”直接体现了于漪老师对儒家“文道统一”观点的汲取，传达出于漪老师对文本原意的理解追求，同时，也包含有对文本自身传达出意义的把握意识。从我国先秦经典化过程、汉唐解经传统，到两宋诸儒解经传统等都可以看到，我国传统文本观中，对文本的理解过程往往尽量避免出现主观观点，而是尽量从文本中挖掘出先贤的本意。如朱熹曾言：“学者观书，且就本文上看取正意，不须立说别生枝蔓。唯能认得圣人句中之意，乃善。”这些观点同时还可以看到于漪老师对西方传统解释学理论的借鉴，“在狄尔泰及其之前的解释学中，被解释的文本尽管有不同的含义，但是均存在着一些共同的特征：文本具有不可破坏的本义，这种本义是客观存在的；解释的目的就是要发现和获得文本的本义；要获得文本的本义，解释者必须放弃自己的主观理解”。这种对文本原意的探寻充分地体现了对文本的尊重，于漪老师在论著中多次提到“把握文章的个性”，这便需要强调对文本自身的理解，“教师钻研教材，应逐字逐句精读、细读，从思想内容和语言文字的辩证结合上弄清词句含义和篇章结构，正确体会作者的意图”。由上述分析可见，于漪老师对文本的本意的重视，这一重视背后，体现了对构成文本的语言这一核心的观照，她认为“语言是通达作者文本意义的桥梁和中介……离开了语言，是无法走进作者的原意来理解文本的……解读文本，就是要跨越时空，通过语言形成整体感悟，达到和作者视界交融的状态”。对文本本意的重视，还表现为于漪老师对阅读教学中一些行为的拨乱反正。她对基于逆反心理的“颠覆性阅读”持否定态度,比如,她反对把李清照解读成酒色之徒的这一类阅读教学,认为这把作者的原意完全搞反了。

当然,我们也可以清晰地看到于漪老师对文本本意的把握绝非是不敢越雷池半步的“我注六经”,她实际上摒弃了传统文本观中对阅读者主体意识彻底消解的观点,尤其西方传统解释学中“解释者必须放弃自己的主观理解”的观点是持保留意见的。因此,我们可以看到于漪老师对西方哲学解释学有着深入的研究与借鉴。在此基础上,推进完善了自己的文本观。伽达默尔是西方哲学解释学的创始人和杰出代表,他在传统解释学基础上推进了对文本的认知。“伽达默尔诠释了文本的历史性和文本意义的生成性两个显著特征。所谓文本的历史性有两层含义:一是指文本是处于一定的历史时间中的,即其诞生的历史时间是确定的,但是不同的读者对文本的理解时间是不确定的;二是指文本的意义是历史性的,在不同的历史时间中具有不同的意义。文本意义的生成性是指文本的意义并不是确定的,是在视界的融合中展现出来的,即在不同解释者(读者)的视域解读中呈现不同的意义。”于漪老师的文本观很好地契合了伽达默尔这一认知。“文本解读中第一层是作者的原意;第二层是文本的意义,是作者在写作时未曾想到的,在历史的进程中会产生的丰富的意义;第三层是读者。”我们可以看到,在第一层意义之下,于漪老师充分认识到第二层、第三层意义。第二层丰富的意义,正是文本历史性的具体体现,对此,于漪老师的论著中有多次论及。她认为随着时代的发展,经典作品的价值会越来越深。有些课文作者的写作意图往往超越文章本身,深入探究,能留给读者不尽的思考。“第三层是读者”,这一意义的理解正是“视界融合”,即文本的视野和读者的视野相交叉,从而生成文本的意义。这正体现了伽达默尔的“主体间性理论”。正是基于这样的认识,于漪老师形成了“文本主体”观,也就是在阅读教学过程中,文本、教师、学生之间形成了互为主体的共生现场,这样文本便由被动的客体成为教学现场隐藏的主体,参与阅读教学中的对话与交流,对读者(师生)的理解形成一定的影响。正如于漪老师所言:“这些作品,是用作者的生命、血和泪写成的,这些作品是具有召唤力和吸引力的。”

至此,我们便可以清晰地把握于漪老师阅读教学的文本观。她整合了文本的三重意义,立足文本原意,推进对文本历史进程中的丰富意义以及读者与文本视界融合的意义，并在此基础上形成“文本主体”观。文本主体观体现在两个层次，一是“文本主体”的自我存在的原意合理性，二是“文本”在意义生成过程中的以主体视界与读者形成对话，因此其意义具有历史性、生成性特征。

二、“文本观”对阅读教学的启示

对于漪老师阅读教学文本观的研究，重要的意义还在于对基于这一文本观之下的阅读教学的启示。立足以上分析，我们可以看到于漪老师阅读教学文本观对阅读教学有如下几点启示：

首先，从文本原意角度，阅读教学过程需要深入把握文本的核心价值，充分挖掘文本的核心教学价值。这里的核心价值，上升到更高层次便涉及到语文课程的性质问题，也就是，语文课程通过这些文本达成怎样的育人目标。20世纪60年代以来，语文课程的工具性被提到了重要地位，此后，语文界对语文课程性质有着诸多的思考，诸如“工具性”“情意性”“文学性”等等。于漪老师对这一问题也进行了深入研究与探究，于1995年发表《弘扬人文，改革弊端——关于语文教育性质观的反思》一文，提出语文学科“工具性”与“人文性”的统一性质。于漪老师纵观古今中外，对语文的人文性做了较为透彻的阐发。这种语文学科性质的认识，对文本原意的把握挖掘提供了更为深广的视角。“在人类社会中，文化载体也多种多样，如音乐、舞蹈、图画等等，但语言文字是最重要的文化载体，它装载着本民族的优秀文化，装载着人类创造的精神文明。教学生语文，须牢牢把握语文工具的人文属性，弘扬民族优秀文化，吸收人类进步文化。”同时，于漪老师认为语文课程更是一门多功能的育人课程，“由于学科的性质和功能所决定，语文教学在以语文智育为核心的同时，应融合德育和美育。”因此，我们从于漪老师文本观中可以透视其语文学科的性质定位，由此，可以拓宽挖掘文本原意的视角，从文化内涵、德育美育等角度来挖掘文本的核心价值。

其次，基于文本“历史的进程中会产生的丰富的意义”角度，需要我们在阅读教学中形成科学的教学理念。传统教学中单向的“授受”模式教学显然不符合这一文本观，承认“文本历史的进程中会产生丰富的意义”，便需要摒弃那种单纯的授受方式，避免过于强调教师的权威，或者文本既有解读的权威，充分认识到学生立足于个性特点、特有的生活环境、个性的生活经历之下对文本解读的合理性。于漪老师对几种阅读方式有过这样的分析,一种是复合阅读,也就是说文本已经解读过了,我们今天还是照这样的理解来教,显然意义是不大的。她比较认可生成阅读,“生成的意义是在原有的意义上加以延伸,或者是拓展”“这里面就有叠加的成分。这个叠加的成分里,有时代的特点,有你个性的体验,有这些年来整个文化氛围里我们对一些问题的理解和认识。”生成阅读方式,充分地认识到了文本历史进程中不断叠加的意义可能性,并不断地开拓它。因此,在具体的阅读教学过程中,需要指导学生密切联系生活,切身体察语言的意义和情味,“对语言文字能否有灵敏的感觉,能否有理性的直觉,和对生活的直接体验与间接体验(通过图片、影视等媒介)有密切关系……语文教学中指导学生阅读时,须注意唤起他们生活中的种种体验。”因此,在具体的阅读教学中,如何改变传统的授受方式,形成有效激发学生的方法,形成科学的教学理念尤为重要。从如下的具体方法中,可以更好地理解科学的教学理念这一概念。“一是从广度上开拓,扩大知识覆盖面。所谓广度上开拓,就是审慎选择知识点延伸扩展,不断增加学生的知识储存,使他们吸取多种营养,尽量把课上得丰满。”“二是从深度上探讨,加强学生的理解力。教学上有一条根本原则,就是培养学生独立思考的能力。要使学生认识事物不浮光掠影,就需善于思索,深究底里,洞悉事物的本质。”这些方法从操作层面诠释了教学理念的问题,它们在很大程度上促进学生深入文本,积极探索文本内涵,从而更加有效地实现教学目标。

再次,基于“视域融合”的文本观的课堂教学结构建立。“视域融合”强调教学文本的“视域”与师生的“视域”之间的碰撞、交融,从而形成新的文本意义。这种融合强调阅读教学文本自身的主体性,也强调作为读者的教师、学生的主体性。就课堂教学而言,需要形成促进视域碰撞交流的现场。于漪老师认为“课堂教学要面向全体学生,使每名学生学得主动,学得积极,学有收获,须合理地安排课堂结构,把课堂教学的构成从单向型的直线往复转换为网络式、辐射型的。”对此结构,于漪老师认为它能够使师生共同参与,形成一个思想、知识情感、能力交流的网络,信息量大大增加。同时,学生积极性被充分调动,既向教师反馈,又与同窗交流。这样的结构之下,便更大程度上实现“视域融合”,实现教学的推进与生成。而这一课堂教学结构中,于漪老师有更加高远的追求,“让课堂充满生命活力，一直是我从事语文教学孜孜以求的目标，课堂教学不是简单的知识传授、机械训练，而是师生互动、思想碰撞、心灵交流、共同成长的生命历程。”因此，于漪老师在其论著中多次提到“感情的传染”“以情激情”，充分发挥教师的实教之功，“启发、引导、点拨、开窍，充分调动学生学习的自觉性和主动性，促使他们积极地发挥认识主体的作用。”

（该文原载2021年11月《教育》，收入本书时略有修改）

于漪作文讲评课的教学论透视

景洪春　上海市闵行区教育学院

研究于漪老师的作文讲评课,首先要研究于漪老师的语言观。“语言文字是民族文化的根;语文教育是母语教育;语文教育的基本特征是工具性和人文性的统一。”其中,“立意是育人,立足点是语言认识。教学的关键是统一”。语文教学的任务,要通过立言来立人。语文教学绝不能重“术”轻“人”。这是于漪语文教学思想的根基,研究于漪作文讲评课的教学思想,也需要从她的语言论述入手。

于漪老师的作文教学思想集中体现在《于漪老师教作文》《妙笔生辉——于老师教记叙文》以及《于漪文集》中的部分章节,此外还散见在于漪老师发表在期刊杂志上与作文教学相关的文章中。作为教育家的于漪,在长期的作文教学实践中,形成了独到而深刻的教学思想。她认为,讲评的功能是多样的:一是传授知识,提高认识,从具体材料上升到写作规律来认识;二是发展思维,培养学生思维品质,开启学生思维的门扉,促进智力的发展;三是激发写作热情,培养自信力,增强写作内驱力。

“在认知指导模式中,有的学者强调写作准备阶段之重要,另一些学者则认为修改阶段对于作文更有影响。”于漪老师倾向于后者,她认为,“讲评是抓习作的‘点’,带习作的‘面’,抓学生中‘点’的问题,促进学生‘面’上的提高。应把每学期写作教学目的要求和学生习作中的情况有机结合,制定讲评计划,而不是无目的地随着习作‘飘’。要站在育人的高度评文育人。带领学生评文的同时,引导他们明辨是非,区分美丑,褒善贬恶,奋发向上。”“讲评是开发学生智力的很好时机,凭借学生自己的材料培养他们观察、想象、思维、记忆等能力,学生有贴肤之感,十分亲近,效果有时比学范文还强。”

这些体现了于漪老师对习作讲评课的重视程度。

一、教好作文，功夫在“文”外

“学生的写作兴趣、写作热情、写作态度，绝不是靠教师的几次动员、教师苍白无力的说教就能形成，而是要用生动、具体的事例，精湛、睿智的语言，繁简奇正、各尽其态的文章，细水长流地对学生进行点拨、指导，唤醒他们的写作意识，让语言文字表达情意的美妙，点点滴滴渗入他们的心头。”

作为教育家的于漪，在教学中始终贯穿着教文育人的思想。她常说，“人”和“文”是分不开的，懂得人才能教好文。即要教好文，功夫在“文”外，要在爱学生、了解学生上下功夫。从于漪老师的50节作文讲评课中，我们能强烈地感受到她对学生真性情的养护、对学生写作热情的激发、对学生点滴进步的敏锐捕捉。

（一）养护学生的真性情，书写真善美

首先，于漪老师认为，应激发学生写作的内驱力。“要重在正面激励，评出练笔的信心，评出练笔的热情，评得作者心里热乎乎、听者心里很羡慕，师生感情和谐融洽。渲染习作中消极的东西，罗列缺点，万弩齐发，最不可取。”无论是于漪老师的教育理想，还是她的语文教学观，抑或她坚持的写作讲评课的宗旨，都对“考试”只字不提，但有一个基本点贯穿了这些思想的始终，那就是目中有人，有一个个各有特点的鲜活的学生形象。学生世界是一本内容极其丰富的大书，读懂了这本书，语文教学中精心进行语言交、文字交、心神交，学生就会逐步告别“我不会”，走向“我会”“我行”。

其次，于漪老师善于触动学生心灵中的敏感区，引发他们写出自己的真性情、真想法，书写真善美。在《用真情浇灌》一文中，于漪老师列举法国作家维克多·雨果写给布勒特上尉的一封信。信中针对1860年10月英法联军疯狂地焚毁圆明园并以此为荣耀这件事，严正地表明自己的观点。雨果在事情发生以后的第二年，写了一封感情真挚、爱憎分明的信给布勒特上尉，义正词严地谴责英法两个强盗劫掠的野蛮行径，谴责他们焚毁了亚洲文明的奇迹，断言他们将受到历史的制裁。于漪老师以此信为范本，告诉学生，写作文抒真情，情要健

康、明朗、积极、向上。

再次,于漪老师善于捕捉学生写作前与写作后的点滴进步。在她看来,教学的实效性和教学的针对性密切相关。她教看图作文,关注学生写后观看比写前观看有了多少进步,对学生两次习作之间的点滴进步,她热情鼓励,亲切和婉,让学生如沐春风。“点拨在学生未思、误断之处,把习作佳处挑明、阐发,让学生在反复对比中深入探索语言文字的内涵,具体领悟习作优劣原因,尤其在思想的深度、篇章的运筹和遣词造句的细微处说出道道儿。”

(二)吸纳母语的精神养料,培养责任心

写作教学是语文教学的一个组成部分,而语文教学又是教育的一个有机组成部分,所以,什么样的教育观就决定了什么样的语文教学观,什么样的语文教学观就决定了与之相应的写作教学观。在于漪老师看来,要把学生用母语写好作文的责任心贯穿于写作教学的全过程。何谓“责任”?就是应该做的事,应尽的职责。每一名中学生和母语应该有不解的情结。母语蕴涵的民族精神、民族文化、民族思维方式、民族睿智,对成长中的中学生是精神财富、精神养料。

“我们不可能要求每个学生对写作满腔热忱,但要千方百计引导他们热爱与自己血肉相连、呼吸与共的母语,有写的愿望,有非写不可、非写好不可的迫切性和责任感。”这是于老师对汉语认识的高度。母语是我们的精神家园,就像空气一样在我们周围,它形成了人的气质、品格,构成并传承我们这个民族的素养及精神。由此,我们就能理解于漪老师作文讲评课的立足点:讲评是写作教学系统中最后一个环节,且是必不可少的重要环节。修改文章就是修改认识,完善认识,使之符合客观事物的实际。

二、评析切实,既重整体又讲序列

几十年的教师生涯,让于漪老师养成一个习惯,课前、课后总要反复拷问自己:这堂课你教学生些什么?学生能学到什么?在她看来,教有所得是一堂课的基本要求,也是一堂课成功与否的底线。她的习作讲评课也遵循了这一教学原则。评析切实,精准指导,循循善诱,学生自然心领神会。

(一)遵循规律,重整体评改

目前,从小学三年级开始学习修改作文,但很多学生是从学习修改错误的标点、错别字、病句开始的，再到结构、材料、主题等，最后逐步养成综合修改的能力。这样的修改思想违背了文章修改的一般规律，也造成作文教学效率的低下。于漪老师认为，批改时有个“总—分—总”的过程，先通篇阅读，对文章有大体上的了解，有总的评价，然后从词句篇章到思想内容一部分一部分推敲、改动，最后再总的阅读一遍，补漏改的地方，下总评。如果不按此程序，看到哪里改到哪里，不易改准确，有时会与习作者意图发生矛盾。正如张寿康先生在《文章学概论》中指出，修改文章应“先大后小，由全局到个别”。他还将此上升到了修改原则的高度，且列为修改原则的第一条。近年来，写作教学研究领域产生了“过程写作”理论，把“修改”视为写作活动流程环节之一，主张修改应该是一个先大后小、由全局到个别的过程。这一研究与于漪老师的思想不谋而合，而于漪老师20世纪80年代时就已经践行了。

（二）厘清思路，重谋篇布局

很多老师在指导小学生写作文时，习惯于就技巧教技巧，教谋篇布局，常常习惯告诉学生要详略得当、过渡照应、繁简得当等等。在于漪老师看来，“谋篇布局能否条理，线索分明，详略得当，看起来是文字表达的问题，实质上是作者思路的问题。”思路，就是思考问题的路子。于漪老师一针见血地指出了当下作文讲评的症结所在，她强调要锻炼思考问题的条理性、严密性和逻辑性。

于漪老师归纳出谋篇布局的两条准则，“要突出文章的主题”“要符合客观事物的内在规律和人的思维的逻辑规律”。第一点容易理解，第二点学生较难实践。于漪老师借助一学生习作《丹青点点画虫鱼》，告诉初学写作者条理清晰、层次明确的重要性。于老师先对习作做总体评价，接着指出文章的问题在于大框架搭好后在层次段落方面未精心谋划，最后又详尽地指出修改建议。“修改的方法是：删除第一、二个材料，其他材料次序作调整，找出它们内在的联系，把它们有机地组合起来。比如喜欢齐白石的鱼、喜欢八大山人画的鱼，和我画鱼之间是什么关系，是引起兴趣，还是作为学习榜样，还是其他什么原因。不注意材料之间的联系，不仅材料显得凌乱，而且意思不明确。”“每一个段落里可以有几个小层次，每个小层次意思同样要表达清楚，标点符号要正确使用。如果胡子连着辫子，句子意思纠缠，条理就不可能清楚。”

(三)序列清晰,循序而渐进

于漪老师不仅重视作文讲评课,而且认为讲评要有序列,这一思想是十分独特而宝贵的。在《于漪老师教作文》一书中,记录了于老师第一次教初中时独创的初中作文讲评序列,由50次讲评构成。初中3年6个学期,前5个学期每学期8次讲评,最后一学期10次讲评。这50次讲评,由记叙文、说明文和议论文三条线交织而成,按照由简到繁、由易到难的逻辑,循序渐进。这50次讲评,有些内容是适当反复的,这样的安排符合学生认知规律,因为对习作知识的消化、习作能力的形成、习作技巧的掌握,都不是一蹴而就的,需要经过多次反复才能内化,转化为学生自己的习作行为。

遇到讲评的内容重复时,于漪老师便改变说法,换个角度,深浅难易有所不同,不至于让学生感到单调乏味。就"选材"这个点,第一学期安排在"着意原资妙选材",让学生初步接触即可;第二学期安排"捕捉·截取·缝合",第四学期安排"筛选与胶合""围绕说明的中心选材""要善于截取精彩的横断面",侧重指导学生学习把分散的材料围绕主题胶合起来,以及在说明事物、场面描写中如何围绕主题选材,意在重锤敲打,使学生透彻掌握;第五学期指导议论文中的"选材",如"从材料中提取观点",再次进行阐述。

(四)有法可循,不拘泥亦不教条

阅读于漪老师的50个习作讲评课例,发现每个课例都是围绕写作中的一个问题展开,读后总有一种顿悟感。所有写作规律的揭示都建立在对实例的精妙分析上,且方法多样,自然而然,绝不牵强附会,使读者如沐春风。以下列举几种:

1. 对比分析,归纳要点

在《榜样》习作讲评课上,于漪老师"组织学生阅读,进行三次对比:①把印发的习作《榜样》与《记一个最熟悉的人》中的"徐阿婆"进行比较;②对《榜样》的两篇习作进行比较;③把《榜样》和第六单元中有关语言描写、动作描写和肖像描写进行比较。"三次对比,引导学生发现问题,梳理认识,领悟写记人类文章,要写具体,首先要做到看仔细,从中提炼出观察需要"目光敏锐、永不罢休"。

2. 示范交流，一篇带多篇

在《可爱的小生灵》习作讲评课上，于漪老师采用的方法是先朗读示范，激发兴趣；重点评析，体会生活情趣；综合评论其他习作，寻找可借鉴的写法。课后布置作业，针对本次习作"描形较好、摹声较弱"，让学生写一段摹声的话。

3. 开启想象，重点剖析，讨论归纳

在进入中学的第一次习作讲评课上，于漪老师注重调动学生动笔的积极性，首先让学生明确写作常规，然后组织学生讨论《夏天的夜空》三篇习作，开启想象，修改文字上的毛病。于漪老师挑选了三篇比较好的习作，并特意在文字上作了一些加工润饰，但又留了一点毛病让学生讨论修改。紧接着，于老师指导学生以《天上的街市》为借鉴，体会开启想象的重要性和必要性。讲评目的清晰聚焦，重点在指导如何选择想象的触发点。由于是刚进初中的学生，于老师的讲解具体生动，贴近学生。讲解中穿插了《天上的街市》和《夏天的夜空》三篇习作中的典型句段，学生容易接受。讲解完后，于老师不忘请三位同学朗读习作，其他同学边听边开展想象，体会上述要点。这样的教学过程背后彰显了于老师的学生主体观，从具体到抽象，由浅入深，不但激发了学生的想象力和创造性思维，同时也调动了学生写作的兴趣和动力。

三、修改文章，实质上就是改思想

写作是一种复杂的智慧技能。语言和思想是写作的两大要素，写作就是运用语言来表达和记录思想，语言运用是写作的外在表现，而在语言表达之前，有着一系列的心理活动和思维活动，可以说，思维是写作的内在动力，思维是写作能力的核心和关键，对写作起着决定性的作用。"改文章实质上是改思想。""青年学生往往有一种错觉，以为辞藻华丽就是文章写得好，殊不知思想是灵魂，文字是躯壳，离开了正确的思想、精辟的见解，文字再漂亮，也是空洞无物，'站'不起来的。要训练'写'的能力，就得双管齐下，既练思想，又练文字技巧。"

于漪老师站在锤炼思想的角度，为我们道出了修改文章的真谛。"思想明确化、条理化了，文章才有可能文从字顺。修改是一种综合能力，词句、篇章、写作方法，与文章相关的知识，不仅要掌握，而且要能熟练运用，这样修改时才能把问题看准，才能改到点子上，眼高才能手高，眼不高，笔下是修改不出水平的。”

在于漪老师的习作讲评课上,学生不断地提笔写,选择恰当的词句、恰当的写作方法,表达自己的认识、见解与感情;学生不断地训练自己的思维,比较、分析、辨别、提炼,使认识渐丰富,思想渐趋深刻。“中学生作文要加点钙,不做大气的人,怎么可能写得出有骨力的有棱有角的大气的文章?”她用加钙的作文讲评课,指导学生写大气的文章,做大气的人。

(该文原载 2022 年 2 月《教育》,收入本书时略有修改)

“连接”与“编织”

——于漪写作教学理论与实践对当下作文教学的启示

沈一敏 上海市民办兰生复旦中学

理想的写作课是什么样的？是能够帮助学生解决实际问题的课，是能将智慧语言和生命精神高度融合的课。当学生书面表达“言不称物”“文不逮意”“力不从心”时，我们的写作课能从微观层面指导学生写作，能从细节处激发学生内在的写作动机，使学生的心智更好地成长，在我看来，这就是写作教学真正的核心价值。

于漪老师写作教学的价值体现在一堂堂写作课上，帮助学生解决一个个实际问题，把智慧语言和精神生命一点点融入学生的心智成长中。在这“一堂堂”“一个个”“一点点”的具体指导过程中实现和完成学生写作知识、写作能力、精神生命的“连接”与“编织”，用当下的流行语来说，即培育学生的写作素养。

一、一切价值均在写作教学过程之中

不可否认，当下的写作教学现状是不容乐观的。作文教学内容更多的是写作的技法、写作的要求、写作知识的堆砌。教学的形式更多的是一种集体的操练，强调的是规范，突出的是审题，为的是分数。久而久之，学生不能独立思考、不敢积极体验、不愿主动交流。当我们在反思写作教学应该从人出发，从写作主体出发，从写作生成过程出发时，于漪老师当年的写作教学实践早已提供给我们清晰有效的路径——在写作教学过程中，即在课堂特定的环境和一定的时间内，帮助学生构建起连接点、编织成网。

比如于漪老师《让思想长上翅膀飞翔》《再谈插翅飞翔》，这两个课例纵向贯

通看,是关于指导和讲评“写作中的想象”,前后形成了思维方法指导的发展过程。前一堂课侧重在“启发想象,指导如何选择想象的触发点”,通过让学生发现三篇习作中关于想象内容的合理性来寻找想象的基础,并引领学生选准选好眼前的实景作为“触发点”,引出具体实在、生动形象的想象内容。后一篇侧重指导正确观察,从画中的景物到寓含的意义,从画的构图到作者的意图,指导学生学会观察的角度,进而思考“观察是开展想象的基础”,清晰的印象是具体想象的前提。两个课例以“想象”这个连接点形成相互关联,并从思维能力点上层层推进,依次解决从哪里开始想象、怎样想象得更合情理这两个写作的实际问题。这两个课例的选材特点也是别有用意的,前一堂课以经典作品《天上的街市》和学生习作为载体,既有来自大作家的经典思想语言范例,又有身边同伴亲切的习作,在感情上拉近距离、激发动力。后一堂课有一份特殊的学习材料——《夜》彩色画一张,给学生提供了真切的观察依据,有视角、色彩、组合,更有人与人、人与物、人与景之间的关系,不仅给学生带来新鲜感、期待感,更大的价值在于“出乎其外,入乎其内”的学习体验和思考。

由上述课例可见,于漪老师在写作教学实践的背后有着更深刻的理论思考——通过具体问题的解决方法来帮助学生完成写作的“进行时”,一切价值均在写作教学过程之中。因而,每一堂写作课既承前,又启后;既关注写作思维和能力的形成,又注重动机、情感的激发和心智的养成;既是独立的写作学习点,又是整体写作素养合成的连接点。

二、过程中的“连接”之道——万物相生

与“集体操练”相反的另一种写作教学景象便是“无为”。现实中一些教师认为“写作是不可教的,全靠自悟自得”,学生作文写得好是天赋,学生写不好作文也与老师无关,于是写作教学处于“无序”“无效”的状态成为了不争的事实。我们必须看到,在母语学习背景下,学生学习写作不是零起点,其写作素养的缺失不是“全局结构”的缺失,只是“局部功能”的缺失。换言之,绝大多数的学生写作困难通常只是局部的“梗阻”而非全体的“坏死”。因此,根据学生的具体写作困难和写作行为,借助特定的语境,通过语言实践来整体解决写作的相关问题。

学生运用语言文字来表达自己的思想情感离不开阅读、会话、思维等语言能力，这些语言能力相互作用，相互牵制，呈不均衡、不确定、非线性的状态，涉及文章学、心理学、教育学、文学、哲学、史学等多个领域。相互作用、相互牵制的综合写作能力当然无法依托碎片化的作文课来形成，"整体"解决的路径一定是"连接"而成的。通过一堂堂"有为""有序""有效"的写作教学实现特定语境的局部问题的解决，建立"连接点"。

来看于漪老师的两个课例：1."筛选与胶合"——《"班班有歌声"比赛大会散记》习作讲评；2."捕捉·截取·缝合"——《运动会一角》习作讲评。两个课例都是关于解决学生最头疼的问题"材料的选择"，但切入角度不同，解决问题的实际方向也不同。"筛选与胶合"从大处入手，帮助学生理解选择有意义的材料的重要性，学习把分散的材料围绕主题胶合起来。"捕捉·截取·缝合"则是从小处着眼，在有意义的材料中开掘出更小的观察视角，捕捉生活中动人的场景，去冗撮要，突出主题。不难发现，于漪老师的这两个课例看似独立，实则与学生的认知发展紧密相连，只有在学生充分理解并实践写作材料与写作主题水乳交融的意义关系这组认知基础上，才能进一步理解并实践通过材料重心的表达突出主题，即前者是后者的学习前提，后者是前者的学习深化。由此可见，于漪老师"一堂堂"写作教学课早已关注学生的现有水平与潜在发展水平之间的连接，用现在流行的专术名词表达，教师提供了"支架"，帮助学生进入写作的"最近发展区"。这两个课例的"支架"意义还体现在知识内容与形式融为一体上。以"筛选与胶合"这则课例的教学过程展开来看：①学生聆听"班班有歌声"比赛大会的部分录音，排列所听到的材料；②学生确定主题后筛选材料；③讨论精选材料与主题的内在关系；④讨论材料间的内在联系并连缀。教学的四个环节针对学生"选择材料"的普遍问题提供了路径支撑，由浅入深、循序渐进地深入到选材的本质问题，以显性、精要、好懂、管用的问题形式呈现在学生面前，组织学生思考、探讨、实践，提供了切实有效的帮助。更有价值的是于漪老师的课例展开过程是自觉地从学生主体出发，围绕学生亲身经历的学校活动设计思考和实践的学习路径，随着特定情境中的问题的逐一推进，关于"材料的选择"的写作知识也逐一呈现，并通过课后作业(以自己的习作为基础，重新进行材料的筛选)，进一步在实践过程中解决具体的问题。可以说，于漪老师的这则课例

"支架"既连接了关于"选择材料"的写作知识,又连接了学生认知发展区,学生在于老师的提示、建议、触发、指导下,完成了自己无法独立完成的写作任务,形成了关于"选择材料"的正确意识,养成了"选择材料"的一般方法。这个局部写作问题的解决将成为另一个局部写作问题(即第二则课例,在材料中去冗撮要,突出主题)解决的前提,每一个连接点(每一堂写作课)在指导的过程中完成,同时又成为学生整体写作素养形成过程中的基点。

我们进而看这两则课例的板书:

课例一　筛选与胶合

筛选
- 首先要博采(忆盛况)
- 区别材料的意义和价值(分) 围绕主题决定取舍详略 (筛)

与

胶合
- "散"中有"聚"
- 用恰当的词句把材料衔接起来 忌多余的"过渡"

课例二　捕捉 · 截取 · 缝合

捕捉生活中的形象
- 纤毫不漏
- 有自己的见解

截取与主题有联系的材料中的精要
- 或掐头去尾
- 或剪枝删叶
- 主宾分明

缝合各个材料——连接,过渡,脉络分明

我们会发现于漪老师课例中的两则板书清晰地再现了相关写作知识"概念之间的层次关系和思维顺序关系,实现概念表征的可视化",同时,"这种可视化能够使使用者从一种全局和整体的视角思考问题"。换句话说,这样的板书让学生从课前本能的、混乱的、简单的对相应写作任务的理解,提高到相对规范的、有序的、细致的认知,针对一项具体的作文能力或要求,设计出"比较具体的、有相对固定步骤的”过程化指导。学生理解“选择材料”的重要性是对写作陈述性知识的理解，但是经由教师的写作教学过程化指导，学会“选择材料”实现的是写作程序性知识和策略性知识的实践。板书本身既起到“学习支架”的作用，以图表形式出现，深入浅出、化繁为简，又成为复现知识，连接具体写作教学点与点之间的框架纽带，大大缩短了学生写作由“生”变“熟”、从“拙”到“巧”的路程。对一线教师来说，单单看于漪老师关于写作教学一系列课例的板书，便可构建成一套写作教学有章可循的线路，一头通向写作知识，另一头通向写作教学知识，还有一头通向学生的最近发展区。

于漪老师写作教学理论与实践的连接之道的原点在唤醒学生的生活体验和生命思考。写作是一种以语言为载体的复杂的生命活动。写作教学必须在语言和心灵之间架起桥梁，将言语技能和生命思想高度融合。语言要立心，立心方能立人。北宋大儒张载说过：“为天地立心，为生民立命。”南宋陆九渊在《陆九渊集·语录》中指出“心即理”，即仁义礼智信等美好的思想道德，为人心所固有。这些固有的思想必须通过人的指点、理解和运用，才能显立于世。正如赞可夫说的那样：“只有在学生情绪高涨，不断要求向上，想把自己独有的想法自由地表达出来的气氛下，才能产生儿童作文丰富多彩的思想、情感和词语。”激发学生对生活的热情、对生命的思考是写作教学的“初心”，不忘初心、方得始终。

于漪老师的另一则课例“要善于截取精彩的横断面——《课余》习作讲评”的教学目标中有这样一条：检阅课余生活内容，培养热爱生活的感情，引导学生关心社会上的新信息，开拓社会生活的新领域。看似平实的目标表达，实则蕴藏深意。“检阅课余生活内容”既有对生活细节的观察要求，完成对材料的筛选（承接学会“选择材料”的能力目标），又在检阅中感受、体验生活经历，从而实现“热爱生活”；“引导关心社会上的新信息，开拓社会生活的新领域”重在立人，用大眼光、大胸怀、大气度、大智慧观察世界、思考生活。正如此课例中于漪老师的结束语：“尽管我们的课余生活有不少乐趣，但还不够丰富，兴趣爱好不够广泛，尤其在迎接新的技术革命挑战的今天，课余更要开阔视野，钻进去，培养兴趣，培养发现问题和解决问题的能力。”读到这里，不得不说这样一堂三十年前的写作课例中展现出的教师前瞻性视野中写作教学的经典意义。尤其是结束语的最后一句"生活是写作的源泉,一年之后,再就这方面内容练一次笔,再来检阅大家的新进展",可见于漪老师的写作教学远远超越一般意义上的学生写作素养的形成,在她的理念中,写作是伴随语文综合能力的全面提升而行的,是促进学生全面发展的必由之路。因此,写作活动本身是一种生命运动,它本身就是目的,在此意义上,作文就是学生个体生命的整体的成长性、创造性表现,是以思想修养、生活经历、知识积累和文字技巧四个方面为主的自身素养的综合表现,一篇文章就是一个有机整体的精神生命。于漪老师关注整体精神生命的成长,使写作主体的"人"得到充分的发展,充分的生长,虚实才能相生。

写作教学的过程之道既在课内,又在课外,让学生与具体写作情境相连接,与真实的生活相连接,让语言与思维相连接,更与生命成长相连接。万物相连,方能促进学生写作素养生生不息。

三、技道相生,"编织"学生写作素养之网

写作教学既不能走入机械化的"集体操练",把课堂异化为纯写作知识的传授、写作技巧的训练,更不能落入"写作教学无效"的臆想之中,推卸语文教师应有的教学责任。

"君子务本,本立而道生。"立足于对学生写作的本质意义的认同与语文学科核心素养的认知,教师首先应确立起写作教学之技(写作知识与写作教学知识)的本体性建构,从一堂堂写作课上的一个个实际问题入手,联系具体的写作情境,在过程中指导学生化抽象知识为形象的实践感知,同时关注学生认知过程的规律,使得一个个实际问题井然有序,连接起来形成认知的网络。正如《于漪老师教作文》一书,单从目录来看便可发现一个个前后相连的点——从"着意原资妙选材""犹如百川归大海"到"看仔细与写具体""先说与后说"再到"文无'意'不立""平凡之中见深意",这紧密相连的6个课例依次实现学生对材料的取舍剪裁、材料的统一表现→观察表现材料、有条理地表达材料→点明材料本质、挖掘分析本质的写作能力推进过程。这不正是通过教师的"有为"帮助学生从碎片化的写作实践走向整体性、网络化的写作能力养成吗?

其次,立足于对学生写作的本质意义的认同与语文学科核心素养的认知,教师更应功夫在"文"外,触动学生心灵的敏感区,养护学生的真性情,引发对

真、善、美的向往，这是写作教学之道。为了文章这一个“点”，调动人生知识的“面”，像《文心雕龙·神思篇》中所说的“观古今于须臾，抚四海于一瞬……笼天地于形内，挫万物于笔端”。写作本质上是多彩的生活和个体的认识的双向互动，是客观世界和主观世界的碰撞。生活丰富多彩，学生写作内容就应丰富多彩。正如于漪老师那样，让学生的个体生命得到充分的发展，才会促使他们欢欣地写作。

写作教学指导过程中的多维度“连接”将“技”与“道”相互融合，“编织”成学生的写作素养之网，这正是于漪写作教学理论与实践对当下作文教学的启示。

（该文原载 2021 年 12 月《教育》，收入本书时略有修改）

第三编

德智融合思想研究

德智融合,滴灌生命之魂

金　薇　上海交通大学附属中学

从早期的"思想性与工具性",到"道德情操、人格气质与工具性",再到"自然人与合格公民",再到"德育与智育";从早期的叠加式,即"上课加大道理"的到中期外加式,即"德育渗透",再到"德智融合"的提出,这个过程是于漪教老师教育教学思想反思完善的过程,也是她探究学科教学本质、教育价值的过程。

在于漪老师看来,语文学科德智"融合点"不是外在附加的,而是长在教材中。正是因为如此,所以需要教师用心发现,进而巧心设计,将民族精神、真善美的价值观、道德良知和社会责任融合在学科教学中。

一、课堂教学:立德树人的主阵地

学科教学是面向全体学生落实"立德树人"根本任务的主渠道,课堂教学是落实根本任务的主阵地。课堂教学质量深刻影响学生的生命质量,如果只重视发挥知识传授的单一实用功能,那么学生在其中的"生长"是有限的。

语文课堂教学要真正成为"立德树人"的主阵地,必须直面语文教学中存在的文道割裂、重形式轻内容的时弊,必须重视学科教学的文化价值,发掘与弘扬教材重中华优秀传统文化的价值,增添革命文化和社会主义先进文化,引领学生立民族精神之根,树爱国主义之魂。

每一种教学行为背后都有某种教学理念的支撑,而每一种教学理念都将影响到教学行为。于漪老师始终强调"教书育人"要有机结合,不能只见术不见道,更不能见术不见人。如果教学不见"人"那么它只可能会沦落为知识的排列组合、重复叠加,也必然苍白无力,很难在学生的情感世界里激起浪花,掀起波澜。因此,学科教学要克服重技轻人、重分舍人的单一实用功能的弊病,课堂教学应该是德性与智性融合，即“熔知识传授、能力训练、智力发展、思想情操陶冶于一炉”，要立体多维思考，要在综合素养的培养上着力。

有内涵的课堂教学内容，需要教师“对所教学科的个性特征深入研究，准确把握，然后对某个章节、某个内容反复推敲，找到知识传承与思想情操熏陶感染的最佳结合点，进行‘无缝焊接’”。在语文课堂教学中，要把教材的逻辑结构与教学过程的程序结合起来，审慎地选几个知识点或训练点纵横延伸，找准其中蕴藏着的“思想情操熏陶感染”最佳点。

课堂作为立德树人的主阵地，学生应该是其中的主体，故而，要克服教师越俎代庖，直线往复的弊病，让课堂真正成为“立德树人”的主阵地和学生成长的空间。在课堂中，教学结构可以是网络式、辐射型、交互型，无论形式如何，只要能够让教学活动产生对话效应即可。在这样的课堂中，师生即兴创造，超越预定目标，将静态的结论变为动态的建构。学生在探索中寻求未知，体验情感，在过程中学会方法，建构自我的学科核心素养。如此这般，教作用于学，学反作用于教，学与学互动、交流，每个学生都是学习的主人，都是学习发光体——学会倾听与尊重，在探索反思中发展思维，体认思辨中传承民族文化，逐步建立文化自信。

提高课堂教学内涵与质量，实现“德智融合”既是学科教学追求的永恒课题，也是课堂教学真正成为“立德树人”主阵地的关键。

二、德智融合：滴灌生命之魂的探索

在教学实践中，人们常常认为德育主要是班主任和政教处的事情。而在于漪老师看来，德育是需要多方合力的，每位教师都是德育工作者，并且德育和智育是紧密结合的——全面贯彻教育方针，以学科智育为核心，融合德育、美育、体育以及劳动教育。教师应该在“德智融合”的学科教学中“滴灌”学生的心灵——既用智性保障其生存和发展的本领，更用德性为学生未来奠基。因此，所有课程都应该立体化施教、全方位育人，课程实施者都是德育工作者，责无旁贷。

于漪老师对学科德育内容的探索主要集中在两个方面：首先，聚焦“人”的成长。以“教人成人”为务，关注个体的精神成长，培养学生正确的人生观、价值观和世界观。在此基础上,学科教师要尊重学科德育的规律,伴以细心、精心、耐心,更重要的是需要爱心,对学生的满腔热情满腔爱。其次,聚焦学科的本质。以学科属性为出发点,课堂教学为主阵地,在"德智融合"中实现语文学科的德育功能。在于漪老师眼中,"教材本身的内涵是德育的家园,也是进行德育的依据,离开对教材、文本的深入钻研,随意延伸,无限发挥,那就成了空洞的说教……教材里包含着怎样的思想、精神、情感、价值观的内涵,就深入到底,挖掘出来,因学生的具体情况,如知识基础、理解能力、认识水平而有的放矢地施教"。

由此看来,学科德育显然不是知识教学之外的"穿靴戴帽",也最忌东拉西扯,无限拔高。语文学科德育应该包含哪些内容?这些内容又是如何确定的?

首先,包含生命教育,它关乎个体健全的人格成长。于漪老师认为开展生命教育是整体提升国民素质的基本要求。青少年学生是社会主义事业未来的建设者和接班人,青少年的生命质量决定着国家和民族的前途和命运。教学中要进行生命教育,旨在帮助学生认识生命,珍惜生命,尊重生命,热爱生命,提高生存技能,提升生命质量,激发生命潜能。从生理层面理解,关注生命,捍卫生命的尊严;从心理层面理解,欣赏生命,提升生命的质量;从伦理层面理解,敬畏生命,激发潜能,实现生命的价值。

其次,包含做人教育,要培养正确世界观、人生观、价值观。中国自古以来重视德育,曾明确提出"立德、立功、立言"的"三不朽"思想,在漫长的历史中建立起比较系统和完整的人生理想和价值标准体系,其中又以"立德"为最高。正是"做人教育"的代代相传,我们才有悠久璀璨的历史,文化才能传承下来。立足于时代,于漪老师提出"教育学生就是要他们明做人之理,明报效国家之理。求学期间,把握了做人的底线,养成了良好的思想道德,一辈子受益不尽。"教育应当以"教人""成人"为务,帮助引导学生建立价值生命意识,滋养心灵,培养德行,学习如何做人。

第三,包含文化认同教育和中国心的培养。落实于教学实践,主要是着眼于培养学生对中华民族共同历史、文化、生活方式的归属感,培养学生对伟大祖国悠久历史和优秀传统的认同感。于漪老师提出"激发、培养学生热爱祖国语言文字的感情,热爱中华民族优秀传统文化的感情,培养社会主义思想道德和爱国主义精神。这里有思想、道德、情感、精神。”众所周知，民族文化是民族的根，而民族语言负载民族文化，是根之根。语言文字在民族生命的组合中，对外是屏障，对内是血液，是粘合剂。语文学科德育需要从语言文字入手，牢牢把握人文属性，弘扬民族优秀文化，培植家国情怀、文化认同，传承红色基因。

聚焦人的发展，聚焦教育出现的各类问题，语文学科德育内容在与时俱进中逐渐清晰，逐渐丰富——立足在文化的平台上，随文对学生进行民族历史教育、革命传统教育和人文传统教育，实现在“政治认同”“国家意识”“文化自信”和“公民人格”等四个方面的培养和引导。

逐渐清晰的语文德育内涵又是如何与学科智育发生关联呢？从早期叠加式，即“上课加大道理”，到中期外加式，即“德育渗透”到“德智融合”的提出，在于老师看来，德与智是不可分割的整体，共同构建了个体的综合素质。二者互相融合，互相渗透，互相联系，互相贯通，互相制约。前者是统帅，是方向；后者是基础，是生存发展的内部依据。德，包含着理想信念、价值观念、道德观念、法制观念等，它决定并影响着智力的发展与发挥；智，通过传授知识，继而培养能力及开发潜能，最终助力学生智力发展，形成良好的认知结构。

智育内容（知识与能力的教育）是显性的，而德育内容则是隐性的。“德智融合”意味着注重熏陶感染和潜移默化，看似不见痕迹，但点点滴滴在心头，有春风化雨、润物细无声的效果。“德智融合”要真正地发生于课堂，真正对学生起到关键影响，需要在“确定与转化”上做文章——德育内容本身就存在于教学和教育内容中，需要用心动脑将其显性化，在知识体系中找到融合点。

首先，要重视本民族语言文字的教育。在语文教学中，随文渗透，相机而行，切实落实课程标准中“培育学生热爱祖国语言的思想感情”的要求。于漪老师在教学中一直秉持“引导学生了解语言文字是民族意识、文化传统和道德观念的载体，关系到国家的统一、民族的团结、社会的进步和国际的交往”。

其次，要随文随课进行民族历史教育、革命传统教育和人文传统教育。充分用好语文学科中含有的中国哲学、历史、文学、艺术、教育、民俗等多方面资源，对学生进行优秀人文传统的教育和熏陶，引导他们热爱民族文化遗产，传承中华民族的传统美德，继承中华民族的人文传统。

以于漪老师《鱼我所欲也》的教学设计为例：

(1)借助语言形象、生动,推理的精密,例证的褒贬,让学生反复诵读,读出文章的精魂,让“义”生命的价值与意义。(2)紧扣有关语句,化概念为具体,增添感性认识,帮助理性思考,使学生在熏陶感染中提升辨别能力,追求美好。(3)让学生在诵读、理解的基础上,联系实际,评价文中观点的意义。探讨在社会转型期,青少年究竟应该树立怎样的价值观。

在这个教学设计中可以看到,教师的“可为”和“应为”即充分挖掘语文教材自身包含的传统文化内容,以语言文字为抓手,随文随课引导学生发现课文中所蕴藏的民族人文传统,并在时代的坐标中思考其价值和意义。

要找准“融合点”让课堂成为“粘”住学生的主阵地,需要在以下几个方面努力:第一,加强解读文本的能力,能够读出这一类文本的“共性”更要读出“这一篇”中的“个性”包括独特的写法和独特的情义与思考;第二,抓住学科的个性特征,准确把握,然后对某个章节、某个内容反复推敲,找到知识传承与思想情操熏陶感染的最佳结合点,进行“无缝焊接”;第三,用心了解学情,贴近学生实际,“须转换立足点,要把从教出发的立足点转换到从学生的学出发”设计相关教学活动,将教师的读解与学情结合,将智育内容与德育内容融合,形成教学设计,找准“这一课”的德智融合点;第四,学科德智融合的关键是“课要上得立体化,使思想、知识、能力、智力、思想情操陶冶融为一体,发挥多功能的作用”,追求课堂教学充满明亮,培养精神明亮的人。

立足于当下,展望未来,语文学科要担负起育人责任,在德智融合中滴灌生命之魂,无疑是学科的时代价值体现。联合国教科文组织在北京召开的“面向二十一世纪教育”的国际研讨会上,与会者在讨论和分析 21 世纪人类面临哪些挑战时,被列入第一位的是道德伦理、价值观的挑战。语文学科要“育人”,如何在学科德智融合中滴灌生命之魂,这是时代的呼唤与要求,也是学科自身的时代价值。人一旦失去了做人的基本道德,失去了精神支柱,失去了人生价值的追求,那么,科技的进步,经济的发展,人类的富裕也就失去了它本来的意义。

三、交响进行:等待充分的创新

习近平总书记在全国教育大会上围绕培养什么人、怎样培养人、为谁培养人这一教育工作根本问题,用“六个下功夫”归纳社会主义建设者和接班人应具备的基本素质和精神状态。作为教育工作者，如何在学科教学中真正实现"立德树人"面向民族的未来，培养全面发展的人？审视时代，反思学科教学，"德智融合"的课堂无疑可以连接起学生的当下与民族的未来，用智性保障其生存和发展的本领，为将来可持续发展提供保障。

21世纪是一个机遇与挑战并存的时代，能否源源不断地培养出创新型人才，能否有效地发挥人力资源的优势，是事关国家可持续发展的关键，在当下显得尤为重要和紧迫。

毫无疑问，教育在创新人才的培养中发挥着重要作用，而学科"德智融合"正是以滴灌的方式滋养着生命之魂，促成人的成长，其中也包括人的创造能力培养。谈到创新教育和学生创造力的培养，人们往往把它视作学校智育的范畴，认为它仅仅是学科知识传授的任务，与学科德育基本没有什么关系。这是认识的误区，它忽略了创新的主体是"人"而不是知识，既然主体是"人"那么只有当学科"立德树人"功能实现了，人立起来了，才有创新创造的可能。

回应时代之问，创新人才培养需要"德智融合"的方向保障。既提供创造所需的正确知识能力和知识体系，又提供创造所需的正确方向，用人文精神来引领他们，把创造能力引导到正道大理上，引导到为中华民族的全面振兴而拼搏奋进上。若是方向不正确，创造能力很可能就变成破坏力。在《历史经验与现代生活的融合》一文中，于漪老师基于对《美国语文》的分析，对学科教学提出了如下希望：聚焦文化认同，张扬民族个性；与现代生活紧密结合，拓展思维空间，着力于应用能力的培养。在具体的教学实践中，提倡以学生的发展为本，把本民族文化的传承、思维能力与语言能力的培养和发展立体化地放置在现代实际生活的场景中认识、体验、应用，旨在培养当代有独特个性、有创新精神、有应变能力的人。

回应时代之问，创新的环境需要"德智融合"的课堂来创设。营造平等、宽容、自由的教学教育氛围将有助于学生创造力的培养和激发。现代心理学的相关研究表明，科学思维能力与学生主动自愿的内部动机、自由民主的氛围、灵活易变的形式有着非常密切的一致性。"有什么样的环境，就有什么样的精神。"在开放民主的氛围中，学生科学思维的火花才能不断迸发，学生的好奇、自由想象、勇敢的质疑和思维发散才能被激发，创造力才有可能出现。于漪老师一直呼吁语文教学中要“爱护学生的创造性思维的火花”,教师要善于把握种种因素,培养和鼓励学生的创造精神,她也是身体力行这一理念。在德智融合的课堂中唤起每位学生的好奇心,表达交流的欲望,在尊重学生独特见解的基础上进行正向的引导,让学生在自我反思及他人建议中完善发展认识,创造力也便蕴藏其中。

回应时代之问,创新的人格需要在“德智融合”中塑造。创造性人格包括健康的情感、坚强的意志、顽强的性格和良好的思维习惯。这些无疑在“德智融合”推进中更易培养。于漪老师多次强调“语文学习与生活相伴,与人的终身相伴。在学生求学时代培养他们的发现能力、质疑能力、思维能力至关重要,千万不能掉以轻心”。比如培养学生敏锐的观察力,引导从习以为常的现象或“理所当然”的想法中找出矛盾,展开问题;独立思考,自主探索;质疑权威,拒绝盲从;有意识的挫折教育,培养学生积极的心理承受能力等等。

众所周知,思维是智力的核心成分,创新思维是其中一种。它指人们在探索求知领域时能够突破习惯的思维方式,简单地说,创新思维就是思考问题时“敢想人之不敢想”的思维活动,建立在常用逻辑思维——如联想思维、发散思维、收敛思维的基础上,结合非逻辑思维方法,新创建的一套思维模式。

在于漪老师看来,“德智融合”中学科智育内容最重要的当属思维,她认为:“给学生语文打基础,切不可忽视智力的开发。点拨、开窍,把学生教得聪明起来,是语文教学育人的又一重要内容。”“培养学生听说读写能力的同时,须有意识地在思维力、想象力、观察力、记忆力、联想力等方面,尤其是思维力的锻炼方面下功夫。”在实践总结中明确提出以思维训练为中心,思维是智力的核心。不同年龄阶段的学生受到身心发展的影响,思维呈现出不同的特点,语文学科教学要用力于培养学生独立思考、打破常规的观念和思维方式。

教《孔乙己》时,于漪老师要求学生不仅要注意“排”而且要找出与它相应的词“摸”并启发学生辨析:为何作者此处要把“排”改易成“摸”?对刻画人物精神面貌起什么作用?两个动词都是在咸亨酒店付酒钱的动作,但却入木三分地反映出孔乙己处境的变化。前者画出他的酸腐相,后者是在腿被打折后,已经够不到柜台面,欲装斯文而不能的地步。“摸”字深刻刻画了孔乙己精神彻底被摧毁的悲惨。此处学生完成的是语言训练,但是他们的分析判断等综合思维能力得以提升。

思维形态是多样的，如形象思维和逻辑思维、发散思维和聚合思维、再现思维和创造思维等，在教学中均要培养。只要尊重学生的起点，训练方式、途径可以多种多样，只要收到双发展的效果，教师可根据实际需要择善进行。语文教学必须激发学生在求知过程中产生疑问，提出来探讨解决，正所谓“学源于思，思源于疑。疑是思之始，学之端。要学得知识，就得思考，而对所学的内容产生疑问则是思考的开端”。

教师在辨疑、析疑过程中究竟该发挥怎样的作用呢？很难明确回答这个问题，但是“教师无论如何不能以自己思考问题的范围给学生‘画地为牢’，叫学生‘就范’，因为学生思考问题通常有自己的习惯性思路，怎样由感性认识上升到理性认识，怎样根据种种事实下判断，怎样进行分析，进行归纳等等”。教师要鼓励学生勇于谈看法，摆见解，很可能就常会迸发创造性思维的火花。培养学生创新思维，关注思维的逆向性、创造性，比如求异思维能冲破习惯定势，经常有推测、假说、联想、想象等活动参与，创造出新颖的、不寻常的种种看法，有利于创造意识的培养。

创新需要智育，这是不争的事实——通过传授知识，继而培养能力及开发潜能，最终助力学生智力发展，形成他们良好的认知结构。智育水平的高下决定了创新能力的高下，从这个意义看，中小学生学习科学文化知识，提高学科学习能力，不仅无可非议，而且要扎扎实实培养。

然而，在现实中，常常会出现这样的教育之惑：将“抓分”认为是智育，认为“刷题”就能提高智育；学习动机与目的的教育常被忽视，甚至错位；学科教学也简单粗暴到只教“得分点”。凡此种种，皆是对教育教学的扭曲，根本谈不上是智育。

智育绝不只是知识传授、能力训练，它还包含发展思维力、想象力、意志力，发展情感，激发未知欲，开发创造意识。语文智育内容不应该是碎片化的知识点，而应该是包括语文学科双基、学生各种思维能力。只“育分”的教学丢失了教育“育人”的真谛，无法应对时代的挑战，也不可能破解教育和学生成长中出现的种种难题。

明确智育内容后，该如何在实践中提升智育水平？将学科智育内容与学生发展融合,立体施教,立体智育,在“德智融合”中提升智育水平。于老师总结了不少有效做法,比如“三看一查一提问”培养学生在语文阅读中发现问题的能力,“激疑—辨疑、析疑—思考—推进”培养学生在阅读理解中分析及解决问题的能力。这些做法调动学生的“已知已会”走向他们的“应知应会”既落实了学科双基,又发展了学生思维能力。

针对较长时间以来,语文课以平面化方式展开的常见现象,于漪老师提出“立体化・多功能”教学,课要上得立体化,使思想、知识、能力、智力融为一体,发挥多功能的作用。

课堂教学要实现“立体化”意味着“点线面”的具备。选“点”要恰当,拉“线”要清晰,成“面”要恰当。选“点”当落在课文中能起“点睛”作用或关键作用的字句——语言经得起推敲,内涵丰富而又咀嚼有味的;能在思想上给学生以启迪。拉“线”当以“读、写、听、说”综合能力为主。成“面”要打通从“文字到文章到文化”。

语文学科的立体智育,让破解教育之惑成为可能,为创新创造提供条件:从语言中来到语言中去,用语文的方式抵达文本理解,文化传承,也在理解的过程中发展提升了思维能力与审美鉴赏能力,最终促成了人的智力和精神的成长。犹如一首未完成的交响曲,德智融合理念下的立体多功能教学为学生的未来奠基,等待着充分的创新。

语文学科的“德智融合”将智力因素的开发和非智力因素的培养结合,静静地滴灌着生命之魂。可以想见,“德智融合”的课堂是明亮的,使“每一位学生”能够在有限的课堂中实现自我的无限成长。

(该文原载 2021 年 12 月《教育》,收入本书时略有修改)

于漪“德智融合”教育思想的本质诉求

范晓峰　上海市六灶中学

于漪老师在新世纪提出了“德智融合”的教育思想，明确指出：“教师肩负的千钧重担须聚焦在对学生滴灌生命之魂。德行和智性是生命之魂。教其德行，懂得做人道理、报效国家之理；教其智性，掌握扎实的科学文化知识，有生存、发展、为人民服务的本领。这是人的素质培养。”

“德智融合”教育思想是于漪老师数十年教育教学实践与探索的总结提炼，但究其本质是时代发展的要求，是国家战略的需要，是学生发展的需求，也是改革学科德育实施现状的必然选择。

一、建立在时代发展的要求上

当今世界正经历百年未有之大变局，世界各国在战胜新冠肺炎疫情、恢复经济快速增长等诸多方面的竞争日趋激烈，从而导致高素质人才相对短缺的问题日益突出，这已经成为包括中国在内的世界各国普遍存在的现象，成为制约国际竞争力提高的重要因素。

世界各国的竞争说到底是人才竞争，而人才竞争，根本上就是教育的竞争。今日的教育，就是明日的科技，就是后天的经济。今日教育的走向影响甚至决定着明日的国民素质，决定着明日的国家综合国力。中国目前处于实现第二个百年奋斗目标、全面建设社会主义现代化国家的新征程中，国家综合国力和国际竞争力的提高都需要学校向学生提供优质的教育，培养学生成为高素质的人才，使其在实现中华民族伟大复兴的进程中发挥重要作用。

党的十九大报告提出：“要全面贯彻党的教育方针，落实立德树人根本任务，发展素质教育，推进教育公平，培养德智体美劳全面发展的社会主义建设者和接班人。”同时,教育主管部门也明确提出“课程育人”的思想,要求教师充分发挥课堂教学的主渠道作用,将中小学德育内容细化落实到各学科课程的教学目标之中,融入渗透到教育教学全过程,并强调语文、历史等学科要利用课程中丰富的思想道德教育因素,潜移默化地引导学生梳理正确的世界观、价值观和人生观,但是从整体上看,“重科学教育,轻人文教育”仍是我国目前教育的一个重要特征和不良倾向。人们往往只看到或片面强调教育的工具价值,忽视教育在培养思想道德素养、价值判断与文化判断能力等方面的价值。这种急功近利、急于求成的做法,其结果就是学生在学校学习获取了知识,获得了能力,但道德情操、人文精神和规则意识缺失,有些甚至成了“精致的利己主义者”“狭隘的极端主义者”和“功利的实用主义者”等。某些极个别的令人痛心的校园事件,从某种程度上也深刻地折射出了我们当前过分注重灌输知识教育,却在育人的方向上走向迷茫与缺失。

因此,学校教育注重科学知识的传授、注重智力的开发的同时,也不能忽视人文精神素养的培养,忽视规则意识的养成,忽视正确的价值观的树立。我们培养的人要具有丰富的专业知识和较高的专业技能,更要具备健康的道德素养和良好的品格德行。这样,他们才会成为“中国特色社会主义事业的建设者和接班人”,否则,培养出来的只是“工具人”,甚至是“旁观者和反对派”。因而,“德智融合”教育思想的提出,是时代发展的要求,是中华民族实现伟大复兴梦赋予教育的一份责任。

二、建立在国家战略的需要上

于漪老师非常喜欢闻一多先生的《红烛》一诗,诗中积淀的中华民族优秀的文化和渗透的精神特质激励着她的思想言行。作为中华儿女,于漪老师深感“天下兴亡,匹夫有责”是自己肩负的历史使命;身为普通教师,她觉得为实现祖国繁荣和民族振兴是自己不可推卸的责任。这种使命意识和责任意识深刻影响着她对教育教学的思考和追求。她认为基础教育是普及教育,关系到全民族的素质,影响着国家发展的全局;基础教育是一种战略需要,关系到我们国家与民族的未来。因此,她总是能以国家发展和民族振兴的长远眼光,站在国民素质的高度来看待教育。

学校要培养学生良好的知识和能力，更要实现学生品格与心理的健康成长，使他们既拥有丰富的学识，又拥有良好道德情操和积极的人生追求，成为健康成长和全面发展的人。但有些校长或教师却育分不育人，只重视学生成绩，片面追求升学率，忽视对学生进行思想道德教育。面对此种怪象，于漪老师是看在眼里，急在心里。她在许多场合高呼："教育的本质是育人，教育学生做人是第一位的。引导与教育他们懂得做人的道理，养成做人的良好思想道德素质，养成做人的良好行为习惯，牢牢把握做人的底线，应是教育工作的重中之重。"

在我们的教育"为谁培养人、培养什么样的人、怎样培养人"等问题上，于漪老师有清醒的认识，也有明确的回答。她在不同场合多次提出，我们的教育就是要"培育有中国心的现代文明人"。在对中国心的认识上，于漪老师一贯旗帜鲜明，始终坚持"教育的重要任务是向受教育者传承本国的优秀文化和人类的精神文明"，以坚定学生的国家立场，建立学生的民族文化认同，形成中国自信、中国自尊，即中国心。就像于漪老师所说的，当今中国的教育不是在零起点上，它是有传统的，教育的优秀传统是我们培养学生成长、成人、成才的根和本，忘了根脉、离开了本真，就不可能长远发展。不过，于漪老师不是狭隘的文化民族主义者，她主张我们的教育要有世界眼光、国际视野，以开放的心态、多元并存的态度，学习人类一切优秀的文化。她反对教育界令人担忧的数典忘祖、对历史采取虚无主义态度的倾向：开口闭口就要"与国际接轨"，实际是完全不顾中国国情的做法，是"全盘西化"，盲目模仿、接受和推崇西方教育的做法。

"以天下为己任""以教育为己任"的使命意识和责任意识扎根在于漪老师的内心深处，深刻影响着她对教育教学的思考和追求，使她始终能站在国家发展和民族复兴的战略高度来考虑我们的教育教学，这是她提出"德智融合"教育思想的基础。

三、建立在学生终身发展的需求上

当今学生具有鲜明的时代特征，他们思想独立，视野开阔，求知欲强，认知能力高，对美好生活充满憧憬，但因为多为独生子女，父母娇生惯养，与此同时，受急剧变化的外部环境的影响，他们又表现出不同的特点：具有强烈的自我意识,他们习惯从自我角度思考问题,处理事情;组织观念淡薄和大局意识不强,他们往往以自我为中心,注重自我体验;在新旧思想碰撞、价值观念冲突和多元文化的冲击下,理想信仰、社会责任感和历史使命感相对弱化,等等。

其次,随着中国大门敞开,外来文化蜂拥而至,良莠不齐,但学生的认识能力有限,缺乏正确的文化判断力,与此同时,他们又对中华民族的传统文化缺乏深刻的认识,因而在外来文化与传统文化的交锋中,他们陷入迷茫,无所适从。有的学生盲目文化自信,只推崇本国的传统文化,对于外来文化,无论优劣,则全盘否定;有的学生则认为中华传统文化的价值已经丧失,对外来文化盲目崇拜,出现“哈韩”“哈日”等现象。因而,在外来文化不断入侵的形势下,学生的价值观念、人生态度,学生的道德情操、兴趣爱好、理想追求,学生的言行举止等等都受到了影响,学校教育也面临着严峻的挑战。

此外,在影视行业快速发展和互联网高度发达的今天,有些学生对明星崇拜甚至到狂热、疯狂和迷恋的程度。有些学生为了能见到自己崇拜的明星或者得到他们的签名想方设法逃课——或去明星飞抵的机场,或到明星下榻的酒店,或是在明星活动的现场一等就是几个小时。更有甚者,背着父母盗取家中钱财为明星购买生日礼物,只为搏他们一笑。有些学生热情地追随他们崇拜的明星,沉浸在他们的世界里,盲目地模仿他们的生活态度和行为方式。与之相反的是,为国家和民族做出突出贡献的袁隆平、屠呦呦、钟南山等英雄人物,学生们却对之视而不见,毫无崇拜之意。

在这些情况下,如何让我们的教育进入学生的心灵世界,发挥品德引领和人生引路的作用,帮助他们树立正确的世界观、人生观和价值观,为他们的终身发展奠定坚实的基础,是我们必须重视和研究的问题。“德智融合”教育思想的提出正是实现学生终身发展的需求。

四、建立在学科德育实施现状之上

为了解语文新教材实际使用中的难点和问题,找出新背景下语文课“德智融合”在教育理念转变、课堂教学手段等方面的瓶颈和对策,“于漪语文课程德智融合新情况下的问题探讨和实践研究”课题项目组通过问卷和访谈等形式,调研了基础教育阶段 294 名语文教师、65 名大学生、171 名高中生、308 名初中生和811名小学生后发现学科德育的实施正面临着一系列困境与挑战。

调查报告显示：教师大都对“德智融合”有一定的认知基础和理念认同，认为培养德行和智性在教学中是同等重要的，教学中有必要德智融合，培养学生的思想素质、道德情操和文化素养，但在将“德智融合”的理念转化为实践、具体落实到课堂时，存在重“智”轻“德”、重“德”轻“智”及“德”“智”分离等现象。究其主要原因，大概有三。一是在“应试教育”的片面的教育质量观的影响下，教师育人意愿不强，学科育人意识薄弱。教学中教师以“育分”为主，一味追求学校的升学率和学生的考试成绩，而忽略了对学生的思想品德的培养。久而久之，学生学习的内容日益增多，学习的强度日益加大，最终成了只知道考试的机器。二是学生的思想道德教育，包括树立远大的理想、培育高尚的道德品质、陶冶美好的情操、确立正确的价值观念等方面，都离不开文化素质教育这个基础，但教师在挖掘学科的育人价值实施课堂教学时却没有意识到这点，与此同时，教师对学科整体教学内容框架没有清晰的认识、对学科的性质、目的、功能以及学科教学中不可违背的规律也没有正确理解和把握，因而，学科教学时忽视了知识的传授和技能的培养，坠入思想政治教育的窠臼，只是将学科的德育功能附着于学科教学之中，凭空说教或是“贴标签”。三是对学科的个性特征把握得还不准确，对“德智融合”的教育教学理念了解得还不深入，对“德智融合”的实施路径研究得还不透彻。因而，教师不清楚“智育”和“德育”两者的边界和交集，也找不到知识传承和思想情操熏陶感染的最佳结合点，只知道在技巧上、方法上兜圈子，最终也就不能潜移默化、“润物细无声”地将德育和智育自然地融入到学科教学中，实现学生德性和智性的和谐发展。

于漪老师一直说：“学科德育显然不是知识之外的‘穿靴戴帽’，而是与知识教学融为一体的情感、态度、价值观。学科德育重在融合，是水乳交融，而不是油和水的关系。”德行和智性是学生的生命之魂，德育和智育是和谐统一的，在学科教育教学中不能不讲德育而只顾学科教学，也不能单纯讲德育而丢掉了学科特点。当然，也不能简单地把德育和智育相加，课堂教学应该“德智融合”。只是空喊德育口号，到处贴标签，没有学科知识和专业能力，学科育人无从谈起；只有学科知识和专业能力，分数至上，没有德育融合，学科育人也无法实现。因而，“德智融合”教育思想是改革学科德育实施现状的必然选择。

于漪老师将自己奉献于教育事业中,是"精心育人的一代师表,潜心教改的一面旗帜",但她始终将教育当作一门需要不断探索和学习的学问,从作为语文教师坚持"胸中有书,目中有人"开始,到追求"教文育人",再到"德智融合"教育思想的提出,于漪老师一直在不断发展自己的教育教学理念,践行"一辈子做教师,一辈子学做教师",令人敬佩。我知道,我对于漪老师提出的"德智融合"教育思想的认识是不全面的,也是不深刻的。但是,我会在实践中不断学习贯彻"德智融合"的教育教学思想,为中华民族伟大复兴培育"有中国心的现代文明人",培养"德智体美劳全面发展的社会主义建设者和接班人"。

(该文原载 2022 年 1 月《教育》,收入本书时略有修改)

打造生命涌动的课堂

——于漪“德智融合”教育教学思想学习体会

倪瑾谊　上海市陆行中学北校

什么是教育？教书育人。这个词看起来是个并列短语，其实不然，前者是手段，后者是目的。真正的教学不是教书，学科教师不是教学科，而是用学科来教人，通过使用学科专业书籍和学科教学方法来达成育人目标。教书的过程就是育人的过程，二者密不可分。前者是我们每一天的工作日常，如同肉眼可见的冰山一角，后者是海平面下日积月累的为山九仞。

如何“育人”？“育”什么样的人？于漪如是说：“培养什么样的人，向来是一个国家一个民族事关能否生存、能否持续发展、能否富强的全局性的战略性的大事。”“‘立德树人’是教育最本质的问题，德育为先，育人为本。教育的根本任务是引导青年学生梳理正确的世界观、人生观、价值观和荣辱观，培养德智体美全面发展的‘和谐的人’。”作为基础教育课程中的重要学科，语文是中华文化乃至人类文明的重要组成部分。与其他学科相比，语文教材因其融入古今中外优秀思想文化而成为育人的优选载体。把中华民族优秀的文化基因撒播到学生的心里，内化为理想信念，外化为言谈举止，是语文教师的天然使命。

如何实施“学科育人”？于漪提出：“学科育德重在融合。”2014 年 12 月起，于漪就已经开展了“中小学语文学科育人功能纵向衔接横向贯通的实践研究”，意在探究德育内容体系在中小学语文学科融入的基本规律，深入挖掘语文学科本身所蕴含的价值观念和道德内涵，促进中小学语文学科知识体系和价值体系的有机统一，力求德智融合，协调同步。学科德育和学科知识的传授不是水和油的关系，而是水乳交融的关系。开展学科德育，不是在教学中附加开展德育的环节,而是要更加有效地去构建学生的学习过程,让每一个教学环节都能发挥教学的效能,让每一堂课不仅是传递一种知识、一种观念、一种能力,更是在此基础上,对学生的思想、情感有所浸润、有所激发。

“德智融合”的课堂是什么样子?应该就是于漪描绘的这样一幅美好图景:“教师的生命涌动激发学生的生命涌动”。如果说,精彩的课堂能听见“拔节”的声音,那一定是学生和教师共同成长的声音。在这曲生命协奏的交响诗里,应该还有文本焕发出的崭新生命力。

一、教师与文本对话:挖掘德育和智育的资源

教育改革的关键在于教师。如果将课堂教学比作带领学生入宝山探宝,那么作为课堂教学的实施者,教师无疑就是这场探险的向导。在一次又一次教学实践中,教师的专业能力和核心竞争力得以打磨和升华。

在设计教学之前,首先是对文本的研读。于漪说:“一篇好的课文必然是作者情动于中而言溢于表的产物,我们赞其妙处,不外乎言其思想深邃,见解精辟;言其感情真挚,掷地有声;言其绘景、状物、记人惟妙惟肖,巧夺天工。凡此种种,皆离不开遣词造句、谋篇布局的功力。”只有教师读懂教材,才能带学生取得真经。与文本对话,准确解读文本,是教师的立身之本。

(一)提升专业素养和人文素养是“对话”的前提

语文教师只有具备精深而广博的专业知识、文学功底、文化视野和人文素养,才有可能高屋建瓴地鸟瞰文本,深层次地解读文本,并且深度挖掘作品的内涵价值,进而设计出有深度、厚度、广度的教学方案。语文学科蕴藏丰富德育资源,关键在于教师要有一双识别育人因素的慧眼。

(二)把握文本原生价值是“对话”的原则

文本是一汪动态、立体、氤氲着作者个性化气质和思想的活水。随着时间的流逝和空间的转换,文本可能会产生特定的社会意义,读者往往产生附着自身阅读经验和生活经验的主观解读。但是语文教师的文本解读是教学性的阅读,必须处理好文本传达的多重意义的区别和内在联系,在备课时必须咀嚼涵咏、精读深思,用心与作者共鸣,力求再现作者原意。

(三)挖掘文本的德育、智育的资源是"对话"的目的

在语文核心素养中,语言建构与运用是基础,思维、审美、文化都以语文的建构和运用为载体。开展智育,提高学生听说读写的能力,提高语文素养,是语文教学的核心。另一方面,古今中外优秀文化和道德思想淬炼而成的辞章,本身自带爱国主义精神、高尚的道德情操的德育属性。只有带着情感去阅读它、感受它、找到它,才能传递给学生。

教师与文本的对话是挖掘文本德育、智育资源的第一步。这是一个活的、动态的、立体的过程。于漪生动地形容这个过程:"钻研教材,要钻到文字不是躺在纸上,而是站立起来与你对话了,你才能真正触摸到作者的写作意图和他的深邃思想、精辟见解、人文情怀,以及他遣词造句、谋篇布局的良苦用心。"

二、教师聆听学生与文本的对话:提炼德育和智育的"融合点"

研究教学不仅要研究教材,更要研究学生。学生的现状是教学的出发点和终极目标。于漪将教学比作"雕塑"。教师只有了解学生的"质地",因材雕塑,才能制作出巧夺天工的艺术品。"当前学生所处的是一个特殊的时空环境,世界和中国都发生深刻的变化。政治多级、价值多元、文化多样、经济全球化、信息网络化,对缺少人生经历、文化积淀与文化判断力的中小学生会产生多种多样的影响。"教学一定要从学生的实际出发,研究学生的学、作用于学生学,充分发挥学生认识主体的作用。这就要求教师了解不同学生的不同特点,用心聆听学生的需求,认识学生在学习中、阅读时产生的困惑,进而制定教学方案。

(一)关注"困惑点",在有疑处施力

"疑"是点燃学生探索的火种,是学生分析问题、解决问题的指路明灯。当学生阅读不同历史时期、不同文化背景下产生的作品时,难免会产生一些困惑。于漪给出了"三看一查一提问"的自学方法指导,鼓励学生在课前就发现问题。比如在预习《老山界》时,学生提出疑问:为什么红军要用脸盆煮饭吃?为什么他们都吃不饱还有力气爬山?既然老山界那么难翻越,为什么不绕道而行?当老师听到"现代智叟"向"红军愚公"们发出这样的疑问时?难道批评他们"何不食肉糜"吗?要回答这些问题,固然可以通过补充历史背景来弥合文本与学生

经验的隔阂，但于漪教授《七根火柴》时的教学方法给了我更大的启示。于老师通过剖析关键的语句（如“推”“摇”“指”等动词），揭示无名战士坚强的革命意志和优美的精神境界，通过分析扣人心弦的场景描写，指导学生朗读，不断渲染和生发，努力在学生脑中形成鲜明的形象，拨动学生的心弦。学生的困惑点，恰恰是德智融合的施力点。

（二）发现“盲点”，于无疑处生疑

学源于思，思源于疑。疑是思之始、学之端。与教师相比，学生的阅读经验相对比较缺乏，文本解读能力也相对比较薄弱，所以，究竟哪些地方需要认真体会，哪些地方需要用心留意，他们很可能搞不清楚。语文教学最怕“滑”，浮在文本语言表面，逐字逐词逐句子地读下去，语言的特点和表达上的变化在不经意间忽略过去，隐藏在精微奥妙处的文字深处的思想精髓也就被遮蔽住，得不到充分彰显。发现预习过程中的“困惑点”其实不难，难在发现学生存在的这样一些“盲点”。而就是在这些地方，才体现出教师阅读指导的功力。所以，一名好的教师会鼓励学生提出新的问题。培养学生的质疑能力，实际上是教给学生读书方法，教给学生学习方法，使学生受益终身。

（三）提炼“融合点”，找准“切入口”

于老师一直强调教学一定要“减头绪，削枝强干”，“语文教学的切入口一定要小”。这个“切入口”可以是教学的核心价值，也可以是学生的困惑和需求。教师要切实根据学生的知识水平和接受能力，取舍和剪裁教学内容。只有聆听过少年人的内心，才能拨动他们的心弦。教学是一个长善救失的过程，每一堂课作用于学生的生命质量。通过一堂又一堂“对准学生心弦”的课，经历一个阶段、一学期、一学年的学习，学生将逐渐形成完整而系统的知识体系和价值体系。

三、教师引导学生与文本对话：捕捉课堂教学的“生长点”

教学时缘文释道，因道解文，以文中内在高尚的思想、道德、情操拨动学生的心弦，让学生既感到语言文字表达情意的表现力和生命力，又受到文中情和理的潜移默化的熏陶感染，教师也在这一过程中获得职业生命的满足与专业能力的锤炼。如何开启师生的智慧震荡、生命涌动的课堂呢？于漪给了我们一把“金钥匙”，即构建“多功能立体化”的课堂，每一个教学环节，要尽可能发挥其传授知识、发展能力、塑造优美心灵、完善人格培养的多重功能。

(一)创设教学情境，情理互见共生

初中生以形象思维为主，理性思考处于萌芽发展期，学习兴趣不稳固，情感易波动，这些认知特点决定了激发兴趣的重要，要依赖情感体验沉浸文本，提升思维品质，调动学习的积极性。所以，教师要重视和掌握学生的“内部态度”，千方百计地培养学生的学习动机，激发学习语文的浓厚兴趣。

施教之功贵在引导，要在转化，妙在开窍。语文教师是学生学习语文的引路人，既要“披文入情”，也要“以情传情”，用有声、有情、有境的语言激发学生的共鸣。语文教师要为学生创设类似生活体验的结构化情境，让学生在逼真的情境中带着自身的宝贵经验来理解知识、建构思想，生成意义。

(二)组织网络化对话，激发学生“内建”

脑力劳动的快感绝不来自被动接受，而是在有意无意中自我发现后的自信、自尊与自豪。学生获得知识、提高能力不仅依靠教师的“外塑”，更重要的是依赖学生学习的内在建构。在课上，教师有计划有目的有步骤地引导学生与文本的对话，抓住文本矛盾，展示学生在课前提出的疑问，在学生不易发现疑问处设疑，引领学生动脑筋思考，师生开展“师生”“生生”网络化的对话，推动学生在已有的生活经验、学习经验的基础上不断增添新的知识，增长新的能力。

于漪说：“课堂上最精彩的莫过于学生与教师、学生与学生之间对某一问题看法不一、意见分歧时所产生的争论。”师生、生生在思维碰撞中产生的新角度和新看法，有时教师会在学生的启发下，向文本更深处走了一步，对文本的理解又豁开一个切口。所谓“教学相长”“以人育人”正是此意。而能产生这样一个场景的前提是：教师能尊重学生的意见相左，能用热情对待并因势利导，一以贯之地保护学生的求知欲和积极性。而待到我们的学生真的可以在课堂上争鸣起来，思想开出百花来，那么，我们的学生才真的成为语文学习的“发光体”。

(三)课堂饱含情谊,语言震荡心灵

语言学习的过程就是通过语言,进行阅读、思考和表达的过程。课堂教学中学生品读语言的质量,决定着学生思维发展的质量。教师要把课上得有感染力、说服力,达到教学目标,就要锤炼教学用语,讲究语言艺术。教学语言除了要做到清楚明白、优美动人,还要倾注充沛、真挚的感情。正所谓"情动于中而形于言",当教师对文本、对学生倾注了满腔深情,教学语言才能充分彰显出生命力,使唤学生产生共鸣,心灵得到震撼。

"我见青山多妩媚,料青山,见我应如是。情与貌,略相似。"课堂教学该是有这般情境,师生对文本的深入探讨,心灵之间的沟通,就会畅通无阻。

2019年秋季统编版语文教材全面投入使用后,语文教师获得了实施学科德育的有效依据和抓手,迈出贯彻落实立德树人教育理念的重要一步。然而,要真正将德智融合的理念落到教学设计和实践中去,关键在于教师育德意识和育德能力的提升。

学科德育有其自身的规律,要立竿见影,毕其功于一役是不可能的,需要的是细心、精心、耐心,更重要的是需要爱心。教课,就是师生共同全身心的投入,用生命歌唱。教课不是简单的知识传授、能力训练,而是师生互动、思想碰撞、心灵交流、生命涌动、共同成长的历程。

"课堂,不是教师一个人的生命活动,而是以教师的生命激发学生的生命活力,让学生一起动起来。春风化雨,生意盎然。"生命共同涌动的课堂,必然是最美的风景。

(该文原载2021年6月《教育》,收入本书时略有修改)

立足课堂　理解生命

——于漪“德智融合”教学思想管窥

张　鑫　上海市宜川中学

教育即教书育人。何谓“育人”,是我们每一位教育工作者必须面对和思考的一个问题。“育”的对象是“人”,但在具体的实施过程中,我们常常是忙于“育分”,忽略了教育应该以“育人”为本。于漪老师在《学科教学须坚持育人为本》中很好地为我们解答了这个问题:“教育以‘教人成人’为务,建立价值生命。”生而为人,是生物性或生理的生命,与其他有生之物一样,而要具备“人之为人”的特征,超越生物性的生命,须教育导引,滋养心灵,培养德行,学习如何做人,开发潜力,发展生存能力。

那在日常教学中如何真正落实“育人”的价值呢?于漪老师“德智融合,滴灌生命之魂”的“教文育人”给了我们很大的启发。“德智融合”,所谓“智”指向知识层面,借由知识的传授培养能力;所谓“德”指向道德层面,对学生进行道德渗透,价值影响。德与智互相融合,相互渗透。于漪老师提出,教育的融合点不是外在附加的,而是需要教师用心从教材中发现,从教学的实际中发现的。于漪老师在《聚焦在文化认同上》一文中指出,语文教学是母语教学,母语天然承担着传承和弘扬本民族文化和民族精神的责任,尤其在文化认同教育方面应有所作为。语文的学科特性决定了“语文教学在以语文智育为核心的同时,应渗透德育和美育”。

那在日常语文教学中又该如何实现“德智融合”呢?教育的主阵地在课堂,教育的主体对象是学生,要做到“德智融合”就需要在课堂中“粘住”学生。所谓“粘住”学生,于漪老师用众多教学实践告诉我们:教师的课堂不仅要能够吸引住学生,让学生能够集中注意力于自己教授的内容上;同时,也要有文化的凝聚力,能够引导学生关注并沉浸于语言文字中,体悟语言文字的魅力。教师要借助中国语言文字培养学生对中华传统文化的热爱,提升学生的文化认同感。

若要实现以上两点,就需要教师在课内和课外多下功夫。

一、吃透教材,立足课内

于漪老师教导我们要做到“德智融合”,这就需要教师深入研读文本,挖掘文本的内在价值,否则容易陷入空洞的说教。同时,也为我们指出探究的方向和重点,即关注语言表达。内容是借助语言来表达的,因此让学生沉浸于文本中品味语言、获得独特的阅读感受是我们在教学中关注的重点。要做到如此就需要教师关注三个基本问题:一是作者写了什么,二是作者怎么写的,三是作者为什么这样写。新课程标准归纳总结出语文学科的四个核心素养,即语言建构与运用、思维发展与提升、审美鉴赏与创造、文化理解与传承。语言建构与运用既是起点,也是归宿,在语言建构和运用的同时,提升学生的思维力以及审美力,进而培养学生的文化自信和认同感。

高中语文部编版新教材依据《普通高中语文课程标准》要求,创新性地以人文主题和学习任务群来组织课文单元。18 个学习任务群涉及学生学习、生活的各个方面,对学生的语文能力提出了更高的要求。这就要求教师实行专题形式、主问题探究的教学方式,真正做到以学生为主体。单元主题要求教师有单元贯通的意识,对教师的文本解读能力提出了更高的要求,除了挖掘每篇文本的教学价值以外,也需要寻找本单元文本间的关联和共有的教学价值。例如,在部编版必修(上)册第三单元的诗歌教学实践中,笔者在本单元确立主问题即“诗歌形式与诗人的生命意识”,探究不同时期、不同诗人、不同体裁的诗歌呈现出诗人不同的生命意识。从诗歌形式特点品味独特的语言形式,探究运用这样的语言形式的缘由,以此理解作者的生命追求。然后让学生在感悟不同诗人的价值追求中体会生命的意义和生命价值的丰富性。除了要关注不同篇目呈现的诗人不同的生命意识,同时也要引导学生关注不同体裁之间的关联以及不同生命意识的异同,学会欣赏和理解不同的生命追求。

于漪老师认为,学科教学中可以很好地进行生命教育,从而帮助学生认识生命，进而尊重和珍惜生命，学会欣赏生命，最终实现生命的价值，实现人生的意义。本单元的主问题很好地契合了于漪老师所提倡的德育内容要包含生命教育的主旨，试图通过体察他人的生命追求，反观自我的生命追求，以此唤醒学生的生命意识。

二、关注时代，勾连课外

德育渗透不仅需要关注教材，也需要关注时代特征。于漪老师在《学科教学必须坚持育人为本》中强调："当前学生所处的是一个特殊的时空环境，世界和中国都发生着深刻的变化。"于漪老师认为，语文学习与生活相伴，与人的终生相伴。在学生求学时代培养他们的发现能力、质疑能力、思维能力至关重要，切不可掉以轻心。在"内卷"盛行的时代，面对众多的诱惑，学生的德育也面临着巨大挑战。

在这样的时代，学生身上也烙下时代的印记。如何真正地理解学生，是落实"德智融合"的关键。首先，需要走近学生，了解学生的世界。每一个学生都是极富个性化的存在，他们每个人都有不同的特点，如何了解每一个学生是需要教学智慧的。笔者曾经做过尝试——课前演讲。每接手一个新的班集体，笔者都将开学初的主题确定为名字的介绍，以及给自己取一个字和号。通过名字的介绍可以了解学生家长对学生寄予的期待。通过给自己取字和号，可以了解学生自己是如何理解和定义自己的名字的，以及学生自己对自身的期待和追求。第二阶段的主题是"社会热点词之我见"。通过学生关注的热点词，可以了解学生的兴趣，以及他们所关注的热点现象、他们的态度和看法，从而了解学生对社会的看法以及看待世界的方式。

教会学生如何面对这样的世界，也是"德智融合"的题中之义。于漪老师指出，我们在培养学生的如听书读写基础能力以外，还需要关注学生的其他能力，如思维力、想象力等。身处信息化时代，面对芜杂的信息爆炸，我们如何理智、客观地思考问题是身处这个时代的每个人都需要思考的问题。笔者曾就某次空难中离世的杭州女孩被网暴的真实事件作为写作材料，引导学生对网友的评价进行再评价。首先梳理网上的众多评价，引导学生进行分类，重点探究其中的"灰色"评价，以此探究网络的特点即"去价值化"，引导学生关注生命本身，意识到对生命的敬畏、怜悯是生而为人的基本。通过类似社会现状的探讨,教会学生辨别善恶、美丑,树立正确的价值观和人生观,悉心培养学生成为一个真正具有高尚德行、知识储备、质疑精神、理性思考以及审美情趣的现代公民。

于漪老师说:"让我们的孩子一捧起中国文字写的书就马上升腾起理想信念,以及对语言文字的挚爱深情;一捧起经典作品,就会想到这些经典作品蕴含着的民族精神、民族情结、民族睿智,乃至民族思维方式。"

道阻且长,行则将至。

(该文原载2023年8月《教育》,收入本书时略有修改)

“读”以品德　“议”以悟德

——于漪语文“德智融合”教学思想实践探究

赵佰红　上海市育才初级中学

于漪老师在《聚焦在文化认同上》一文中指出：“语文教育从事的是母语教育，有传承和弘扬中华优秀文化的天然优势，当然应该义不容辞地担当起民族精神教育的责任，尤其在文化认同教育方面应有所作为。”语文作为基础教育课程中的重要学科，是中华文化乃至人类文明的重要组成部分。语文学科由于其本身就有着丰厚的育人育德价值，语文教材中的大量作品中蕴含着纯真高尚的情感与思想，体现着不凡的气度与风骨，凝聚着各种文化传统与精神，我们在语文教学中，应该利用好教材，立足“立德树人”的教育本质，将“德育”与“智育”相融合，找准“德智融合点”，实现全面育人。

一、准确把握教材中的智育内容

于漪老师说：“培养学生读、写、听、说能力的同时，须有意识地在思维力、想象力、观察力、记忆力、联想力等方面，尤其是思维力的锻炼方面下功夫。”

语文学科智育的核心就是语文知识的传授和学生的语言及思维能力的提升。首先，教师要潜心研究文本，从语言、文章、文学以及文化等方面引导学生习得语文知识，为阅读及写作打下扎实的基础。其次，要在传授知识的基础上，进行严格训练，使学生具有语文阅读能力、写作能力以及听说能力。更重要的，在语文教学过程中，还要围绕重难点和一些挑战性任务，引导学生比较、整合、归纳、演绎等手段，启发学生思考、讨论、争辩，将学生的学习推向纵深，从而发展学生的思维能力。从这些方面准确把握语文教材的智育内容，在语文教学中提升学生的语文素养,才能为“德智融合,全面育人”打下扎实基础。例如,在教授《狼牙山五壮士》一文时,从题目“壮士”入手,关注文中对五位战士称呼的变化:五个战士、五位战士、五位壮士,让学生准确理解“个”与“位”“战士”与“壮士”的含义与用法的区别,从而为把握五位战士不畏牺牲的英雄气概,理解作者对其倾注的赞美和敬仰之情打下了扎实基础。

二、深入挖掘德育价值,准确定位融合点

有内涵有张力的课堂,需要教师精心设计。于漪老师多次强调,教师要“对所教学科的个性特征深入研究,准确把握,然后对某个章节、某个内容反复推敲,找到知识传承和思想情操熏陶感染的最佳结合点,进行‘无缝焊接’”。被选进教材的每一篇文章都有其阅读价值。文章的文辞结构、语言形式等,让每个人在阅读中都有一种美的享受;文章蕴含的思想感情、人生哲理等让每一个读者都能从中获得教益与启迪,这就是文章本身的价值。我们知道,当一篇文章被选进教材作为一篇语文课文出现的时候,它往往蕴含着特定的教学价值。所以,我们在研读文本、研习教学内容的过程中,就要深入发掘文本教学的核心价值,在确定“智性”内容的同时,深入挖掘文本的德育价值,准确定位“智性”与“德性”的最佳结合点,这是在语文教学中实施“德智融合”的根本所在。

例如,在教授《孙权劝学》这篇短文时,我在结合注释理解短文内容、梳理好故事情节的基础上,让学生以标点符号为抓手,在朗读中揣摩人物说话的语气,学习孙权现身说法的劝说之道,体会他劝说时的真切情义,感受孙权作为君主的威严与大气。在这里,了解“劝人之道”,感受语言艺术,就是本节课要学习的核心智育内容。同时,短文中“劝人之道”又隐含着丰富的文化要素:我国古代有“劝学”的文化传统。所以,学习体会课文中孙权的“劝人之道”,感受其语言的艺术后,再结合《劝学》《师旷论学》《为学一首示子侄》等古代劝学名篇,让学生感受我国古人劝学的文化传统,也是这种文化传统传承的一种方式。这里学习“劝人之道”,感受语言艺术,就是“德智融合”的最佳结合点。

三、“读、议、练、讲”,构建开放、立体的课堂

20 世纪 80 年代,上海市育才中学老校长段力佩先生提出了“茶馆式教

学”，在深入研究课堂教学的基础上主张变“授”为“学”，提出“读读、议议、练练、讲讲八字教学法”，“目的是要让学生学得主动，学得活泼，节省课堂教学时间，提高学习效率，并使学生有自己支配的时间，以发展自己的兴趣和爱好”，其基本精神是让学生成为学习的主人，变被动的学习为积极主动的学习。于漪老师强调“人”是教育的目的，以学生为本是教育本质的回归。两位教育家的教育观是何其相似。如今，段力佩先生提出的“八字教学法”同样是在帮助我们构建开放立体的课堂，是实施“德智融合”的重要保障。

(一)读在美处，读出语文的韵味，引起学生的情感共鸣

俗话说：“功夫靠练，文章靠念。”读，是阅读教学的基础，是阅读教学中常用的教学方法和手段。朗读既能培养学生的语感，又能加深学生对文章的理解；既能调节课堂气氛，又能唤起学生学习的热情。课堂上，首先，要精选朗读内容。40分钟课堂的时间有限，很多课文篇幅长，全文朗读不现实，这就需要教师精选需要读、值得读的片段，让学生品读理解。其次，要选用合适的朗读方式。朗读的方式多种多样，可以精读、泛读，可以个人读、集体读，可以自由读、分角色读……而不同的文章往往需要不同的朗读方式。再次，要给予一定方法和技巧指导，让学生把握朗读的节奏，根据情感需要调整语速的急缓、语调的升降、语音的轻重，读出抑扬顿挫来。

很多年前，我听了当时还在上海市育才初级中学任职的马玉文老师教授《〈新序〉二则》，课上的朗读给我留下深刻印象。马老师在课堂上让学生反复朗读文章，其中《延陵季子将西聘晋》整篇朗读四遍，时长共约六分钟，朗读的方式有散读、齐读、分角色演读等。马老师的四次朗读安排均在课堂教学的关键节点处，将对文章内容的把握和主旨的体会有效地融合在了一起，从感知性的读到理解性的读，慢慢由浅入深，徐徐抵达文心，极具层次感与张力，“将‘诚信尽责’的君子风范深深地镌刻在学生的心中”。

叶圣陶先生说：“朗读自有它的目的，主要在真正理解所读的东西，从而得到启发，受到教育，获得间接经验，从而提高觉悟，丰富见识。”在语文教学中，教师选取“美”点，引领学生朗读，让学生“耳醉其音”“心醉其情”，读出语文的韵味，让学生尽快由“言”入“文”，促进学生对文章的理解，从而提升学生的道德

情操。

(二)议在妙处,品出意味,开启学生思考探索的大门

《语文课程标准》中指出:“阅读教学是学生、教师、文本之间对话的过程。”“阅读应让学生在主动积极的思维和情感活动中,加深理解和体验,有所感悟和思考。”这就要求学生在自己理解的基础上能与同学讨论交流,让个人思想的火花在“议”中碰撞,促进学生对文本的理解,走得更深、更广。在组织学生“议”的过程中,教师适时适度而且富有艺术技巧的提问,能加快把知识转化为语文素质能力训练的进程。同时,在语文课堂上,有效提问是发展学生思维、实现课堂教学质量增值的保证和有效途径。首先,教师要在对文本深入研读基础上设问。研读文本可以从把握文本思路、理解文本含义、分析重点与难点、理解编者意图等方面入手,提出具有启发性的问题。其次,需要在充分分析了解学情的基础上设问。新课标指出:“学生是阅读的主体。”“阅读是学生的个性化行为。”所以,必须要了解学生的知识现状,关注学生的生活经验,力求适应学生的学习需求,正如于漪老师所言:“要倾听每个生命的呼唤,施以阳光与雨露。”再次,需要关注课堂生成,适时追问。在课堂教学过程中,能敏锐地捕捉学生需要深度理解的关键处、抓住需要知识迁移拓展处“穷追猛打”,激发学生思考讨论的积极性,达到教师、学生、文本三者统一,从而开启学生思考探索的大门,让学生将讨论进行得更加深入,从而打通预设与生成之间的坚壁。

总的来说,课堂设问,要找准角度、凸显深度、形成梯度,引导学生在课文最“精妙”处议论,品出文本的深刻意味,把语文课堂构建成智慧的驿站,将文本知识深深镌刻在学生的心灵深处。

(三)练在精处,引发趣味,发展学生的创新思维

语文课堂的训练不多,但也不可或缺。语文课堂训练承担着巩固知识、训练技能、培养能力、发展思维和熏陶情感等任务,是语文课堂教学的重要组成部分。这更需要教师精选训练点,精心设计训练题。首先,要明确训练的目标,包括课程标准的要求与课堂教学的目标。其次,要关注听、说、读、写各方面的训练。再次,要注意积累训练、模仿训练与创造性训练结合,尤其要注重创造性训练,以发展学生的创新思维。

同时，在训练中真实而又富有艺术性地评价学生，既要关注结果，更关注过程。同样是在马玉文老师《〈新序〉二则》教学中，两篇文章的教学基本完成后，马老师进行了精妙的课堂训练——对对联。上联“诚信无欺延陵季子”一给出，便被一名学生破解：“廉洁不贪司城子罕”此时，老师竟还有后招，在原来的上联后加上：后继岂无子？上联变成了“诚信无欺延陵季子，后继岂无子？”马老师让学生对出下联，更精妙的是，马老师拿出一个“锦囊”交给课代表，约定在三天后方可开启。这个训练由课内延伸到课外，无形中让学生感知了对联这种传统文化形式的美妙，同时又引导学生进一步深入思考，而这个思考的过程便是学生对“诚信”“廉洁”这种高贵品质再一次吮咂的过程。这个训练，马老师设计得极其精妙，既激发了学生学习的兴趣，又启发了学生的思维，更妙的是他将教育者的教育转化为受教育者的自我教育，真正实现“德智融合”。

（四）讲在深处，讲出情味，提升学生精神生命质量

语文课堂上，首先，要选准讲的时机。教师能准确判断什么时候讲，什么必须讲，什么可以不讲。不抢学生的话说，不简单重复学生说过的话，在学生思考出现瓶颈时适时点拨，在学生语言不能达到时适当提醒，在学生获得知识的愿望最强烈时适度讲解。其次，要讲得准确精练。所谓准确，就是要说得规范正确，用词精当，不能出错，也不能模糊不清，模棱两可；所谓精练，通俗说就是“能用一句话说清的，不用两句话”。只有讲得准确精练，才能正确讲清问题，有效传递信息。再次，要讲得形象生动。课堂上要以和蔼亲切的态度、巧妙恰当的譬喻、幽默风趣的语言讲解，既能旁征博引，又要浅显易懂，让学生心灵得以触动，使学生的情感思想在理解感悟的基础上有所提升，有所延展。

语文教师只有高屋建瓴地讲课，才能拨云见日，讲得深刻，讲出文章的内涵情味，让学生感受课堂上独特而鲜活的生命意义，从而提升学生精神生命质量。

（该文原载 2023 年 3 月《教育》，收入本书时略有修改）

以智为引　归于大美

——于漪“德智融合”教学思想在高中语文单元教学中的实践与思考

刘　莉　上海市向明中学

《普通高中语文课程标准(2017年版2020年修订)》中,确定了语文课程的理念:坚持立德树人,增强文化自信,充分发挥语文课程的育人功能。这正是语文学科与众不同之处,更加指向人,强调学科的育人功能。于漪老师有言:我们中国的教育必须培养具有“中国心”的现代文明人。于漪老师的话对语文学科的“育人”功能做了很好的注解,“育人”的最终目标是把“中国”两字播撒在学生心中,让他们同时具备中国立场和国际视野,为人类文明的进步而奋斗。实现“育人”,要秉持德智融合的教育思想,以语文课堂为阵地,以语文课本为依据,加上教师以身为范、潜移默化的教学方式,使学生在拥有知识、能力的同时,也实现情感、态度、价值观的锻造。

新教材以主题的方式来集合课文,打通了古今、文体,向学生传达一种理念:知识、能力终将归于理念、精神,求真的背后是求善、求美。在此大背景下,本文尝试探究以“育人”为目标的德智融合的单元教学。

一、走向德智融合的单元教学理念

(一)明确目标

想要实现“育人”的目的,我们首先要明确德智融合的单元教学理念。

面对“育人”实践中重智轻德、智育第一的现象,于漪老师曾专门阐述了智性与德性的发展关系,指出德性与智性是生命之魂。其中,德性更是不容忽视。

相比较显性的育分、育能，育德难以看到、难以捉摸，可正是因为难，更应被重视。

与此同时，德智是紧密联系，不可分割的。缺乏德性的智慧就像是无根之木，徒有其表，终难成长为参天大树，可能半途夭折，也可能长成一棵歪脖子树。从这个角度看，德性是智性的根本，智性要依托德性而存在。教书育人，固然要培养才华横溢的学生，但才华当以“德”为本。

何谓“德”？在《说文解字》中，“德”的异体字“悳”意为“外得于人，内得于己也”。“从直从心”，有德者要有一颗正直之心，所作所为均源自本心，且要把善施于他人，使他人得益，又使得自己身心得益。由此可见，“德”不仅作用于自身，更作用于社会，培养人的德性最后指向的是全社会的发展，这正与于漪老师“培养具有‘中国心，的现代文明人”的观念不谋而合。

（二）强调整体

单元教学的巨大突破就是打破了语文课程以课为单位的教学模式，强调单元的整体性。打通文体、时间、地域，每个单元以主题集结在一起，主题往往体现该单元的价值引导，比如必修（上）的第一单元《青春之歌》旨在引导正值芳华的高中生认识自我、思考社会、追求理想，又如必修（上）的第二单元《劳动光荣》旨在呼吁新时代青年树立正确的劳动观念。由此可知，统编教材期待以单元学习的方式把某种情感、态度、价值观植入学生心底，实现育德的目的。

同时，单元教学的过程中还强调德与智的融合，将两者视为整体。在单元导语部分，德智的融合十分明显。以必修（上）第二单元为例：单元目标最终指向的是“形成正确的劳动观念”。而要实现这一点，学生需要“学会分析通讯报道的角度”“学习阐述观点的方法”“辨析和把握新闻的报道立场”等等。可见“智”的训练和“德”的培养是捆绑在一起的。进一步说，“智”的训练要以“德”的培养为目的，“育德”往往也会带来“智”的提升，两者同进同退，相互影响。

（三）立足时代

育人要育的是现代文明人，“现代”两字点明了时代的重要性。因此，德智融合的单元教学离不开时代的指引。“智”应为时代之知，学生需要有面对当今时代所需的能力与智慧，也应摒弃那些“屠龙之术”。“德”也应符合时代的需求,遵循现代文明的发展方向,而非古人所言的“三年无改于父之道”。

当然,立足时代不是说一味排斥古人先贤之德,我们要从他们的智慧、品质里汲取养分,将之运用于现代社会,这是我们学习古文、古诗的初衷。语文的核心素养中“文化的理解和传承”说的也正是这一点。事实上,“德智融合”本身也体现了时代价值,当今时代需要的正是“德智融合”的人才。作为教师,我们应在“德智融合”的单元教学中具备当代的眼光,能够跨越时间和空间,在不同的文化间游走,将真正有价值的东西传授给学生。

二、走向德智融合的单元教学要点

在对德智融合的单元教学有了初步设想以后,在实施的过程中我们应该注意什么?

(一)本末在心

在教学过程中,一定要牢记何谓本,何谓末。末是显而易见的知识,是通过机械操作后习得的方法;本是能力,是思维能力,是感知能力,是通往现代文明人应当具备的情感、态度、价值观的能力。

教材中的每一单元都具备德智融合的特点,只不过有些单元是显性的,有些单元是隐性的。但无论是哪一种,都是由智上升为德,以德为目标。

显性的德智融合单元,对学生的思想教育是显而易见的。比如必修(上)的“家乡文化生活”这一单元,以活动的方式引导学生观察家乡、分析家乡文化生活现状,进而热爱家乡。这一单元通过调查报告的方式,让学生从理性的思考上升到情感的体悟,完成了德智融合的单元学习。

当然,更有一些隐性的德智融合单元,这些单元的教学就更需要教师的智慧了。比如必修(上)的《师说》一课,作为一篇文言文,当然要教授基本的词义、句法,也要教授文章的行文逻辑和作者缜密的思维,但更要让学生了解在当时“耻学于师”的背景下韩愈“奋不顾流俗,犯笑侮,收召后学,作《师说》,因抗颜而为师”的品质,所有对文意的理解和文章的分析最终都要上升为对作者精神品质的审视。

(二)难易有序

既然是单元教学,就要打通单元内部的所有文章,对单元做整体审视。有经验的教师对于知识的梯度会有很好的把握，知道知识传授的先后次序。但他们往往会忽略“育德”的次序，而事实上，“育德”也是有次序的。在德智融合的单元教学过程中，我们要做到难易有序。

学生容易理解与他们实际生活紧密关联的内容，而与他们存在隔阂的内容会存在理解上的障碍；容易体会平常人的思想情感，而较难认同伟人、圣人的理想抱负；容易接受同时代同空间的思想潮流，而对古代或国外的行为、看法较难产生共鸣。一般情况下，根据学生的实际情况，在德智融合的单元教学设计中可遵循先易后难的原则，让学生逐步达成学习目标。

当然，这不是说必须让学生由己出发，任意评断伟人、先贤、他乡、异国，所有对“他者”的审视最后都要反观自身，对自身的行为习惯、情感态度进行反思，以他山之玉，来攻自己这颗顽石，这才是最难的也是最后的步骤，却也正是从“智”上升到“德”的关键之处。

（三）避免空泛

同时，“德智融合”不该仅是句口号，或者仅仅把它当作一句口号诱导学生喊出来，而是应该真正走进学生心底。

近年来，高考题的选文往往起着价值引领的作用，尤其是有一种题型“评析本文的思想情感”，更是直接引导学生将文中的价值取向与自己的实际生活相关联。而学生即便写出了文章的主旨并表示认同、向往后，是否真的能够践行呢？可能要打个问号。这就是学生只习得了“智”而没有上升为“德”“德智融合”流于空泛的表现。

因此，在“德智融合”的单元教学中，我们要避免道理的灌输、套路的教授，而是让学生真正体会、认同。其中，行之有效的做法之一就是让学生能够“知人论世”。在了解作者生平和时代背景的情况下，他们就能更好地走进作品的思想情感。叶嘉莹先生在谈论“《古诗十九首》为什么好”的时候，认为它表达了人类感情的“基型”或“共相”，从而引起共鸣。要想引起学生共鸣，就要走入那个特定的历史背景，与正在经历着什么的作者对话，作者、读者、作品三者间的情感交流也就落到了实处。

三、走向德智融合的单元教学实践

理论的指引最终要走向实践。在此,我们以统编教材必修(上)第二单元“劳动光荣”为例,来谈谈如何进行“德智融合”的单元教学。

这一单元由三篇人物新闻通讯稿、一篇新闻评论、两首以劳动为题材的时代诗歌组成,完全体现了以主题编写的理念,打通了文体和时代。同时,劳动教育是现在的热门话题,属于“育德”功能显性的单元。

从教学目标来看,需要学生了解新闻通讯、新闻评论,进而理解事实与观点的关系,辨析新闻的立场等等,最终要树立无私奉献、锐意进取、勇于创造的劳动观念。这一教学目标既体现了“智”——思考,也体现了“德”——价值观的养成。但如何融合两者?如何将如此“高大上”的价值观植入学生心底?

以智为引,归于大美。我们应当引导学生通过思考,深入体会“劳动光荣”的现代意义,并认可、践行这种价值观。

“智”可以从矛盾入手,激发学生的学习兴趣。比如张秉贵为什么从货柜里拿起一块糖给顾客后又从顾客称好的糖果中拿出一块糖放回货柜里?因为“劳动光荣”不仅意味着为顾客着想还意味秉持公正公平的职业操守。又如安排写作任务,让学生谈谈“在自动化程度越来越高的现代社会,传统社会所孕育的工匠精神是否还有坚守的必要”。因为“工匠精神”不等于“工匠”,“工匠精神”也会与时俱进……困惑是最好的老师,从思考出发,才能收获令自身信服的答案。

“智”还需要学生知人论世,结合时代背景。比如古今对照,古代的“劳动精神”和当代的“劳动精神”有什么差别?古人的劳动体现在团结合作、寓乐于劳……(可与《乡土中国》联系)现代人的劳动更讲究创新审美、立足世界……又如钟扬牺牲个体换取群体的生存这一做法对于新冠病毒时期下的人们有什么启示?人类文明的前行需要先锋者,尤其在困境面前更是如此。知人论世为引,最终上升为对时代的思索、对自身的反思,“德智融合”便得以体现。

“智”还体现在思考的不断深入,以及思考的深入带来的思想品质的提升。比如在学习完袁隆平、张秉贵、钟扬的事迹后思考三人同为劳动模范的代表却各自有所不同。袁隆平、钟扬的贡献显而易见,那么张秉贵作为一个普通售货员为什么在教材编写者眼中可以与他们并驾齐驱?又如学习完新闻通讯稿与新闻评论后比较两种文体的不同。再如对课文本身进行补充、质疑：工匠精神真的能够雕琢时代品质吗？工匠精神还具备哪些价值？随着思考的深入，学生对于“劳动精神”的体悟也会逐步深入，最终上升为切身的理解。

以上是对于德智融合单元教学的一些粗浅的理解和探索。在“双新”背景下，我们更应该明白教材编写者的苦心，尝试改变应试教育和功利化教育的现状，变“机械教”“被动学”为“智慧教”“主动学”。我们应通过“德智融合”的教学思想，努力把学生培养成具有“中国心”的现代文明人。

（该文原载 2023 年 4 月《教育》，收入本书时略有修改）

问以养德

——于漪“德智融合”视角看小学生“问题意识”培养

孙艳赟　上海市大宁国际小学

一、概念的界定

何谓“德智融合”？即通过对“德育”“智育”培养目标的整合，统整教学内容和教学过程，以情境任务创设和学生建构反应为主要特征，实现学科知识学习、能力培养与育人本质结合的最优化。

所谓“问题意识”，是指在人的认知中经常会遇到一些不明白的问题或现象，产生疑问、探求的心理状态。培养学生的问题意识，即培养学生积极思维，不断提出问题和解决问题的心理(品质)。

在于漪“德智融合”教育教学思想下推动小学生“问题意识”的培养，就是站在“德育”“智育”培养目标整合的高度上，在课堂上创设质疑、释疑的条件与气氛，关注学生的学习经历，灵活运用各种方法，培养良好的思维品质、发展思维能力，在此基础上对学生的思想和情感有所浸润，有所激发。

二、意义与价值

(一)落实课程标准及教材编写的要求

《义务教育语文课程标准(2011 年版)》中明确指出，语文教师必须根据学生身心发展和语文学习的特点，爱护学生的好奇心、求知欲，鼓励学生自主阅读、自由表达，充分激发学生的问题意识和进取精神。

教会学生质疑问难，一直是语文教学的重点内容。教师要在培养学生静心阅读的过程中，教会学生敢于质疑且善于有效质疑。

统编教材在小学阶段特别设置了“提问策略”单元，即提出问题，从不同角度提问；筛选问题，提出值得思考的问题，尝试解决问题。这一安排旨在逐步实现提问能力进阶，并向普通单元延展、提升。

培养学生的问题意识，让问题走进课堂，引导学生形成自己的独立见解，才能真正改变教师习以为常的教学方式，真正改变学生的学习方式，才能使学生适应新经济时代和未来社会的需要。

（二）改变目前课堂教学的现状

近年来，在市区专家的引领下，许多同行教师开始探索以“提问策略”为主题的示范课、研讨课。不少一线教师开始逐步重视学生问题意识的培养。然而，在实际教学过程中，还普遍存在以下问题：

第一，学生的“问题”遍地开花，教师的教学“我行我素”。不少教师有意识地在课堂上设计了提问的环节，孩子们也积极举手，然而问题提出以后，教师往往并不理会这些问题，而是从众多问题中找出自己想要的，或是自己提出另一个问题进行下一步教学。如此桥归桥、路归路，试想学生在课堂上的提问，得不到呼应，长久以往学生还会积极提问吗？

第二，“问题”偏离教学核心，远离学生的困惑和需求。教师请学生质疑，自己当然是有备而来，但不少课堂教师所呈现的问题或是带领孩子们思考的问题与教学的核心价值相去甚远，问题解决的过程无法贴近文本，发挥不了“智育”的功能；因为远离学生的困惑与情感需求，自然无法达成“德育”的目标。

第三，释疑的过程浮于表面，错失课堂教学的“生长点”。问题意识的培养并不仅仅停留在提出问题，而是应延伸到解决问题的过程。有些教学设计在释疑过程中更多地站在成人认知的角度去解惑，忽略了学生认知发展的特点。学生得不到缘文释道、因道解文的机会。

于漪老师认为，应构建“多功能、立体化”的课堂。对于学生问题意识的培养，笔者认为，师生在提问——辨疑——释疑的过程中，每个教学环节都应尽可能发挥传授知识、发展能力、塑造美好心灵、完善人格培养的多重功能。

(三)实现学生和教师的精神共成长

在“德智融合”指导思想下推动学生问题意识的培养,首先需要教师自己要有问题意识,用批判性的思维审视教学工作,潜心进入到文本中,研究学生、走近学生。在于漪老师看来,要培养学生的思维品质和良好的思维习惯,教师首先要做好示范,不能成为思维的懒汉。不会思考的教师,永远不能成为优秀的教师。教师要和学生一起成长,找真问题,辨主问题,分析能引领学生成长的好问题,带着这些有价值的问题沉浸到语言文字中去,训练思维,学习语言,获得精神成长,让孩子实实在在学到真本领。相信教师们带着上述目的走进课堂,必会迎来真正的“教学相长”。

三、相关策略及举隅

(一)研读文本,提炼每个文本的“融合点”,找准提问的“切入点”

相比德育的“观念”,德智“融合”的要求更高。既要明确语文学科“智育”的内容,又要熟悉“德育”的内容。因此,教师要在“德智融合”的思想下推动问题意识的培养,首先是对文本的研读。于漪老师说:“一篇好的课文必然是作者情动于中言溢于表的产物。我们赞其妙处,不外乎言其思想深邃、见解精辟,言其感情真挚、掷地有声,言其绘景状物记人惟妙惟肖、巧夺天工。凡此种种皆离不开遣词造句、谋篇布局的功力。”教师只有读懂了教材,才能带领学生取得真经。有效培养问题意识,教师先要找到“问题”,这些问题来源于德智“融合点”。

例如《落花生》一课,文章浅显,要揭示的道理也明明白白,学生一读就懂,自然觉得自己是没有什么困惑的。那么教师要做什么?学生有没有盲点?如何做到教文育人?研读文本后会发现,这篇课文的“对话”描写尤其简洁,全不见华丽辞藻,是作者大道至简的表现。可以这样说,许地山先生的这篇《落花生》做到了“物”“文”“人”的高度统一。

有了这样的解读,课到中段,提问学生:这样对话形式是否过于单调?抛出问题后,不急于求答,放手让学生自己尝试加一加提示语,补充一下人物说话时的表现。随后,他们发现,再加些提示语就太累赘、没必要。教师进一步总结,这不正如作者自己说的——“人要做有用的人,不要做只讲体面而对别人没有好处的人”吗？如此，学生读懂了作者质朴的语言背后深刻的道理，也明白了遣词造句皆为文辞达意的需求而用，不能只讲体面。同时，更理解了作者小时候耳濡目染父亲的教诲，也形成了不为名利，只求有益于社会的人生理想和价值观。何以见得？文如其人！

尽管上述案例中，问题来自教师，非学生，但于漪老师曾言，教师就是榜样，是模范。教师的思想言行、思维方式都会影响学生。因此，“问题意识”的培养绝不是苦苦等待学生的问题，教师应发挥好主导作用。

（二）研究学生，思考每一问的“出发点”，找到释疑“中心点”

于漪老师强调，“人”是教育的目的，深刻认识到以学生为本是教育本质的回归。她认为，教师要“走进”学生，不是“走近”。“走近”只是形式上的，真正地“走进”学生的内心世界，德育才有可能直抵学生心灵，学校和课堂才能真正成为学生的精神家园。

要推动问题意识的培养，教师不能随便否认孩子的任何一个问题，应从“德智融合”的角度去思考问题的出发点，是否解决这些问题，如何解决这些问题，教师应以学生为本，带学生进入语言文字，发挥学生问题的价值，对准他们的心弦。

不少教师听说过于漪老师教授《宇宙里有些什么》一课的案例，当有学生问：“一千万万颗是多少？”一片笑声后，即便得到了同学的解答，那位学生依旧不罢休，又问：“为什么不用亿？”于漪老师立刻引导学生思考为什么不用“亿”，而用“万万”。经过一番思考，学生认识到了用“万万”的好处：万万是叠词，读起来响亮，有气势，给人以“多”的感觉。最后，于漪老师又问大家：“请同学们想一想，我们今天这个知识是怎样获得的呢？”这一问，仿佛让人看到了那个孩子脸上无比满足的笑容。

在于漪老师几十年的语文教学生涯中，类似上述的案例不胜枚举。她说：“一辈子做教师，一辈子学做教师。”一个教育工作者不具有研究学生的能力，不能真正走进学生世界，那么他的教育教学能力是不够的，不能成为一个真正优秀的教师。

（三）研制“钥匙”，寻找教学价值的“核心点”，捕捉教学的“生长点”

于漪老师一直强调，教学一定要“减头绪，削枝强干”，要让学生在有限的课时内,思想、能力、智力能获得多方面的培养。如何牵一发而动全身呢?教师要寻找到教学价值的“核心点”,若这个核心点亦是学生的困惑和需求,那么就会一拍即合。

《慈母情深》一课,文章堪称经典,不少词句值得品读,教时有限,教学从何处着手呢?不妨抓住“怂恿”一词作文章,理解“怂恿”——鼓动别人去做(多指不好的事情)。学生由此引发思考:为什么向母亲要钱是不好的事情?知道是不好的事情,为什么还要去?……这些问题看似指向课文内容,然而这些对作者行为的疑惑又恰恰是读懂人物内心的必经之路。“怂恿”一词充分体现了梁晓声对自己“向母亲要钱买书”的一种认识。这种认识建立在他那一天的发现上,从而对他的成长有了别样的意义。抓住“怂恿”来串联课堂教学,构建“功能化、立体化”的课堂。

学科教学是面向全体学生落实“立德树人”的根本任务的主渠道,课堂教学是落实根本任务的主阵地。教师在“问题意识”的培养过程中,不仅仅是教会学生提出有价值的问题,获得解决问题的方法,更重要的是要在充分挖掘德育和智育的教学资源的基础上,统整教学内容,找准切入口,引导学生与文本充分对话。在激发起学生内心求知欲的同时,鼓励其勇于表达自己的疑惑、态度和情感。同时,在释疑的过程中,教师应在自己做好充分预设的前提下,走进学生,倾听学生对文本的叩问,培养其读书方法和学习方法,并和学生一起探寻隐藏在文字深处的精微奥妙的思想精髓,浸润情感,获得精神成长。

(该文原载2023年5月《教育》,收入本书时略有修改)

智识字源巧育德

——于漪“德智融合”语文教学思想在识字教学中的运用

陈　伟　上海市金山区吕巷学校(小学部)

“学于漪,学做于漪”是每一位一线教师尤其是年轻教师期望做的事。

于漪老师说:“学语文,语言文字表达的方式要掌握,做人的情和意要丰富,二者是一而二,二而一,分不开的。让孩子知道文字从古至今的发展对中华文明所起的重要作用,激发孩子对祖国语言文字的热爱。”我们在教孩子学习语文的过程中,不仅要注重知识的传授,还要从语言形式进入到情意的层面,这样孩子就可以获得“双提高”。但在实际的教学中,尤其是低年段语文的识字教学,纯粹是为了识字而识字的现象普遍存在,教师往往缺少对汉字文化和传统文化的渗透。其实,教师担负着引领学生走入汉字文化,感受文字伟大魅力的重任。教师应该坚持以识字为基础,进行德智融合。那么如何在语文课堂的识字环节进行德智融合呢?

一、明象形

为引导孩子们步入汉字的大门,激发浓厚的识字兴趣,养成自主识字的好习惯,我首先把探索的目光聚焦到有趣的象形字中。象形字是由图画文字演化而来的。我们现在常用的汉字里,不少都是由直观的图画演变而来的。这些形象的图片、奇妙的演变,吸引着孩子们的目光,推动着孩子们不断地学习。例如,部编版语文教材一年级上册识字单元第五课《日月水火》就是让学生了解象形字的构字特点,感受古人造字的智慧。课文呈现了生活中常见的八个象形字,每个字用图文结合的方法展示(见图1)。

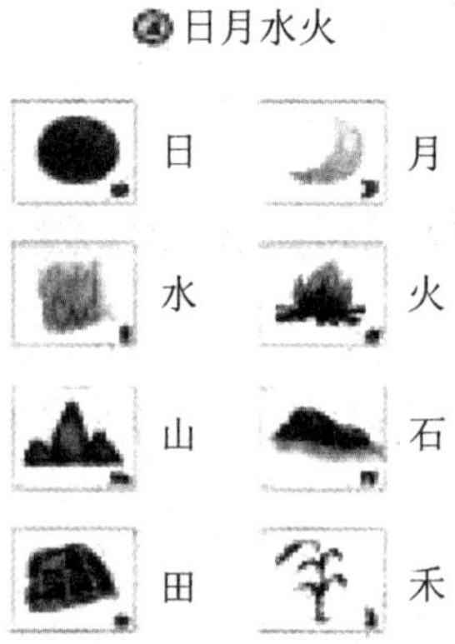

图 1

在教学完本课八个汉字之后，进行“有趣的象形字”实践活动，通过猜一猜、唱一唱、写一写等活动形式，丰富孩子语文学习活动的途径，培养自主识字的能力，在识字活动中，润“德”于无声。

(一)猜一猜

根据小学生由形象向抽象发展的认知特点，我采用直观形象的教学手段，用故事的形式表达出象形字出现的背景，进而了解一些简单但是常见的象形字，到最后利用象形字去了解其中的含义，让学生在情境中认识象形字(见图2)。从较为简单的初级象形字库到较为复杂的终级象形字库，这样一层一层递进有利于学生学习程度的深化。

图 2

(二)唱一唱

教学象形字是识字教学的起步。象形字是构成形声字的重要部件，象形字的掌握直接影响以后会意字、形声字掌握的正确性。这些象形字虽然具有实物的形象，与图形非常相近，笔画简单，容易识记，但很多象形字中往往存在着至关重要的一笔。如果忽视这一笔的教学，会为以后准确认识会意字、识记形声字埋下隐患。因此，教师要能够根据象形字的特点，结合具体的实物和直观的图形有重点、有针对性地创编一些浅显易懂的儿歌进行教学（如下）。

象形字，真奇妙，模仿形状把字造。

日像太阳高高挂，月像新月弯弯腰。

羊像羊头尖尖角，木像大树长得高。

古人写高画高楼，古人写象画头象。

串是一串糖葫芦，点个火堆就是火。

教师抓住象形字中的关键一笔，引导学生创编一些内容简单，饶有趣味，且押韵、读起来朗朗上口的儿歌，既能调节课堂气氛，又能增强学生记忆，一旦记住便深入脑海，终生难忘。

（三）写一写

象形字同图画有相似处，但又有本质的区别。象形字是一种体系化的语言符号，它记录语言中的词，从而获得词的读音。而图画则不然，它不具有体系性，不具有词语记录特征。经过长期变化，很多象形字都变得不象形了，但汉字从产生到现在还没有发生文字体系的大变动。在同一文字体系中，字形的变化是渐进的。因此至今有些汉字还留着一条象形的“尾巴”，仔细琢磨一下就可以看出它的影子来，例如身、耳、井、火、云、电、雨、伞等。象形字为数不多，却是汉字造字的基础，后来的合体字有相当一部分是用象形字构成的，它们书写着中国的历史与文化。识字是输入，写字是输出。我们不仅要输入，还要把学到的向外界输出。因此，我鼓励学生动手制作象形字卡片，在写写画画中加深对象形字的理解与记忆（见图 3）。

图 3

掌握象形字的笔顺，根据汉字书写的笔顺规则，就能举一反三，掌握所有合体字的写字规律。在识字的起步阶段,要打好写字的基础,一笔一画写好字,一言一行做好人。

二、识字理

于漪老师认为,要学好语文,绝对不是抄几个词,或者进行一些机械训练就可以。既要抓语言文字的表达,又要抓情和意的提升,抓表达正确,抓情意丰富,这样才学得好。对二年级的学生来说,单一的课堂识字已无法满足他们的需求,尤其是学习了部首查字法后,更会迫不及待地去翻阅字典。例如,学习含“氵”的汉字时,学生发现这类字有很多很多,那该如何去识记呢?在老师的帮助下,让学生利用课余时间查阅字典,分析规律,探究出含“氵”的汉字所指事物的一些特点,并根据它们的特点进行如下分类:

表示水的声音——汩、淅、沥、潺、淙。

与水相像的液体——油、汁、汗、酒、泪、涕。

水在大自然中的存在样貌——江、河、海、洋、湖、泊、池。

含水的地名——漳、浙、漓、沪、潼、渭、泾、渤、淮。

水会做的事——润、沾、湿、潮、浸。

水的动态变化——涨、流、淌、溢、漏、滤、泻。

以水为意旁的形声字——沫、泥、注、泳、沟。

(一)运用字理,读准字音,朗读中渗透德育

古人在象形字的基础上增加声符,创造了新的形声字。掌握形声字声旁表音、形旁表义的特点,通过给汉字编儿歌等方式,在读中感悟汉字背后的文化。

沪沪沪,上海简称就是沪。

法法法,不懂就要想办法。

没没没,读出没来还读没。

汽汽汽,三点水滴是水汽。

汉字蕴含着我们祖国博大精深的传统文化,形声字更是数不胜数,我们要发扬祖国的传统文化,就要好好学习汉语,把我们的母语发扬光大。

(二)运用字理,辨析字义,理解中渗透德育

汉字的组成具有一定的规律,在汉字教学过程中,通过运用汉字组成规律

开展教学，可以提高汉字教学效率。比如，在教学“浸”字时，要让学生理解什么是“浸”。“浸”是左右结构，左边是“氵”，用水做偏旁表示与水有关，右边的上面是一间屋子，屋子里有一只手拿着扫帚，下面是一只手把东西放到水里，表示浸湿东西需要一段时间。在教学时用课件直观演示红墨水浸湿白布的过程，学生很容易就领悟了“浸”字的字义，这样既形象生动又使学生印象深刻。为了让学生牢牢记住这个字，还可以给孩子们编一个字谜：“人不入侵水入侵，湿了衣衫湿裤裙。要知入侵水多少，用手一拧水淋淋。”在以后教学中，我们只要碰到带有“氵”的字，就可以用“水”去解析他们的形义。通过一个个实例，孩子们在字理识字中就会对我国古人的聪明才智产生钦佩之情，从心底产生对祖国文字和民族文化的热爱之情。

（三）运用字理，巧记字形，书写中渗透德育

中国汉字都是表意字，是形、音、义的结合体，以形达意，所以每个字的书写都十分讲究，既不能多一笔，也不可少一笔，不许长也不许短，否则意义全变了，而且笔画之间的位置关系也非常重要。例如我在教学“海”字时，让学生仔细观察“氵”的位置，要写得像弧形一样，并能让学生主动发现带“氵”的字要写得左窄右宽，注意“谦让”。老师在肯定学生回答的同时，适时点拨：“中国自古以来就是礼仪之邦，人与人互相谦让。‘海’的右边第三笔竖折，行笔穿插到三点水的提下，注意穿插避让。做人也一样，在与同学交往时，要互相礼让，注意团结。”

汉字书写的指导本是一个无趣的过程，但通过生动的方式加以诠释，既增加了学习的趣味性，又进一步渗透了德育。

三、巧动手

（一）用教具，设情境

于漪老师说过：“教育学生就是要他们明做人之理，明报效国家之理。”在教学“台湾岛，隔海峡，与大陆，是一家”（小学语文二年级下册《神州谣》）的时侯，我出示中国地图，让学生找到了祖国大陆的位置和宝岛台湾的位置，这样，学生不仅记住了“峡”的字形，丰富了知识，更激发了他们对祖国的热爱。

(二)编字谜,讲故事

我在教学一年级下册“识字 5”区别理解“请”和“情”时讲了一个谜语:“言来互相尊重,心至令人感动。”学生表现出了浓厚的兴趣,不仅猜出了字谜记住了生 字,还理解了“请”“情”的意思,明白言行有礼,真诚做人的道理。又如教学“家”时,我通过讲故事的形式给学生介绍古代先民的游猎生活方式以及“家”字的来历,这样学生不但理解了“家”的构字原理,还了解到了人类生活的演变历史,感受到了劳动创造了人的道理。

字理识字顺应汉字的构字特点和学生的认知规律,为学生呈现了一幅幅画面,讲述了一个个故事,从而大大激发了学生的学习兴趣。

(三)做动作,记汉字

根据儿童具体形象思维占优势的特点,用动作来演示,使汉字形象直观便于记忆。例如,识“看”字,可以用一只手放在眼睛上遮住阳光,往远处看;识“灭”字,可以用一块板在火上一压,火就灭了。小小汉字,奥妙无穷,尽可能地通过表演、动手等方式,让他们眼耳脑手口等一齐动起来,以激活识字教学。

“你讲的是字形,但是你把人文内涵讲给他听,字的背后,词的背后,句子的背后有什么意义,对孩子来说,认识也提高了,情意也丰富了,字也记住了,词也记住了,一辈子都有用。”于漪老师说,任何一个学科不能见术不见道,更不能见术不见人。

科学解读汉字,引导孩子在科学化、生活化、形象化的识字情境中,了解汉字的奥妙、字源,分析其字理,掌握字义,可以强化孩子对汉字的掌握,也可以丰富孩子对中华传统文化的了解。探究字源,传承汉字文化,为孩子们注入文化基因。我将继续以于漪老师为榜样,始终保持着对教育工作的热爱和情怀,努力“做一辈子教师,用一辈子学做教师”。

(该文原载 2023 年 6 月《教育》,收入本书时略有修改)

回到历史现场 明其理析其法

——任务群背景下文言文教学如何实现“德智融合”

金 薇 上海交通大学附属中学

于漪老师在多年的教育教学基础上，提出语文学科应在“德智融合”中担负起“立德树人”的责任和使命。当然，“德智融合”的提出经历了一个动态发展的过程，而变化源自实践：德智内容从最早的“思想性与工具性”到“道德情操人格气质与工具性”到“自然人与合格公民”到“德育与智育”。德育与智育的关系也是不断变化发展的，从早期的“课加讲大道理”概念叠加式，到中期的“德育渗透”外加式(《语文学科是一门多功能的育人学科》)，到“德智融合”的提出，既是回归学科教学的本原，也是教学的觉醒。

任务群背景下文言文教学如何实现“德智融合”？这既是一个老问题，也是一个新问题。要回应探究这个问题，我们需要明确以下几点：

第一，需要明确语文学科智育的内容。于漪老师《语文学科是一门多功能的育人学科》一文中指出：“给学生语文打基础，切不可忽视智力的开发。点拨、开窍，把学生教得聪明起来，是语文教学育人的又一重要内容。培养学生听说读写能力的同时，须有意识地在思维力、想象力、观察力、记忆力、联想力等方面，尤其是思维力的锻炼方面下功夫。”于老师在多篇文章中强调语文智育的内容不应该是碎片化的知识点，而应该包括语文学科双基、学生各种思维能力。她明确提出思维是智力的核心，也是构成阅读能力的基本要素，阅读教学离不开思维能力的训练和培养，阅读要以思维训练为中心，选择和转换。

第二，需要明确语文学科德育的内容。于漪老师对语文学科德育内容的探索以“教人成人”为务，语文学科德育首先关乎“人之为人”，关乎个体的精神成长。

在《在学科主渠道中获得“有效”》中提出:“教育的本质是育人,教育学生做人是第一位的。引导与教育他们懂得做人的道理,养成做人的良好思想道德素质,养成做人的良好行为习惯,牢牢把握做人的底线,应是教育工作的重中之重。”这样的表述在于漪老师的文章中大量出现,语文德育内容以“目中有人”为出发点和原则,培养学生正确的人生观、价值观和世界观等关乎“人之为人”的关键要素。

于漪老师对语文学科德育内容的探索还肩负着民族传承的使命与责任,以“民族传统文化与民族精神培养”为务。她在《聚焦在文化认同上》中曾经指出:“语文教育从事的是母语教育,有传承和弘扬中华优秀文化的天然优势,当然应该义不容辞地担当起民族精神教育的责任,尤其在文化认同教育方面应有所作为。”在于漪老师的文章中有不少关于“语文教学与民族文化传承”的思考,并且逐渐完善、逐渐清晰——语文教学应该立足在文化的平台上,随文对学生进行民族历史教育、革命传统教育和人文传统教育,实现在“政治认同”“国家意识”“文化自信”和“公民人格”等四个方面的培养和引导。

第三,需要明确德育与智育之间是“融合”关系。何谓融合?应该是合为一体,应该是无痕黏合的状态。“德智融合”似乎很难明确定义,但是“德智融合”一定不是凭空说教、东拉西扯、贴标签,它应该立足于“教材、师情、生情、师生课堂”。语文学科德智融合的前提是对学科智育德育内容的全面把握以及找准德智融合点,要全面把握语文学科智育的内容需要对学科整体教学内容有清晰的框架,正确地理解把握学科的性质、目的、功能,真正弄懂学科教学中有哪些不可违背的规律。

要全面把握德育内容需要建立一种意识并且贯穿于教学设计、教学实施的始终:语言文字是民族文化的根,教师的工作是“树根”的工作。语文教学是母语教育,是培养学生对民族文化认同感和归属感,提升学生道德情操、审美观念、人格的教育。语文教育的基本特征是“工具性和人文性”的统一。语言文字是体,人文内涵是魂,既不能丢掉语言文字的实用和训练,也不能脱离语言文字谈人文。

第四,明确任务群与学科“德智融合”之间的关系。什么是学习任务群?王宁老师在《基础教育课程》2018 年第 1 期中有以下表达:“‘学习任务群’是在真实情境下,确定与语文核心素养生成、发展、提升相关的人文主题,组织学习资源，设计多样的学习任务，让学生通过阅读与鉴赏、表达与交流、梳理与探究的自主活动，自己去体验环境，完成任务，发展个性，增长思维能力，形成理解、应用系统。”它与过去的教学模式有内在的区别——课程中有文本，但不以文本为纲；有知识，但不求知识的系统与完备；有训练，但不把训练当作纯技巧进行分解训练。教师是组织者，学生是主体，师生互动。从上面的表述，我们可以发现，任务群在某种程度上恰恰是实现学科“德智融合”的具体抓手，或者说学习任务群的目标与“德智融合”的目标一致，促成人的成长，

明确几个关键概念后，继续探讨任务群背景下文言文教学如何实现“德智融合”。

第一，需要找准单篇文本的德智融合点。教师需要深读文本，对教材文本要有自我的读解。教材的内涵是德育的依据和家园，教师对教材、文本的深入钻研是“德智融合”的前提准备，能够读出这一类文本的“共性”，更要读出“这一篇”中的“个性”，包括独特的写法和独特的情义与思考。文言教学关注文本个性时，尤其要注意将单篇放入历史语境，尊重历史及其言说方式。整体把握文本教学价值后，需要找准文本的突破口，这个突破口应该在文本自身找寻，从语言文字入手。于漪老师《语文课要教出语文的个性》一文有如下表述：文本内容当然要探究，但内容是借助语言来表达的，因而，在探讨内容的同时，必须咀嚼语言、推敲语言、品味语言，让学生在学习过程中有自己独特的体验。学习任何课文，不管是怎样的体裁，一般说来，师生至少有三个问题要把握：一是作者写了什么，二是作者怎样写的，三是作者为什么这样写而不那样写。从思想内容到语言形式，从语言式到思想内容，进行不断的阅读、思考、体验、感悟，真正读懂，把握真谛。

文言文教学中尤其需要思考“文”与“言”融合，寻找从“言”进入“文”的最佳途径。文言文的“言”有着鲜明的时代性，它是当下的“我们”与过往的“他们”联系的桥梁，如果不经过桥梁，自然无法实现古今的对接。但是，它仅仅是桥梁，不是学习文言文的终点或目的地。从“言”到“文”是文言文教学的必然方向。在这个过程中，我们可能会发现蕴藏其中真正有价值的东西——中国人理想的伦理观念，中华民族发展的密码，甚至是其中的个体生命密码。文言文教学需要在文字间沉潜，整观文章，抵达文化，甚至深处的文明。

第二,要找准“这堂课”的德智融合点,教师不仅要对文本有自我解读,更要对学生的阅读起点进行自我的读解。于漪老师非常注重教学中的“目中有人”,尊重学生阅读的体会。她曾强调:“长期以来,教师为教而教的现象比较严重。教师考虑得最多的是教什么,即教学内容。熟悉教材,进行钻研,写好教案,向学生传授知识,就觉得完成了任务。至于怎么教,学生才能学懂,学会,相对而言,考虑得就比较少。至于学生学习过程中会碰到哪些困难,怎样才能克服困难,考虑得就更少了。”因此,于老师强调“须转换立足点,要把从教出发的立足点转换到从学生的学出发”。当下课改提出的“学习任务群”与这一点高度吻合。

教学假设阶段,将教师的读解与学情结合,将智育内容与德育内容融合,形成教学设计,找准“这一课”的德智融合点。于漪老师在《学科德育重在融合》中有较完整的表达:“要做到融合,就要对所教学科的个性特征深入研究,准确把握,然后对某个章节、某个内容反复推敲,找到知识传承与思想情操熏陶感染的最佳结合点,进行‘无缝焊接’。”

第三,需要构建“立体化·多功能”的课堂推动德智融合的实现。于漪老师《立体化·多功能——语文课堂教学效率论》一文中针对较长时间以来,语文课常以平面展开的现象,提出语文课堂要树立“立体化·多功能”的理念,并且给出了建议:“课要上得立体化,使思想、知识、能力、智力融为一体,发挥多功能的作用,课前须精心设计,须把教材的逻辑结构和教学过程的程序结合起来,探索最佳结合点。”

课要上得“立体化”可以有如下路径:教师抓住文本中有点睛作用的字词句,发掘丰富的文化内涵,关注文章结构,追问“为什么”,从而激发学生思维,将已有知识储存、历史经验、现代生活紧密结合,在课堂交流中形成学生的“二次阅读”经验,还原历史场景中引导学生认识历史,立足当下思考未来。在立体化的课堂中,我们发现语言文字能力、思维的习惯、价值判断、文化审美等都在不知不觉中融为一体。而这与当下语文新课程改革提出的“语文教学要培养学生语文核心素养”不谋而合。这四个素养本身之间就是这样的融合关系:在课堂教学中要从语言、思维、审美、文化四维去考虑,并不是说一教语言、二教思维、三教审美、四教文化,而是“体”立而四维俱张,一课而功能同现。

以下将以统编版高中语文必修上册第六单元《劝学》学习设计为例，谈谈“任务群背景下文言文教学如何实现‘德智融合’”。

该单元任务群定位在“思辨性阅读与表达”：阅读古今中外论说名篇，把握作者的观点、态度和语言特点，理解作者阐述观点的方法和逻辑，培养学生分析质疑，多元解读的能力。

如何准确把握作者的观点和态度？需要有以下意识：其一，除了掌握文章阐述观点的方法，更要探讨“如此阐述”的理性依据，即为何用“这种”阐述方式而不是“那一种”，发展学生实证、推理、批判与发现的能力；其二，除了知晓作者的观点和态度，更重要的是回到历史现场，理解“此篇”背后的立场和逻辑，诚如陈寅恪先生所说：“对于古人之学说，应具了解之同情。”有如此之看法，是因为面对古代经典之作，教学中常常有两种情况：或从所谓“现代理性”立场出发否定传统经典论说名篇，或看不到传统经典论说文的特点，贴标签式地解读经典论说文的逻辑。这种情况说明部分教师缺少“就事论事，知其因果，包容理解”的态度。

在教学设计及实施中始终树立“德智融合”意识，就有可能使教学避免上述两种情形。基于此，笔者对《劝学》设计做了如下思考：从文章“以喻代议”的论说法入手，引导学生思辨认识古人“劝学”传统及古代论说文的特点，并以此为起点探究思考“学”之于人的意义。

学生在预习作业中表现出“不懂”“不屑”的态度让我决定对设计做些修改，从学生误读的“生”字入手，从字源，从荀子下的定义入手，引导学生理解“君子生非异也”，继而在历史语境中，重新认识并理解《劝学》看不见的起点“人性恶”，再引导学生审视“学而不已”的意义。这堂课中，学生自主学习、相互质疑、相互补正，对“劝学”有了新的认识，甚至原本很反感这篇课文的同学最后很有兴趣继续学下去。学生从文字出发，通晓文章，在质疑辨析中发展思维能力，在溯源探索中理解文化，在争辩讨论中培养了探究学习能力。回到历史现场，明其理析其法，文言文教学中若能始终树立并落实“德智融合”意识，有限的课堂才能激发学生无限的可能，才能推动学生核心素养的发展，助其成人成才。

（该文原载2022年5月《教育》，收入本书时略有修改）

“言”之有法 “语”中育德

——于漪“德智融合”教育思想下口语交际教学的思考与实践

胡炜烨 上海市嘉定区教育学院

《义务教育语文课程标准》(2011版)中指出:要让学生具有日常口语交际的基本能力,学会倾听、表达与交流,初步学会运用口头语言,文明地进行人际沟通和社会交往。在最新颁布的《义务教育语文课程标准》中,这一条要求仍明确列于“总目标”之中,学段要求则是融合于“表达与交流”的目标之中,与书面表达“并驾齐驱”。可以说,它的重要性越来越明显。然而,口语交际在统编教材中作为一个独立学习模块,应该教什么、怎么教?很多教师开始围绕这一模块在理论研究和教学实践中不断探索,我就是其中之一。

机缘巧合,我有幸参与了上海市师资培训中心组织的“于漪教育思想研修班”。在于漪老师“德智融合”教育思想的影响下,我也在不断思考:口语交际作为新教材中一个特殊的模块,它不像阅读课文,有文字背后的文化、思想与情感可以挖掘;也不像习作,有选材、立意等可以引导,这样的课该如何实施“德智融合”呢?

上海市教委教研室小学语文教研员薛峰老师曾在一次讲座中提到,口语交际的最终目的,就是要培养一个在生活中能得体地与人交往、有修养、有教养的人。我想,这和于漪老师一直强调的“既教书,又育人”的“全面育人观”是不谋而合的。因此,小学语文口语交际教学中的德智融合研究,一定是大有可为的。

一、口语交际模块中的育德元素

于漪老师说:“语文学科的德智‘融合点’不是外在附加的,而是生长在教材中，需要教师用心发现、巧心设计，将民族精神、真善美价值、道德良知和社会责任融合在学科教学中，最终在学科‘德智融合’的知行中实现滴灌学生的生命之魂。”有了这样的指引，我首先从教材入手，从内容的角度去探寻德智的融合点。

小学语文统编教材在编排上体现了“立德树人”“文道统一”的原则，口语交际这一模块也不例外。纵观10册教材，共有40次口语交际话题的安排。经粗略统计，有近30次的话题都与“育德”有直接或间接关系，占比达75%左右。通过梳理，我认为这些话题中的育德元素主要分成两类：

（一）聚焦价值认同

于漪老师在《学科教学需坚持育人为本》中提到：“教育以‘教人’‘成人’为务，要帮助学生建立正确的生命价值观。要具备‘人之为人’的特征，超越生物性的生命，需要教育进行引导，滋养心灵，培养德行，教会如何做人，开发潜能，发展生存能力。”

因此，这里的“价值认同”更多的是在语言实践的过程中去培养的学生价值观：如何更好地适应社会生活、懂得做人的道理、养成良好的行为习惯。如《用多大的声音》《注意说话的语气》《图书借阅公约》《身边的“小事”》《我们与环境》等，这些文章从低年级引导学生关注并改善自身的语言方式、语言习惯等，到高年级引导学生关注并建立自身与周围生活环境的关系，通过语言的训练去达成价值观的共识。其实，在这样的口语交际课中，学生语言表达成为一种载体，承载着自己对自己、自己与社会关系的价值观的塑造。

（二）聚焦文化认同

“语文教育从事的是母语教育，有传承和弘扬中华优秀文化的天然优势，当然应该义不容辞地担起民族精神教育的责任，尤其在文化认同教育方面应有所作为。”于漪老师如是说。的确，汉语是汉文化的纽带，是政治认同、国家意识、文化自信的一种显性表达。在教材中，我们也可以看到这样一些口语交际话题：《名字里的故事》《讲历史人物故事》《说新闻》《讲民间故事》《我最喜欢的人物形象》……这些口语交际内容的选择——什么样的人物是值得被喜欢的、什么样的故事是值得被传颂的、什么样的新闻是值得被谈论的，这些选择，隐含着学生对中国传统文化的认识、对中国当代文化的认同。

二、口语交际教学中“德智融合”的原则

“所谓德,就是懂得做人的道理,品德要高尚。所谓智,就是得有一定的科学文化知识。”在口语交际教学中,教什么智育点?教什么德育点?这二者之间要如何衔接?我认为要分两步走:

(一)明确“智育”和“德育”的指向性

学生“语言能力”的发展是口语交际“智育”中最重要的一环,因此明确每一个交际话题的“语言能力指向”尤为关键,有的时候,它与话题关联度并不是很大。以《图书借阅公约》为例。教学最重要的目的并不是那份成文的“公约”,而是学生是否学会了参与“讨论”,能否做到“主动发表意见”和“一个人说完,另一个人再说”。也就是说,本课智育的指向是“讨论”过程中特定的组织语言、表达语言的方式。以此类推,商量、请教、复述、介绍、推荐等这些特定的语言组织和表达方式就是口语交际教学中必须首先明确的智育内容,而这,需要教师从课标、教材的要求中不断透析、分解。

口语交际中德育的指向性就与话题的内容紧密相关,就像前文所阐述的,不同的话题有的更贴近价值认同,有的则更能渗透文化认同,少数可能兼而有之。仍以《图书借阅公约》为例。“公约”这一关键词,可能就成为“德育”的突破口,它也许是价值观塑造的一个契机。什么是公约?它是集体拟定的、要求其成员必须遵守的章程。“集体拟定”就要求人人参与讨论,每个人都有权力和义务发表自己的意见,这是教与学的过程;“成员必须遵守”也就要求人人遵守集体一致通过的约定,这是教与学的延续,更是社会生活的准则。因此,德育的指向性需要教师从口语交际的话题内容中不断挖掘、提炼。

(二)找准“智育”和“德育”的融合点

于漪老师多次在自己的论述中强调“教师要对所教学科的个性特征深入研究,准确把握,然后对某个章节、某个内容反复推敲,找到知识传承与思想情操熏陶感染的最佳结合点,进行‘无缝焊接’”。“无缝焊接”考验的是老师对口语交际教学内容的全瞻性的理解,对学生学习和生活经验的全局性的把握。

《我最喜欢的人物形象》一课,智育的指向为“介绍”,教学实践中,一位教师

的教学过程大致设计为四个板块:介绍的目的是什么、选择谁介绍、怎样介绍和尝试介绍。如何在这些环节中融合育德元素?在板块一的交流中,与学生明确,介绍的目的不仅是为了让别人知道你喜欢哪个人物,还要尽可能让听的人也对这个人物产生感情,进而去了解他——这是口语交际中对象意识的培养,也是文化传递方式的渗透;在板块二的交流中,教师和学生需要达成共识"怎样的人物才能称得上'最喜欢'"——这是交际内容的选择,也是文化、价值认同的渗透;板块三中,教师和学生以"哪吒"为例示范、分享、总结介绍的方式,然后才有了板块四中学生对孙悟空、伍万里、飞轮等人物形象的生动描绘。从四大名著《西游记》中走出的孙悟空,和从电影《长津湖》中走出的伍万里,就以这样一种巧妙的方式在课堂上相遇了,对他们的介绍,是学生语言学习和实践的结果,也是学生对中国传统文化和当代革命文化认同的一个缩影——一颗颗"中国心"在课堂交流中闪耀出光芒。

由此可见,口语交际教学中的"德智融合"不是集中于"某一点",它是教师教学设计中的融通贯穿;口语交际教学中的"德智融合"也不是凭空说教和贴标签,它是学生语言实践中的无痕黏合。

三、口语交际教学中"德智融合"的策略

基于对口语交际本体性知识的认识和以上两条"德智融合"的原则,我认为可以从两个角度寻求口语交际教学中"德智融合"的些许突破:

(一)针对年段要求,找准能力指向,从"言"的方式上育德

小学中低年级的口语交际话题中,有近一半的语言能力是反思性的(如交谈、协商、请教、劝告等),即要通过相关的课程来让学生了解日常口语交际中可能存在的一些语言缺憾,并唤醒学生"自觉地"改善自身口语交际的意识。对于这样的课程,我们可以在"言"的方式上去找寻"育德"突破口。

例如,在教学《商量》和《请教》两课时,回避不了的问题是:要怎么说才能让别人愿意和你商量呢?怎样说才是真诚地向别人请教呢?教师通常会关注"用商量的语气""有礼貌地请教",指导学生用上"请""您""可以吗"等礼貌用语,认为这是言语方式和文明礼仪熏陶的链接点。但在实践中会发现,学生只是非常

浅层和机械地用到礼貌用语去表述自己的问题,在现实生活中,对别人是否方便、乐意商量或解决问题,没有真切的感悟和体会。再回到教材中去探究,《商量》一课中的第一个气泡图中的内容就是“小丽,我想跟你商量一件事情”,去掉这个气泡图,《商量》的语气、过程也全部能在第二个和第三个气泡图中体现,但教材为什么要放进去呢?我们更深入地去思考教材的意图——短短一句话,是让学生初步建立交际中的对象意识,在确认别人方便的时候再说明问题去商量,也是引导学生在交往的过程中站在别人的角度去思考和解决问题,它是一种言语的方式,也是一种行为准则,它比简单的礼貌用语更能凸显“礼貌”。二年级的《商量》中作了渗透,到三年级再学《请教》时,学生是否会有意识地发问:“老师,我有一个问题向您请教,现在方便吗?”

尽管年段不同,两课的能力指向不同,但在言语方式上却有共通之处。我们在口语交际教学中,就要挖掘语言方式上的共性,从中找到“德智融合”的焊接点,为学生铺路搭桥,帮助他们习得得体地与人交际的能力,内化“人之为人”的基本修养。

(二)关注课前准备,丰富情境资源,从“语”的内容上育德

小学中高年级的口语交际话题中,绝大部分语言能力都是形成性的(如讨论、介绍、讲解等),即要通过课程来一步一步习得一些在母语自然浸润中学不到或学不像样的行为或技能。对于这样的课程,我们可以以情境资源为切口,从“语”的内容上寻找突破口。

例如《名字里的故事》一课中,一位教师就设计了三个情境资源,引导学生学会从现有的、别人给出的信息中选择、整理“语”的内容,走向从自身储备的语言信息库中构建“语”的内容。第一,教师以自己名字为例制作了与妈妈对话的视频,作为范例告诉孩子,可以从含义和由来两个角度去选择介绍的内容,渗透汉字中蕴含的文化意义;第二,以自己的爸爸朱峰、作家冰心、医生钟南山为典型案例,设计了“人物猜猜猜”的情境小游戏,引导学生进一步去选择其他人物的名字来介绍,鼓励学生将名字与人物经历、品格相互关联,渗透积极的价值认同;第三,请校长拍摄“征集校吉祥物‘小白鸽’”名字的情境视频,鼓励学生走出课堂去了解学校,了解汉字背后的意义,并将自己对学校的愿景和对汉字的理

解加以融合，为“小白鸽”取名，说说它名字里的故事。

三个情境资源内容的安排，看似无意，实则别具匠心：学生从课前的询问准备，到课中的学会介绍方法再到课后的拓展练习，都以“名字”这一内容为契机，了解了汉字文化、了解了民族精神、了解了校园文化。我想，这种“了解”，正是口语交际教学中“德育无痕”的体现，它需要我们教师有心去发现资源，有心设计资源，有心去引导学生怎样选择和建构语言，这样才能在语言实践中发展思维，在体认思辨中传承民族文化，逐步建立文化自信。

口语交际教学中如何实施“德智融合”，以上理解和思考也许只是研究中的冰山一角，期待未来能有更多的实践能为学生“全人发展”奠基，滴灌生命之魂！

（该文原载 2022 年 8 月《教育》，收入本书时略有修改）

初中“名著导读”教学策略浅探

——于漪“德智融合”教学思想与整本书阅读

郁寅寅　上海市长宁区教育学院

“名著导读”是部编版初中语文教材中的重要组成部分,多分布于教材的第三单元和第六单元,由导语、读书方法指导、专题探究、精彩选篇、自主阅读推荐五部分构成。相较于之前的人教版、鄂教版以及沪教版,部编版教材中的“名著导读”栏目在结构以及选文上都呈现出了新的面貌。“名著导读”是区别于“经典阅读”“名著阅读”以及“整本书”的,它从对教师的“导”和学生的“读”这两个方面提出了更为明确的要求。如何引导学生能够耐心地把整本名著读下来,并有兴趣找其他类似的书来看,发现名著中的育人价值,与日常教学有机融合是这套教材给全体教师提出的重要命题。

正如于漪老师所指出的,“语文学科是一门多功能的育人学科”,首先要“以语文智育为核心”,同时“由于学科的性质和功能,语文教学在以语文智育为核心的同时,应渗透德育和美育”。在于漪老师看来,语文学科智育“融合点”不是外在附加的,而是长在教材中,需要教师用心发现,巧心设计,将民族精神、真善美的价值观、道德良知和社会责任融合在学科教学中,最终在学科“德智融合”的知与行中滴灌学生的生命之魂。

据此,我们在调查问卷、文献研究等基础上进行了实践探索,根据德智融合的教学观形成了名著导读教学策略(见下页图1)。

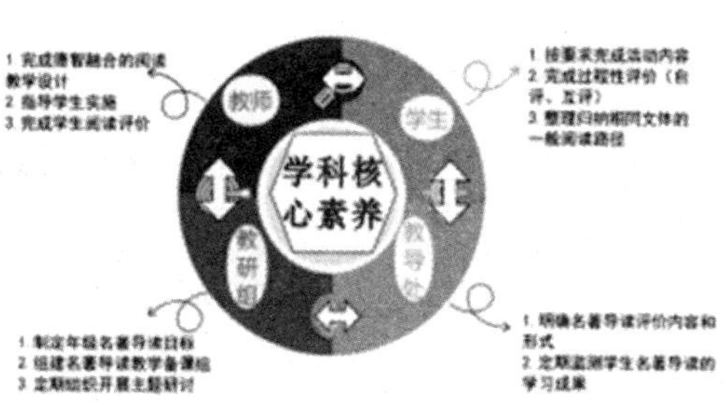

图 1

一、开展基于德智融合的名著导读教学准备

教师层面需要研读名著导读年段教学目标，研读整本书内容。将名著导读教学排入学期授课计划中，确保充足的教学时间。

学校教研组层面一是需要组织教师研读课标、教材以及必读篇目，在充分讨论的基础上确定不同年级的名著导读学期教学目标。可根据初中阶段必读14本书目中涉及的不同主题，组建阅读教学备课组。这样教学研讨既有横向发展又有纵向考虑，教研组应定期组织开展该专题的主题研修活动，提前制订研修方案。

学校教导处层面则需要在广泛听取教研组意见的基础上，根据国家课标要求，结合专家意见，明确阅读评价的内容和形式（见图2）。根据德智融合的培养目标，建议学校每学期组织两次阅读学习成果评价会，形式可以多样化，比如课本剧表演、辩论赛等。

管理层面
教师层面

评价内容及形式确定
教师教学评价机制建立
学生学习成果监测方案

年级教学目标确定专题
备课组成立
专题研讨方案制定

研读整本书名著导读年级教学目标
拟定名著导读单元教学时间
研读整本书内容

学校教导处
学校教研组

图 2

二、名著导读教学设计的基本流程

名著导读设计需要从六个维度考虑:一是核心知识(核心问题);二是驱动性问题;三是高阶认知;四是学习实践;五是公开成果;六是学习评价。流程如图 3:

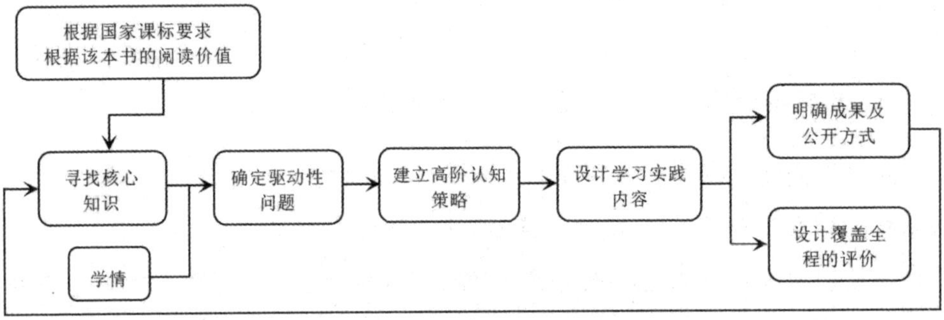

图 3

寻找并确定核心知识。在这个阶段,教师首先需要完整地阅读该书目,明确书目的教学价值(可以结合作品价值)。比如《童年》是“高尔基自传体三部曲”中的第一部,是以其自身童年经历为素材的一部小说。小说从“我(阿廖沙)”随母亲去投奔外祖父写起,到外祖父叫“我”去“人间”混饭吃结束,生动地再现了 19 世纪七八十年代俄罗斯底层人民的生活状况,展现了当时整个社会的腐败、没落而趋向灭亡的过程。可以将“为何苦难成为一生的温暖”作为核心问题,让学生能从故事中获得情感的熏陶和心灵的启迪。引导学生关注到“苦难中的温暖”的力量促使阿廖沙成长为一个坚强、勇敢且充满爱心的人。

教师需要根据学情,确定驱动性问题。比如学习《草房子》时学生已经有阅读单篇小说的经验,能根据书中已给的章节信息梳理小说情节,但对于小说中的矛盾冲突以及所反映的社会环境还存在一定的阅读障碍。

高阶学习主要指向扩展和精练知识,学生将注意力集中在那些重要的知识上,通过比较、分类、抽象、推理、分析等思维活动,获得更为精准、深刻的理解。比如《水浒传》中,梳理人物经历、情节发展的脉络,概括人物形象特点等都属于低阶策略关注的信息收集、组织、存储、巩固。而比较分析主要人物形象,评价

“水浒”中英雄形象的社会意义就是向高阶认知策略发展的阶段。德智融合也对学生思维品质的培养和提升提出了更高的要求。

学习实践内容的设计要以学生语文能力发展为基础，体现不同层次、不同类型、不同阶段的成果呈现。比如《水浒传》卡牌设计：以小组为单位，绘制一组至少3张“水浒英雄人物”主题的卡牌，参照扑克牌的设计元素，标注四色花色和牌点大小。活动小结时，教师组织学生讨论：你的卡牌有什么设计意图？对《水浒传》有什么新的认识？并以“是否同意宋江在一百零八将中排位第一”为辩题展开辩论赛，期待学生对书本的主题进行个性的理解，推断作者对“梁山好汉”的情感倾向，探究小说的文化价值。传统小说中传递着作者的价值追求，承载着中华传统文化。活动设计中既要体现趣味性、思维度还要关注文化渗透和熏陶，要能提升学生的文化自信。

展示成果及选择公开方式时要注意在不同阶段呈现不同类型的成果，但各个阶段的成果都要指向核心知识的生成。同时需要关注学生个体学习成果的呈现和小组学习成果的呈现。有最终成果的表现，也要有过程的要求。

评价要求覆盖全过程，包括对核心知识的掌握情况、学习实践过程中的参与情况、学习成果的表现等。评价中也要注意评价形式的多元化、评价群体的多元化等问题。多维度地评价也渗透着“德智融合”的教育观，能关注到每一位学生的成长。

三、名著导读教学实施的基本流程

学生受限于自身的认知水平，因此需要教师在具体实施过程中给予一定的指导。学习实践任务要根据不同的能力要求，组织学生进行自主探究、小组合作学习以及个别或集体指导。在学习实践任务进入到某一阶段的时候，要组织进行学习反馈，可根据前期活动过程中产生的问题进行指导或讨论。成果展示阶段，要指导学生进行成果整理，并组织学生进行自评、互评，最后由授课教师给予综合评价（见下页图4）。

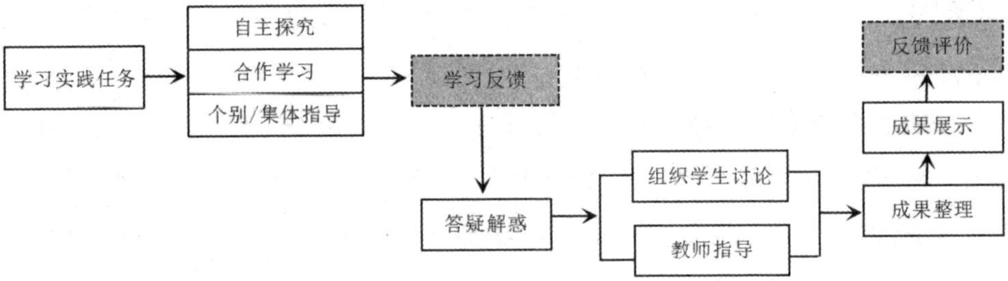

图 4

名著导读教学的关键点,应该是在润物细无声中品读经典,品味经典的价值,丰润学生的人生体验。

(该文原载 2023 年 10 月《教育》,收入本书时略有修改)

“德智融合”视域下革命传统题材的文本价值和教学策略探究

——以《十六年前的回忆》为例

曹雪梅　上海市建平实验中学

一、问题的缘起

《十六年前的回忆》是部编版语文教材六年级下册(五四学制)第三单元的第一篇课文。预习作业中有三分之一同学提出类似这样的质疑:“李大钊为什么不离开北京？为什么一定要牺牲?”“留得青山在,不怕没柴烧,李大钊活下来不是可以为革命做更多的贡献吗?”“为了自己的家人,应该多一些陪伴。李大钊怎么可以舍弃自己的家人呢?”“李大钊手里有枪为什么不开呢?”看到这样实实在在的疑问,我们不难理解孩子们对生命的珍视,对亲情的依恋,对价值的判断,同时也深刻认识到新时期身处和平年代的学生与革命先烈所处时代产生了一定的隔膜,感受到学生与文本之间还有较大距离,对生命意义的认识还不够深刻,细节推理方面的思维有待提升。

《学习的本质》一书告诉我们:“学习者不是单纯的学习‘参与者’,而是他所学东西的‘创造者’……别人不能代替他学习,但必须在场,因为学习者不能一个人学习……对学习者的先有概念的考虑必须成为一切教育计划的出发点。”《人是如何学习的》一书中也提出“学习是原有经验的迁移”。我们必须正视学生对李大钊“明知有危险而不离开北京”的不理解,立足教师“立德树人”“教”的根本、学生“德智融合”的“学”的起点,把握这一教育教学契机,从更高的站位去思考文本价值,制定更贴切有效的教学策略。

二、文本价值的挖掘

《十六年前的回忆》一文回忆了父亲被捕前后的过程,从女儿的视角,还原了一位革命先烈在危难时刻为了民族解放和人民幸福从容赴死的感人形象。文章用朴实的语言,表达了对父亲为理想献身的精神的理解、敬佩,表达了对反动派残杀革命者的痛恨,以及对父亲的深切怀念。

结合学生的质疑,找到学生学习的起点和重点,我们不难挖掘这篇文章的教学价值。

(一)指向文化自信

《义务教育语文课程标准(2022年版)》明确提出义务教育阶段语文课程核心素养,并将文化自信放在首位,且对其内涵作了阐释:“文化自信是指学生认同中华文化,对中华文化的生命力有坚定信心。”“继承和弘扬中华优秀传统文化、革命文化和社会主义先进文化。”在第三学段的要求中提到“感受先贤志士的人格魅力,感悟老一辈无产阶级革命家的英雄气概、优良作风和高尚品质,体会捍卫民族尊严、维护国家利益和世界和平的伟大精神。”

革命题材的文章往往涉及历史事件和人物,可以帮助学生了解国家和社会的历史发展过程。通过了解历史,学生可以培养历史意识,认识到自己所处的时代和社会的变迁。革命题材的文章通常涉及国家、民族和社会的命运,能够激发学生的爱国情感。通过了解革命英雄的奋斗和牺牲,学生可以培养对国家的热爱和责任感。文章常常描绘了英雄人物的崇高品质,如坚定的信念、无私的奉献和勇敢的斗争精神。通过阅读这些文章,学生可以受到道德榜样的启发,培养正直、勇敢和奉献的品质。

学习《十六年前的回忆》,探讨李大钊的牺牲需要综合探讨以上问题,落实以上教育目标。

(二)指向思维能力

《十六年的回忆》一文涉及复杂的社会问题和思想斗争,可以激发学生的思考和思辨能力。“学起于思,思源于疑。”真实的课堂教学从学生质疑、寻疑、解疑开始。教师适时抓住学生学习中生成的疑点,引导学生走进文本,与文本对话，例如，紧扣文章的中心词语“信心”一词，展开教学，这样对于发展学生的发散思维会更有帮助。

通过分析文章中的情节和人物形象，思考其中的道德、伦理和社会问题，培养批判性思维和分析能力。

教师还应持着秉持“珍视孩子内心独特感受”的原则，及时抓住学生理解上的浅点，适当引导感悟，让学生的感悟从“浅层次”向“深层次”发展，提高语文能力，开掘对话的深度。

（三）指向语言运用和审美创造

《十六年前的回忆》还具有较高的文学价值，包括场景描写、人物描写和饱含深情又极其克制的语言表达等方面。通过学习文章，学生可以提高对文学作品的欣赏和理解能力，培养文学素养和审美情趣。

在教学过程中可以引导学生品析人物语言描写，体味人物神态描写，抓住“坚决”的语气，人物神态上“不慌不忙”、“严峻”，人物语言中用到“常”、“轻易”、“哪能”这样的关键词，去感受人物形象，体会人物情感，获得审美体验。

《十六年前的回忆》一文，还巧用多种照应方法，文章结构十分严谨。一是再现式照应，即后面所说的是前文内容的再现或重复。

例如开头说：“1927 年 4 月 28 日，我永远忘不了那一天。那是父亲的被难日。”结尾又说：“昨天是你爹被害的日子”，“昨天是 4 月 28 日。”这样照应，不仅点明了李大钊烈士牺牲的具体日期，而且突出了作者对父亲的怀念之情。

二是回答式照应，即后面所说的是对前面内容的解释或回答。

例如前头说：“有时候留在家里，埋头整理书籍和文件。”后面写道：“为了避免党组织被破坏，父亲只好把一些书籍和文件烧掉。”这样写说明李大钊具有高度的警惕性和无限忠于党的可贵品质。

三是续写式照应，即后面所说的是对前面提示的内容的延伸和深化。

例如前面说“工友阎振三一早上街买东西，直到夜里还不见回来”，被抓到警察厅里去了。后文说：“在军警中间，我发现了前几天被捕的工友阎振三。”这就交代了事情的来龙去脉，而且说明李大钊的品质也教育了工友，他宁可遭受折磨，也不泄露党的秘密。

三、教学策略的选择

不愤不启,不悱不发。把握教学契机,我制定了专题学习任务群,主要通过以下四个环节来构建和开展:一是立足语文课堂;二是借力学科融合;三是助力实践内化;四是铸魂主题班会。

(一)情感体验,走进文本深处

于漪老师提倡通过情感教育和体验式教学来实现“德智融合”。她认为,教育应该注重培养学生的情感素养,通过情感共鸣和情感体验,引导学生理解和感受道德和价值观。

为了解答学生的疑惑,引导学生走向文本深处,围绕“李大钊为什么不离开北京?他牺牲的意义何在?”这样一个主问题,在课堂伊始,我先抛出了如下问题,展开讨论:

师:有同学在预习本上提问说:“李大钊为什么不听从亲友的劝告离开北京,他难道不在乎家人的感受吗?”请结合文本谈一谈。

生:老师,我从文中第5段可以读出李大钊对女儿很慈祥,很耐心。他应该是在乎家人感受的。

生:我从第28段语言描写:“一切跟他没关系”以及神态“又望了望我们”可以读出,李大钊对家人的保护和不舍。

师:非常好,你们关注到了细节描写。这些是写李大钊对家人的慈爱和保护。那么文中有没有提到其他家人间的保护?

生:第26段,“我”主动说自己是最大的孩子,要保护哥哥。

师:“我”为什么怕爸爸说出哥哥,难道爸爸不想保护哥哥吗?

生:从“乱蓬蓬的长头发”可以推断爸爸经过十几天的狱中折磨,可能大脑不如原来清醒。万一说露嘴,中了法官的圈套。

生:情急之下,“我”对家人的爱直接让我有保护哥哥的冲动。

师:特别棒!你们已经走进了作者的心里,理解她当时的情感,所思所想。如此相亲相爱的一家人,如此美好的小家庭,我们不忍看到它破碎,这让我们为李大钊的牺牲更加感到无限惋惜。做为一名共产党员,李大钊为了自己的信仰，为了更多的家庭的未来，他选择了牺牲自己的小家。

通过以上片段，我们不难看出，共情是必要的，为进一步走进文本，解决疑惑做铺垫。

(二)学科融合，传承红色基因

“语文课程的综合性包含着许多内容，其中跨学科的内容是构成语文课程综合特点的重要方面，由于语言文字植根于实际生活活，因此它的综合性广义上是对学生涉及所有内容的综合，其狭义从知识角度上说是是对所有课程内容的综合。”[3] 2022年版义教语文课标提出“注重课程内容与生活、与其他学科的联系”。

部编初中语文教材中革命题材文本可以与历史学科和道德与法治学科进行跨学科教学。教师可以邀请道德与法治学科和历史学科的教师参与课堂教学，共同解答学生的问题。通过不同学科的专业知识和观点，可以为学生提供更全面的解答，帮助他们理解李大钊为什么明知有危险却不离开北京的问题。

1. 融合历史学科，了解背景

教师可以结合初中历史教材中中国近现代史专题(2)——新民主主义革命国民大革命时期的内容，讲解《十六年的回忆》文本中涉及的历史事件、人物和背景知识，帮助学生更好地理解文本的内涵和意义，理解李大钊牺牲的重要意义。

1927年4月27日是李大钊先生的被难日。1927年8月1日，中国共产党打响了武装反抗国民党反动统治的第一枪，成为中国共产党独立领导武装斗争、创建革命军队的开始。从初中历史学科的角度来看待《十六年前的回忆》一文中李大钊明知道危险已经靠近，提前得到可能被捕的风声为什么还不离开北京，以及他的牺牲在新民主主义革命历史中的价值，可以从以下几个方面进行分析：

李大钊作为一位坚定的革命者，对于革命事业的忠诚是他行动的根本动力。他明知道危险已经靠近，但他选择留在北京，是因为他认为自己在这里可以为革命事业做出更大的贡献。他愿意冒险并承担可能的后果，为了实现革命的目标而坚守在革命的前线。

作为一位革命领导者,李大钊肩负着组织和领导的责任。他在北京担任重要的组织和宣传工作,他深知自己的离开可能会对革命运动产生不利影响。他选择留在北京,是为了继续组织和领导革命活动,确保革命事业的顺利进行。

李大钊的牺牲在新民主主义革命历史中具有重要的价值。他明知道可能会被捕,但他选择面对这个危险,为了自己坚守的信念和追求而不退缩。他愿意为革命事业付出一切,包括自己的自由和生命。他的牺牲彰显了革命者的牺牲精神和英勇行为,激励了更多的人投身于革命事业,成为了革命精神和奋斗精神的象征。

2. 融合道德与法治学科,感悟价值

革命题材文本往往涵盖了众多道德和法治的主题。教师可以引导学生通过文本分析和讨论,探究其中的道德价值观和法治原则。学生可以从文本中学习正直、勇敢及奉献等道德品质,探讨应对生命威胁手段的可行性,理解法治的重要性和作用。

义务教育教科书(五·四学制)《道德与法治》六年级全一册第四单元"生命的思考"第十课"感受生命的意义"和"活出生命的精彩"两节课中提出"生命的追问":人为什么活着?怎样的一生是值得的?怎样的一生是值得的?教科书上的解答是:能够活活出自己的人生,自食其力,实现自我价值,这样的一生是值得的;当别人需要帮助时,付出自己的爱心,无论大小,自愿承担责任,这样的一生是值得的;能够将个人理想与国家发展、民族复兴和人类命运结合起来,这样的一生是值得的。

在课堂教学中,教师可以引导学生通过研读教材然后辩论的方式,思考李大钊的行为背后所蕴含的道德和智慧。通过讨论和分析,学生可以深入理解李大钊坚守信念、为民族解放事业付出生命的精神。李大钊作为一位革命者,具备强烈的道德观念和责任感。他坚信自己应该为国家和人民的解放事业做出贡献,为此愿意付出一切,包括牺牲自己的生命。这种道德观念和责任感使他坚守在北京,不离开,为革命事业奋斗到底。

结合学生的疑问,退一步引导:"当时的情形下,李大钊能逃的掉吗?"

生:老师,我了解到李大钊是共产党的创始人之一,作为创始人,他的重要性自然不必说,为了事业,为了信仰,他更应该保留核心力量。

生：对，可以离开北京，等待时机。

师：那么，我们来思考，这个时候，李大钊有没有机会离开北京？请从文中找出依据。

生：从文中第6段，听说军阀要派人来检查，可以看出，当时应该已经暴露了。被军阀盯上了。

生：要逃的话，要带家人一起逃，那么更容易暴露，你为什么带着家人一起逃，出逃就证明了有问题。

师：的确，还带着家人，更说明问题，说明一家人都知道李大钊从事的工作了。那么全家人都可能要受到牵连。

生：所以，还不如静静等待时机，静观其变。至少可以暂时保护家人。

师：文中哪里可以看出，李大钊直到最后一刻还在尽力保护除自己以外的家人？

生：从第28段，父亲的话，看出他尽最大努力保护全部家人。

师：这句"一切都跟她们没有关系"的潜台词就是"这件事从头到尾都是我一个人做的"，也说明他已经做好了牺牲的准备。还可以从哪里看出，李大钊其实早就做好了牺牲的准备？

生：第2段，烧掉文件。

生：11段，不慌不忙取出手枪。说明早就准备好了。很镇定。

师：从当时的形势来看，离开北京的机会已经不大了。

生：老师，为什么这把手枪拿出去连开都没有开，直接被搜走了。

生：是啊，打死一两个敌人也"赚"了。

生：如果不用，可以留下来做党费啊。手枪在那个年代还是很珍贵的。

师：当时的处境是什么？

生：从第8段描写突然传来的枪声和喊叫可以推断李大钊当时并不知道外面的形势具体怎么样，情急之下首先要拿枪防身，可能要派上用场。没时间考虑要不要留下手枪。

生：一枪不开是不是太可惜了。

师：有没有机会开枪？开枪有没有价值？

生：一群人把我和父亲围起来了。父亲带着女儿，不可能不顾一切跟他们同归于尽。另外以少敌多,势力悬殊,不一定能多杀敌人。

师:从文中后来庭审的结果看怎么样?

生:牺牲了一个,保护了除自己以外的所有家人。

李大钊参与了革命行动,但他并没有盲目蛮干,尽可能通过合法的方式争取民主和自由的权益。他在北京进行了大量的宣传和组织工作,以推动社会变革,尊重他人生命,尊重法治原则,在具体行动中也体现了斗争的智慧。

(三)实践内化,从课堂走向社会

2022年版义教语文课标提出“以语文实践活动为主线,……以学习任务为载体……”。课本要向生活延伸,课内要向课外延伸。

教师可以结合整本书阅读指定篇目《红星照耀中国》组织学生进行项目式学习,以红色经典文本为基础,开展综合性的研究和实践活动。例如,学生可以选择一个人物或事件,进行深入研究和展示,结合历史、道德和法治的角度,探究其影响和意义。

亲子共读经典,观电视剧《觉醒年代》,忆苦思甜观电影《闪闪的红星》,在学校“班班有歌声活动”中学唱主题曲《映山红》,参观革命纪念博物馆,结合新闻时事寻找身边的英雄(大凉山救火牺牲官兵),观看中国国际电视台对网络现象级人物董宇辉采访,学习新时代年轻人的文化传承传播的担当等。

以上活动可以通过家校共育、小组合作、辩论、角色扮演等方式,激发学生的思辨能力,放眼社会,培养他们的综合素养。评价阶段着眼于综合考察学生的知识掌握、思维能力和道德品质。教师可以采用多种评价方式,如读书报告、口头表达、互相点评等,全面评价学生的综合素养和“德智融合”的水平。

(四)放眼世界,树立正确的人生观

2022年版义教语文课标前言指出:当今世界科技进步日新月异,网络新媒体迅速普及,人们生活、学习、工作方式不断改变,儿童青少年成长环境深刻变化,人才培养面临新挑战。2015年12月30日,习近平总书记在十八届中共中央政治局第二十九次集体学习时的讲话指出:“弘扬爱国主义精神,必须坚持立足民族又面向世界。中国的命运与世界的命运紧密相关。我们要把弘扬爱国主义精神与扩大对外开放结合进来,尊重各国的历史特点、文化传统,尊重各国人民选择的发展道路，善于从不同文明中寻求智慧、汲取营养，增强中华文明生机活力。”

在革命题材的教育教学中我们不妨放眼世界，与时俱进，吸收现代多元价值观中，体现人类命运共同体共同价值取向的理念、准则，拿来为“我”所用 。

在本次任务群学习的最后一个环节，我们通过“新时代做怎样的接班人”主题班会来进行最后的总结和升华。以下是班会导入资料：

在《沃顿商学院最受欢迎的成功课》一书中，美国学者亚当· 格兰特认为大多数人能被划为三类：付出者、互利者和获取者。他指出，最能带领集体走向辉煌，在金字塔顶部屹立不倒的人，不是获取者和互利者，反而是付出者。获取者只关注谋求利益，互利者愿意等价交换可预期的好处，而付出者则是不同寻常的一类人：他们奉献大于索取，不求回报。

我们也注意到，根据他的理论，10 分的付出者，因为太过老好人，反而错过了更多的，得到更低的评分和成绩最少。那些无法忍受的好人会选择出局，剩下的人为了自己获益，也会效仿获取者，这个群体里就只剩下获取者，抢夺利益势必会越来越难。

而 8 分的付出者最容易成功 ，因为他们始终对他人保持善意，愿意帮助他人，但设立了个人界限，识别什么样的人能帮，什么样的人要远离。当发现有人伤害自己，就毫不犹豫地远离。

以下是班会课上师生的发言：

师：回到《十六年前的回忆》的预习，学生“留得青山在，不怕没柴烧，李大钊活下来可以为革命做更多的贡献”的质疑。通过前面的学习，我们的学生看到了付出者李大钊牺牲的必然，从历史的角度看，他用自己的牺牲换来了革命的进步。但我们也要看到，对于他个人，是生命的终结。结合以上“8 分理论”，我们引导学生明白，另外的 2 分结合我们的实际是要学会保存力量、减少牺牲。

生：结合我们前一段时间历史学科相关专题的学习和《红星照耀中国》的阅读，我认识到中国共产党人的智慧在革命征程中得到了充分体现，用实践证明了减少不必要的牺牲、保存实力的重要性。

生：总有一种力量让我们感动。无论岁月如何变迁，无论时代如何改变。珍惜和平，也不无视黑暗，为了正义，总要有人挺身而出。”“我看李大钊的牺牲，李大钊的牺牲既是形势所迫,也是他主动的选择,更是历史的必然。"

新时期,引导学生发展批判思维,辨证地看待问题,站在全人类的共同利益角度处理问题,也是我们教育的愿景。

四、实践探究反思

其一,在语言文字的学习中了解革命文化的精髓。语文教学要落实"立德树人"的根本任务,在语言文字的学习中让学生了解革命文化的精髓理所应当。文学作品负载着作者与读者之间的双重情感交流。革命文化文学作品也不例外。教师要善于拨动学生情感之弦,叩击学生的心扉,激起他们的感情波澜,引导学生与作者、作品中人物进行深入的情感交流和心灵对话,将文中前后细节勾连,整合信息作出推断,更好地理解文中人物的行为、思想情感以及精神品质,从而使文本中蕴含的爱国情感深刻地渗透到学生的心田。同时学习文本语言文字运用的精妙,提高对文学作品的欣赏和理解能力,提升文学素养和审美情趣。

其二,在学科融合中深度阅读,感悟人生价值。所谓"文史不分家"。历史学科的教学内容,尤其是中国历史,承载着华夏民族的基因密码。中国近现代史新民主主义革命历史更是一部中华民族从水深火热中走向自强自立的血泪奋斗史,初中生学习革命题材的文学作品离不开对历史背景的了解和认识,只有把个人的选择放在历史的洪流中去理解方能更全面地认识其价值。初中道德法治学科的相关教学内容很好地对六年级的孩子进行了人生观、价值观方面的专题引导,专业指导。适当引入相关专题知识,相当于借助了顺手的工具。借力这些学科,同时也是引导学生在革命文化中涵泳沉潜,赓续传统。

其三,在实施过程中基于尊重地倾听,创设对话情境。革命题材的文本具有强烈的时代特征,其反映的内容学生相对陌生,消除学生与文本之间的隔膜势在必行。教学中珍视学生的独特体验,进行基于差异地沟通,最后达成基于发展地反馈。通过全局把握,综合设计,创设真实的语境,激活学生思维,使其倾情投入学习,进入文本所反映的生活,设身处地地感知和参与学习活动。

结束语

为适应“立德树人”根本任务的需要，红色经典回归教材的力度逐年增大，继承和弘扬中华优秀传统文化、革命文化及发展社会主义先进文化。对文本进行审辩与反思，连通当代生活，挖掘文本在新时代所焕发的思想内蕴，选择恰当、高效的教学策略，借力历史、道德与法治学科相关专题进行跨学科合作，驱动学习任务群，能够消除学生对红色经典的隔膜，使学生增进对红色经典教育价值和文化价值的体认，3 以德促智，启智立德，传承红色基因，打好中国底色，立足民族，又面向世界，为自信从容地实现中华民族伟大复兴而砥砺奋斗。

（该文原载 2024 年 3 月《教育》，收入本书时略有修改）

探索对话之道　滴灌生命之魂

——于漪“德智融合”语文教育思想的校本化实施

孙伟菁　上海市建平实验中学

一、研究背景与价值诉求

(一)项目的开展背景

党的十八大以来,习近平总书记围绕“培养什么人、怎样培养人、为谁培养人”这一根本问题,先后发表了一系列重要讲话,为新时期加强中小学思政教育提供了根本遵循,指明了前进方向。于漪教育教学思想以“教文育人”理念为基石,与“立德树人”这一教育的根本任务保持高度一致,她在21世纪以来所躬身践履的“德智融合”观是“教文育人”理念在时代的回响。于漪老师育人楷模的高尚情怀、改革先锋的卓越建树、人民教育家的坚定立场,生动诠释了当今“大先生”的内涵。

上海市建平实验中学积极响应习近平总书记“让每个孩子健康成长、办好人民满意教育”的要求,以“建德建业、惟实惟新”的核心价值和“脚踏实地育真人,千方百计创未来”的办学理念,致力培养学生对党的政治认同、情感认同和价值认同,着眼学生思想品德和人格素养的培育,努力让“英才辈出,家国在心中”成为每一位教师的教育理想,把“为党育人、为国育才”落到实处。2021年初,我校有幸成为于漪教育教学思想研究基地。对此学校高度重视,并制定了翔实可行的工作方案。为加强教师队伍建设,深化五育并举、全面育人的课程改革,我校以语文教学“德智融合”项目的研究为试点,有效联动其他学科,开展了于漪教育教学思想的实践研究。

（二）主题的内涵解读

黄音老师在《穿行于基础教育森林》一书中指出："在教育的语境中，生命间的对话演绎着教育事业的富饶。它既是一种教化，又是一种熏陶；既是美的历程，也是善的结果；既是和谐的交响曲，也是错落斑斓的万象之趣；既是对历史的凝望思辨，也是现实的审慎前行。"李百艳校长一直以来倡导的对话教育是以"对话哲学"为基础，以师生的生命发展为目标，在学校教育教学过程中积极营造一种民主的氛围和开放的环境，为师生畅通对话渠道、搭建对话平台、建设对话制度，在课堂教学、课程建设、学校管理、学生活动与家校社区合作中，开展多元主体间多维度、多层次的对话，激发师生对话情意，促进师生提高对话能力、形成对话素养，提升育人质量，把学生培养成为自我发展的承担者、善于对话沟通的合作者、具有反思精神的创造者。她认为对话教学的关键在于教师的教学理念、专业素养、对话能力和师德师爱。教师作为影响学生的"年长一代"，有着天然的专业话语权，要肯于俯就孩子，要用满怀的热爱与共情感知孩子的喜怒哀乐，洞察孩子的思考与困惑，以对话者的姿态培养新一代的对话者。

培根铸魂、启智润心，是我们作为基地学校开展项目研究的初心与使命；"对话"是我校统摄各领域、各部门、各条线工作的管理策略与组织文化，也是学校进行教育教学改革的突破点和生长点。"探索对话之道，滴灌生命之魂"这一研究主题既是坚定践行于漪老师教育教学思想的应有之义，也是持续修炼我校对话教育这一品牌特色的必要之举。

（三）研究的价值诉求

1. 回归母语教学的原点，切中学科本质

于漪老师曾说，语文教师肩挑的是立德树人的刚性责任，肩挑的是传承与弘扬中华优秀传统文化的神圣使命。我校倡导的高质量对话课堂是着眼于人的精神成长的教学实践，不仅包含知识的传承，更重要的还应具有精神哺育和文化浸润的功能。所以，拥有对语文学科性质和语言教育功能的深刻体认，是推进学校"德智融合"项目的前提，因为这影响着教师实施教学的态度和水平，也决定着开展研究的立场和境界。

2. 坚守学生立场的观点,破解教育真谛

通过开展“德智融合”的对话课例研究,让每个“小苹果”都有尊严地学习,让每个学生的差异都得到关注,是对公平而有质量的教育的积极推进和认真践行。教育就是让每一个孩子都能健康成长,都有人生出彩的机会,所有活泼的生命体都有舞台可展示、有快乐可体验、有经验可收获、有回忆可珍存,尘封的潜质能够被唤醒、自主的萌芽能够被呵护,这应该成为我们每个教育人的精神图腾。

3. 聚焦素养本位的热点,直击课改核心

于漪老师认为语文课堂教学的功能首先是实用功能,引导学生理解与运用祖国的语言文字、进行识字写字能力、阅读能力、写作能力、口语交际能力的训练,这是语文教学的主旋律,须牢牢抓住。我校龙头课题《培育初中生对话素养的实践研究》,定位于学生的全面发展和终身发展,着力于知识本位向素养本位的课堂转型,期待每一个孩子渐渐地在脑海中焕发出对智慧与真知的赞赏,眼神里充满着对正义和真理的追求,胸膛里起伏着对理想和真爱的倾慕,体现出对教育发展趋势的审慎思考和教学结构创新的鲜活阐述。

4. 正视品格涵养的难点,遵循成长规律

“德智融合”的对话课堂,需要为师者科学的理念、投入的态度、人文的情怀以及教学的艺术,需要能有效走进学生心灵、引导心灵、感化心灵的资源和载体,需要更加富有针对性、实效性、专业性的路径和方式。日本教育家福泽谕吉强调:习惯是第二天性。习惯培养是由被动到主动,再到自动的过程。就其心理特征而言,被动阶段是遵从,主动阶段是认同,自动阶段是内化,其中学生的主体意识是关键。因而本色语文的味道不可缺失,学生的主体地位不可忽视,认知发展的规律不可违背。

二、路径的探索与场域的构建

于漪老师认为,语文学科是实践性很强的学科,学习实践不是指课后训练,也不是支离破碎的机械操练,课堂学习实践就是最好的场所,听、说、读、写、思想、情感、意志、品质获得全面锤炼,产生综合效应。她还指出,就语文教育而言,以“内外贯通”之识,引导学生出入教材内外,出入课堂内外,出入校园内外，拥抱广阔生活，接天地之气，悟生命真谛，去构建自我生命的文化逻辑，构建自我生命的语言体系，成为觉醒的求索者与创造者，是每位语文教师应有的责任。在教育教学实践中，我校项目组老师真切地感受到，语文教学不仅要带领学生一起学会与外在世界进行沟通交流，更要寻觅自己内在的精神家园与心灵归宿。重视文化的积累而令学生丰盈厚重，重视思维的含量而令学生严谨创新，重视情感的体验而令学生灵动活跃，重视感悟的分享而令学生阳光自信，重视语言的品味而令学生高雅精致，方可使学生具有对话世界的力量。“德智融合”的对话课堂在将近一年的路径探索和场域构建上获得了如下突破与进展（见图 1）。

图 1　“德智融合”课堂的对话路径图

（一）路径的探索

语文学科“德智融合”课堂的对话路径是百花齐放、不拘一格的，但必然要遵循教育教学规律和学生的成长规律，从而让教学设计系统化、结构化、清晰化，提升课堂活动的科学性、针对性和有效性。

1. 关注对话需求，锁定对话核心，明确对话目标

项目组老师在研究的过程中发现，前测与后测问卷的开发与测量、统计与分析绝非教科研形式主义的套路，因为唯有倾听才能打开真正的对话。精准的学情评估不再囿于经验而是基于实证，课堂真正从关注教师的教转向关注学生的学。

例如，在研究课《天上的街市》第二题关于“天上街市的特点”的有效作答共 38 份，如图 2 所示：学生的描述多集中在“美丽”“美好”等较为浅表而宽泛的词汇上，解读还欠具体，思考有待深入，无法丰富而多元地呈现；一部分学生沿用原诗中的词汇，自我提炼能力还需增强；也有少部分学生概括出天上街市的“神秘”“自由”等特点，这部分学生在课堂上的分享和提升需要老师关注。

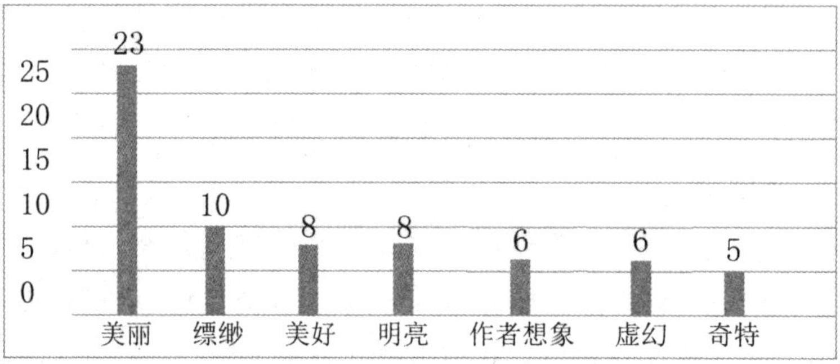

图 2　研究课《天上的街市》学生前测问卷关于“街市特点”的统计分析

通过梳理“前测问卷”中的学生自主质疑，项目组发现学生能够基于诗歌的内容主旨、写作手法和创作意图等进行提问，说明他们对这些要素具有敏感度，但对诗歌的整体脉络感知不足、各诗节的关联思考不够。（见表 1）

表 1　研究课《天上的街市》学生前测问卷 关于“ 自主质疑 ”的统计分析

问题分类	主要问题	人数
内容情感	天上为什么有街市？ 为什么要以“天上的街市”为题材？ 为什么以“天上的街市”为题目？	16
	作者为什么要连用四个“定然”？ “缥缈”和“定然”是否矛盾？	4
	为什么会想到“牛郎织女”？ 为什么要改写这个神话的结局？	8
思路结构	为什么前两节写物，后两节写人？	1
	本诗是按照什么顺序写的？ 为什么要这样安排？	3
表现手法	现代诗常用的手法有哪些？	2
写作意图	作者写作这首诗的意图是什么？ 是否在讽刺当时的社会现实？	5

除了关注学生的真实需求，为了攻克“目标模糊、教授随意，内容琐碎”的积弊，项目组力图锁定对话素养的培育，在单元整体教学目标的统摄下探寻这一课的独特教学价值，进一步明确其对话目标。《天上的街市》这首现代诗与本单元的童话和寓言等文体组合在一起，联想和想象无疑是教学重点，因而授课教

师把教学目标设定为：1. 反复朗读，整体梳理诗歌脉络，感悟诗歌的意境美；2. 运用联想和想象，品味诗歌形象化的语言，体会诗人对光明的向往之情和对理想的执着追求。两个目标的确立源于对学生对话素养系统性、科学性、差异性、适切性的综合考量，期待课堂的难度、结构、系数更趋合理。

2. 创设对话情境，激发对话兴趣，丰富对话体验

综观课程变革的发展走向与变革趋势，不难看出众多课程论专家都在突破现有的以课堂、教师和书本为中心的教学模式，强调生活与实践的重要性，强调学生主体在具体情境中的自我发现、真实体验与协同成长。教师应该善于营造能够激活语言经验的对话情境，目标让学生清楚，疑问让学生讨论，过程让学生经历，结论让学生得出，方法让学生总结，感悟让学生分享，呈现出语文学科应有的育德路径，让孩子们拥有更快乐的学习、更积极的互动和更多维的成长。

在《桥》一课的教学流程中，项目组老师设计的两个言语实践活动，紧扣文本内容，链接时代背景，对话现实生活，调动学生体验，深入体会人物的内心世界和作品的创作意图。"桥"这个标题背后所传递的文化功能与价值取向在创设的具体情境中由学生自行慢慢领悟："桥"勾连起的是生与死之间的生命之桥，是贪生怕死与舍己为人之间的信念之桥，更是群众与党员、泛人性与党性之间的信仰之桥。由生命之桥到信念之桥，再到信仰之桥，传递出的是一种无私无畏、舍己救人的崇高精神，更是我们党以老支书为代表的优秀党员密切联系群众，一切为群众着想的最坚实的最可信赖的承诺与担当。学生的发言虽非教科书式的标准与规范，但情境中对话的踊跃参与和精彩生成远远超出老师们的预期。

3. 搭建对话平台，建构对话关系，共享对话成果

于漪老师特别强调要把师生间单向性的直线型联系转换为教师与学生、学生与学生、学生与教师的辐射型联系，也就是把教师讲、学生听，教师问、学生答的双边活动转换为教师与学生、学生与学生、学生与教师的多边对话，形成网络式，使教学活动过程产生对话场的效应。项目组老师在研修的过程中也越发认识到自身的角色变化：由学习历程的先驱者变为同行者，由学习资源的独占者变为共享者，由学习任务的教授者变为设计者，由学习活动的主导者变为组织者，由学习成果的评价者变为受益者。

比如,执教《月光曲》一课的教师,为加深学生们对钢琴曲意境的理解,设计了"把第九段景物描写的内容用绘画的形式展示出来"的驱动任务,学生课前先对画作内容进行筛选,选出与文本匹配度高、中、低的画作各两幅。课堂上,老师搭建了生生对话的平台,并提供了画作互评表(见图 3),让学生把绘图与课文内容进行对比,从"意象的准确度""意象的颜色特征""意象的位置特征""意象的组合效果"四个维度出发,给每幅作品的相似度打分并说出判断理由。在学生比较画作内容与原文内容的过程中,可以更好地明确每个画面中意象的主要特征,从而加深对《月光曲》三幅画面审美意境的理解。在《〈论语〉教育思想今绎》一书中,陈军老师认为"学友"思想是两千多年前孔子教育智慧的结晶,他指出"学友关系"很有价值,"思想上互补,认识上互动,情感上互通,在学习过程中体现,在生活历程中打磨,在心灵深处沉淀凝聚"。在《月光曲》一课画作互评环节中,学生们的协同与共研,无疑是对陈老师这段论述的具体诠释。

画作互评表

评价规则:请你用 1 至 5 这五个数字描述画作与文本内容的契合度。数字越大,表明画作与文本内容越相符。

	画作一	画作二	画作三	画作四	画作五	画作六
意象正确与否						
意象的颜色特征						
意象的位置特征						
意象的组合效果						

图 3　研究课《月光曲》学生画作互评表

4. 开放对话时空,提升对话深度,扩展对话内涵

所谓"对话",原本是在人、事、物之间的相遇和关系之中生成的、指向新知的创造性的协同探究过程,因而对话是不可预测的。很多教师固守于课前的教案、单一的提问和确定的答案,这无疑是一大误区,其实比记住结论更重要的是让学生学会如何在文本阅读中求知、思考和论辩。在《宿建德江》和《西江月·夜行黄沙道中》比较阅读课中,项目组老师引导学生用"从__________的月夜中,我读出了他的__________"的句式,通过感受月夜之景来探讨作者的情感。同时,采用联读法引导学生理解诗歌中承载着丰富情致的意象,比如"日暮"引

发悲情、“烟渚”作为惆怅的代言、“明月”是思乡的寄托。这些联读诗句(崔颢《黄鹤楼》:“日暮乡关何处是?烟波江上使人愁。”李白《鸣雁行》:“客居烟波寄湘吴,凌霜触雪毛体枯。”钱起《早发东阳》:“惆怅烟波末,佳期在碧霄。”李白《闻王昌龄左迁龙标遥有此寄》:“我寄愁心与明月,随君直到夜郎西。”李白《静夜思》:“举头望明月,低头思故乡。”王安石《泊船瓜洲》:“春风又绿江南岸,明月何时照我还?”)开放了对话的空间,让学生的学习活动不再停留于机械记诵和粗糙点评的低阶思维层面,在勾连比较和综合分析中培养其深度探究和理性思辨精神,不断催生新的发现和新的见解,从而丰盈了高质量的对话内涵。

(二)场域的构建

“场域”构建分为所在空间的物理性设计与人际关系的心理性设计。本文涉及的“场域”主要是指通过氛围和态势的调节,构建内在的心理环境。深入挖掘语文学科本身所蕴含的价值观念和道德内涵,促使中小学语文学科知识体系和价值体系的有机统一,是语文教师的天然使命,但如何践行“德智融合”,达成协调同步?通过探索和研究,项目组老师达成高度共识:语文学科的德育样态绝非道德说教和思想灌输,面对青春期的学生,在“德智融合”的对话课堂“场域”构建过程中,要求是下策,引导是中策,启发是上策,体验是上上策,自我建构才是至上策。春风风人,夏雨雨人;其始也细,其至也巨;和风细雨,润物无声,以智启智、以情动情、以美唤美、以心印心,不远离语文本色的精神淬炼,方可有顺天致性、水到渠成的功效。这是项目研究的共同愿景,也是“德智融合”对话课堂的特质与要素。

1. 以智启智

在每个人的心灵深处,都有一种根深蒂固的需要,就是希望自己是一个发现者、研究者、探索者,教师的作用不是填满知识的储罐,而是点燃智慧的灯火,因而老师们在教学实践中,要努力变知识传递的被动学习为激发求知的能动实践。“德智融合”的对话课堂的终点不存在唯一的“正解”,而是由学生在既有认知上经由自我体验的言说,借助与多样他者的合作与分享,构成新链接,形成新思考,生成新解读,达成新认知,努力探求“最优解”,从而体悟更丰富的内涵,发现更深刻的意义,获得更真实的成长。学生孜孜以求、炯炯有神的学习状态激发了老师的教学热忱与教学创造,这样的活力课堂充分彰显了主体性,发挥了能动性,展现了协同性,释放了创造性以及增强了实践性,师生双方才智涌流,活力迸发,都由衷体悟到学习的意义和生活的趣味,这份愉悦感归根结底是在实施深度学习和构筑高阶思维的以智启智的课堂中实现的。

2. 以情动情

“德智融合”的课堂所倡导的“情”绝非煽情,教学高潮的创造依赖师生的交互作用得以共同展开,教师缺乏真情实感便无法真正打动孩子的心灵。而学生旺盛的学习动机和强烈的自我达成感,对学习而言分外重要。真实流淌的情感自然不会横空出世,教师们发现当倾情投入的课堂真正聚焦真实性问题、展开戏剧性教学、顺畅应对性沟通、实施可视化评价,就会有跃跃欲试的兴趣激发、铮铮有声的见解抒发、津津有味的讨论碰撞、源源不断的成就涌现。列宁曾说过:“没有‘人的感情’,就从来没有也不可能有人对于真理的追求。”因而“情”与“理”是彼此联系、互相渗透的,教师们并不满足一时的情感激荡,而分外注重由“动之以情”到“晓之以理”的升华,因为这是从道德情感陶冶到道德观念萌生再到道德行为实践不断进阶的必由之路。

3. 以美唤美

美的教育功能是全方位的,美能激发兴趣,陶冶性情,启迪智慧,熏染品德,美的力量是惊人的,跨越时空、人心共通。项目组老师们努力挖掘文本的美育价值,创设“才、思、情、趣”统一的美育情境,通过配乐朗读、绘画想象、表演创作等驱动任务,使语文教学回归本质,营造了一种美的氛围。无论是传统文化的内涵美,还是红色经典的信仰美,抑或是大好河山的自然美,都具有一种悦人心目、牵人情思的吸引力,扣人心弦、激人追求的感染力,正处于青春期的学生通过含英咀华、品味辨析、斟酌表达的过程,不断发现美、感知美、崇尚美、追求美、创造美,以形成健康的人格和美好的情操。

4. 以心印心

经师易得,人师难求,优秀教师带给学生的生命关怀和人格感召,将会改变一个人的命运轨迹,使其终身受益。仁爱是为师之本,有专业、有智慧、有境界的爱才能用灵魂唤醒灵魂,用生命影响生命。教师们通过项目研究,更新育人理念,重建课堂规范,迭代班级文化:把保障每一个孩子有尊严地学习视为自己的使命，让“询问是一时之错，不问是一生之耻”成为学生们的共识，每位成员发现问题、提出问题的安全感逐步形成，全组参与、“不搭便车”的责任意识蔚然成风。充分无条件地尊重，谦逊而不带成见地倾听，敞开而挑战权威地表达，真诚而民主平等地对待，宽容而同理共情地接纳，让异质与共识同在，整个班级成为息息相通、心心相印的命运共同体。

三、教师成长与实践反思

（一）在对话中走向深度的“德智融合”

开展项目研究以来，教师们在书籍共读、说课研讨、教学实践和论文撰写的过程中，展开与教育大师、学校同伴、学科专业、所教文本、不同学生和真实自我之间的多维度、深层次的对话，读与思，学与行，教与研，思想与认知真实碰撞，情感与心灵默契互通，沉淀与凝聚悄然生成。尽管探索“育德”与“育智”相得益彰的对话课堂征途漫漫、道阻且长，但建平实验中学的教师们一路走来守正笃实，步履稳健，内心铸就了“指南针”。

1. 对话先生与对话同侪

学校教师发展中心组建共读团队，创新阅读方式，聚焦一个主题，精研一位名家，修炼一项对话，同读一套书籍，完成一日打卡，共享一份成长。不足三个月的时间，24 名教师每天坚持打卡，全部读完《红烛于漪》《穿行于基础教育森林》《于漪教育教学思想概要》《燃灯》四本书籍，共读小组逐步实现了从“人物传记”到“教育对话”，再到“思想研究”的阅读进阶，专业阅读已经成为教师们的生活方式，而不是一种奢侈的学术追求。在每日的金句摘录和心得分享中，伙伴们汲取的不仅是“经师”的内容、方法与策略，更有“人师”的信念、价值与情怀，做一名善心美德于内、嘉言懿行于外的魅力教师成为大家努力追求的境界。

2. 对话学科与对话文本

立文者立人，知文者知人，作者或敏锐或丰富的体验，或活泼或恬静的表达，或细腻或隽永的笔触，或跳跃或流畅的行文，只有沉潜于文本、深研于学科的对话者才能陶醉其中，乐此不疲。老师们慢慢咀嚼、细细品味，在平淡处、质朴处、幽微处发掘出未曾关注到的内隐韵味和精妙构思，探寻形成学生良好的语言感觉和文学素养的解读路径和学习策略,唯恐枉费了经典作品的艺术魅力和育德功能。研讨课上,老师们在语言文字的包裹和浸润中感悟、理解作品所阐述的思想意义,引领学生深入语言腹地,在发现、体验、探究、感悟的过程中,核心素养得到提升,育人目标得以落实。

3. 对话学生与对话自我

教育是一种特殊的交往,对话贯穿始终,育人之路也是育己之路,成为更美好的自我和成就更美好的他人,汇聚成心灵乐歌的奇妙合唱,是为师者人生旅程中被赋予的一项神圣使命。团队成员们将投入到有价值的事情上,将精力倾注到有质量的研究里,将定力滴灌到有挑战的成长中,不因前路迷茫而惰于思考,不因周遭局限而懦于创新,高质量的对话助燃起梦想的火花、升腾起信念的火把,从而照亮了每一个人。基于平等,经由沟通,达于理解、形成共识的课堂,焕发了主体活力,交换了彼此能量,因为更好的“你”,便有了更好的“我”,实现了师生生命价值的深度挖掘与协同成长,不断走向更有魅力的语文世界。

(二)在修炼中汇聚和谐的生命交响

“教”兴天下,“育”创未来,“德智融合”项目组的教师们珍惜基地校平台,厚植理想信念,涵育家国情怀,坚定文化自信,以长远的眼光、持久的恒心,努力成为思想自信、行动自觉的新时代“大先生”。一年以来,教师们潜心研究,躬身实践,在修炼中创生智慧,积聚能量,共享成果,同步同力,同频同振,同向同行,师生的心灵世界更为丰盈,生命疆域更为宽广,教育生活更为美好。

1. 儿童视角与导师援助的“协奏”

项目开展研究中,教师们反思以往的教育教学实践,由于过于追求“短平快”的战果、整齐划一的效果、完美无缺的成果,往往忽略了个体的独特需要。“天命之谓性,率性之谓道,修道之谓教”,“德智融合”的“对话教育”应是倡导以人为本、寻道而行的教育,基于学习者视角开展教育教学,通过正向积极的“互动”让人从“被动”走向“主动”,自觉、自主、自动、自愿、自由地成长与发展,让每个孩子在自己的世界里光彩熠熠。聪明的教师用1000种方法教一个学生,愚笨的教师用一种方法教1000个学生,而教育者只有真切地共情与悲悯、由衷地包容与接纳,才能善于利用各种契机引导学生激发活力、挖掘潜能、滋养才气。

此外，教师应当在充分关注学生的年龄特点和成长规律的同时，理性地认识到：保障每个孩子享有学习权的公平教育，促进人人发展的真实性学习，不可缺少的是教师持续的诊断和有效的支撑。赞美和批评、激励与矫正都是孩子的认知获得成长的必需。评价的路径各有不同，也很难分出高低优劣，关键是度的把握和爱的遵循。赏识和鼓励要适度，要讲究方法，干预与矫正同样如此。不管是激励还是纠错，都应源于尊重孩子、俯就儿童的仁爱，如此，表扬和批评才会如春雨一样滋润孩子的心田。没有了尊重，表扬如同强者的恩赐与施舍；没有了仁爱，批评就带有轻慢与不屑。作为新时代的教育工作者，应该在二者之间寻求教育评价的最佳平衡点，努力做到"温而厉，威而不猛，恭而安"。面向所有人的教育，真正拨动心弦的教育，促进孩子个性化、可持续、全面发展的教育，对教师来说不是技巧与经验，而应是一种道德、一种境界、一种使命。把"保障每个孩子平等接受教育的权利"这样一个基本理念变为现实，修炼之路还很漫长。

2. 工具理性与人文温度的"共鸣"

"双减"政策的出台与实施，围绕"立德树人"的根本任务，树立了"健康第一"的教育理念，重拳整治了罔顾常识、偏离本质、违背规律的种种教育乱象，让义务教育回归到了原来的本真。而科学的"双减"势必对课堂教学的对话实效和对话质量提出了更高的要求，加强主阵地建设，发挥主渠道作用，才能深入落实"立德树人"根本任务，实现师生生命价值的深度挖掘与协同成长。精准地确定教学目标，精心地设计教学流程，精细地建构教学评价，需要通过浸润式的深度观察，参与式的专业倾听，量表式的科学诊断，"靶向"式的切实改进，从经验型的探秘到"建实"DNA 的测序，逐步实现基于事实和数据的课堂结构创新和教研模式优化。

但教学与教研不是一套机械而僵化的操作程序，不可落入工具与技术化的窠臼。建平实验中学的育人目标是培养"探索真知、追求真理、学做真人、活出真我"的新时代好少年，德智体美劳"五育"并举，"知情意行"和谐发展，需要教师以价值观的引导作为灵魂。"天下兴亡、匹夫有责"的家国情怀，地球公民的敬畏之心，命运共同体的同理关切，必须经历漫长积累、逐渐熏染、不断内化的过程。教育的使命植根于等待守望的痴情，精耕细作的耐力和久久为功的恒心,因而心中有梦,眼中有光,手上有力,肩上有责的高素质专业化创新型教师队伍的培养须在中国立场、世界视野、人文素养、仁爱之心等方面持续着力,才能肩负起为中华民族伟大复兴培育人才的大任。

3. 校本特色与学科拓展的"合唱"

建平实验中学作为一所优质公办初中,教学班级多,学生体量大,教师素质高,教研氛围浓郁,办学成果丰富,为本项目的实践研究提供了良好的人文环境和资源保障。下一阶段"德智融合"项目的进一步推进与深化尚需契合初中学段的特点,贴合建平实验中学的校情,结合不同班级的学情,带着课程的视角进行统筹设计,准确定位整体实施中的切入口和突破点,通过规划时间、细化路径、量化评价,让研究成果得以结构化和系列化。教师一方面要基于课程标准深入研究教材,提炼单元的核心知识和关键能力,探索其独特的育人价值,研制出不同年级、不同学科、不同领域由低至高、由浅入深、螺旋上升、分层递进的"德智融合"的教学目标、实施路径、活动支架、拓展资源以及多元评价。此外,不同学科的价值体认方式各有其特点,学校接下来会在优势学科语文组先行实践经验的基础上,将道法、历史、心理、艺术等教研组作为驱动学科,拓展到英语、数学、信科等工具学科,组建弹性灵活的跨学科教研团队,综合培育学生的思考力、判断力、表达力,使其兼具"知者不惑、仁者不忧、勇者不惧"的生存能力,提升其文化传承、文化分享、文化创造的可持续发展能力,这是国家课程意志的体现,也是学校育人目标的彰显。

"探索对话之道,滴灌生命之魂"是一项系统而长期的工程。"孤举者难起,众行者易趋。"课堂是主阵地,但更要打好组合拳,学校将以全员导师制的推进为契机,建构起协同育人共同体,逐步实现从价值认同、意识培养、理念更新到实践转化的进阶,高质量推进全员、全方位、全过程"德智融合"的育人工作,共谱为党育人主旋律,共绘为国育才同心圆。上海市建平实验中学将在不懈追求高起点、高站位、高水准的自我精进和团队修炼的过程中,努力构建高素质的教师团队,打造高品质的教育名片。

(该文原载 2023 年 12 月《教育》,收入本书时略有修改)

器识为魂，全面育人

——上海市育才初级中学“德智融合”教育思想校本化实践探索

马玉文　范琪斌　朱枫　柯珍华　上海市育才初级中学

“德智融合，滴灌生命之魂”是人民教育家于漪“教文育人”思想在21世纪的新发展，对于当前课程教学深化背景下探索学科育人路径具有重要意义。于漪提出语文学科要“德智融合”，即充分挖掘学科内在的育人价值，将其与知识传授能力培养相融合，真正将立德树人落实到学科主渠道、课堂主阵地，加强教师的育德能力。

作为“德智融合”教育教学思想实践基地校，育才初级中学“器识为魂，全面育人”的理念，是于漪“德智融合”思想的校本化、具体化呈现。“器”是“德”的聚焦，是指器量；“识”是“智”的巅峰，是指见识。其核心是让人扩展胸怀，增长见识。其独特性在于以“德智交融”的方式推动课堂从“教书”走向“育人”，走向生命价值的挖掘与提升。

一、简行赋能，深入研修

在对“于漪教育教学思想”研究学习的过程中，我校从读书研讨、教学探索学科建设、教师发展等方面开展研修。

读书研讨：摘录其中金句做成条幅宣传于漪教育教学思想，专柜陈列《于漪全集》及其他单行本专著，供大家阅览，形成一种研学的氛围。组织老师阅读《于漪教育教学求索》等专著，并进行定期研讨组织学习心得交流。上学期第三周(9月15日)教研组就开展了“‘于漪教育教学思想’学习心得交流”主题研修，会上每位老师充分交流了自己的学习体会和感想，马玉文校长结合自己的学习,就“德智融合”的教育思想内涵做了深刻解读,要求教师在教学中深入把握走进学生世界、把握教材个性、立体综合开放、教到学生心上、展现教学自信、内外贯通一体等要求。

教学探索:学校举行以青年教师为主要参加对象的“段力佩”杯教学大奖赛、举行各学科老师参加的“弘扬传统文化,培养器识新人”大思政教学主题研讨等大型活动。我们语文组全体老师积极参与,开展教研组集体备课、研课、赛课、听课、评课,一年多来,共开设各种评比课、展示课等公开课10余节,再结合各学科日常教研活动中交流课、家常课等,探索“德智融合”在语文教学中落地的路径与策略,践行于漪教育教学思想,促进德智融合,深化立德树人。

学科建设:尤其是在语文教研组建设方面,围绕“以语言表达为核心主线,全面提高每一位学生的语文素养与精神境界”全面设计规划,从课程建设、课堂教学、活动优化、质量提升、教科研探索、教师队伍建设、个性化指导等方面具体深入,促进德智融合,深化立德树人。

教师发展:以“君子人格、专业精神”为价值引领,简行赋能,深入研修,努力践行“德智融合”的育人思想,提升教师育德能力。语文教研组开展的“德智融合”主题研修活动有:

(1)2021年上半年,在课题研究基础上开展“语文学科德智融合研究”,从教学、检测两个角度切入,开展了多次主题研修。分别有:以八年级《核舟记》为课例进行的集体备课活动,指向文言文教学中的德智融合研究。在学校“弘扬传统文化,培养器识新人”大思政教学主题研讨活动中,以《十六年前的回忆》为课例,开展了集体备课和曹丹老师教学展示、教研组集体研讨的两次活动,进行散文教学中“德智融合”思想的实践探索。还举行了“语文试卷命题原则要求及命题设计”“语文试卷命题质量反馈与修改”两次命题研究,指向“德智融合”的语文教学检测。

主题	小专题	主要活动	主研年级	时间
语文学科“德智融合”研究	文言文教学研究	文言文教学中的德智融合研究(一)——以八年级《核舟记》为课例进行集体备课	八年级	3月
		文言文教学中的德智融合研究(二)——八年级《核舟记》教学跟进		
	散文教学研究	散文教学中的“德智融合”(暨语文“大思政”教学)研讨(一)——《十六年前的回忆》集体备课	六年级	5月
		散文教学中的“德智融合”(暨语文“大思政”教学)研讨(二)——《十六年前的回忆》展示研讨		
	试卷命题研究	语文试卷命题原则要求及命题设计	全体	4月
		语文试卷命题质量反馈与修改		

(2)下半年,为了进一步推进“德智融合”项目研修,我校还开展了以“促进德智融合,深化立德树人”为主题的“德智融合”语文课堂教学展示活动,七、八、九三个年级共推出了《从百草园到三味书屋》《记承天寺夜游》《范进中举》三堂研究课,并进行教研组专题评课研讨活动。参加这次研修的除了我们组内老师外,还有以远程收看直播的形式参会的浙江慈溪育才学校、陕西大荔东七中学等学校的语文老师。特别荣幸的是,我们还邀请到了李强老师和黄荣华老师两位专家进行点评。

研修主题	小专题	研修内容	研修形式	研修时间
语文学科“德智融合”研究	课堂教学研究	于漪“德智融合”教学思想学习交流会	交流研讨	2021.9 第三周
		“德智融合”课堂教学展示活动 曹　丹执教　《从百草园到三味书屋》 陈姗姗执教　《记承天寺夜游》 沈　燕执教　《范进中举》	教学展示	2021.10.11 第七周
			集体研讨 专家点评	2021.11.25 第十三周
	语文学科核心素养视野下的单元教学设计研究	单元教学设计原则、方法及要求	集体研讨	2021.9 第五周
		单元教学设计案例研讨	集体研讨 专家点评	2021.10 第七周
	作业研究	作业设计及好作业标准研讨	集体研讨	2021.9 第二周
		作业设计、批改及评价	集体研讨 专家点评	2021.12 第十五周

(3)本学期我组在起初就定下了研究计划:将以“课堂教学”为主阵地,“作业设计”为重点,开展6次语文教学“德智融合”研究的主题研修活动。

研修主题	小专题	研修内容	研修形式	研修时间
语文学科“德智融”研究	作业研究	作业设计原则与要求研讨	集体研讨	2022.3.17 第五周
		作业设计交流与点评	集体研讨 专家点评	2022.6.9 第十七周
	课堂教学研究	“段力佩杯”展示活动(一)	集体研讨	2022.3.31 第七周
		“段力佩杯”展示活动(二)	听课评课	2022.4.28 第十一周
		“段力佩杯”展示活动(三)	听课评课	2022.5.12 第十三周
		“段力佩杯”展示活动总结	集体研讨 专家点评	2022.5.26 第十五周

二、策略与经验

在具体的教学实践中，我们形成了一些初步的教学策略，如应因文而教，自然融入；坚持正确价值导向，强化经典意识；遵循学生认知规律，贴近学生实际；结合学科特点，注重有机融入；坚持整体设计，科学合理布局；以学生发展为本，进行适度的拓展，等等。

在研究过程中，我们对“德智融合”逐步有了更深切的认知，形成了几点初步的经验：

1. 在语文学科中，“德智融合”的“智”，不是僵死的、碎片化的知识，而是“语言建构与运用”与“思维发展与提升”；“德”不仅指道德品质，而是立足于“文化理解与传承”，着力培养学生的“政治认同”“国家意识”“文化自信”与“公民人格”；往往也包含“美”，即“审美鉴赏与创造”。

2. “德智融合”，智是基础，德是关键，美是升华。了解学生、深挖文本是“融合”的关键。

3. “德智融合”，首先要“找到知识传承与思想情操熏陶感染的最佳结合点”。要在互融共鸣上下工夫。“融”要立体综合、术道交融，“鸣”要师生对话、情理共鸣。初中阶段，要以情为先，情理兼备，首先要在动情上下功夫。

4. “德智融合”要因人因科而异，它不是每节课的机械要求，而是贯穿于整个单元教学之中，贯穿于课内、课外的学习活动之中。

5. “德智融合”不仅限于德智并育，它指向的是诸育融合，以促进人的全面发展。它是培养学生核心素养，深入落实“立德树人”的关键一招。

三、“德智融合”教学实践枚举

1. 激发趣味，让学生在实践中体验探求

(1)根据课文做竹节人，感受做之趣与不易

《竹节人》的教学重点是“品词析句，感受竹节人游戏使人“入迷”的乐趣”，教学思路是抓住第二节核心句“我们全迷上了竹节人”一句，分析“迷”的具体表现，进而推断“做竹节人”背后的人物心理，体会入迷之趣。但当代学生对竹节人游戏较为陌生，因此教师课前布置学生根据课文说明性文字制作各种材料的

竹节人,在理解做法中“区分描述性语言和说明性语言”(单元目标),这是“智”;在制作中体会做之难度和趣味,从而感受贫瘠年代人们动手制作玩具的乐趣,这是“德”。

(2)根据课文画赵州桥,体会说明语言的准确

《赵州桥》的教学目标之一是“学习以典型事例说明事物的方法,体会说明文语言的准确性”。学生在把握赵州桥特点时往往在拱圈的形态、拱上加拱的位置和数量上产生问题。因此教师在分析赵州桥特点这一环节,布置两个任务:以博物馆讲解员身份讲解赵州桥,旨在把握特征、理清说明顺序;请学生根据说明画一幅赵州桥简易图,旨在体会“各”、“拱圈”之妙。这两个任务紧紧围绕说明事物特征、说明顺序、说明语言等“智”进行设计,很有趣味,拉近了学生与文本的距离。学生也能带着饱满的情绪、对课堂内容的期待,更加积极地投入到阅读中去。在丰富的表达中体会语言的准确性以及从主到次的说明顺序,提升学生的综合素养,最终体会到劳动人民的巧妙匠心,实现了“德”的目标。

2.激活主体,让学生走向深度学习

(1)激活认知结构:以思维导图概括文章内容

《中国石拱桥》另外一个教学目标是“梳理文章脉络,把握中国石拱桥的特点,感受劳动人民的非凡智慧和创造力”,其中“智”指的是梳理文章脉络,把握说明对象特征。对此,教师布置以思维导图呈现文本内容的预习作业,力求在“智”的层面借助思维导图,激活学生的认知结构,梳理文章结构,明确中国石拱桥历史悠久、结构坚固、形式美观的特点,进而自然生出对劳动人民智慧和创造力的钦佩之情,“德”的目标“感受劳动人民的非凡智慧和创造力”也就达到了。此外,也建议通过画单元概念图(其中包含课时学习内容),帮助学生结构化掌握本单元学习目标和重难点。

(2)设置情境,在情境中解决问题

《散步》中体现的是身为中年人的责任感与使命感,这与学生的生活距离比较远,如何让学生能够切实体会,就成了教学的难点,因此在设计时,教师选择了从“慢慢地,稳稳地,走得很仔细,好像我背上的同她背上的加起来,就是整个世界”入手,联系生命的源头与延续,联系尊老爱幼的传统美德帮助学生理解作

者与妻子身上要“背”的不仅仅是母亲与儿子，更是责任。接着让学生模仿母亲的身份说一说感受，学生觉得有趣，纷纷进入到情境中，而感受自然而然就在学生的代入中分析出来了。《中国石拱桥》中分析赵州桥时，让学生以石拱桥博物馆讲解员身份讲解赵州桥，也是同样的策略。

(3)鼓励学生阅读文本，调动学生学习积极性、自主性

《散步》教学目标之一就是“抓住关键语句，品味文章的语言美，进而理解课文蕴含的亲情，领悟生命价值，感受中年人的责任担当。”所以教师设计的学习任务之一是结合文中语句，读一读，说一说，作者借“散步”要表达什么？这个问题答案是开放的，有利于培养学生的发散思维。只有对文本的深度研读，才能体会其中的意、情。通过引导学生自己在文章中寻找、分析，紧密结合了“读”与“说”的训练。而学生自己通过语句的分析，分析出《散步》所表现的亲情与责任感。在课堂的最后，学生们分析得出作者借祖孙三代的一次小小的散步，反映了身为中年人的责任感，一家人浓浓的亲情，和生命意识，更体现了大大的人情美、人性美。

3. 师者育人，从自身做起，提高教师的综合素质

教师的育德能力是“德智融合”的关键。我们教研组的经验是以教研组主题研究为指导，以备课组为核心，提升每周备课活动效能：每次备课组内老师轮流主讲（特别是年轻教师），针对单元教学目标确定具体教学内容，研讨教学中遇到的问题，分工设计教学资源、单元作业。会后认真记录研讨内容，共享组内资源。这样能够带动全组教师，尤其是帮助年轻教师在潜移默化中习得前辈“德智融合”的经验和智慧，从而更快成长。

(1)“弯腰”接近学生

德智融合的语文学习需要亲切感，当我们弯下腰去，用和学生一样的高度去重新审视课本，从学生的高度和视角出发进行教学设计时，就能抓住学生的兴趣和注意力，从而取得良好的学习效果。以八年级的古文课《核舟记》为例，老师以“假如上海博物馆要举行一次“假如国宝能说话”之“明清文物”展，你觉得这枚核舟有资格展出吗？”这一问题激趣导入，贯穿整堂课。使学生对核舟的历史价值、文学价值、艺术价值了然于胸，并情不自禁地为古代手工艺人的智慧和高超技艺拍案叫绝。

(2)“执鞭”引领学习

“德智融合”的语文学习,须将促进学生蓬勃向上的个体精神、理想、人格的生长与形成放在首位。以九年级的古典小说《范进中举》为例,范进这一形象的典型性使小说有了超越时空的文化意义。老师在对主要人物的形象进行归纳与归因分析后,联系本学期所学习的《岳阳楼记》中的“古仁人之心”,引导学生探究“儒”即读书人的精神追求与社会价值。初三的学生正面临人生的重要转折点,他们的未来有着无限的可能,在不同的境遇中他们有着多元的选择。这样德智融合的课堂,这样鲜明的悲喜交集必将在他们的内心埋下一颗种子,在思辨中真切拥有感动与成长!

(3)“仰望”探索未知

一览无余的风景无法让人流连。德智融合的语文学习还需要有一些“留白”。结合时代特征,引入批判性思维,让学生感到言有尽而意无穷,从而去自我探索。以六年级小说《桥》一课为例,这篇经典的选文塑造了老汉光辉的形象,儿子的牺牲在最后才被揭示增强了小说的悲剧意味和人物的崇高性。可是如果机械地灌输给学生这种写法的好处难免显得浮光掠影,有“贴标签”的嫌疑。因此在对老汉本人的解读之后,通过改写结尾提出质疑:为小伙子(老汉的儿子)留一条生路行不行?这一探讨其实触碰到了学生的“壁垒”——他们习惯仰视文本,习惯为文本作出解释,却很少有质疑文本的勇气。通过小组的协作学习,渐渐碰撞出了对人物的崇高品格发自内心的理解,也初步认识到了作者的匠心:悲剧色彩越浓,越能衬托出人物品质的高贵,改版削弱了文章的悲壮感。在德智融合的语文课堂中,通过对这些“成见”问题的“批判”,既走向了文本的深处,又培养了学生的批判性思维,学会辨析和评价,从而迁移生发,构建语文学习新生态。

四、德智融合研究难点

1. 如何找到课文内容“德”和“智”之间的联系,选择合适的切入角度,实现德智融合教学设计?

2. 在德智融合教学中,怎样由“散装”转向“整体设计”、从“一节课”转向“一类课”、从“点状”转向“结构状”?

3. 如何建立科学评价标准“以学促考”，将“德智融合”中“德”的内涵有机融合在“智”中？

五、待研究的问题

1. 如何聚焦于学科核心素养视野下单元教学设计，创设有效德智融合学习经历？

2. 各类文体、各种课型教学中如何确定德智融合的关键突破点并进行教学设计？

3. 在“五项管理”要求和“双减”政策之下，如何设计和优化“德智融合”特征的单元活动和作业设计？

（该文原载 2024 年 1 月《教育》，收入本书时略有修改）

德智融合视域下集体探究学习策略研究

曹　晶　上海市建平实验中学

以人工智能为代表的新兴技术正在重塑社会形态,知识爆炸性增长,个体难以单独掌握所有知识。中国基础教育正在从有质量向高质量发展转型,教学实践必然从知识本位和学生被动接受转向素养本位和以学生为中心。《义务教育课程方案和课程标准(2022 年版)》的颁布标志着我国义务教育阶段的新课程进入了核心素养时代。新方案中“加强课程综合,注重关联”和“变革育人方式,突出实践”等基本原则强调了新课程改革的综合性和实践性,学科实践成为最重要的学习方式。

“德智融合”的教育理念将德与智融为一体,相互渗透、相辅相成。集体探究教学是教育领域反思传统集体教学方法,试图打破传统的教师中心模式,转变为以学生为中心的学习方式,促进学生在合作中学习、成长和发展。在一个良好的学习共同体中,个体可以通过与他人的互动培养品德,受到共同体的支持,学生会更容易融入社会、形成健康的人际关系,在学习中更好地发展能力。本研究探索有效促进学习共同体在集体探究中全面发展的学习策略。面对探究对象时,学习共同体应如何有效支持集体探究学习实践?

一、理论基础

学习共同体中的成员因共同的使命和愿景一起学习,共享学习乐趣,共同探索知识,以理解世界运作的方式,朝着共同目标相互作用和共同参与。课堂内的“学习共同体”是由学生和教师组成的学习社群,他们秉持共同的规范,对话、交流和协作,以共同追求知识和技能的成长。学习共同体是一个开放系统,通过集体的智慧和协作来促进学习,每个成员都能从其他成员的知识和经验中受益。学习共同体强调合作、交流、共享和集体目标的构建。

集体探究(collective inquiry)是学习共同体中的一种学习方式,作为连贯的课程计划中重要的探究教学形式,它由情境任务引发,注重学生在集体中共同参与问题的探究、解决和学习。学生们共同构建知识,共享观点,注重反思,彼此影响,有理据地共同解决挑战和问题。这种学习方式鼓励学生主动参与,激发同伴合作,从集体智慧中获得新的见解和认识。

学习共同体在知识探究和共建中要面对四个关键挑战:集体探究的共同目标导向;以学习交往为基础的资源共建;脚手架支持的个人和集体深度学习;有效对话建构的知识共享。因此,本研究旨在构建学习共同体的探究学习策略框架,在集体探究学习活动中,目标导向、学习交往、深度学习和知识共享相互密切关联,共同构建了一个富有活力和高效率的学习共同体。第一,目标导向关注动机、情感、习惯和预期情绪在决策和行为中的价值,明确设定特定目标并以此为导向进行行动。第二,学习交往可以定义为通过使用可领会的句子,在交往过程中参与者相互交流并努力达成理解,以保证陈述内容的真实性、规范性或价值的正确性(或适宜性),以及表达意向的真诚性的活动。第三,深度学习是个体学习与社会学习交互的过程,包括统一目标、共享知识、参与活动设计、互相评价和联合生成意义等要素,以实现更有意义和有效的学习经验,并促进学习成果的持久和深远影响。第四,知识共享是指知识所有者与他人分享自己的知识,知识从个体拥有向群体拥有进行转变的过程中,经由使用和交流得到发展和价值实现。

二、研究设计

本研究所涉及的教学场景为上海市某初级中学的七年级语文课堂。授课教师是一位女性高级语文教师,授课班级共有 45 名学生。本研究依据盖尔·杰斐逊(Gail Jefferson)开发的话语分析(conversation analysis)转录系统进行转录,这一系统平衡了两个目标:保留对话的实际发生细节,同时做到简单易懂。研究转录了该节课 40 分 20 秒的录像视频,共形成师生言语 615 条,以及 14 分 02 秒至 18 分 30 秒七个小组讨论的对话过程。

本节课的核心任务是制作南极科考纪念册,旨在通过学生之间的合作与讨论,深入探讨纪念册的内容,特别是解读不同画面的意涵,制作纪念册的活动围绕茨威格的传记长文《伟大的悲剧》展开。学生在集体探究中通过前言写作、镜头选择、镜头呈现和结语撰写等环节,深入了解南极科考历史和事件,体验茨威格的卓越笔法。活动的目标包括激发学生对文学作品的思考和感悟,提高批判性思维能力,鼓励在文本撰写中表达个人见解。通过合作探究,学生不仅加深了对《伟大的悲剧》的理解,还培养了信息筛选和组织能力,提高了学科实践和学习理解的能力,集体探究方法有望提高学生的学习动机、兴趣和自主学习能力,产生积极的学习效果和学科素养。

三、数据分析与讨论

(一)目标导向

目标导向包括设定目标、明确目标、达成目标、评估激励等,在探究活动中,学习共同体明确任务目标并反复回顾目标。只有不断指导和调整学习的方向,才能有效促进学生的深度学习和学科实践能力的培养。目标导向也明确出现在学习活动的各个环节中。

首先,设定与明确探究学习目标。师生在课堂中的第一活动便是明确学生需要完成的核心任务。核心任务是学生在学习过程中要实现的基本要求和成果,通常由教师提前设定,教师与学生明确沟通和共享,并为学生提供指导。本次探究活动的目标设定清晰明确,学生开始就知道小组要编写一套纪念册。"纪念册"的核心任务被分解为 4 个子任务(表 1),目标设定根据学生的学习水平和需求进行了调整和个性化设计,切实提高了目标的可行性和适应性。这保证了目标的激励性,以激发学生的学习动机和兴趣,让学生有积极的学习态度。

表 1 明确学习目标设定

9.	教师	我们这个任务是为了纪念斯科特团队登上南极点 111 周年。
10.		111 周年,是一个挺有意思的数字,是吧?
11.		那么英国将以伟大的悲剧为题(0.5),发行一套纪念册(0.5)。
12.		现在又要请我们初一 5 班的同学一起参加纪念册的编写任务(0.5),
13.		好,这是我们的一个核心任务,
14.		那么这个任务又分为若干个子任务。

其次，不断评估目标，发挥导向和激励作用。在集体探究的系列任务中，学生探究目标的评估和达成是不断变化的过程，师生需要在交互过程中不断调整探究进程。任务的推进或延迟，需要教师不断地调整，如表 2 所示，学生的探究深度推动老师提前开启子任务三。目标达成不仅关注学生是否取得了某种具体的学习成果，更重要的是关注学生在学习过程中是否掌握了学习的方法和策略，是否具备了持续学习的动力和能力。教师在互动过程中回顾目标，确保选取的内容和结语都能够体现“伟大”和“悲剧”的辩证关系，把目标评估引向深度学习。目标达成也是最重要的反馈和激励机制，对学生的表现给予肯定，增强他们的自信和动力。

表 2　教师根据探究结果调整学习目标

179.	教师	我觉得大家能够先把这个素材给我找出来就够了。
180.		但是我觉得刚才李泽昂他不仅找出了素材，
181.		他还(0.5)告诉了我们怎么去呈现这个镜头，
182.		因为不同的素材，不同的人(1)去表现也不一样，
183.		相同的素材不同的人表现也不一样。
184.		怎么才能把这个(0.5)素材，把这个镜头呈现得震撼人心，
185.		同时又吸引人眼球呢？那么我们看一看任务三。

(二)学习交往与知识共享

分析整节课的学习交往行为，研究者将其划分为五个阶段。

第一阶段为开场和前言写作部分。第二阶段为镜头选择部分，学生表述镜头内容并进行解读，但在 10 分 39 秒开启对话的学生在探究过程中补充了镜头呈现的内容，促使班级集体探究过程进入第三阶段，即师生共同推动开启了小组合作探究(图 1)。第四阶段是关于镜头呈现及其内涵解释部分(图 2)，教师组织全班同学对不同的镜头(文本情境)进行了深入解读。第五阶段是撰写结语部分(图 3)，学生朗读自己撰写的结语，并对结语的写作视角进行分析。

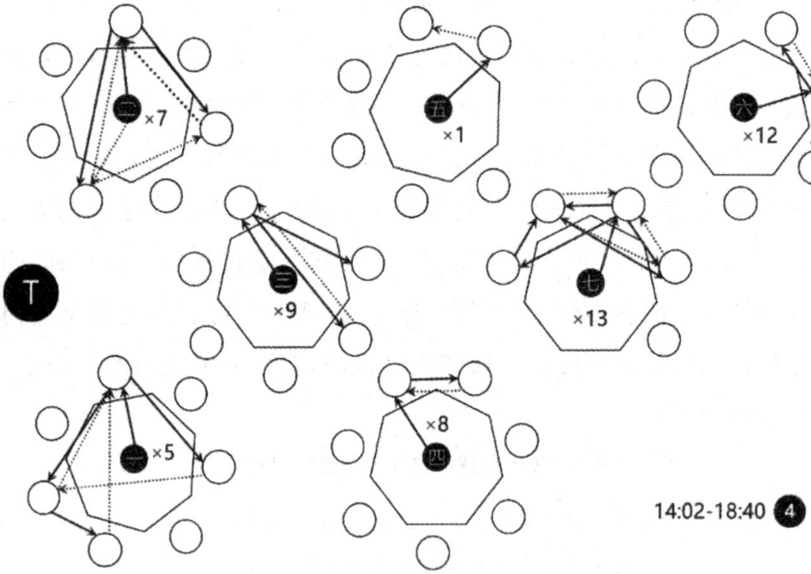

图 1 第三阶段小组探究的互动话语关系图

为了清晰地表明探究活动中的学习交往情况，进而分析集体探究中知识的形成与共享过程。本研究尝试使用互动话语关系图表示师生、生生间的话语流转过程。图 1 中标有“T”字母的圆圈表示教师，其他圆圈表示学生及其教室内的位置，多边形是桌子，多边形中的汉字“一”到“七”是小组编号，从小组编号出发的箭头表示小组探究开启，实线箭头(——→)表示提问和指令，虚线箭头(┈┈→)表示作答与回应。多边形中的“×n”表示小组的话轮个数，一个问题或指令对应一个话轮，追问算作新的话轮。小组探究时长如图 1 右下角数字所示。图 2 和图 3 中实线箭头(——→)表示集体探讨活动中的师生的提问或指令，箭头上的数字表示师生话语活动转换的起始时间，虚线箭头 1(┈┈→)表示教师使用言语回应，虚线箭头 2(-·-·-→)表示教师使用行动和言语回应。

第五小组只有一次问答，没有深入的小组互动讨论，学生各自完成学习任务。其他 6 个小组的探究话语分析图(图 1)说明小组内自发决定了探究“主持人”，主持人承担了探究任务的组织与分配工作，“聚焦段落，谁来?”“镜头描述，谁描述?”等话语表现了小组探究时自发的任务分配，学生之间根据各自的兴趣和能力，合理地分工合作。但小组研讨的“主持人”并不是小组权威，学生之间就学习内容展开讨论，交流各自的观点和想法。学生提出不同的思路，互相启发，是共同体集体知识建构的重要方式。后续的表现性任务决定了学生之间讨论学习内容的选择和展示方式，共同决定探究成果，共同探讨最佳的呈现方式。

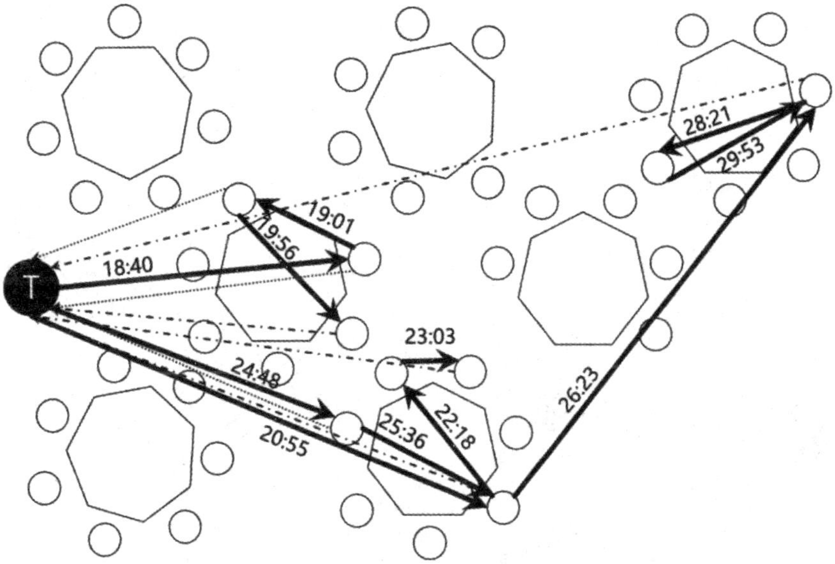

图 2　第四阶段“镜头脚本”课堂集体探讨的互动话语关系图

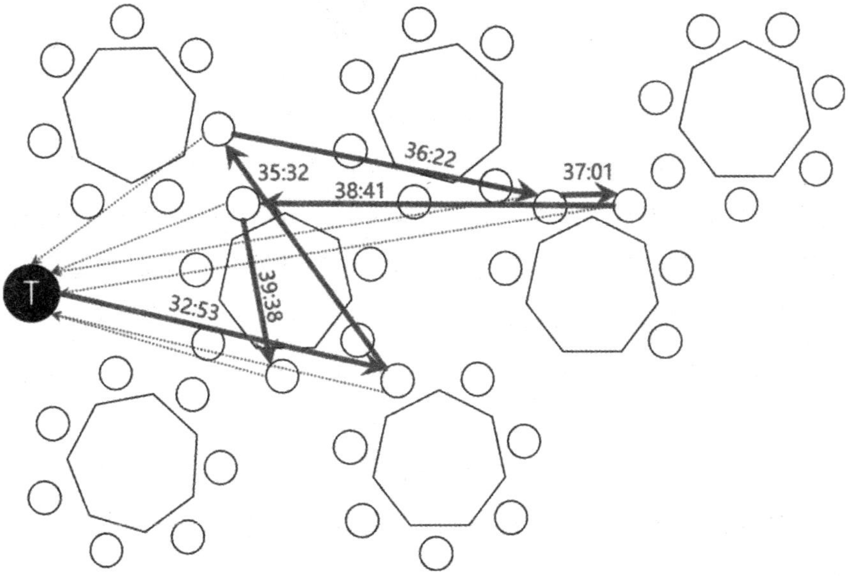

图 3　第五阶段“结语写作”课堂集体探讨的互动话语关系图

小组探究中,参与学习交往活动多的同学,也是后续全班集体探究时知识的主要贡献者。但小组探究中没有发言的学生并不是学习的“边缘人”。将小组探究和全班集体探究话语走向分析图重叠在一起(图 4),研究发现图中学生 A 在小组活动时没有发言,但其边听边写。全班集体探究时,学生 A 成为本组的主要知识贡献者之一,他不仅开启本组的汇报,也为其他小组成员做了重要补充,全班集体探究时还启发了其他小组的发言,是集体探究的主要贡献者。

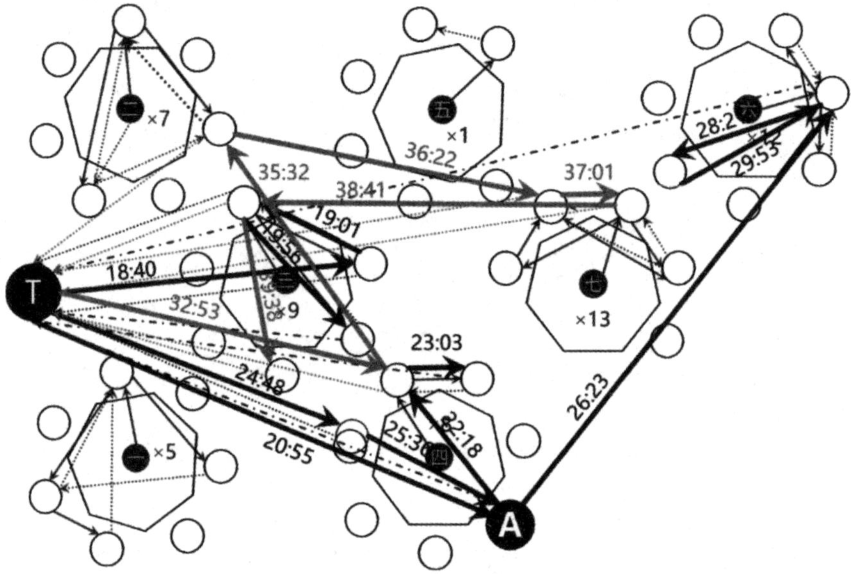

图 4　第三、四、五阶段叠加图

学习交往在集体探究学习中有极其重要的作用。学生在共同探究和合作中形成学习共同体,共同完成学习任务,通过交流和合作提高学习效果和深度。学习交往的过程促使学生相互启发、共同进步,形成积极向上的学习氛围。这种学习交往的过程促使学生超越个体能力,充分尊重他人的观点和贡献,创造一个安全的学习氛围,同时形成相互依赖的学习关系,使学习效果和深度得到提升。

学习交往是促成知识共享的重要保证,学生们鼓励彼此分享不同的观点和想法,促进知识的多样发展和交流,通过补充对方的观点,增加知识的丰富性。研究看出学生们在整堂课中采取了合作和交流的方式来共享知识。驱动任务是促成学习交往的核心。学生们对"产品"质量的关注,促成了小组分工合作,相互分享观点和想法,共同建构知识。在全班集体探究时,学生们能够在更大范围内从彼此的经验和知识中获取新的见解和观点,促进深度学习和理解。此外,知识共享还有助于加强学习共同体的凝聚力,来自于老师和其他小组的"评价压力",触发了学生之间"互相补充回答"的协作责任感,培养了学生的团队合作意识和社交技能。在整个探究学习过程中,知识共享发挥着重要作用,促进了学生对于语文学科知识的深入理解和实践运用。

(三)深度学习

在结语写作中,学生 L 通过比较传记作品《伟大的悲剧》和影视作品《流浪地球 2》(表 3),将学过的知识与其他领域进行联系,从中提取共同点,将结语的立意定位于"勇气"。这展现了学生对不同领域知识的拓展和联系,形成了对人类勇气和坚持精神的深刻理解。学生 Y 在结语中将南极科考队与其他特殊职业(如缉毒警察)进行了类比,强调这些职业需要勇气和坚韧不拔的伟大毅力去面对风险和死亡。从多样职业的视角出发,对生活中不同领域的职业深入思考,展现了多元角度的深度学习。学生 W 化用文中金句,灵活地运用语言传达了人们心中对英雄的永恒敬意,这展现了她在表达技巧和语言运用方面的深度学习。学生 G 引用了《老人与海》中的名句,表达了人类的不朽和不屈精神。通过引用经典文学作品,她展示了对经典文学的理解和运用,体现了对文学意境的深度体会。

表 3 知识拓展与联系

497.	学生 L	在《流浪地球 2》中,呃,《流浪地球 2》中的人类,
498.		看过电影的都知道他这个(0.3)影片中很多城市都……都……都
499.		遭受了地震、海啸、物种灭绝等等这样的自然灾害。
500.		但是呃,就是说……我里面有影片中有一句话,
501.		就是说……我相信我们的人类(0.4),我们的人一定可以完成任务。
502.		就是……就是说他这个……这个里面角色说这句话(0.3),
503.		就是想告诉我们——人类的勇气。

学生通过拓展联系、多角度思考、修辞手法和引用经典文学等方式,展现了对学习内容的深刻理解和思考。深度学习使其更好地掌握语文学科知识,尝试

深入挖掘问题的本质和深层次含义。在对话中,学生展示了思辨能力,提出自己观点的同时也能听取他人观点并进行深入讨论。在不同写作任务中,学生呈现个性化思维和表达风格,通过引用文学作品和影视作品,整合应用不同领域的知识,丰富了问题解决思路,展现了跨学科能力。集体探究学习打破简单记忆和重复性知识困境,在理解、探索、运用和批判性思考等方面展现了学科学习的深度。

四、研究结论

(一)集体探究,目标导向共同成长

集体探究可以重构学科实践中的学习目标,继而重新定义师生、生生间的学习共同体,将共同体成长目标从单一知识学习扩展成为集体知识做贡献。学习活动以核心素养为目标,具体知识目标由学生在活动中协作建构,而非事先由教师设定。学生探究纪念册画面的意义和情感,通过小组汇报和讨论不断调整和完善自己的目标。这种自然涌现的目标激发了学生的主动参与和深入思考的积极性。

集体探究规则有助于达成学习目标。教师需要明确阐述学习任务和规则,共同体成长策略才能激发学生的学习兴趣和积极性。学生在完成课堂任务前明确自己的目标,并在小组合作中共同构建和生成具体目标,使学习过程更加明确和有效。在集体探究中,学生通过相互讨论和反思不断诘问共同体的目标。元认知过程使学生更深入地理解自己的学习目标和方法,不断提高学习效果。

(二)学会交流,提升共同体的核心素养

学习中的交流活动鼓励学生超越共同体内部知识,跨越个体和共同体学习的边界,拓展多领域认知,丰富学习内容。为了跨越有限的学习边界,需要创造尊重他人、无惧失败的学习氛围。构建心理安全防线,包容学习失败能显著提升共同体的情绪和创新能力。在小组分享和讨论中,学生学会尊重其他学生的贡献和差异,教师通过点评鼓励学生表现,建立了尊重他人观点和意见的学习氛围。

共同体中形成相互依赖的学习结构，通过互相补充和分享，促使学生深入思考和探究问题。每个成员的贡献和想法都是共同体学习的一部分。学生在探究学习中互相补充和分享，形成有机的学习交往结构。依赖这个结构，采取相应的教学策略促使学生更深入地思考和探究问题。

（三）深度学习，发展多样性专长

集体探究中的深度学习倡导学习深度胜于广度。学生通过多元参与方式，专注于小范围主题的深入思考和研究，培养全面理解和核心素养。首先，学习实践和教学策略需注重为学生提供充足深度探究问题的时间。通过小组合作和个人学习，学生在较小主题范围内展开深入思考和研究。这种深度学习方式使学生更全面理解知识外的精神内涵和复杂联系，构建扎实学习素养基础。其次，学习方法和策略应鼓励学生发展自己感兴趣和擅长的领域，并与共同体分享专长。在集体探究中，学生可选择不同角色，如发言者、记录者、写作者，以专长训练发挥优势，增强情境适应性。共享与合作使学生从他人专长中获得启发和帮助，促进全面发展，形成更全面的学习体验。集体探究学习策略鼓励学生在不同角色下参与各种活动，而且提供交互性学习方式、建构性学习方式、主动型学习方式等行之有效的深度学习方式，一定程度上摒弃了被动型学习方式。

（四）共享智慧，催生共同体学习成果

学习共同体的知识共享是学习交往和深度学习结合的必然结果。学习共同体通过小组合作和个人发表促进知识传递和建构，加深学科实践知识。这种分享机制促进了共同体知识的传递、交流和建构，丰富了学科实践知识的情境性。

共同体知识最终以个体知识产品和共同体知识成品呈现。学习产品不是简单的实体作品，它不仅是具体教学目标细化的行为或心理要求，还包括知识、技能和能力指标，更有学习延时性的“间接成果”。关注知识产品质量是重要教学策略，涉及评价和反馈。个体评价激励学生，提供具体反馈和指导，而共同体评价促进学生合作，完善学习成果。外部评价帮助学生认识成果在更广泛社会环境中的价值。

五、研究反思

首先,本研究深入研究了集体探究学习方式,总结出学习共同体中的集体探究的目标导向策略。学习共同体鼓励学生与教师合作,共享知识和经验,制定共同学习目标,并在学习过程中相互促进。其次,学习共同体以学习交往为基础,支持资源共建,使学生能够共同创建学习材料和资源。这种环境能够激发学生的主动学习意愿,鼓励他们积极参与集体探究。再次,脚手架支持个人和集体的深度学习,帮助学生构建深刻理解,培养批判性思维和问题解决能力。集体探究鼓励学生互相讨论、辩论和分享观点,从而激发出更多创新思想和见解。最后,有效对话建构是知识共享的关键,学习共同体提供了这种对话的平台。学生能够通过对话共享知识,进一步促进集体探究。

本研究主要聚焦在小组和个体层面,未深入研究整个班级和学校层面的共同体学习效果。未来研究可以考虑探讨教师在集体探究中的作用以及整个班级学习氛围的塑造。评价对学习成果有重要作用,但如何在集体探究中进行有效评价和提供具体反馈需要更多研究。集体探究学习方式需要继续深入研究,以更好地促进学生的学习和成长。

(本文原载2024年4月《教育》,收入本书时略有修改)

第四编

教师教育思想研究

于漪:一个永远建设的人

孙宗良　上海市复旦中学

2011年,上海市教育界举办了于漪老师从教60周年庆祝活动。那时,我们对她的定位是教师。但在今天,当我们重新审视于漪老师的人生历程,审视她的整个教育生涯,仍然难以给她作出明确的身份界定。我们可以称她为优秀的教师、出色的校长、高瞻远瞩的教育家、学高为师身正为范的教育楷模,我们也可以评说仁者于漪、智者于漪、勇者于漪、长者于漪、求索者于漪、奉献者于漪,但似乎都不够,我们找不到一个最合适的表达。因为,我们面对的于漪,是一个始终执着于探索、在不断学习中实现自我超越的于漪。永远前行,就是于漪老师最核心的生命底色。

一、始终前行:一辈子学做教师

著名语言学家张志公先生曾如此评价于漪老师:“在基础教育阶段,教育学、心理学,包括教学论、学习心理学等理论修养,至关重要。思想境界、语文素养以及教育理论的掌握和灵活运用,三者不可或缺。于老师教学艺术之高超,教学之所以卓有成效,得益于三者兼备。目前,不少年轻教师由于客观或主观原因,深望以于老师为榜样,努力以赴教育、教学之发展进步,幸甚!”《文汇报》原社长石俊升也深深感慨:“于漪太丰富了。”原国家总督学柳斌先生更是赞叹于漪老师:“育人是一代师表,教改是一面旗帜。”而于漪老师自己说的则是:“我一辈子做教师,一辈子学做教师。”

于漪是这么说的,也是这么做的。2005年起,76岁高龄的于漪老师每月在《语文教学通讯》上发表一篇文章,累积有三十余篇,合称《回放与反思》。在这组文章中,于老师回顾了许多自己的教学案例和一些听课记录,立足时代发展与教学变革要求，反思了许多问题，提出了一些中肯的、深刻的看法。其实，那时于老师很忙，也很累，区里的、市里的乃至国家的很多教育决策，如上海开展的“两纲教育”(《民族精神教育》和《生命教育》)、上海市教师学研究会的各项工作、青年教师成长的名师基地建设，还有无数学校的指导邀请和各级各类的活动，都在耗费着她的心血，但她依然在反思、在前行。

于漪老师一直关注着学生的学，从学习效果这一客观实际出发，衡量教学的有效性，寻找学与教两者之间的背离现象。于老师在反思中多次强调学习效果怎么评定:学生语文能力是否真正提高了？思维能力是否得到培养？情感是否被激发或感染？个性是否得到发展？在学习过程中对教师提出的学习任务能否接受并落实？多少学生参与了课堂学习？在深入发问中，于老师检讨了自己教学中主观臆断、凭经验办事的思维方式，及由此产生的诸多问题——赶进度、走过场、求形式，进而提出要从理念与教法上做研究。其实，于漪老师早就是名副其实的优秀教师，1978 年就被评为上海市首批语文特级教师，但她依然不断反思，因为她容不得自己的课堂有半点瑕疵，且她也不想只停留在“术”的操作层面，还想上升到“德”的境界，在语文教学思想的天地中遨游。

于老师发现，有些语文教师怕“问”。她认为，这不仅仅是因为文化功底的不足，还由于缺乏教育机智。学生提出的问题，并不是都要一一回答的。哪些有价值，哪些没有价值？有价值的问题，哪些先答，哪些后答？采用怎样的方式解决？对于一些突发情况，怎样灵活应变？这些问题都是直指教育机智，即感知的敏锐性、思维的灵活性和意志的果断性。于老师曾在反思自己的教学经历中讲到，许多很好的教学契机因自身的心理素质和业务能力的局限而失之交臂，字里行间流露出懊恼之情，并提出了不少提升自身业务素质的方法。在她的文字中有这样大量的表述:“为教使我错失良机，后悔莫及”“教后，乃至今日看来不恰当处不少”“作为语文教师，教语言文字是专业，有些字自己含含糊糊，实在愧对学生”“字的含义需深入咬嚼，怎能草率从事？糊涂！”“回想起来当时处理学生质疑的被动的情况，真是有点汗颜”。

功成名就的于老师如此自揭短处，充分表现出一代名师的治学精神——不图虚名，只求真知；精益求精，追求卓越；执着探索，永远前行。于老师是一代名师，她的教学水准已经代表了那个时代的高度，但事物的发展总是在螺旋式地上升,对教育规律的认识也在不断发展,许多教学问题是由时代的局限造成的,于老师注意到这种局限性,所以要立足今天,通过反思去揭示语文教学的规律。这种实事求是、执着追求的精神足为我们的楷模。

于老师自称是个"半路出家"的语文教师,一生孜孜以求、上下求索,在文化积淀上下了不少"功夫",她的反思实际上勾画出了她的成长经历。在教学中,只要发现有不认识的字就一定会追根究底,把它搞清楚,为此,她经常翻阅《说文解字》,弥补自己文字功底的不足;在备课中她发现自己解读文本常常浮于表面,于是广泛阅读,提高自己的文学修养,她以文学史为纵线,以作家作品为横线,纵横交错,夯实功底,练就解读文本的真功夫;她广泛涉猎各学科的知识,不断拓宽语文教学的空间。

难能可贵的是,她的学习又是与时俱进的,甚至走在时代的前列。我们阅读了《岂能消极地复制文本》这篇文章后,发现她接受了现代阐释学的理论,对语文阅读提出了自己的认识:阅读就是作者的过去眼界与阅读者现在眼界的融合,因而是一种创造性活动。从这样的反思中,我们深刻感受到一个大家深厚的文化底蕴是如何练就的。张志公先生曾说过:"于漪的学术造诣、教学成效、待人之道,有口皆碑,无不称道,足为楷模。"

于漪老师对自己有一个清醒的认识,她始终用一把尺子量自己的不足,要求自己在讲台上先站得住,再站得高。她严于剖析自己,坚持写"教后记",然后有针对性地学习。她说:"对重要的教育教学理论反复学,对与业务关系密切的知识深入学,对有利于扎实基础的知识广泛学。"她坚持天天学习,月月学习,使胸中之"书"越来越厚实。于漪老师的足迹,就是她不断学习,不断实践,不断认识自我、挑战自己、超越自我的过程,始终有源头活水,始终有时代的印痕。这一过程,就是她的生命与使命结伴同行的人生旅程。

二、不断超越:用生命在唱歌

雅斯贝斯在《什么是教育》一书中曾说:"受过苏格拉底影响的人通过思考而潜移默化,使自己变成另外一个人。这种思考使人在探索真理的过程中保持独立的地位,在思考中我们可以获得人类发展的最大可能性。"

因此,思考的真实在于,它是美好人性和理想社会的'前显现',借'思'来展现将成为现实的东西，而这东西又要超过思考本身。”于漪老师就是这样一个“通过思考而潜移默化，使自己变成另外一个人”的优秀者。她不仅仅关注过去，更关注当下、关注未来，这也是她之所以能够实现自我超越的根本原因。

大约70年前，于漪老师走上讲台，当时初出茅庐的她唯一的祈求，就是教研组长能来听听自己的课。而当她终于实现了这个愿望，换来的却是五雷轰顶般的评语：“语文教学的大门在哪儿你还不知道呢！”于是，在震惊之余，她在心中发出了这样的呐喊：“我要寻觅，即使路漫漫其修远兮，我也要找到大门，而后登堂入室，深悟其中的奥妙。”此后十年时间，她通过艰辛的努力，终于在语文教育的茫茫田野中走出了属于自己的路。

于漪老师从来不只埋头走路，还时时仰望星空。上海市二期课改提出的“一切以学生发展为本”的理念，其实早在20世纪60年代于漪老师就已经明确提了出来。一个普通的青年教师所表现出来的先见之明，不仅仅是出于一个思想者的敏锐，更重要的是来源于一个为师者的热情和理想、思考与求索，不唯上，不跟风，只唯实，在“探索真理的过程中保持独立的地位”，这就是一个优秀教师的使命感。具有这种使命感的人显然是不会停下她思想的步伐的，即使是“文化大革命”中断了她的教学改革实验，即使被戴上“修正主义路线的吹鼓手”的帽子，一旦乌云散去，春风吹来，她马上又发出了更为有力的呐喊。

20世纪90年代，于漪老师再次以一个实践者、思想者的身份，捕捉到了当时语文教育的根本问题，及时提出了“弘扬人文，改革弊端”的观点，旗帜鲜明地反对以西方的工具理性为主体的教学指向，恢复并重构中华民族以价值判断为主体的课程理念。她强调不能纯粹地用科学主义取代人文主义，应该继承和发扬语文教育优秀的人文传统，培育出有德有识、有情有义的一代文人学子。她的这一主张很快就被接受，纳入新修订的语文课程标准，一直到今天。

难能可贵的是，于漪老师对语文教育的认识并不只是停留在语文课程性质的界定上，还对语文教育的育人目标作出深入探究，构建起自己的语文教学观，从而完成了从教师到教育家的蜕变。她在自己长期教学实践的基础上，提出了以“教文育人”为核心的语文教育观。

她强调，语文学科必须从母语教学的个性特点出发，把学生领进语文的广阔天地，把语文学习的空间延伸到生活与社会中，为学生打开认识现代社会、认识生命价值的大门。

于老师的语文教学中有过三个重要的追求,从“课要讲得‘一清如水’”到“站上讲台就一定要‘目中有人’”,再到“语文教学要‘激发学生生命的灵动与活力’”,这是她在不同时期分别提出来的。由此可以看出,她的学生观是随着时代的发展而变化并发展着的,但“一切为了学生”这一根本理念则始终贯穿其中。她把自己的语文教育研究具体概括为五个方面:一是了解社会,把语文教学改革建立在对现代社会科学分析的基础上;二是研究学生,把语文教学改革建立在对学生个体和群体深入研究的基础上;三是研讨语文育人价值,使学生具有获取知识和运用知识的能力;四是研究语文知识、技能的“核”与“壳”的问题;五是学习现代哲学、现代教育学、语言学、心理学、社会学,使语文教育的研究和实践有更多的参照系统。正是这样一种持续的努力,使于漪老师不断超越自己。

于漪老师很早就提出:“我们的教育究竟应该以什么为本,是知识为本还是人的发展为本?”因为传统的教学是注重知识传授的,甚至是以此为根本目的的。她多次指出,知识的价值在于作为思维的原点并在此基础上实现学生学习能力与各项素养的提升,而不仅仅是作为固化的概念让学生接受。教育的使命就是促使人思考来解放人。杜威曾说过:“学生所真正需要的,并不是关于地形学的精密知识,而是要晓得自己去寻求知识的方法。”卢梭也曾说过:“你的学生学习地图;我的学生制作地图。”所以,学校中求取知识的真正目的,不在知识本身,而在运用知识的同时养成能力与素养。于漪老师在前代哲人的基础上向前走了一大步。

三、永远建设:生命与使命同行

传统观念对教师职业的认定,往往停留在社会功用层面,赞美的是教师的辛勤劳动与默默无闻的奉献,却忽视了教师职业中创造性劳动的欢乐,忽视了教师教育生命的成长与发展需要,忽视了教师在劳动过程中提升生命质量的高层次需要。因此,于漪老师不只追求崇高的师德,更追求卓越的理想与实践,她始终在前行,并在前行中永远建设,这使她在实现社会价值的同时也实现了自身价值。因此,她在整个教育教学生涯中得到的是生命创造的满足,是与学生共同成长的欢愉，是她生命的价值和意义在教育活动中的体现和延伸。

我常常想，“于老师这么辛劳，这么勤恳，她到底收获了什么？”面对这个问题，于老师回答得很干脆：“快乐！因不断建设更加美好的人生而快乐！”所以，于漪老师不只是做着语文教师职业的建设，更在做着生命品质与意义的建设。于老师说她是幸福的，并引用宋代张载的“为天地立心，为生民立命，为往圣继绝学，为万世开太平”来诠释她的教育观念。千百年来，这话成为无数仁人志士的人生目标和生命追求，因为它深刻地道出了人生的意义和价值就在于始终不渝地为他人、为民族作奉献；它所体现的，就是中华民族优秀的人格积淀与精神特质。因此，于漪老师毕生的奋斗与建设，带给她的不是忍受，不是沉重，不是痛苦，而是快乐。

正如当弟子问及孔子的志向时，孔子似乎有些答非所问地回答：“老者安之，朋友信之，少者怀之。”实际上，孔子所表达的是自己的人格志向，是对自我人格完善的强烈要求。作为伟大的教师，孔子在学生面前明确表示这样一种追求，是对学生精神的一种导向。正是这种博大的胸怀与崇高的人格，才使得孔子成为“万世师表”。于漪老师也是如此，她之所以几十年如一日地执着前行，因为她永远建设，“用生命在唱歌”。

于漪老师之所以能够如此，其精神动力和哲学思考，就在于在追求社会价值中实现自我生命的意义。正如老子所说：“天长地久。天地所以能长且久者，以其不自生，故能长生。是以圣人后其身而身先，外其身而身存。非以其无私耶？故能成其私。”作为一名哲学家，老子以其深邃的哲思揭示了一个值得所有人深思的命题：“无我”方能“有我”，“无私”方能“成其私”。这里的“无我”与“无私”可以理解为人的生命支点，而“有我”与“成其私”，实质上是建立在这个支点上的生命价值之所在，因此，才能做到“后其身而身先，外其身而身存”。汉代杨雄也说：“纡朱怀金者乐，不如颜氏子之乐也。颜氏子之乐也内，纡朱怀金者之乐也外。”是的，外在的快乐，源自物质满足、利益享受的快乐，永远无法和那种发自内心的、精神上的快乐相提并论。于老师的快乐正是如此。于老师的快乐，是一种丰富的快乐，一种满足的快乐，一种崇高的快乐，一种问心无愧的快乐，是一种超越了很多东西后的真正发自内心的快乐。

于老师曾引用日本哲人池田大作的话：“人一辈子都在建设，没有建设的人生是失败的人生。”她说:“人,对于自己应该做的事,要燃烧起满腔的热情,否则,是没有权力讲未来的。”永远处于建设之中的人,她一定无比欢欣地悦纳新生事物,能较快适应社会中的新变化,善于用独特的思维方式思考问题,并愿意去适应和创造一种新的生活;永远处于建设之中的人,她一定具有独立思想,一定不迷信传统和权威,不随波逐流,始终在批判与创造中前行;永远处于建设之中的人,她一定经常客观地反省自我、评价自我,从而不断实现对自我的超越;永远处于建设之中的人,一定是一个极富道德智慧的人,尊重规律,不断反思,不断完善自我,不断提升职业与生命的境界。这就是于漪老师,一个永远建设的人。

今天的中国,期待着更多的优秀教师为中国的教育事业去不断学习与创造。于漪老师首批被授予“教书育人楷模”称号、改革开放四十年“先锋人物”、中国基础教育唯一的“人民教育家”,而这些向世人昭示和传递的,不正是对于漪老师所代表的这种对教师生命追求的敬意和呼唤吗?

(该文原载2023年1月《教育》,收入本书时略有修改)

真功夫是育人能力的学术体现

——谈于漪的教师素养观

孙宗良 上海市复旦中学

于漪非常注重教师的素养构成，但她所说的教师素养，和我们通常所说的基本功有着根本的区别，她不是停留在具体的操作层面，也不是停留在诸如三笔字、板书设计等最基本的教学技能，她站在全面育人的高度，站在文化的宽度与历史的深度，来解释教师应建构的素养。她曾说道："我能够引以为豪的是，60多年的长途跋涉，自己能够始终站在时代的潮头，以辩证唯物主义认识论为指导思想，从探究语文教育的本质出发，把教育学、心理学等方面的现代研究新成果融进自己的教育实践，孜孜不倦追求崇高的学术境界，不断求索语文教育的规律，在扬弃和开拓中逐步形成了自己的语文教育特色与体系。"基于哲学思辨，把握时代特征，探究学科本质，融入现代理论，建立认知系统，因此称之为"大基本功"。

一、丰富底蕴：深深扎在人类思想的丰厚土壤中

于漪认为，今日教师要能真正胜任育人的历史使命，必须拥有丰厚的底蕴。因此，教师要把根须伸到中国教育的传承和现代教育的鲜活土壤中，努力吸取营养，因为，只有拥有丰厚的积淀，才能自如地驾驭课堂，不断激发学生求知的欲望。于漪的根深深扎在人类思想的宝库中，扎在中华文化的坚实土地上。她"一辈子学做教师"的重要内容之一，是一辈子在不断浇灌与充实自己的文化根基，直到今天。无论是对中国文化基本精神的把握，对教师增厚自身文化底蕴的呼吁，还是倡导教师要拥有一颗哲学的头脑，都体现了她这样一种不懈的

追求。

于漪勤于学习,博采众长。她在世界发展与民族复兴的大背景下,来认识教育的地位、价值、功能与发展趋势。她曾指出,就学科论学科,往往会陷入鸡虫得失的纠缠,如果能够跳出桎梏,站在时代的高度来看教育,视野就打开了,思考就深刻了。为此,她进行了大量的研究性学习,例如,"为了阐释语言的本质属性,我阅读了不少马克思主义经典著作,尽力让自己的立论得到权威理论的支撑。我十分注意吸收西方语言学研究的成果,让自己的理论有更宽阔的视野。同时我处处做有心人,时时怀着探究的意识,透过现象抓住本质,使自己的立论经得起实践的检验。"她深深体会到,教师的真功夫是学术功底;不下苦功学习理论,不做深入的理性思考,课堂怎么可能气象万千,使学生入耳并且入心?她在改行教语文伊始,就确定了自我发展的方向,先追求"胸中有书,目中有人",其中"胸中有书",是要认真钻研,大量阅读,在"真懂"上下功夫。对教学内容做到烂熟于心,因为教师自己"昏昏",是不可能使学生"昭昭"的。她深入钻研教材,从语言形式到思想内核,又从思想内核到语言形式,反复琢磨与审视。同时,进行系统的学科内容学习。两三年时间,把语文教师该扎实把握的语法、修辞、逻辑等知识,该具备的文、史、哲内涵,该了解的中外名著都逐一深透。她说:"没有任何诀窍和捷径,就是老老实实,以勤补拙,笨鸟先飞,才勉强把课教下来,在学生面前,有了初步的发言权。"

在于漪看来,用优秀文化滋养心灵,不仅指向学生,首先应该是对教师而言,因为"教育的本质是提升人的精神境界",而一个缺乏文化底蕴和思想内涵的教师是难以承担这一重任的,因此,教师的使命首先是提升自己。对此,于漪不仅身体力行,而且谆谆劝导青年教师,她强调教师要有学术的魅力,她强调文化底蕴不同于学科素养,她着重指出,如果有了良好的学历,但是对华夏民族的文化精神知之甚少,对社会道德知之甚少,对当代社会不断涌现的新观念新知识也懵懂无知,那只能是"高学历的野蛮人"。这正是一位人民教育家的警醒之言。

二、"术""道"合一:三大支柱的有机融合

于漪提出,今日的教师不能眼睛只看着学科知识或课堂技能,而必须做到

“术”“道”合一。这里的“术”,主要指课堂技能等方法层面的东西,“道”则是指教师的教育思想、学科理解、课堂观念等。她认为,不深入探究“道”而只注重“术”是不可能成为一位真正的优秀教师的。学科教育不能见“术”不见“道”,更不能见“术”不见“人”。她认为,“术”“道”合一的核心是知识和能力、过程和方法及情感、态度、价值观这三大支柱的有机融合。这三大支柱构成了各学科的目标系统,它们是建立在以人为本的全面育人观基础上的。例如,语文学科,就要树立语文的综合素养观,她倡导的工具性与人文性的统一这一语文课程性质,正是语文学科“术”和“道”整合的根本认识。

因此她指出,任何一门学科的教学成效,不能仅仅看给了学生多少学科知识与技能,还要看是否实现了学生学科综合素养的提升。学科综合素养既包括这一学科的知识技能,更包括学生作为一个人应该具有的思维品质、道德情操与价值观念等,并且后者更为重要。因此,学科教学必须传授学生“道”,学生只有真正站在“道”的层面上,才能悟“道”而得“技”,成为拥有较高素养的“完整的人”,成为中华文化合格的接班人。她认为上海大力倡导的在学科教学中融合生命教育与民族精神教育,正是基于“道”的一种认识。如此,教师怎能不在“道”的层面建构自己的学科框架,又怎能不从“道”的层面来审视自己的课堂?

她还指出,当今教育改革的核心之一是教育由“物化”转向“人化”。“人本教育”的真谛是“开发人”,我们要给予学生知识与技能,但它们必须是在“道”的统领下的“术”,离开了“道”的“术”,很容易成为琐碎和繁杂、失去情感和生命活力的纯粹的知识序列与方法程序。因此,教师就要牢固树立起一个认识,教学的过程,是一个基于学生主体的内在塑造的过程,而不是外在灌输的过程。这样教师怎么可能只停留在知识与技能的层面进行教学?

于漪自己就始终在这样实践着:“我60年语文教学研究与实践中积淀下来的,有的更多的指向理论发现,诸如对语文学科性质、语文教学目的任务的思考;有的是在理论与实践结合的层面,如‘语文学习兴趣说’‘语言和思维训练核心说’的构建;也有的主要是实践层面的,如我的语文教学风格、我的课堂教学模式。应该说,我所有的理性思考和实践追求都是互相呼应、科学整合、‘思’‘行’合一、融为一体的。”可以说,这种“术”“道”合一的理念,成就了于漪,也应该成为所有教师所遵循的准则。

三、扎实功力:“以死求活”的大修炼

于漪非常注重教师教学功力的形成,但她的定位是高的,她的要求是严的,她为此下的功夫是极大的,今天很多教师会谈到她的“以死求活”,就是她为打下扎实功力所做的大修炼,因为,这背后依然有着“育人”的大追求。

例如,关于教师的课堂用语,她就这样指出:语文教师的教学语言要有文化含量。语文课堂的教师用语,要能体现自己的文化素养,呈现自己的思想情操。因此她提出:“我的奋斗目标是‘出口成章,下笔成文’。……如何规范自己的语言,清除语言中的杂质,提高语言的质量?我用了“以死求活”的方法,用比较规范的书面语言改造自己不规范的口头语言。……我把上课的每一句话都写下来,自己修改,把不必要的字、词、句删除,把不合逻辑的地方改掉,背下来,再口语化。……每天到学校,我要走20分钟路才乘到公共汽车。这20分钟里我就把上课的内容‘过电影’,在脑子里放一遍:怎么开头,怎么展开,怎么发展,怎么掀起高潮,怎么结尾;这个问题下去,学生怎么回答,回答不出,怎么引导,怎么铺垫……这样做的结果,不仅改造语言,而且一堂堂课心中很踏实,无丝毫飘浮感。”这不只是一种技能的追求,而是一种境界,没有强烈的责任与使命意识,又怎么能如此地“以死求活”?她修炼的是语文教学的大基本功。

正是基于这样一种追求,于漪老师自己在教学以外勤于耕耘,她撰写的600余万字著述是她奉献给广大教师和中华教育事业的巨大财富,这还不包括她的文集和丛书。《于漪文集》6卷本于2001年正式出版,21卷本的《于漪全集》于2018年正式出版。为一位中学教师出文集乃至全集,这在新中国的教育史上,是破天荒的,其意义难以估量。《于漪全集》按内容分为基础教育卷、语文教育卷、课堂教学卷、阅读教学卷、写作教学卷、教师成长卷、序言书信卷、教育人生卷共八大类,其涉猎之广、思考之深,为她的教师观作了完整的诠释,为教师发展自己成为完整的人提供了最好的典范。这样的成果,除了思想的深度、理论的高度、探索的精神,没有“下笔成文”的深厚功底,怎么能够成就?直到今天,于漪老师几乎所有文稿,都是一气呵成的。

四、与时俱进:教师要有时代的活水

于漪常说,做老师一定要有时代的活水。她认为当代社会快速发展,不断出现许多新的事物、新的变化、新的观念,因此教师不能惯性思维而仅仅依赖原有的经验,一定要关注社会变革,紧贴时代脉搏,具有时代的敏感性。她既从时代的变革中汲取养分,来更好地提升自己和完善自己;又对新的观念新的实践进行充分的探究与思辨,不人云亦云,盲目跟从。因此,教师要有时代的活水,与时俱进、改革创新;要走出孤傲自赏带来的故步自封窠臼,在时代的活水中不断矫正自己的航向。这一观念本身也是基于这个时代的特征所提出的。

于漪对新时期的积极变化有着高度敏感,对教育领域的有些观念和做法更有一种高度的时代警觉,特别是当这些东西偏离了教育的正规,误导了整个教育或者学科教学的时候,她会深入探究,重新建构合理的观点,并大声疾呼。可以说,于漪的许多教育教学理论与主张,都是站在时代的脉搏上建构起来的,而且,这些真知灼见,引领着时代教育脉搏的跳动,而不是在象牙塔里的闭门造车,因而它们是鲜活的,充满着时代活水那淋漓的水汽与生命的张力。

20世纪80年代后期,应试教育以迅雷不及掩耳之势挟来了"标准化试题",于是,原本就处主导地位的"工具性",与新生的"标准化试题"一拍即合,把本作为检测和选拔手段的考试推向不恰当的高度,使得语文教育日益失去鲜活的水分和生机,降格为一门工具性技术性的课程,重知识技能,轻对学生总体素质的培养。在这种思潮的影响下,语文教育中丰富的人文精神内涵和涵咏生命的养分因人为的缘故而流失。语文教育的准星发生了偏差。

针对这一现象,自1996起,于漪连续发表了《弘扬人文,改革弊端》《语文是进行素质教育最有效的一门学科》《准确而完整地认识语文学科的性质》《语文学科是一门实用而多彩的人文学科》等一系列文章,从不同方面强调了语文课程的"人文性"特征。这一系列阐述,促人深省,得到语文界的广泛认同,从而拨乱反正,重新定位了语文学科的性质,并在教育部2001年颁布的《全日制义务教育语文课程标准》中得到肯定与采纳:语文是最重要的交际工具,是人类文化的重要组成部分;工具性与人文性的统一,是语文课程的基本特点。

面对升学考试的指挥棒对学科教学的"指挥"力度越来越大,甚至到小学低年级都充斥着“分”的功利追求。课堂围绕着考试转,学校教育见“分”不见“人”,学生不堪重负而失趣,教师不堪压力而成为“机器”,教育的价值观被严重扭曲。针对这一现象,于漪发出了学科教学要“突围”、要“减负”、“育人要树魂立根”的大声疾呼,发出了“育人还是育分”的深刻反思,这对教育的功利性追求的纠偏之言,振聋发聩,震撼着每一位教育工作者的心,从而引发了大家对教育终极性价值的深思。这里凝聚着的,是一位终身奉献于华夏教育事业的老教育工作者的时代责任与赤子情怀,它来自于时代并贡献于时代。

于漪清醒地看到,在新的世纪,我们的教育面临巨大的挑战:由于受急功近利等思潮的影响,“重术轻人”“重利轻人”甚至目中无人的现象到处蔓延,使对学生整体素养的培养与提升,处于“口惠而实不至”的状况,当时70多岁高龄的她在一切可能的场合呼吁素质教育,倡导新课程理念,强调“两纲”教育的重要性。她敏锐地指出,21世纪全球的所有竞争,其核心是人才之争、人的综合素质之争,因此,我们培养的人只有自身积极进取,有独立思考,有正确的价值意识,才能立于不败之地。这里,我们看到了一种高瞻远瞩下的远见卓识。五、观念更新:站在时代和民族发展的高视点上

如果说,于漪的终身发展观念,强调教师要不断实现对自己的超越,那么,更加可贵的是,她在实现自我超越的同时,实现了对已有的教育教学观念的重大突破。于漪认为,做教师要“站在时代和民族发展的高视点上”,要不囿旧说,要勇于创造。

早在20世纪80年代,于漪就明确提出语文教学要“熔知识传授、能力培养、智力发展、思想情操陶冶于一炉”,一个“熔”字,揭示了语文教学目标的多元性及其结合的最佳途径,在此,于漪高扬起她“全面育人”的旗帜。20世纪90年代初,于漪又提出:“今天语文学科的育人目标,就是从语文的教育功能出发,培养具有现代人素质、能力、智力的明日建设者。”她率先提出培养“现代人素质”的要求,赋予语文教学目标以新的时代内容。90年代中后期,于漪又喊出了《弘扬人文,改革弊端》这振聋发聩的声音,旗帜鲜明地提出“语文学科具有人文性”,在语文教育界内外产生了广泛影响,促使语文界最终在“人文性”上达成共识。今天看来,于漪在实际上引领了近几十年中国语文课程的方向。

在教育价值观这一领域,于漪很早就提出,我们的教育究竟应该以什么为

本，是知识为本还是人的发展为本？因为传统的教学是注重知识传授的，甚至是以知识的传授为根本目的的。于漪指出，知识的价值更多的在于作为思考的焦点激发学生各种水平的理解，而不仅仅是作为固定的信息让人们接受。教育的使命是促使人思考知识来解放人，使人变得更自由。这一观点站在时代对人的要求发生变化的角度，极富前沿性。所以，学生求取知识的真正目的，不在知识本身，而在学得运用知识以适应社会需求的素养。于漪在前代教育大家的基础上向前走了一大步，不仅指向能力养成的维度，而且走向了人的解放这一哲学命题。

已由单纯的促进经济发展的工具和手段，成为追求和实现人的幸福生活、实现人的全面发展的重要追求；时代对人才培养的要求，也逐渐由工业化时代的整齐划一，转入到更加注重人的个性发展与创造精神的培养。她清醒地认识到，今天，人已经成为教育的中心，也是教育的目的；人是一切教育的出发点，也是所有教育的归宿；人是教育的基础，也是教育的根本。这样一种教育的基本价值观念，是从人的生命的完整需求出发，为人与现代生活、人与社会的和谐发展奠定基础的。也就是说，教育应该有助于促进每一个个体生命获得完整与幸福的人生追求，有助于促进每一个个体生命实现其理想的人生价值。于漪强调，这也正是当前课程改革“以人为本”的核心理念的基本出发点。联合国教科文组织在《教育的四大支柱》一文中也曾明确指出：21 世纪将为信息的流通和储存以及传播提供前所未有的手段，因此，它将对教育提出乍看起来近乎矛盾的双重要求。一方面，教育应大量和有效地传授越来越多、不断发展并与认识发展水平相适应的知识和技能，这是造就未来人才的基础。另一方面，教育还应找到并标出判断事物的标准，使人们不会让自己被充斥公共和私人场所、多少称得上是瞬息万变的大量信息搞得晕头转向，使人们不脱离个人和集体发展的方向。可以这么说，教育既应提供一个复杂的、不断变动的世界的地图，又应提供有助于在这个世界航行的指南针。这言论着眼的也是人的发展，但于漪是从人的生命的完整需求出发，更接近于教育的本质属性。这种超越，已经走出了教育，而且具有社会学和哲学的意义。

由上可见，于漪对教师素养的要求是高的，“大基本功”的倡导，这实际上是作为教师的一种境界追求，而不只是一种技能要求，而且她在作为教师能力的所有方面,都达到了这样的境界,这样一种教师的自我激励与追求,是成就杰出教师的重要奠基。

(该文原载2022年1月《教育》,收入本书时略有修改)

做一位有德育情怀的语文教师

唐诗佳　上海市市西中学

于漪老师曾多次提出“要培养学生有一颗中国心”，在她看来，倘若学生对自己的国家缺乏感情，对自己的文化缺乏认同，缺乏一个公民应有的责任心，那么即使他们掌握了丰富的知识技能，也难以为国家、民族和社会做出贡献，甚至可能会起负面作用。

由此可见，学科德育在学生的成长过程中至关重要。作为一名高中语文教师，我也在实践中不断思索高中阶段如何实现学科德育。高中阶段的学科德育应该更多地侧重于真正的名理之教，其意义远不止于推动学生的思维发展，在明理的过程中给予学生理性思考而形成的新的情感体验、文化认同和核心价值都将影响其一生。

值得注意的是，如果只有德育口号，没有学科知识的坚实基础，学科德育就会流于空洞；而只有学科知识的灌输，没有在课堂教学中融合德育，学科育人的目标也无法实现。因此，学科德育少不了专业的学科知识作为地基，也少不了德育的融合。这是关键，也是难点。

一、关注课程德育，探索“以德塑魂”

学科德育对学生的成长有着至关重要的作用，主要体现在德性和智性这两个方面。首先，学科德育需要帮助学生加强知识储备和能力水平，亦需要帮助学生明确做人的底线，德性和智性合二为一，方能立体化施教，全方位育人。其次，德性与智性共同构成一个人的综合素质，二者互相融会贯通，德性指引人生方向，智性则是生存发展的基础。最后，知识与能力的教育是显性的，而德育相对而言更像是一种潜移默化的熏陶，不着痕迹，却有春风化雨、润物无声之效。

如于漪老师在《聚焦在文化认同上》一篇中所言:"语文学科从事的是母语教育,有传承和弘扬中华优秀文化的天然优势,应该义不容辞地担当起民族精神教育的责任,尤其在文化认同方面应有所作为。"众所周知,民族文化是民族之根,而民族语言又承载着民族文化,因此语文课程在帮助学生理解中华民族优秀传统文化、革命文化和社会主义先进文化,从而培养文化自信这方面具有不可替代的作用。目前语文学科德育内涵中一个极为重要的方面就是文化认同和中国心的培养,具体而言,就是培养学生对中华民族共同历史文化和生活方式的归属感,培养学生对祖国悠久历史和优秀传统的认同感。

二、挖掘学科特质,彰显"德智融合"

于漪老师曾指出探究德智融合的规律,教师自己在解读文本时需考虑以下几个问题:一是确定德育内容的维度以及选择这一维度的原因;二是文本蕴涵的教学价值;三是实施德育的文本载体;四是学生阅读这个文本的困惑,而这也是研究的现实起点。基于此,我在准备部编版高中语文选择性必修上册第二单元《五石之瓠》一文时,试图剖析文本中学科核心价值与德育元素的融合,有意创设"激疑—辨疑、析疑—思考—推进"环节,以期提升学生的思维能力和审美能力,促使学生对我国传统文化产生进一步的了解和思考。

文章中,惠子仅从日常使用的层面上考虑大葫芦的功用,而庄子则超越了世俗经验的束缚,指出了大葫芦的独特价值,从常人认为没有价值的事物中发现了价值,庄子用创造性思维打破了日常思考方式的禁锢。我将本节课重点放在了小课文中的三组对比,引导学生体会"无用之用"的内涵,初步了解道家思想的文化价值以及思考其对当下的现实意义。

除了体会庄子擅长借助寓言的说理方式和创造性思维方式的同时,笔者也希望从中国传统文化和诸子百家的思想中挖掘精髓,唤醒学生对个体生命价值的思考。随着经济社会的发展和物质水平的提高,"金钱至上"的观念逐渐被人们所推崇和认可,越来越多的人沉溺于物质追求而忽略了生命本身以及精神追求。而《逍遥游》始终贯穿着庄子对精神世界的追求,告诉我们要尊重个体生命,人与自然要和谐相处,它从不同方面给予当下迷茫的人们重要的生命哲学。

在实际的教学过程中,我也意识到让学生提问并且组织学生一起讨论问题非常重要。如果我们只是把教学内容作为必考内容来讲授,其实就是在告诉学生这些教学内容没有什么现实价值;而如果我们能用心找到教学内容与学生当下生活的关联性,学生就会有更强烈的学习动机。课堂上的讨论可以把隐性的思维机制明确化,在听说的过程中,学生会形成自己的理解并有意识地将新的知识和其他观点联系起来,慢慢厘清思路,从而提高归纳分析能力和表达能力。

三、注重纵贯横通,体现"知行合一"

其实从小学到高中,语文教师都应该有意识地加强学科内容与学生成长之间的联系,从课本到生活,引导学生从感受自然社会到认识自然社会,从而认识自我。例如让同学利用课前 5 分钟演讲时间,轮流推荐自己最喜欢的一首古诗词。同学们在演讲推荐过程中,会通过赏读比较,真正体验母语语言文字的美感与东方式的独特抒情,并自然而然地找到对母语文化的归属感,树立起对自己民族传统文化的自信。

在"双新"教改的背景下,纵贯横通还体现在研究任务群之间的关联、寻找贯通教学的切入点上。比如从部编版高中语文教材的位置和编写者的意图来看,选择性必修下册中的"思辨性阅读与表达"任务群,为选择性必修中册的"中华传统文化经典研习"提供了相应的知识基础与方法手段;从选篇来看,这两个任务群的选文多为中国古代论辩类文章,体裁上具有高度相似性,可以进行比较和归纳;从内容上来看,两个任务群中的篇目亦可相互勾连。在进行《过秦论》一篇的教学时,教师可先让学生回顾之前学习过的《六国论》《阿房宫赋》,再对学习任务群进行具体设计,借助群文阅读的形式,营造出良好的教学情境。

首先,结合历史背景以及作者所处的时代背景,教师可组织学生小组讨论,使学生将自己的看法积极地阐述出来,同时给学生安排学习任务,即让学生在阅读过程中去查询相关的资料来思考作者的论述是否合理,并将自己的体会和心得撰写出来。其次,教师要注重体验性学习的开展。学习任务群以合作、自主、探究为主要方式,凸显学生学习的主要途径。在实际教学中,教师应该为学生创建良好的条件,以此促进体验性学习的顺利开展和实施。

在这一过程中,学生逐步意识到,我们研习历史经典散文,首先要疏通文义,理解文章内容,进而鉴赏文章的说理艺术,分析行文的逻辑结构。但是这些都只是必经的过程,而不是最终的目的。《论语·子张》中有一句话:"贤者识其大,不贤者识其小。"我们阅读这些流传千年的文字,更要透过它们去追寻文字背后古人分析问题的智慧和心系天下的情怀。

四、面向未来之唤,促进思维发展

时代需要创新,创新人才需要具备创造性思维。在于漪老师看来,"德智融合"中学科智育内容最重要的当属思维,"培养学生读、写、听、说能力的同时,需有意识地在思维力、想象力、观察力、记忆力、想象力等方面,尤其是思维力的锻炼方面下功夫"。

我在教学选择性必修上册第二单元"诸子百家经典"时,有学生在读《庄子》的过程中,提出了这样一个问题:"为什么《论语》是孔子及其弟子在说,而《庄子》都是别人在说,庄子自己不说?"为了帮助学生建立联系比较的意识,进入"研习"的状态,笔者在《论语》和《庄子》中分别找到了两则材料,设计了这样一道问题:《论语·阳货》一篇中记载,宰我认为为父母居丧三年时间太久,孔子质问他"食夫稻,衣夫锦,于女安乎?"听到宰我守丧期间吃米饭、穿锦衣依然能够心安理得的回答,孔子生气地指责他"不仁";而在《庄子·大宗师》中,孟孙才的母亲死了,他"哭泣无涕,中心不戚,居丧不哀",却因善于处理丧事而闻名,孔子评价他已经做到尽善尽美。为何同样是母死而为人子居丧不哀,孔子的态度却截然相反?对此你有何看法?

这一问题需要梳理庄子和孔子对于死亡问题的探讨,并将二者的生死观进行对比,分析异同。治丧的不同表现(现象)背后,其实是儒、道生死观和对礼制的不同观点(本质)。第二个问题则需要学生结合历史背景和社会时代等因素,用历史和现代的观念进行双重审视,表达自己的看法。事实上,孰是孰非并不重要,重要的是在讨论问题的过程中促进学生审辩式思维的发展。真实的生活是丰富的,可以从多个维度去展开思辨,生与死作为一个永恒的哲学话题和不可避免的现实,具备了学生进行描述和思辨的空间,也能在一定程度上将优秀的传统文化融入生命教育中,在理解的基础上促进学生树立正确的生命观和价值观。

总而言之,德育和智育相伴而生、不可或缺,两者的本质关系应该是统一的。而作为母语，语文教育更应该积极推进德育与智育的融合，使二者在相互作用中达到“一加一大于二”的教学效果。

（该文原载2023年7月《教育》，收入本书时略有修改）

用学习积蕴成长

关景双　上海市青浦区教师进修学院

“师之蕴”青年语文教师以于漪老师为榜样。

从2007年4月“青浦讲坛”到9月“从《岁月如歌》谈教师成长”论坛，“师之蕴”人专注“一辈子学做老师”话题，就“学什么”和“怎样学”集中深入讨论，再读《岁月如歌》，在感受于漪老师飘逸洒脱的风范中，解读她“一辈子学做老师”的心路历程；在深度的对话和思考中，求索求美求真的为人师的真谛。

一辈子，在学习中！

一、聆听：重温与浸润

“做一辈子教师的体会，就是一辈子学做教师。”于漪老师以“看山还是山，看水还是水”的境界，在演讲中，在著述中，字字动师情，句句动我心，一再重温，一再浸润着青年的梦想，一再激励着来者的勤修。

教师是什么？于漪说：“教师有多高，学生才能有多高。”“教育的质量，说到底就是教师的质量。”

教师是什么？于漪说：“师爱，是超越亲子之爱的。”“爱，从何而来？来自榜样！”“人，没有脊梁，不能直立行走；没有精神信念，不是一个真正的人！”

教师是什么？于漪说：“一个肩膀挑着孩子的现在，一个肩膀挑着孩子的未来。”所以，“学校最难的事儿，就是把课堂上好！”

这，就是教师！

怎样为师？于漪说：“谦虚，教师才能耳聪目明。”“教师有哲学的底子，才能有自己的思考！”

怎样为师？于漪说：“学而不厌，勇于实践。”这是于漪老师一生的两大支柱。“说在嘴上，写在纸上，不算真懂，做到了，才算真懂。”“衣服破了，可以补；教育的遗憾，无法补救！”“教育没有选择，每一个孩子都要教好。”

怎样为师？于漪说：“自己必须德才兼备，才可以做老师。”“学生的眼光很能发现教师的言行及背后的东西。”

怎样为师？于漪说：“重要理论反复学，紧扣教材深入学，拓开视野广泛学。”

这，才能是好教师！

于漪老师的话，在理吗？在！动情吗？动！我们也能吗？能！一定能！青年人热烈地讨论，快乐地畅想，继续感悟着：

什么是语文？人的语文能力是从哪里来的？语文课堂的门在哪儿？

于老师在《岁月如歌》中介绍：“语文学科是一门方面多综合性强的学科。从知识来说，有字、词、句、篇、语法、修辞、逻辑、文学等；从能力说，有读、写、听、说等。就语文本身来说，要考虑语文各类知识、语文各类能力之间的关系；就语文与其他学科的关系来说，又要注意配合、依存、渗透与促进……语文课当然要以语言文字智育为核心，但根据教材个性特点与学生成长的心理需要，应融合德育与美育。上课不应单打一，应熔知识传授、能力培养、智力发展、思想情操陶冶于一炉……让语文课既有扎实的语言功力，又有闪光的育人风采。”

于老师一生与语文结缘，终于破解“人的语文能力是从哪里来的”。“一个人的语文能力只能从听、说、读、写的实践活动中得来，在优秀范文的阅读中感悟、品味、思考、理解，随着所感、所悟、所得的潜移默化所生成，并具有自己的认知、自己的情感、自己的品格以及具有自己个性的语文能力。因此，大量阅读是提高语文能力的基础，听、说、读、写等实践活动是提高语文能力的必由之路，潜移默化是语文能力生成的基本规律。”

“于漪的课堂结构的最大特点就是教无定法，学无定式，变化多姿，灵活多样，从来没有固定的一成不变的模式。因此，上海的张撝之称道于漪为‘没有固定模式的特级教师’。于漪这独具特色的、没有固定模式的个人教学风格，可称之为‘无恒的课堂教学模式’。这种‘模式’基于对语言教学多功能的认识，组成了一种立体化的课堂结构。”因此，这“无恒”，就是“常将讲、思、答、议、评有机结合起来，常取启发式、学导式、自学式、三主式等有效模式之长而自成风格，独为一体。”创立了“点、线、面、体”教文育人立体教学体系，“点”即课文，每课必精心设计；“线”即文体，即成序列又统筹兼顾；“面”即全局，对目的、任务、内容、训练作总的科学安排；“体”即文章的文与道，情与理、内容与形式、思想性与艺术性，彼此交融，熔于一炉。

以于漪为榜样，走出一条“于漪之路”。“师之蕴”工作室组织“解读于漪”的过程中，我们欣喜地看到：“于漪精神”浸润着“师之蕴”青年语文教师一路坚定，一路坚实！

二、回应：感想与共鸣

2007 年，七十八岁，仍站在中国基础教育排头；七十八岁，仍在青浦区 1800 名青年教师簇拥中讲 2 小时。那情那景那人，观止！

鹏飞老师说：“当班主任，读魏书生的书；搞教学，读于漪的书；教学理论，就读顾泠沅的书。”“热爱生活，对生活充满激情，对生活充满感恩，对生活充满兴趣。”“想做成一件事就要把这件事当回事，当成终生投入的大事。”

立娟老师说：“于漪，‘一位用爱和生命构筑教育的老人。’人格的高度，也就是成就事业的高度，于漪‘因爱，而高尚！’她的讲座就像一坛陈年老酒，味美醇厚，沁人心脾；如阵阵海浪，击打着年轻人的心，唤起心底的激情和梦想。就让我们像于漪老师那样，做一个醉心教育的人，做一个用生命教学的老师吧！”

王友老师动情地介绍：“于漪，真可谓‘智如泉涌，行可以为表仪’的人师！”于老师提笔“一辈子学做教师！与王友老师共勉”，是寄语我们扎根于教育事业“一辈子学做教师”的宣言！

晓芳老师说：“于漪，实现了‘一见钟情’和‘日久生情’的教育情愫最完美的结合。”

志江老师写道：“教育是首歌，于漪用真和善呈现着教育的美，用真和善诠释着教育这首歌，也许有心酸，甚至泪水，但在一条河的转弯之处，欢乐在缓缓地流着。”

兆静老师说：“是啊，面对教育，‘我永远是学生’‘永远学会做个聆听者’”。

聆听青年教师的回应，感受青年师者的共鸣。语文教育路上，这是一群朝气蓬勃的青年人！

三、用学习积蕴成长：展望与选择

听于漪，读于漪，我们长久地思考于漪！其实我们何尝不是在听自己，读自己，还会长久地思考自己！如鹏飞老师言："教学生也是教自己。"这也是关老师早说过的为师之最高境界：教书、教授、教人、教已！竹林老师感言："我们何尝不是在品赏'活化石'之中，感恩路遇'灯塔'之中，渐渐让我们积蕴的师路清晰起来呢，慢慢让我们勤修的精神卓越起来呢？于漪老师每一个小故事都让人回味无穷，给人以深刻的启示。"

请继续倾听"师之蕴"人的展望与选择——

（一）忠诚勤修

"提升对教育事业的忠诚，我们就能站稳现实。"听于老师的话，"再大的困难，别烦恼，一步一步地做吧"，这样，心情将是积极的，心态将是阳光的；我们就会有"两套看家本领，一是教材解读，一是教学技艺"，韵味足时，人亦有定力。

"上好每一堂课"，这是我们的必修之路！每一节课都当作公开课来上，不但我们的诚心可鉴，而且我们师蕴渐熟矣！

于漪那两千多节公开课，累积出来的是风范！"一次教案三次备课"，不就是"师之蕴"目标之一历练"习惯性"吗？

于漪说："原来以为，我讲清楚了，学生就懂了，这是不对的！""当我们在抱怨学生为什么上课不能认真听讲，学习兴趣不高时，很有可能是我们自己的工作没有做好，没有讲到学生的心里面。"对，就"用课堂锤炼自己"。

"上好每一堂课"，总要思考："学得"如何！

（二）谦虚好学

"老客气"、假谦虚，时时可见，令人反感啊！"真诚的谦虚源于内心的美德！""谦虚，老师可以耳聪目明，"于漪如是说。

谦虚面对同伴，"善于从身边学习""学着微笑地、充满诗意地过好每一天""学着自我反省"；谦虚面对学生，"把学生当成朋友一样对待：平等、友好、和谐""永远低下头来""学生的发展是我们一辈子的追求"。

总之,谦虚是做人的态度,是好学的基石,是做事的思考,是为师的境界。你敢于在群体中“摆进自己”,才能在“师之蕴”的路上“教学相长”。

于老师的“学理论、读教材、拓视野”,告诉了好学的方向;“思考每一个问题”,才能养成“好学”的品质吧!这就是“师之蕴”目标之一历练“思考力”!

(三)热爱学生

于漪老师的心中有“两把尺子:一把尺子是量别人的长处,一把尺子是量自己的不足。”“学生身上的事,就是我心上的事。”学生形形色色,家长形形色色,“有教无类”是教师面对学生的态度底线。“教育没有选择,每一个孩子都要教好。”

热爱学生,不是一句没有灵魂的口号,恰恰是化于师者的眼神、举止、态度,这是名师的品质。热爱学生,就要让孩子感受得到您的爱,所以,人们说:“教学就是交往。”热爱学生,“从自己做起”“从学生身上学”,用学生照自己,“和学生的交流最重要的应该是真诚。”

“欣赏每一个学生吧”,因为学生,才体现了师者的存在,才彰显了师者的魅力,所以,我以为,学生是与教师共同成长的。面对学生,“学会做个聆听者”,你会享受更多的教育智慧。

(四)完善人格

“一言一行都让学生看在眼里”,所以,不要在学生面前要小聪明,“把学生当傻子,你就是傻子啊。”

有人说:“人生没有彩排,师生相处的每一个情境难道就能预设吗?”所以,面对情境中的师生关系,“善处每一件事情”“理性传达每一个行为”才是智者教师啊,所以魏强老师说得对:“人格魅力不可缺。”

教师是什么?人之样也!故有“行为世范”之境界。因此,“学做一个能艺术地处理师生关系的老师,在学生眼里始终是一个全新的老师,不会让他们产生审美疲劳。”在此,关老师以为,每个人体格强健才能为师精力充沛,性格开朗才能包容学生的一切,品格高尚才能让学生处处、时时、事事向你学,人格豁达才是为师者的大智慧!

“可惜现实中,不知道自己最喜欢什么、最适合干什么的人比比皆是,芸芸众生用一生的时间，通过一次次的选择，一次次的实践，去追寻这个问题的答案。”

解读“师之蕴”人，今天摘成员的话，说与朋友们听，旨在帮助成员寻找成长的目标，激活成员“内建”的动力，激发成员一再“勤修”的精神！

“教师事关重大！”

（该文原载2022年2月《教育》，收入本书时略有修改）

薪火相传,弦歌不辍

——于漪教育教学思想青年教师培养摭谈

王　友　上海市浦东教育发展研究院

“人民教育家”于漪从国家富强民族复兴的战略高度指出,青年教师的培养问题关系到我们的社会主义事业是不是后继有人。于漪有一个美好的期待,那就是高端教师示范引领,青年教师茁壮成长,中国的教育家层出不穷,无数优秀教师在讲台闪放光辉,用各自精神的成长创造使命的精彩。

于漪站在中国的大地上认识中国教育,她一直致力于探索并建设有民族传统和时代特征的中国本土教育学。在于漪看来,教育从来都是国家的、民族的事业。因此,要有博大的胸怀站在国家发展、民族复兴的高度培养青年教师。

一、后继有人的非凡意义

百年大计,教育为本;教育大计,教师为本。“从某种意义上说,教师决定教育的成败。”为了我们的教育梦、强国梦,必须有一流的教师;为了我们的社会主义事业后继有人,必须要有无数青年教师快速成长发展起来。于漪教育教学思想青年教师培养观从国家发展、民族复兴的高度出发,促进了青年教师的深度觉醒。

(一)一流的教育要有一流的师资

于漪教育教学思想青年教师培养观的旨归是“一切为民族”。一直以来,于漪围绕着“一切为民族”展开自己的教育教学,用心培育“有中国心的现代文明人”;于漪更是从国家发展、民族复兴的高度出发精心培养青年教师,为建成一流的国家、一流的教育而历练培育一流的教师。

从长远来看，青年教师的质量就是教育的质量。于漪说："青年教师是学校的未来，也是教育的未来，他们的政治思想、业务素质如何，将直接影响下一代的健康成长，影响教育事业的发展。"

针对当前存在着的一些教育乱象，于漪从国家发展、民族复兴的战略高度给很多青年教师以警醒，让更多的青年教师对自己所从事的教育事业有了更加清晰的认识。于漪不仅把自己的工作与国家、民族的命运紧紧联系在一起，她还不知疲倦地将这一认识运用到青年教师的培养上。青年教师把自己的工作与国家、民族的命运紧密联系在一起，才会看到自己工作的意义和价值，才能激发内心的爱国热情，增强自身的责任感和使命感。

为了青年教师的快速成长，90多岁的于漪坚持主持上海市中小学语文德育实训基地，用自己的行动带教种子教师，高位引领优秀青年教师的专业发展。不仅如此，于漪还积极奔走，坚持写文章鼓励青年教师加强自我修养、塑造完美的人格。于漪多次在报告中指出，青年教师要坚守教育的阵地，要让生命与使命同行，以教师的生命激发学生的生命活力，为中华民族的伟大复兴广育英才。

（二）教育的关键是教师

于漪说："教育事业不是一个人或几个人的事业，而是千百万人的事业。教育的成功，也不可能仅仅依靠领导班子几个人的努力与奉献，而需要广大教师的共同浇灌。"于漪教育教学思想青年教师培养观不仅让青年教师认识到自己肩上所担负的责任，更增添了无上的光荣感和使命感。

学校的发展关键靠教师，教育的发展关键靠教师。对学生而言，基础教育的教师更具有权威性，影响也更具有关键性。因为基础教育阶段的学生可塑性比较大，模仿力比较强，教师的引导和外部环境的影响很可能影响其一生。因此，有怎样的教师，就会教出怎样的学生。

于漪身在教育，也一直关心着教育，思考着中国教育的发展、青年教师的成长等问题。众所周知，教师的人格魅力在教育活动中影响力巨大。于漪鼓励青年教师要为人师表，德才兼修。优秀的教师不仅要"目中有学生"，在人格上做学生的表率，在学养上更要做学生的楷模。教师必须精通业务，有真才实学。

要培养学识广博、学以致用的人才,教师首先要求自身学识广博。这也就是于漪所说的“胸中有书”“成为真正意义上的文化人”。

(三)站在事业高度爱青年教师

青年教师思维非常活跃,生命力也很旺盛。但是,青年教师的自我约束力相对较弱,专业思想也不是很稳固。在有经验教师的助力关心下,青年教师就会加速专业发展的步伐,快速成长为优秀教师,恩泽莘莘学子,我们的社会主义教育事业就会薪火相传,拥有不竭动力。因此,必须站在事业的高度关爱青年教师。

站在事业的高度关爱青年教师要考虑青年教师自身的特点,热情培养青年教师,迅速提高青年教师的教学能力。在于漪教育教学思想青年教师培养观中,青年教师上课是最重要的事。

深入钻研教材,认真写好教案,是上好一堂课的关键,而评课和说课亦不可少。评课是对一节课本身的评议,说课则可以超出就课论课的狭隘性,并且带有教学艺术的指导性。无论是在一个学校还是在一个专业发展共同体,青年教师经常开课,经常听课,经常评课,经常说课,会逐步形成相互促进相互学习的局面,青年教师的教育教学水平也会因此而提高。

于漪坚持主持带教上海市语文名师培养基地和上海市中小学语文学科德育实训基地。在这两个基地,于漪鼓励青年教师上课,还深入课堂参加听评课。于漪评课不是隔岸观火,不是坐在一边说说风凉话。于漪总是能够发现教师上课的闪光点,并极力予以肯定、赞誉和更大的期待。而对那些明显的不足,于漪又总是能够给出具体可行的建设性意见。

于漪说:“教课要一清如水,最忌糊成一片。”于漪从学生、教师和专家三维视角对青年教师的课堂予以关照,帮助青年教师思考课上需要教什么和怎么教更有效,思考教学重难点的落实与突破策略,思考怎么教才更合乎规律性。

站在事业的高度关爱青年教师,这不单单是青年教师的事,也是对老教师提出的要求,更是对校长的要求。于漪经常说:“我做校长,顶大的事情就是培养青年教师。”于漪对中国教育的未来充满信心,对青年教师始终抱有很高的期待。于漪手把手带教青年教师,几十年如一日不遗余力乐此不疲,她是站在事业的高度关爱青年教师。

二、创建活的教育学

于漪长期以来的心愿，就是希望有一本研究教师的专著，并且创建有民族传统和时代特色的中国本土教育学。在于漪看来，我们的专业教育不能缺少中国的土壤和新时代的路径。只有创建我们自己的中国本土教育学，才能在中国的大地上更好地培养具有民族传统和时代精神的青年教师。因此，我们要从中国特色、中国土壤上认识中国教育的重要性，要建立起中国的教育自信，中国教育必须要有自己的话语权，中国基础教育一定要打上中国的印记。

（一）实现岗位成长

于漪经常谦卑地说："我上了一辈子课，教了一辈子语文，但还是上了一辈子深感遗憾的课。我做了一辈子教师，一辈子在学做教师！"在于漪的心中，做教师就要学无止境、学而不厌，要做一辈子教师，更要一辈子学做教师。

现在，教师的准入门槛越来越高，这尤其体现在对学历方面的要求。但是，学历符合要求不等于岗位符合要求，学历水平不等于岗位水平。于漪教育教学思想青年教师培养观对年轻教师，尤其是高学历的新教师予以警醒。职后教育与职前教育不一样。新教师刚刚走上工作岗位，首先面临的是身份和角色的转变。大学毕业前，自己是一名学生。而毕业后，从一个校园走进另一个校园，自己也就由学生转变为老师。老师面对的是一个个活泼的生命，是要在课堂里传道授业解惑，是要用自己的聪明才智教书育人。因此，职后教育更加侧重综合性、实践性和针对性。

实现岗位成长要勇于实践，潜下心来研究课堂教学。课堂是教师教学的主阵地。教师必须坚守课堂，并且要精心研究课堂。教师要做学生健康成长的指导者和引路人，要为国家和民族培养合格的建设者和接班人，单凭满腔热情是不够的，在岗位上必须胜任，在业务上必须精湛。

实现岗位成长要与学生的心弦对准音调，在学生心中撒播理想的种子。在学科素养方面，教师当然要有过硬的本领；在思想教育方面，青年教师更要加强。因为在当今时代，社会对教师的信任，学生对教师的信服，正面临着严峻的挑战。要担负起育人的重任,要取得良好的效果,教师就要不断修炼人格魅力与学术魅力。

(二)要有教育自信力

纵观中国百年教育发展史,自创办师范教育以来,教育学理论大都来自西方。对此,于漪把建设有民族传统和时代特色的中国本土教育学看作自己肩负着的重要使命,她不愿意用自己的教学实践做西方教育话语的论据。于漪说:“我长期以来的心愿,就是希望有一本研究教师的专著,近两年这个心愿成为一种责任与义务。”

在培养青年教师方面,在教育学的技能技巧的培养上,不管是从访谈到录像,从听课到评课,我们都比很多西方国家领先得多。中国的许多中小学都有自己的一套新教师岗位培训的方法。这些方法不同于师范院校的正规培训,是由各学校自己制定、执行,并进行总结和修改、完善的。这不仅缩短了新教师的适应期,促进了青年教师的专业发展,更为中国本土教育学创建提供了强有力的支撑。

中国的教育学和我们之前借鉴、模仿、学习的国外教育学不同。中国的教育学扎根中国教育的沃土,有效地传承了中国优秀的教育传统。中国的教育学符合中国国情,并且具有时代活水。中国的教育学来源于中国教育,服务于中国教育,是中国本土的活的教育学。

于漪一直为建设有民族传统和时代特色的中国本土教育学而努力。她说:“我们不仅要建成有民族传统和时代特色的中国本土教育学,还要把中国的教育学,把中国在职教师岗位培训的方法介绍给西方。”

(三)打上中国的印记

于漪说:“什么是教育?教育就是培养人。什么是中国教育?就是培养有中国心的现代文明人。我们要培养的绝对不是那些只给外国人打工的人,而是要培养有中国自信、中国自尊的,能够放眼世界的,为世界和平做贡献的人,也就是能真正屹立于世界民族之林的中国人。”中国的基础教育必须立足于本国,以我为主,要立足中国大地教语文;中国的基础教育绝对不能以牺牲母语的代价来对待我们的语文;我们不能只点“洋蜡烛”,心中永远要有一盏中国的明灯。

于漪多次在报告中说:“基础教育是给中国人打基础的,一定要有中国的根、民族精神的根和爱国主义的魂,这个根和魂才是最重要的。”孩子是国家的未来,要用正能量教育、引导他们,让他们成为合格的社会主义事业的建设者和接班人,绝对不能成为“思想的矮子”“解题的机器”“分数的奴隶”。因此,教师必须在他们的心里精心播下革命理想的种子,教育他们把正人生的方向盘,决不能重分不育人,将学生培养成目光短浅、极度功利的精致的利己主义者。

中国基础教育一定要打上中国的印记,传承中华民族的优良传统,中国教育要有自己的主心骨。基础教育的教师要肩负起教书育人的使命,为中华民族伟大复兴树中华民族魂,立中国教育根。

三、创新教师教育的多种形式

于漪心中有一个宏大的教育梦想。于漪说:“我们不是期盼出一两个、几十个、上百个优秀教师,而是希望出现数百万乃至上千万这样的优秀教师,而在上千万优秀教师队伍中能够有一些非常卓越的教育家。”为了实现这一教育梦想,于漪在带教培养青年教师的过程中主动创新教师教育的多种形式,既能够兼顾不同区域教师的发展,又注重教师发展的视野和识见。不仅如此,于漪还特别注意教师发展的梯队建设。

(一)关注不同区域教师的发展

于漪带教培养青年教师兼顾不同区域教师的发展,善于针对教师所在区域的特点因材施教。

在遴选上海市中小学语文学科德育实训基地学员时,于漪不仅关注了学员的综合素养,还考虑到了学员的学段、区域来源。其中,有来自中心城区的小学老师,也有来自郊区的小学老师,有来自郊区的初中老师,也有来自民办学校的初中老师。

在带教上海市九郊县教师培训班时,于漪更是重点关注了“种子教师”的拔节成长。于漪曾经不止一次说过,我们不仅要带领骨干教师“送教下乡”,发挥骨干教师的辐射引领作用,而且还要把不同区域的教师培养成才,这就是“输血和造血”的区别。

在于漪的鼓励支持和引领下,各区域的青年教师快速成长起来。单是最近几年,参加于漪主持的语文名师培养基地和语文德育实训基地的青年教师就有近20位学员被评为上海市特级教师、正高级教师,其中有多位来自郊区扎根乡村的教师。

(二)注重教师发展的视野与识见

于漪带教培养青年教师尤其重视教师发展的视野与识见。于漪教育教学思想青年教师培养观强调教师内心的深度觉醒。在于漪语文德育实训基地,于漪鼓励老师用坚强的毅力、经久不息的内驱力和百折不回的精神去认识自己,鼓励老师结合自身特点去找寻合宜的教师专业发展路径。在于漪看来,教师成长最为重要的是内心的深度觉醒。为了促进青年教师内心的深度觉醒,于漪总是能够发现不同教师的特长,而且通过多种渠道在公开场合表扬教师的优点,让教师在公开自我的同时收获信心。

于漪教育教学思想青年教师培养观强调哲学的眼光。她说:“中国基础教育教师须学一点中国哲学,懂得自己从何处来,根在哪里,魂在何处,思想文化的源头是哪些。”为此,于漪亲自为上海市语文德育实训基地的学员写《中国哲学简史》的推介,引导青年教师用哲学的眼光看问题,用辩证的思维思考教育。

于漪一直鼓励教师要有开阔的视野,因为“教师不仅要有足够的知识储备,而且要有视野,要有识见。”为了打开青年教师的视野,她不仅亲自指导实训基地的学员“看问题视野要开阔,不能只看课堂、考卷和考场”,而且还邀请专家为学员做专题讲座。为了让青年教师开阔视野,她特意邀请了国防大学博士生导师蒋伟翔教授为实训基地学员讲解中美贸易战等国际问题,邀请复旦大学博士生导师张汝伦教授为基地学员讲教育与哲学的问题。不仅如此,于漪还邀请了葛兆光、杨福家、张维为、鲍鹏山等知名教授为基地学员做讲座。

(三)注重梯队建设

教育事业的建设与发展不是一劳永逸的,必须具有长远发展的源头和活水。于漪教育教学思想青年教师培养观尤其重视教师发展的梯队建设。为了让优秀教师不断涌现,为了教育事业的后续发展,于漪为教师队伍的梯队建设做了多方面的规划。

于漪在1986年就创立了上海市教师学研究会。从建会初期至今，会员涵盖了大、中、小、幼各级各类学校的优秀教师。上海市教师学研究会发扬学术民主，团结广大教师，开展合作交流，组织有关教师学的调查、研究和讨论，及时反映和推广教师学的研究成果。

为了学校建设和教师专业的长足发展，于漪提议开展上海市教师专业发展示范校的建设与评选。上海市教师专业发展示范校的建设与评选活动对整个教师队伍的全面发展，尤其是青年教师的专业发展起到了极大的促进作用。不仅如此，于漪还积极倡导“讲台上的名师”“新秀教师在课堂”、见习教师规范化培训、“书香校园”等活动的开展。开展“讲台上的名师”，旨在把新星特级教师的风采展现出来，公开他们的教育教学能力，扩大他们在域内的影响力；开展“新秀教师在课堂”，主要是发掘那些有积极发展需求的青年教师的潜能，助力青年教师的专业发展；创建“书香校园”的目的是营造浓郁的书香氛围，让教师真正成为文化人，让教师站在文化的平台上首先成为一个读书人。

“教育从来不是一个结果，而是一个生命展开的过程，它永远面向未来，不会结束。”于漪教育教学思想青年教师培养观在教师发展梯队建设上为全体教师的专业发展提供了充足的机会和可能。

四、关键在于博大胸怀

于漪说：“学校不应只是‘使用’接受过高等师范教育的教师，而不担负继续培养的责任。事实上，完成了正规的高师教育，只是完成了成为合格教师的一半工作，另一半需在他们工作的学校里完成。”要对教师在使用中培养，在培养中使用，既充分肯定他们的长处，也真诚地指出他们的不足。这就需要有一双慧眼去发现青年教师的优点，用最合适的方式助力其成长，并且要有博大的胸怀真心实意地帮助青年教师。

（一）要有慧眼与热心

教师的成长关键是思想的成熟、理念的成熟。青年教师大学毕业后，学历上虽然符合要求，但是在实际工作中还不能够完全胜任教学任务，需经过锻炼才能适应。

如果单凭自己摸索,新教师成长起来一般需要很长时间,也可能会走很多弯路。这无论是对学校还是对学生都会带来不必要的损失。一名教师从新教师逐渐成长为教学技艺娴熟、教育思想成熟的教师尤其需要老教师的指导。因此,教师岗位培训既是新教师的任务,也是老教师的职责。

走进课堂,于漪用一双慧眼发现他们的教学闪光点;与基地学员促膝交谈,于漪用一颗热心指明青年教师的发展方向,让他们不断追求卓越,优化课堂教学,提升教学质量,促进教师发展的满腔热情。

在教学研讨中,有的教师带着挑剔的眼光看课,对课堂的亮点视而不见;有的教师只着眼于课堂的表象,谈优点挖不到深处,谈缺点又找不到根源。于漪评课是站在理论与实践相结合的高度对课的总体、局部乃至细节进行评说,探讨教与学的规律问题。这不仅让执教的教师明确了改进的方向和途径,也让听课的教师知道这节课好在哪里,为什么好,还有哪些不足,原因何在等等。

于漪坚持作报告,用一身正气为青年教师的发展点燃明灯;于漪为青年教师开专题讲座,带领青年教师以理论来指导具体的教学实践;于漪亲自指导青年教师聚焦理论和实践的结合点,努力学习做教师的真本领;于漪寄语青年教师,把自我教育作为终身任务;于漪乐此不疲地为青年教师的著作作序,用心用力推介青年教师。

(二)合适的才是最好的

于漪教育教学思想青年教师培养观从教学实际出发,充分考虑到了青年教师的优势和不足,对青年教师的培养主张因材施教,因材培养。

于漪知人善任,她能够洞悉每位教师的"长"与"短",而且能够指导青年教师扬长补短,把个人的特色发挥到极致。针对有些教师只侧重教而忽视写的情况,于漪鼓励青年教师要善教还要会写。

课堂教学是教学的关键。于漪教育教学思想青年教师培养观始终将课堂教学视为教师发展的生命线。教师是学生心灵的耕耘者,教课就要教到学生的心上。这对年轻教师提出更高的要求。教师必须要明确一节课到底要教什么,应该达到怎样的教学目的。因此,青年教师要潜下心来研究教材,用心解读文本,根据教材的特点和学生的实际确定教学内容,选择教学方法。有的教师声音有特色，于漪就鼓励他在课堂上多朗诵，极力发挥自身的优势；有的教师书法造诣颇高，于漪就鼓励他尽力用板书影响孩子。于漪总是能够激发青年教师内在发展的动力，让他们能够勇于面对困境，积极进取，走上利于个人成长成熟的道路。

青年教师的发展要理论学习与实践操作相互结合。阅读学习教育教学理论，可以提升自己的理论素养，使得自身的教育理念逐渐走向成熟。教育教学又是实践操作很强的职业。因此，教师一定要在大量阅读的基础上，及时地将所学习到的理论理念运用到课堂教学实际中去。这是教师专业成长的一条重要途径。

青年教师还必须清晰地规划个人的专业发展，认识教师的成长规律，扎扎实实地践行专业自觉。当下，青年教师面临很大压力。但是，在任何时候青年教师都要抓住发展的契机，不断地寻找突破口，都要明确奋斗的方向，善于思考，勤于学习，通过读书塑造高尚的灵魂，努力开启学生思维的门扉，都要有一颗哲学的头脑，把自我教育当成终身任务。

（三）要有大格局、大胸怀

中国教育事业的发展需要无数优秀的教师成长起来。于漪的一个中国教育梦就是名师辈出，人才辈出，国家富强，民族复兴。这就需要优秀的教师层出不穷，薪火相传。

于漪从70年代末就开始带年轻教师。一直以来，于漪对教师的专业发展都非常重视，总是诲尔谆谆，手把手地教。于漪是站在国家发展、民族复兴的高度来培养青年教师的。于漪教育教学思想青年教师培养观一个最重要的特点就是有大格局、大胸怀。

培养青年教师，要坚守中国立场。只有坚守中国立场，同时又拥有国际视野，我们才能以教育自信创建自信的教育。我们要培养有中国心的现代文明人，首先要求教师视野要开阔，思考问题要深入，思维广度要开阔。

培养青年教师要发现每一个青年教师的优点。于漪一直以满腔热情鼓励青年教师要勇于实践，敢于突破，要把握好机遇逐步走向成熟。为了每一个青年教师的成长成熟，于漪总是俯下身子细心去发现，而不是在形式主义上兜圈子。在上海市语文名师培养基地和上海市语文德育实训基地，于漪亲自组织公开教学、主题论坛等活动，创造条件让学员公开展示自己。于漪还请学员积极参与“青青子衿传统文化书系”“知困书系”等的编写，参与“德智融合”等课题的研究，让更多的青年教师在实践中积淀，在锻炼中成长。

于漪以一种大格局、大胸怀为青年教师的发展积极搭建多种平台，为教师发展创造更多的机会和可能。“她用博大的胸襟和朴实的教诲创造了一个又一个‘奇迹’，培养了一个个大写的‘人’。”

几十年来，怀着为党育人、为国育才的理想，于漪用心用情用力，孜孜矻矻，探求学科育人的规律，探求教师成长的规律，着力培养教师，力求使自己的生命与教书育人的使命结伴同行。

(该文原载2022年11月《教育》，收入本书时略有修改)

我和我的老师于漪

王　友　上海市朱家角中学

早在20世纪90年代，我就听说过于漪老师。因为我的中学语文老师一直用于漪老师的教育思想教育我们，而且还经常向我们推荐于漪老师的文章。于是，我在懵懵懂懂之中逐渐知道语文界有一个于漪。记得那个时候，于漪老师在《语文报》经常发一些师长寄语、和中学生谈语文学习之类的文字。我一直订阅《语文报》，就是为了能够读到更多于漪老师的文章。那个时候，我只知道于漪也是一位语文老师，但只限于知道她的名字。

后来，在大学语文教法课上学习当代语文教育名家时，我才逐渐认识到于漪老师的深邃与伟大。但是，对于漪老师，我仍然停留在对她名字的熟悉。

大学毕业后，我来到上海工作。工作前几年，一切都在熟悉中，忙于备课，疲于应付，也少有机会"开眼看世界"。直到2006年10月15日，有幸到华东师范大学参加"名师的风采，教学的智慧——上海市中学语文研讨会"，我第一次看到了于漪老师。第一次看到于漪老师，我甚是兴奋；但是，因从偏远的郊区赶往华师大，路远道阻去得晚，从全国各地前来与会的人又太多，我只能在后面遥望，又甚是遗憾。

2007年4月20日，在朱家角中学我第二次听于漪老师的报告。那是于漪老师专门为全区青年教师开设的"一辈子学做教师"的专题讲座。这一次，我带着我的几个学生早早地来到会场以期找一个靠前的座位细心聆听。但是，到了会场才发现座位是固定的，我的座位在后三排。怎么办？只能再次在后面遥望。

于漪老师在烦躁闷热的环境下一讲就是两个多小时。她从自身说起，娓娓道来，但是话语间如"与其说我做了一辈子教师，不如说我一辈子学做教师""我当了一辈子教师,教了一辈子语文,上了一辈子深感遗憾的课”“目中有人,心中有书”等名言金句频出。犹记得于漪老师在讲到中学校训“一切为民族”时的激动,犹记得于漪老师出口成章妙语连珠的潇洒。虽然座位靠后,但是这两个小时是在学习收获中过去的,我甚是享受。当看到于漪老师在相关人员的导引下走出会场,我按捺不住内心的激动,冲出了会场。

我直言,作为一名青年语文教师,听了于漪老师的讲座后非常希望于老师能够给自己写几个字予以激励。于漪老师听后,没有因为我的唐突冒昧而表现出一丝不悦,而是和颜悦色地问了我的名字后提笔在我的笔记本上写下了“一辈子学做教师！与王友老师共勉”的寄语。看着于漪老师迈步走出会场,上车,离去,再看着于漪老师写给我的寄语,我的内心久久不能平静。于漪,全国著名特级教师,智如泉涌行为世范的师者楷模;王友,刚刚参加工作没几年还没入门的无名后生。我究竟有何德何能让敬爱的于漪老师与我共勉呢！思索良久,我想唯有用一颗师心追随于漪老师的脚步读书做人,教书育人,唯有用行动像于漪老师那样一辈子学做教师,学为人师。于漪老师给我的寄语给了我坚守教育扎根课堂“一辈子学做教师”的决心和信心。我一直将于漪老师的寄语置于桌前。每每疲惫懈怠之时,懒惰欲来之际,我就捧起于漪老师的寄语,端详再三后继续前行。

此后,我加入上海市青年语文教师研究会。在“当代教师成长与发展”论文征文比赛中我将于漪老师赠予我寄语激励我前行的感受写了下来,侥幸获奖。2008 年 12 月 19 日,我作为获奖代表到上海市教委教研室参加“当代教师成长与发展”优秀论文交流与授奖大会。在这次活动中,我又一次见到了于漪老师,而且是第一次在台上与于漪老师面对面。说起 2007 年的事,于漪老师握着我的手眯着眼睛笑了。

在和于漪老师的几次交往中,我用心品读于漪这本大书;在于漪老师的激励下,我仔细找寻语文教学之门,一点一滴学做教师;在于漪老师的启发下,我精心备课上课,读书做人,教文育人。在学做教师的路上,也收获了一点成果。2009 年获得长三角“语文课堂教学内容的确定”论文征文一等奖,2010 年获得上海市语文大讲堂“语文教学之星”,2010 年还出版了第一本稚嫩的专著。

岁序更迭,华章日新。转眼到了 2011 年。2011 年,正逢“上海市中小学骨干教师德育实训基地”之年，我毅然报名参加于漪语文德育实训基地的考试。经层层选拔考试面试后，我有幸成为于漪语文德育实训基地的一名学员。2011年6月22日，我到上海市图书馆参加“上海市中小学骨干教师德育实训基地”开班仪式。刚一进门，于漪老师就喊着我的名字朝我招手。于漪老师竟然记得我的名字！我激动万分，趋步向前。“我当然知道你是谁!”于漪老师握着我的手眯着眼睛笑了。

从这天开始，我成为一名正式的于门弟子。我暗暗对自己说，一定要向于老师好好学，用心学，学习语文教学，学习学科育德，学做教师，学为人师。

作为于漪语文德育实训基地的一名学员，我每两周到杨浦高级中学参加学习活动，近距离聆听于漪老师，学习于漪老师。从2011年到2014年，我和基地学员们幸福地听着于老师讲学科育德，并且在于老师的悉心指导下一步步学习学科育德，学做教师。

其间，我有幸参与了于漪老师主编的“青青子衿传统文化书系”的编写。在“多元文化与拿来主义”基地辐射活动中，我被选为代表外出公开执教《拿来主义》；在“我和中国梦：筑梦人的前行路”基地联动中，我又作为代表和我的学生同台做“书香作伴，激扬梦想”主题发言。在基地研修毕业时，我被评为“德育实训基地优秀学员”。忘不了，到外校辐射活动执教前一天，于老师专门打来电话告诉我专门为我准备了上课用的“小蜜蜂”。于老师还说：“外出上课不用紧张，就是上自己的课，按自己的想法上，上出自己的特点。”

忘不了，公开执教结束后，于老师又专门打来电话给我信心和鼓励。于老师又说：“课没有十全十美的。不要被别人的看法左右了自己，你要相信你自己。”听了于老师的话，我心里暖乎乎的。

2014年5月22日，于漪德育实训基地展示活动在杨浦高级中学进行。我参加了高中组“语言价值本真的发现与回归”论坛。论坛结束后，由于漪老师和导师为我们学员发毕业证书。因为论坛时间比较紧，主持人提前跟我们打好招呼，说届时台上随机发放证书，过后再各自交换。终于，到了发毕业证书的时刻，我们基地学员一字排开上台领取毕业证书。当我站定脚步，转身，发现于老师刚好站在我面前。这时，于老师又一次握着我的手眯着眼睛笑了。

走下台后，我顺手打开了手中的毕业证书。天哪，这是我本人的证书！看着还在忙着交换着各自证书的其他老师,我激动万分。这是巧合吗?还是于老师的刻意安排?我一定要把这个消息告诉于老师!“是吗?”于老师眯着眼睛看着我笑。

三年里,我们的活动是密集频繁的,我们的身影印在我们研讨过的每一个地方,也深深印在了我的脑海里。我知道,那是在杨高,在华一,在交附,在松江,在无锡,在合肥,在山东,在山西,在浙江……

在于漪德育实训基地学习期间,我将自己教学之余所思考的文字归类整理。于老师看后,亲自写序推介。但是,几经修订也没有得以出版。几次和于老师提起此事,于老师总是开导我说:“没关系,不是你的水平不够,而是机会没到,机会来了,一切都会水到渠成。”基地毕业后,于老师还多次约我们这些已经毕业的学员去参加一些重要的活动。于老师一直关心我个人的发展。有一次,于老师问我的近况。我说:“还好。”

“还好就好。还要越来越好。好好发展,发展自己就是捍卫人格尊严!”于老师握着我的手语重心长地对我说。

好,还好,还要越来越好。我要努力向前,我要砥砺前行,我要在教书育人的路上好好发展自己,捍卫自己的人格尊严!

在于老师一次又一次的激励鼓励下,我一直用心思考,学做教师。2017年,在于老师给我题下寄语十年后,我被评为上海市特级教师,于老师亲笔题序的《文体透视》也由上海教育出版社出版。2019 年 3 月,《文体透视》再版印刷。10 月,我被推荐到湖北宜昌参加第八届全国高中语文教师教学基本功展评大赛获得了全国一等奖和最佳板书奖。我将获奖的消息告诉于老师,于老师开心地向我祝贺。从话语中我已感受到于老师在电话那头眯着眼睛笑的样子。

近年来,于漪老师载誉无数。2018 年,于漪老师被授予“改革先锋”称号。2019 年,于漪老师又被授予“人民教育家”国家荣誉称号。但是,于漪老师不为名利所羁绊,不因年老而懈怠。她淡然地说:“荣耀意味着责任,意味着义务,意味着更要艰苦奋斗,更要持之以恒,更要对党对祖国无限忠诚。”2019 年 4 月,于漪老师又邀我加入到“德智融合”大课题的研究当中,期望我能够在语文教学中“德智融合”,找到路子,做出样子,为学生的发展打下精神的底子。我顿感责任在肩。但我会在于漪老师的指导下,不断探索,砥砺前行,“以自己的青春和智慧,启迪、滴灌学生德性和智性成长。”

“士不可以不弘毅,任重而道远。”在一辈子学做教师的路上,我会牢记于漪老师的话“,在笔耕中成长,在笔耕中走向成熟,成为优秀教师,恩泽莘莘学子”,我也一定会“继续努力,撒播勤奋与智慧,一路风景一路歌”。

(该文原载 2021 年 6 月《教育》,收入本书时略有修改)

于漪老师引领我成长

张红妹　上海市松江区中小学劳动技术教育中心

我很久以前就见过于老师,但次数不多,只有三次。第一次在1983年的5月,第六师范学校的大礼堂;第二次是时隔32年后的2015年11月29日,在松江东华附校的阶梯教室;第三次是在屏幕上,2019年9月8日,我去华东师大参加"生命永恒教育永恒"基础教育改革70年的论坛,当时于老师在病中,她特地录了一段视频,我在会场的屏幕上见到了躺在病床上、一谈教育就精神矍铄的于老师。

我1982年考入上海第六师范学校,1986年6月毕业至今已经有36年。我从一名小学语文教师转岗为一名劳技教师,再成长为一名正高级教师,这一路,就是在于漪老师的激励下完成的。没有于老师的教导,我可能永远是一名普普通通的小学教师。

20世纪七八十年代,农村小学的教师大部分来自知青。80年代初,国家推行从初中毕业生中招收优秀学生进入中等师范学校学习,毕业后回到城乡小学任教。1982年,我选择了师范类学校,踏进了上海市第六师范学校大门。1983年的初夏,我第一次聆听于漪老师的讲座。那年,我16岁,于老师54岁!

于老师在"一辈子甘做孩儿王"的主题报告中介绍了她那艰苦的求学经历:初中毕业,她父亲离世,家境贫寒,辍学帮助母亲赚钱养家还是继续求学,是她面临的困难选择!正值江苏教育学院附属师范学校到镇江招生,爱学习的她,在母亲的帮助下,幸运地被录取,不要学费,还包生活费,让她走上了求学之路。听到这,我和我同学们不禁低头细语,我们这些从农村走出来的娃,和于老师的经历好相似啊!后来,由于学校调整,于老师放弃了师范报考了淮安中学,因学校离家很远很远,每天天不亮出门,披星戴月回到家,遇到刮风下雨的天气,总是一身烂泥一身水。求学之路的苦，只有经历过的人才懂。接着，于老师介绍了留在她记忆中不能忘却的老师们，如教他们唱《苏武牧羊》的音乐教师，当时正值日寇侵略中华，她的老师眼中含着泪水，打着节拍流着泪教学生，于老师深情地哼唱："苏武留胡节不辱，雪地又冰天，苦忍十九年，渴饮血，饥吞毡……"还有她的国语老师，教授《闰土》的情景似乎就在眼前，于老师从座席上站起来，扮演她老师上课的情境：闰土在一望无际的碧绿的瓜地里，手持钢叉向偷瓜的猹奋力刺去。月下，少年闰土在瓜田中机智勇敢地逮猹。我听得入迷。最后，于老师为我们讲述她在艰苦年代，为了备好一堂课，常常挑灯夜战，花上10个小时，甚至更多的时间。她是在用心备课，因为她的心中装着学生，是为了让学生学好学会！她动情地说："你们是优秀的初中毕业生，尽管失去了上大学的机会，会很遗憾很不甘！但国家培养了你们，不能忘恩啊！你们在这里学好本领，毕业后回家乡回故里，为家乡培养人才、奉献自己的青春年华！到有一天，你们看到自己的学生有出息，取得了好成绩，你们就是在报效祖国，同样是为国家做贡献！"于老师语重心长地说："希望你们一辈子做老师，一辈子学做老师！你们选择了教师这个职业，就选择了高尚，选择了奉献！老师，就是一支蜡烛，照亮孩子，燃烧自己！"报告厅里响起雷鸣般的掌声！

这是我第一次听于漪老师的报告，当时的于漪老师五十开外，声音洪亮，富有号召力和感染力。但最触动我的是，我报考师范，初衷是跳出农门，减轻家庭负担，而现在却想着读大学，甚至抱怨报考师范是上当受骗，觉得自己太不懂事了。于老师的报告，让我幡然醒悟，"选择了教师就选择了高尚，"多美的一句话！

2015年11月29日，时隔32年后，我再次听于老师的报告，是她在松江区骨干教师队伍建设工作推进会上的讲话。当时，她已是86岁的高龄了，但她神采奕奕，一谈教育就容光焕发。坐在报告厅里的我，似乎又回到青春懵懂的时代，聆听着于老师的教诲和嘱咐，既感动又激动，内心澎湃！

2019年9月8日，屏幕里的于老师虽然病着，但只要谈到教育，她就气宇轩昂、满面红光。她说："我深深地体会到教育质量是教育的生命线，我讲的教育质量不是分数，也不是某一学科的成绩，而是我们培养的人的质量。"于老师要我们带着理想、情怀、责任和担当站到讲台上，传授知识的时候要传播思想和真理，能在孩子的心中点起一盏明灯，使学生明白人生道路怎么走，这也是教育质量的根本所在。

第一次聆听报告,改变了幼稚、冲动、忘记初心的我;第二次聆听报告,我是已有 29 年教龄的老教师了,让我有勇气对于老师说,我选择教师,做到了初心不渝、忠心不改;第三次隔着屏幕听于老师的讲话,是长者的叮咛,是师长的期望!我在心里默默地对于漪老师说:“于老师,感谢您在我懵懂年华教育、感化了我,让我明白国家培养了我,我要报效祖国,也让我满怀爱心从事教育工作,充满信心坚守不变的梦想!”

如今,我已满 35 年教龄了,但永远不会忘记于老师“做一辈子老师,一辈子学做老师”的警言,扎根基础教育,喜欢做孩儿王,一辈子甘做孩儿王!

我的成长历程可以用三个“心”概括。

初心:第一次聆听于老师的报告,她的一席话如朗朗明月,滋润着我的心田。我当初报考师范的初心是“跳农门”、学本领,回家乡、效父老。而我,因无缘“大学”而迷茫,忘记了当初选择师范的缘由。于老师的报告,让我重新拾起初心,安心学习,甘做“孩儿王”。这也是我坚守教学一线 35 年的动力,不忘初心,不忘于老师和母校所有老师的谆谆教诲和殷切希望,不忘自己肩上的使命,培养家乡的孩子,教育好他们,让他们健康成才。我教了 12 年语文,做了 12 年班主任,我的学生虽然没有很大的成就,但他们勤劳、善良,没有一个是“啃老族”,没有一个窝家不工作;他们在家孝敬父母、尊重长辈,在单位爱岗敬业,成为企事业单位的中流砥柱。如今,我教的第一届学生的孩子都已长大,有的即将毕业参加工作,有的还在大学学习。每每与学生相聚,他们总回忆我对他们的严格要求,感悟当初受到的教育,并铭记于心。其实,这都得益于当初于漪老师的教诲,学好本领,报效家乡父老,教育好家乡的孩子。

爱心:于老师的报告,让我明白教师的爱不同于父母、兄弟姐妹间的爱!教师的爱,是对学生了解后的有原则、有策略、有底线的爱!于老师告诫我,要深入了解学生,才会知道学生需要什么,他们渴望什么,教师才能有的放矢去关注他们、爱护他们,才能倾注我们的爱心。我学着于老师的样子,课间参与学生的活动,与他们一起跳橡皮筋、踢毽子、玩老鹰抓小鸡的游戏;放学后,找学生谈心、说故事,还背上竹筐与学生一起去田野割草、抓鱼摸虾;课堂上,我喜欢提问、追问、反问,喜欢让学生质疑,喜欢让学生发表自己的观点,引导让学生扮演书中角色。如果学生不认真了、不做作业了，喜欢让他们说出缘由，鼓励他们积极反思和相互督促。我总对自己说，虽然我有很多学生，一个掉队了，似乎关系不大，但对于一个家庭来说，那就是100%。所以，我要用我的爱心引导、教育好他们。我成为他们的玩伴、他们的师长，真正走进学生的生活、学习，赞美他们的优点，包容他们的缺点，爱他们，成就他们。

恒心：于老师说"一辈子做教师，一辈子学做教师"，道出了教育的真谛，教师需要恒心，有了恒心，在工作中才会不放弃、不气馁！在三十多年里，每一天都像翻开新的篇章。因为孩子在长大，知识在增长；而我，经验在积累，方法在固化。所以，我坚持学习，每年阅读20本以上的书，并撰写读书笔记；我坚持写教育教学心得体会，记录发生在班级中的故事，反思总结自己的教育教学方法。在一期、二期课改浪潮中，我都没有掉队，及时更新教育理念、教学方法。高中的劳动技术改为通用技术，我通过学习课标、理财方面的书籍，参与编写《现代家政技术》教材和教参，并率先在学校开展教学，引领了松江在通用技术选择性必修课程的试点工作。

40年前，我选择了师范，选择了教师这份职业。我一直牢记于漪老师的话："你既然选择了当教师，你就选择了高尚，你就必须用高尚的标准来要求自己，用一个人民教师的良知来告诫自己。"我选择了教师，就是选择了使命！我上每一节课，都会根据学生情况而设定问题、内容，上课的思路清晰明了，上课的语言真诚温暖，关心学生的成长，关心学生的行为，牢记我是为自己的国家培养人才，培养他们正确的价值观！

不管有多累，当我踏上讲台，就会有一种神奇的力量让我精神抖擞、活力四射！因为，我喜欢这三尺讲台，坚守初心，不忘使命；满怀爱心，不忘责任；拥有恒心，不忘担当。

于漪老师说："我的理想是做一名合格的教师。所谓合格，就是不负祖国的期望、人民的嘱托。"这，也是我的理想。

在我彷徨的时候，于老师教会了我感恩，让我明白了许多道理；是于老师，指引着我一路成长。如果有下辈子，我还会选择做一名人民教师。

（该文原载2022年7月《教育》，收入本书时略有修改）

先生二三事

——于漪研究的另一种视角

吴国平　上海师范大学

人,出现在特定的时空,活动在特定的历史环境中。出生在哪个时空,由天注定。环境由先人的积累和世人的互动所铸就,个人作为的可能性在于如何看待和吸收前人的经验以及自身回应现实挑战的姿态。对于生长于战乱年代的于漪,这样的感知会是一种难以忘怀的生命体验,这些经历形成了她的人生观、世界观、职业观。

流离失所思家国

寒冬临近,日军飞机在镇江上空不断盘旋,瞬间呼啸着向下俯冲,从房顶上掠过,扔下的炸弹在近处爆炸。一时火光冲天,警报声响成一片,街道上的人见状四散逃散,家中的小孩赶紧钻到桌子底下,个个吓得脸色铁青……于漪的父亲亲眼看着一夏姓邻居的居所被日军扔下的炸弹夷为平地,全家人顷刻间遇难。镇江城里的生活已经处于极度危险状态中,于家决定前往新洲乡下暂避。岂知,出得家门便是逃难,一路车船拥挤杂乱,锅盖棉被肩扛手提,扶老携小哭喊不绝,人在途中,家在旷野。又岂知,这一避便不知何日可以重返家园,回来时可还是从前那个家。事实上,两年后于漪一家返回老宅,镇江已是一片荒凉萧瑟,夏家废墟堆上破碎的瓦砾爬满了青苔。而于家也未能幸免,墙壁上弹孔刀印交错,室内早被洗劫一空,只剩缺脚的桌凳,四壁如徒,家园碎了。家园——人类避危难、衍世代的居所——对生活于 20 世纪上半叶的中国人来说饱含着何其热烈与辛酸的情感，唯能从他们刻骨铭心的生活岁月里咀嚼得到一丝滋味。如果说，《苏武牧羊》是课堂里于漪获得的最难忘的爱国感知，那么逃难途中一幕幕国破危难的人世景象则在九岁的于漪心灵上烙下最深沉的爱国体认。

不久，于漪的母亲染上了伤寒重症，这病在当时死亡率相当高，就算正规的医院也没有特效的治疗手段和药物。逃难在乡下的于家更没有条件请医治疗，于母高烧不退躺在床上病得连话都说不出来。万幸的是，在家人的照顾下母亲奇迹般地挺了过来，身体慢慢好了起来。作为家中长姐，于漪照顾母亲，照看几个弟弟，还分担了许多家务，对生活的艰辛有了切身的感受。虽然随父母逃难的这两年于漪中断了学业，却并没有缺失教育。国破了，城陷了，家失了，卫国者牺牲了，生活的平静消失了，亲人命悬生死一线的惶恐……还有哪种教育比这刻骨铭心的生活对一个九岁少年的心灵更有冲击力的呢？人，不是一天天长大的，而是面对突如其来的生活一夜之间成熟的。

于漪下巴内侧有一道疤痕，那是她们逃难深夜抵达新洲乡下亲友家门口的时候摔倒后留下的。当时她又是兴奋，又是疲惫，又是昏暗，又是陌生，进门的瞬间被门槛绊倒，磕破了下巴流了好多血，在那样的环境里一时何处送医？父亲按民间旧习从灶膛里抹了一把草木灰敷在伤口，血算是止住了，但是疤痕却在于漪脸上烙下了印记。每每提及这道疤痕，于漪的记忆生动鲜活，这不由得让我们想到鲁迅笔下的少年闰土。非是这位叫“闰土”的小友如何特殊，而是彼时的鲁迅正遭遇着家庭中落的突变，才使一个异样的少年伙伴变得印象突出。对于鲁迅而言，与其说是记述着一个少时的玩伴，不如说是印刻着家道衰弱的记忆。对于于漪来说，逃难路上虽有不同于平日的新鲜生活景象，然而灼痛着心灵的处处杂乱、时时惶恐、日日疲惫，及至浮现在记忆尽头的意外受伤，遂使“门槛”“淌血”“灶膛”“草木灰”……这些记忆变得新奇生动。人的记忆看似捕捉着生活记忆之峰中的某些细节或意外，其实感知的“高原”是烙在每个人心底的苦难动荡或幸福荣耀，它们作为潜意识不时会参与日后的生活经验判断，这就是所谓的“体认”——由感而知，由知而认，由认而信——理性确立的过程，

“道德可教吗”即在于此。关于道德的知识可以传述、可以对答，道德信念的确立、道德行为的践行则是融入个人生命体验的过程。爱国主义教育何曾是“教育”的内容？而所谓的“德育”经验，又有多少是德育的呢？教育本谓教养，离开了教养诸育原无独立的地位。对于生于战乱年代的民众而言，平和实属最高欲求，守护平和在任何时候都是他们的底线认知；而在“糖水”里长大的一代人的经验里，平静的日子了无激情，生活的追求唯新奇刺激方算挑战。岂知，“挑战”的对面何尝只是艰难坎坷，未尝不会好高骛远，两端之间堆列着千姿百态的对象，克之则成，不克则毁。套用维特根斯坦一言，可说的是代沟，不可说的是臆想之玄与抱负之念。两年逃难的岁月，是生活给于漪最真实的教育，于漪建立起了对家国、对人民最深沉的情感以及对平和生活最真切的理解，虽然彼时她可能还不会说今日十龄童人人会说的那套漂亮的话，但是生命之魂就此滴灌进了于漪的心灵。

不久，在亲友的帮助下，于漪一家来到上海并借住在亲戚家。从避难新洲到流亡上海，于家能够奔走投靠的多是亲友，族亲的观念在于漪的头脑中进一步得到了强化，而助人于危难的善念也悄悄地注入了于漪的心底。日后，人们每每以“著名特级教师于漪”开始其追述与于漪的交往历程，言者仰视的心理多少隐伏其间，可随后却总意外地被这位“著名”人物的谦和慈爱所感染。很多人都说“于老师对谁都很好”，言于漪对别人有求多应，不少人仰慕于漪的教育情怀，或邀为题词作序，或请作指导报告，于漪多慨然应允，且从不敷衍。在旁人眼里这些或是“于老师对谁都好”的印证，唯对于漪自己来说绝无“讨好”他人的心理，而是助人当助的善意。这既有师者躬行自律的一面，又有成长过程中所体认的与人为善、助人于危难的善行一面。不是每一位“著名”人物都会“对谁都好”，于漪不会不知道不是每一次受托都能产生感染的成效，其中借用一些声望的情形也不会没有，却还是“对谁都好”，那是一个人从小习得的教养和对族群同胞的善念。

孟子谓性善，荀子谓性恶，善性得自天未必可靠，恶性出于利未必虚假，扬善避恶是修身的至境，它是我们生活的一部分，何尝不是教育的延续和深化呢？

而族亲的观念对于漪日后从教所产生的影响,远未引起于漪研究的必要重视。于漪经常说:“今日的教育质量,就是明日的国民素质。”这种基于国家民族立场的教育目的认知或可通过教育理论的学习获得,而要把这种认知转化为教育信念,它一定和个人重大的生活、职业经历有内在关联。

传统中国社会以天下为最上层结构,以氏族为底层结构,上有天子,下有乡绅,皇帝虽贵为普世最高权力者,但其直接管理很少超出朝廷——中央政府的最高管理机构,而地方权力主要由皇帝委派的封疆大吏代为管理。其实各式抚台、藩台、布政、总督对广域事务同样管不过来,所谓“天高皇帝远”就是这么来的。只到县衙这一级才多少承担了地方的一些管理职能,但是因农耕生产形态相对单一,除了财税、诉讼等一些非常事务,底层民众的日常生活受到上述权力直接管控的时候并不多。市井乡村的生活劳动多由家族尊长依礼法维护,所以普通民众对族亲的依赖逐渐积淀为普遍的民族心理,即便到了21世纪的今天,国人在就医养老、入学就读、择业置产等过程中都看得到亲情乡情的身影。由此,个体获得了在命运关联群体中生存的初步认知,唯当人们遭遇民族存续重大变故之际,这种族亲观念在理性和情感双重激发下,很容易升华为家国情怀的深度体认。所以,于漪响亮地发声:“教师一个肩膀挑着学生的现在,一个肩膀挑着国家的未来。”对于沉湎于应试节奏的“口号”劳动者或被“内卷”的职业压得气喘吁吁的从教者,这一声确有振聋发聩之功。

不难分辨,这些被中小幼教师和民众广为传颂的教育思想不是出于前人的经典表述,完全是于漪发自肺腑的心声。于漪这一系列教育思想,标志着一名师者确立了稳定的职业伦理,而它们与个人特殊的生活历程须臾不离。

涵咏是一种教养

“今人不见古时月,今月曾经照古人。”作为后生,如今的同行难免仰视于漪,似乎于漪天生就是教育家。其实,于漪有自己少年的活泼,也曾被彼时之月所映照,且从彼时之人与月的故事中感受一种涵咏。

某日上课,于漪刚要落座,却发现自己的凳子不见了,四处张望也没发现,这才反应过来应该是同学的恶作剧,无奈只得站着上了一堂课。随即兴起,把这件事写进了作文,这一通对捣蛋鬼的“口诛笔伐”尽情挥洒了少年的才情和意气,正所谓“兴酣落笔摇五岳,诗成笑傲凌沧洲”。气算是出了,但作文交上去之后于漪转念却担心了:“坏了,大概要被老师责怪了。”一个真实的少年于漪跃然而出,一边是倒竖两道柳眉、不可凌犯、英气逼人的“穆桂英”,一边是心底温善、好学乖巧、一脸无辜的“美少年”。谁人没有少年?谁人不从少年来?没有脾性,何来品性?社会人之所以安身立命,莫不是确立了为人处事的原则,这个原则也就是脾性,依教养程度有脾性、品性之别,或近“本我”似粗鄙,或趋“超我”更涵咏,居于其间的万千变化便成就了一个个鲜活的个体。

要问的是,作为一名教育者对于这样的情形该怎么做?每个老师都会有自己的做法,每种做法背后都涉及对教育的理解和对人的认识,而每种做法都有其具体的考虑:因为时代要求不同、教师权力有别、学生个体存在差异等,都会形成不同的成效,一概而论某种做法高明或某种做法糟糕,都难免限于形而上学。唯对于漪来说,老师当年非但没有苛责,还在文后大为赞赏地批了一大段:“……于生失座,成此佳什,遂使孟嘉落帽韵事不专美于前矣!”这位老师是了解于漪的,不仅帮于漪卸掉了那块忐忑的石头,令于漪终身记着这件小事,还留下了这段涵咏的文字。

这句批文连标点不满30字,却渐次表达了如下五层含义,可谓御繁以简的典范:“失座”是事实;“佳什”赞作品;“孟嘉落帽”是用典,源出《晋书·孟嘉传》,孟嘉为东晋才子,在一次聚会中他的帽子被风吹落不自知而依然风度翩翩,当人们嘲笑他时却被他的从容应对所折服,后人遂用“孟嘉落帽”赞扬一个人气度宽宏,风流倜傥,潇洒儒雅;重点在以“韵事”点破,小事一桩,何必忐忑?又何须无限上纲道德论处?落笔间,少年心头的一场火气化为了文人才俊的潇洒倜傥;结语回到眼前人——“不专美于前”,对少年的这一通褒奖直追古人,前途不可限量啊,换作哪一个学子不狠狠地自美滋美一番……嚯,这一轮明月怎一个美字了得?直令当年的学子铭记一生,更让今人见古月。今天,比起一些同行对教育问题喜欢以激烈的方式作怒骂,于漪的批评和呐喊显得涵咏许多,其背后既有前文一再剖析的由时代背景所奠定的价值观差异，还有审美教养上的分别，这些审美倾向多少和她长年的受教育有内在联系，其中还有这么难忘的一则轶事和文字。于漪此后任教，教过的学生无数，遇到的场景更多，在理解学生、判定学生、引导学生的过程中难免不时时想到自己的这次经历，教育的价值就珍藏在一位师者的教育艺术之中。

与其人云亦云地重复“呵护学生心灵”，不如深入剖析师者的教育艺术。

从“一切为民族”到“夜深千帐灯”

今日不少名校多会祭出四言八字或二言八字不等的校训，言简意赅，豪情勃发，对于激励年轻学子有一定的感染力，以致那些成功人士接受采访时多自豪地引这么一句，以示母校隆恩。镇江中学的校训有特色，既非二言，又非四言，而是五个大字——“一切为民族”，不落俗套，旗帜鲜明而又斩钉截铁，令人马上想到少年周恩来总理“为中华之崛起而读书”，足见当年发展民族教育的使命和抱负。

自19世纪中叶始，百年间中华民族历经磨难，无数仁人志士探索了各种救亡图存的道路，科学救国、实业救国、教育救国，不一而足，而民众总在水深火热之中。后人常常听到“四万万同胞”这句时代的符号语，却很少体认它绝非“四亿中国人”这一数字叙述，而是“中华民族命运共同体”的悲情呐喊。没有民族就没有个人和家庭，在近代史上这是对民族依赖最强烈的一个时代，它构成了当年一大批知识分子和进步人士奔赴延安的社会心理。更早时，张伯苓和严修在天津南开中学提出“允公允能”的办学主张，这个“公”是“天下为公”之“公”，排除了为一己之私或小团体的利益读书。进一步地，这个“公”不是抽象的而是具体的，当民族存亡面临危机，南开的“允公”就是镇江的“为民族”，可见当年镇江中学的办学者所抱有的“四万万同胞”情怀之强烈。有必要延伸一句，与时下一些名校动辄一本率、多少“985”、北大清华有多少，或者“谁以谁为荣”的标榜相比，不仅狭隘远大高下立见，更重要的是忘记了基础教育的属性。任何时候，基础教育的任务都是培养个体社会成长中的基本素养，与作为专业人才培养的高等教育有本质的区别。通俗地说,能不能成为专门人才是高等教育的问题;是不是合格的社会公民是基础教育的职责。越俎代庖与拔苗助长都不是好的教育。

难能可贵的是,彼时镇江中学的校训不是高高悬挂在墙头上,而是深深印刻在课堂和校园的场景之中。可以说,这是母校给于漪一份至重的精神食粮。

入夜,校园里两个同学合用一盏煤油灯,同学们挑灯夜学。远处看去,油灯透过教室的窗户显得整齐有序,大小不一,高低错落,星星闪闪,于漪说那场景总让她想到纳兰性德的"夜深千帐灯"。纳兰性德是清初三大词人之一,他的小令《长相思》被大学者王国维盛赞为"千古壮观"——

> 山一程,水一程。身向榆关那畔行,夜深千帐灯。风一更,雪一更。聒碎乡心梦不成,故园无此声。

山、水、风、雪,本是人人都会面对的自然景象,被"一程""一更"带入塞外时空,引出了"千帐灯"与"梦不成"的景观与惆怅。如果说王国维从"夜深千帐灯"中获得的是"千古壮观"的审美,那么到学子于漪和她的同学那里激发出的则是为民族发愤学习的动力。它们拥有共同的山、水、风、雪背景,也经历了"一程""一更"的沧桑记忆,至此"千帐灯"越出了"苦作舟"的机械和被动,表现出了进取和责任。作为一种精神符号,它所集聚的灯塔效应不断激励学子们发愤努力,而目之所及伏案读书的情景又进一步强化了这种学习的氛围。我们今天说,营造学习氛围何等重要,为此而煞费苦心的学校不乏其数,因为氛围的形成在教学过程中发挥的不是事半功倍而是四两拨千斤的作用。姑且不论生硬的学习氛围是否符合教育原理,唯氛围的内驱力可以为公为民族,也可以为己为精英,其失已非毫厘,其差又何止千里?至于"多得一分,干掉千人"的条幅横挂在校园、堂而皇之走进教室,以同桌间的零和竞争为动力,岂止是荒谬,那完全是反教育了,这样的学生走进社会也绝非一句"精致的利己主义者"可以概括,他们对社会的消极影响,恐怕也不是一代人可以消解的。

幸运的是,“夜深千帐灯”中的于漪和她的同学之间建立了难得的情义。食堂偶尔供应青菜炒肉片,有零星一点的荤腥,算是当年的佳肴了,同学间没有争先抢食的,先吃的总会为后来的留下一些菜。而打饭呢,每个人都浅浅地盛一碗,让后来的同学也有足够的量,一碗吃完发现还有就再去打一点。人贵有教养,民贵在能群。在“一切为民族”校训的感染下,于漪习得了社会人的珍贵品质。

(该文原载2023年11月《教育》,收入本书时略有修改)

“劳动教育,让孩子拥有幸福生活的能力”

——学习于漪思想有感

常　杰　上海财经大学附属杨浦区国安路小学

最近,拜读了人民教育家、改革先锋、全国教书育人楷模于漪老师撰写的《劳动教育,让孩子拥有幸福生活的能力》一文,感触颇深。作为一名曾经就读于上海市第二师范学校的师范生,于漪老师文中提到的那些故事我都亲身经历过。那时,于漪老师担任上海市第二师范学校的校长。在她的带领下,每学期,每个班级都会停课一周,参与学校的各项劳动:在校园清扫大道,在花坛种植鲜花,在厨房洗菜帮厨,我们这些曾经的“娇娃娃”通过自己的双手改善学校的面貌,让流大汗成为一种时尚,一种幸福。可以说,这一举措在 20 世纪 80 年代是一个大胆且领风气之先的教育改革。作为创始者,于漪老师当时提出了“两代师表一起抓”的教育理念。她认为师范学校,培养的是未来的教师。所以,既要让在校的老师率先垂范,也要对未来的准教师们严格要求。她对劳动教育的敏锐思考可以说是深深地影响了我们这一代的师范生,让我们在劳动中拥有了幸福生活的能力。如今,当曾经的准教师们已经站稳了三尺讲台,甚至走上了管理岗位,在思考如何从学校角度出发有效推进劳动教育时,于漪老师对劳动教育的这些至理名言依然是我们学习的不二宝典。

首先解决理念问题。于漪老师说过,从事教育的人,秉承正确的理念是最重要的。因为认识上的模糊,就会导致实践中的盲目。的确,教育要回归育人的初心,首先要解决的就是理念问题。当下社会中频繁出现的诸如“家中设备齐全,不用孩子劳动”“体力劳动最为不堪”等关于劳动的流俗观念,即便遮蔽了普通人的视线,但搞教育的人头脑一定要清楚。我们的“立足点”不能只在地上，而是要站得高、看得远、想得深。我们要通过教育让孩子明白：劳动创造一切，劳动不分贵贱，劳动最崇高最光荣！这也是劳动教育最重要的本原。而要达成这个目的，于漪老师也为我们找到了几条途径。

（1）学校要重视。学校要立足劳动教育所处的时代特点，结合学校特色，从顶层上对劳动教育进行合理规划和布局，并持之以恒地予以实施和推进。只有学校重视了，捋顺了思路，且注重时间经历的积累，劳动教育才能彰显成效。

（2）教师要守责。培养劳动习惯、涵养劳动精神，教师要担起育人的责任。现在的孩子在一个相对优渥的环境中成长，但对教育工作者来说，新的问题也会随之而来。例如孩子们没有从事过体力劳动，不懂得“粒粒皆幸苦”，这不能怪孩子。但身为老师的我们要看到问题，找到教育的切入点，想到解决的办法。当然，这不是一蹴而就的。所以除了理论上的培训指导，让教师认同劳动教育的理念，我们也应该发动教师主动上阵，和孩子们一起参加校园除草、校园清扫等劳动，潜移默化地成为孩子们的学习榜样。教师们还要提升五育融合的能力，明白德智体美劳是可以串联的，是可以深度融合的。当然，这非常考验老师，所以身为学校管理者的我们就很有必要组织教师去梳理教材中的劳动内容，注重教学中学科知识与劳动教育的互补与渗透，种好自己的责任渠。

（3）孩子要信服。“对我们这代人来说，劳动的重要性不言而喻。因为只有劳动才创造价值，劳动是一切社会财富的源泉，可以说，没有劳动就没有一切。但教育工作者当前必须要解决的一项重要工作是：如何把‘劳动最光荣’的信念深植到今天的青少年心中，让他们沿袭中华民族刻苦耐劳的美德和传统，在长大后能继续辛勤劳动、诚实劳动、创造性劳动。”我很赞同于漪老师的上述观点，因为只有让孩子树立正确理念，才能真正让劳动教育在他们的成长过程中开花结果。为此，我们把爸爸妈妈请进课堂，让孩子们聆听普通劳动者的故事，懂得平凡亦有光；我们开发职业体验活动，让孩子们在“开一家餐馆”“办一张报纸”“小医师一日体验”等活动中认识不同职业；我们开设财经素养课程，通过“大家都是劳动者”“劳动需要诚实”“工作是件‘大事情’”等教学内容将“君子爱财，取之有道”“君子用财，取之有度”“君子散财，散之有爱”的理念播撒到孩子的心田，让孩子们逐步向往劳动、热爱劳动，尊重每一位劳动者。

其次重视习惯养成。在上海市第二师范学校的学习中，我逐步养成了很多劳动习惯,形成了很多规则意识。那时,我们宿舍里的热水瓶摆放是一条线,衣服晾晒也是一条线,窗户玻璃可以擦到几乎看不到玻璃……一开始,对于漪老师提出的这些要求我们并不情愿,甚至觉得苛刻,但后来逐步养成了习惯,更培养了自己万事严谨、自立自强的精神。这也验证了于漪老师所说的"只要让学生拥有动手能力、劳动技能,建立依靠双手奋斗的精神,以后即便遇到什么事情也都不怕了,跌倒了也能站起来"。所以在劳动教育的实施中,我们也非常重视学生劳动习惯的养成训练。

(1)让学生学会做。我们根据小学生的年龄特点,将劳动教育的内容进行细化,分别落实于学科教学和劳动教育课中,让学生受到系统的劳动锻炼。从剪刀砂纸、扫帚拖把等劳动工具的使用,到叠衣叠被、书包整理等收纳习惯的养成,再到洗碗洗衣、排列桌椅等清洁方法的习得……事无巨细,手把手指导。我们发动学生、教师、家长一同设计制作微课程,在每周五中午的午会课进行播放,开展集中训练与比赛,"系鞋带比赛""学会整理跳绳""我的书桌我来理"……聚塔城沙,集腋成裘,孩子们在完成与自己生活息息相关的劳动过程中逐步养成好习惯,学会自己的事情自己做。

(2)让学生智慧做。劳动教育除了教会学生如何劳动,更要为他们开设广阔的劳动实践平台,锻炼其思辨能力,让学生学会综合应用。就像于漪老师说的,我们的教育一定是教在今天,想在明天,培养人是集实践性、综合性于一体的过程。学校从优化劳动实践项目入手,一方面开设大量的劳动小岗位,让学生认领,在岗位劳动中增进责任感。另一方面,我们通过社团,让孩子们通过各类创新项目去发现劳动中的问题,并尝试通过创意去解决。孩子们在"才宝农场"社团中比较水培、土培优缺点,尝试鱼苗共生的系统设计;在"小木匠"社团中学习传统榫卯工艺,思考木制建筑的牢固性……我们还设计了《才宝假日》手册,通过跨学科的方式设计有趣的劳动综合实践项目。例如"财宝小当家"活动,让学生用 100 元的预算为家人烹制一道最特别的年菜,做一个懂感恩、爱劳动、有财商的小"财宝"。孩子们积极投入,有的第一次通过调查了解家人的口味,有的第一次尝试在买菜时"讨价还价",有的第一次学着登录多个购物网站、货比三家,有的第一次跟着父母学习切菜烹饪……当一道道精美的年菜在孩子们的手中诞生时,劳动带来的满满的成就感和幸福感充盈着孩子们的内心。又如二年级的“会变多的压岁钱”主题活动，学校为孩子们设计了三个项目，即“小财宝画大红包”——红包设计，“会变多的压岁钱”——压岁钱的分配和使用，“红包灯笼变变变”——用废旧红包做灯笼，孩子们在系列活动中动手动脑，学理明理，发挥创意，真正实现了劳动创造财富、涵养财商、催生财智。

第三要获取各方支持。劳动教育绝对不只是学校的事情，应该成为全社会的事情。我牢记于漪老师“教育要做好‘育人’，一定要把家庭教育的能力发挥出来，把社会教育的能量发挥起来，大家促成合力，才能够把我们的孩子教育好”的观点，在劳动教育中，主动出击，做好家、校、社的横向贯通。

(1)加强宣传力度。为了不断发挥家庭在劳动教育中的最大作用，学校通过学校微信公众号、家长学校、家长会等渠道对学生的劳动教育进行宣传，将“家庭是劳动教育第一课堂”“家长是孩子劳动教育的第一任老师”以及正确的成才观逐步渗入家长的育儿观中。

(2)设计互动活动。光说不练假把式。为了引领家长逐步改变劳动教育监督者的身份，主动转化为学校劳动教育的参与者，学校在劳动教育整体设计中都加入了家庭劳动的内容。家长与孩子共同制定劳动计划表，从自我管理和家庭服务两方面主动参与劳动；家长参与劳动数字资源的录制，从职业特点、劳动技能养成、非遗项目推广、创意劳动等多方面对孩子们进行指导；家长走进教室，与教师共同设计劳动课程并担任讲师，成为孩子们学习的好榜样；家长参与学校的特色集市、劳动技能大比拼等主题活动，与孩子携手一同实践，感受劳动带来的快乐。学校还开发了《家庭劳动实践手册》，为家长和孩子提供劳动实践的项目，如在假期一同根据家人口味定制夏日家庭特饮，一同进行家庭蔬果种植，撰写种植日记……

(3)盘活各方资源。学校与新江湾城街道，以及上海财经大学商学博物馆、图书馆、国交院、信管院等机构或部门进行合作，为孩子们的劳动教育寻求各方资源。我们建设劳动主体资源库，引入大学生资源，打造“大学生哥哥姐姐与小学生弟弟妹妹的联谊”的品牌。让高校机器人、国服设计等社团的大学生走进学校，辅导弟弟妹妹开展各种形式的创新劳动。我们将高校资源引入学校，开设劳动教育实践基地。2023 年 5 月 18 日，上海财经大学商学博物馆附小微展馆在我校正式揭牌，孩子们成立了志愿者讲解队，在上海财经大学商学博物馆喻馆长及馆员们的培训中学习布展和讲解,感受劳动的快乐。

关于劳动教育,于漪老师用近70载的教学与管理经验,给出了很多具有针对性的建议,对我们来说也是最好的一份礼物。我们也将继续秉承于漪老师的教育思想,将自己的劳动幸福延续下去,通过深化劳动教育的内涵,丰富劳动教育的内容,创新劳动的形式,让孩子拥有幸福生活的能力。

(该文原载2024年3月《教育》,收入本书时略有修改)

编后记

2021年5月,《教育(教育科研)》正式改版时,委托徐崇文老师成立了全新的编委会,在栏目设置时,我们首先想到的是成立一个“于漪研究”专栏。于漪老师是党中央、国务院表彰的“改革先锋”;2019年在庆祝新中国成立70周年大会上,于漪老师被授予“人民教育家”的光荣称号;她的理论建设和思想成果集中于《于漪全集》,该全集共21卷,近600万字,是中国教育有史以来第一部由基础教育教师写就的煌煌巨著。学习于漪,研究于漪,无疑是一件意义重大又任重道远的事业。

诚如广大教育工作者所知,“70多年来,于漪老师用思想的刻刀和实践的画笔,形塑出具有鲜明中国特色的基础教师形象,她的教育、教学思想高度凝炼了教育实践中的见识,对教育理论的认识和对教育学、教师学的卓识,为推动中国基础教育改革和发展作出了杰出的贡献”。

收录在本书的文章,均为发表于《教育(教育科研)》杂志上“于漪研究”专栏的研究成果。时间跨度为2021年5月至2024年4月,将近40万字。我们按内容分为四个部分:第一篇为“基础教育思想研究”,第二篇为“语文教育思想研究”,第三篇为“德智融合思想研究”,第四篇为“教师教育思想研究”。汇编成书时,基本上按照文章发表的先后顺序编排,同一作者如有多篇相关的文章,也放在一起排列,部分作者写作时所在的工作单位也保留原样;未在《教育(教育研究)》“于漪研究”专栏上发表的文章则不予收录。

于漪研究方兴未艾。我们将书名定为“《于漪研究》(第一辑)”,旨在将这项崇高又艰巨的事业进行到底,日后将陆续推出《于漪研究》第二辑、第三辑,乃至更多,伴随着一代代教育教学工作者,长期跋涉下去。

“于滴研究”栏目的顺利开展,离不开徐崇文老师日常悉心的指导,周增为主任、陈军会长和黄音老师给予了大力的支持,其他广大于滴老师的研究人员也提供了大量的帮助,在此一并表示感谢。

2024 年 4 月